精品课程配套教材

21世纪应用型人才培养“十三五”规划教材

“双创”型人才培养优秀教材

市场营销(学)

SHICHANG YINGXIAOXUE

总主编　黄宏彬

主　编　陈理飞　赵景阳

副主编　格　玛　陆拥俊　顾秀君　吴明君　王　霞

西南交通大学出版社

SWJUP

Http://press.swjtu.edu.cn

图书在版编目(CIP)数据

市场营销(学)/黄宏彬总主编.—成都:西南交通大学出版社,2017.1
普通高等教育经济管理类“十三五”规划教材
ISBN 978-7-5643-2377-6

Ⅰ.①市… Ⅱ.①黄… Ⅲ.①市场营销学－高等学校－教材 Ⅳ.①F713.50

中国版本图书馆 CIP 数据核字(2013)第 139195 号

普通高等教育经济管理类"十三五"规划教材
市场营销(学)
总主编 黄宏彬

责任编辑 杨 勇
助理编辑 左凌涛
封面设计 唐韵设计

出版发行 西南交通大学出版社
(四川省成都市二环路北一段 111 号
西南交通大学创新大厦 21 楼)
发行部电话 028－87600564 028－87600533
邮政编码 610031
网 址 http://www.xnjdcbs.com

印 刷 北京俊林印刷有限公司
成品尺寸 185 mm×260 mm
印 张 23
字 数 530 千字
印 次 2017 年 1 月第 3 次印刷
书 号 ISBN 978-7-5643-2377-6
定 价 42.00 元

精品课程配套教材 “双创”型人才培养优秀教材 编审委员会

前　　言

在当前全球经济危机的背景下，市场经济发展的影响因素的不断增加，企业经营环境发生了巨大的变化，社会经济的发展急需具备知识、能力、素质协调发展，具有创新精神、较强实践能力和可持续发展能力的市场营销人才，因此迫切要求高等学校营销专业教学实现由"理论灌输"到"实践操作"的转变，将理论知识与实践能力有机结合，培养市场经济需要的上手快、素质高、业务精、技能强的营销专业人才。本书作为应用型本科教材，围绕突出实践能力的高素质的技能型专门人才培养要求编写而成。

本教材具有以下明显的特点：

(1)针对性。本教材主要针对当前学科发展对经济管理类专业教学需要而编写。通过学习使学生掌握市场营销的一般方法和营销活动技巧。

(2)新颖性。本教材根据目前企业对经济管理人才的素质要求进行编写，在内容上着重体现了最新营销理念、新思维方法，具有较强的适应性和新颖性。

(3)实用性。市场营销教学具有较强的实践性，因此本教材的编写重点突出、涉及面广，工商管理类专业也可以根据专业及学时要求有选择地进行讲授。

本书共分为17章节，其中第1—5章由黄宏彬老师编写，第6—8章由陈理飞、赵景阳共同编写，第9—17章由格玛、顾秀君、陆拥俊、吴明君、王霞共同编写。

因编写时间仓促及作者水平所限，本教材尚有诸多缺点、疏漏之处，为此，恳请读者同仁不吝指教，以期不断完善。也真诚欢迎广大教师和学生对本教材提出宝贵的意见，我们在此表示诚挚的谢意！

前 言

目 录

第一章 市场营销学导论

教学目标

市场营销学是一门以经济科学、行为科学和现代管理学理论为基础，通过研究市场主体如何根据市场需求和竞争状态来构想和出售自己的产品与服务并实现价值的学科。通过本章学习使学生基本理解、掌握市场营销的基本概念、市场营销的哲学演进和学科定位，对市场营销学的发展过程和学科体系的基本构成有全面了解，同时对学习市场营销学的意义和重要性有理性认识。

学习任务

通过本章的学习：

1. 理解和掌握市场、市场营销、市场营销组合的基本概念。
2. 掌握市场营销观念的基本思想及发展趋势。
3. 明确市场营销管理的基本过程。
4. 了解中国市场营销未来的走向。
5. 了解市场营销的基本框架，为后续章节的学习奠定基础。

案例导入

香格里拉的营销之道

香格里拉是国际著名的大型酒店连锁集团，它的经营策略很好地体现了酒店关系营销的内容：

香格里拉饭店与度假村是从1971年新加坡豪华香格里拉饭店的开业开始起步，很快便以其标准化的管理及个性化的服务赢得国际社会的认同，在亚洲的主要城市得以迅速发展。其总部设在我国香港，是亚洲最大的豪华酒店集团，并被许多权威机构评为世界最好的酒店集团之一，它所拥有的豪华酒店和度假村已成为最受人们欢迎的休闲度假目的地。香格里拉始终如一地把顾客满意当成企业经营思想的核心，并围绕它把其经营哲学浓缩于一句话——“由体贴入微的员工提供的亚洲式接待”。

香格里拉有8项指导原则：

1. 我们将在所有关系中表现真诚与体贴。
2. 我们将在每次与顾客接触中尽可能为其提供更多的服务。
3. 我们将保持服务的一致性。

4. 我们确保我们的服务过程能使顾客感到友好,员工感到轻松。

5. 我们希望每一位高层管理人员都尽可能地多与顾客接触。

6. 我们确保决策点就在与顾客接触的现场。

7. 我们将为我们的员工创造一个能使他们的个人、事业目标均得以实现的环境。

8. 客人的满意是我们事业的动力。

与航空公司联合促销是香格里拉酒店互惠合作的手段之一。香格里拉与众多的航空公司保持良好合作关系,诸如马来西亚航空公司、泰国航空公司等。另外,香格里拉还单独给予顾客一些额外的机会来领取奖金和优惠,如可在香格里拉担保的公司选择价格等。

在顾客服务与住房承诺方面,则体现了酒店在承诺、信任原则上的坚持。香格里拉饭店的回头客很多。饭店鼓励员工与客人交朋友,员工可以自由地同客人进行私人的交流。饭店建立了一个"顾客服务中心",客人只需打一个电话就可解决所有的问题。这与原来各件事要查询不同的部门不同,客人只需打一个电话到顾客服务中心,一切问题均可解决,饭店也因此能更好地掌握顾客信息,协调部门工作,及时满足顾客。在对待顾客投诉时,绝不说"不",这是全体员工达成的共识,即"我们不必分清谁对谁错,只需分清什么是对什么是错"。让客人在心理上感觉他"赢"了,而我们在事实上做对了,这是最圆满的结局。每个员工时刻提醒自己多为客人着想,不仅在服务的具体功能上,而且在服务的心理效果上满足顾客。香格里拉饭店重视来自世界不同地区、不同国家客人的生活习惯和文化传统的差异,有针对性地提供不同的服务。如对日本客人提出"背对背"的服务:客房服务员必须等客人离开客房后再打扫整理客房,避免与客人直接碰面。饭店为客人设立个人档案长期保存,作为为客人提供个性化服务的依据。

(资料来源:http://www.doc88.com/p-31875044499.html)

目前关于市场营销学的概念,比较一致的观点是:它是一门以经济学和管理学为基础,研究以满足消费者需求为中心的企业营销活动及其规律性的综合性应用学科。市场营销学是在20世纪初从经济学的母体中脱胎出来的,从属于管理学的范畴。事实上,市场营销学的发展经历了一个充分吸收相关学科研究的成果、博采众家之长的跨学科演变过程,从而逐步形成了具有特定研究对象和研究方法的独立学科。其中,经济学、心理学、社会学以及管理学等相关学科对市场营销学理论的发展贡献最为显著。

第一节 市场和市场营销

一、市场及其相关概念

市场营销在一般意义上可理解为与市场有关的人类所有的交易性活动。所以,了解市场及其相关概念是掌握市场营销理论的第一步。

(一)理解市场的角度

1. 经济学视角

经济学家更多的是从揭示经济实质角度提出市场概念。他们认为,市场是一个商品经济范畴;是商品内在矛盾的表现;是供求关系;是商品交换关系的总和;是通过交换反映出来的人与人之间的关系。因此,“哪里有社会分工和商品生产,哪里就有‘市场’”。市场是为完成商品形态变化,在商品所有者之间进行商品交换的总体表现。这是抽象市场概念。

2. 管理学视角

管理学家则侧重从具体的交换活动及其运行规律去认识市场。在他们看来,市场是供需双方在共同认可的一定条件下所进行的商品或劳务的交换活动。如美国学者奥德森(W. Alderson)和科克斯(R. Cox)认为:“广义的市场概念,包括生产者和消费者之间实现商品和劳务的潜在交换的任何一种活动。”营销学家菲利普·科特勒(Philip Kotler)则进一步指出:“市场是由一切具有特定欲望和需求并且愿意和能够以交换来满足此需求的潜在顾客所组成。”因此,“市场规模的大小,由具有需求拥有他人所需要资源,且愿意以这些资源交换其所需的人数而定。”从企业立场看,市场是企业之外的、无法控制的用来交换的场所和发展增值关系的场所。

将上述市场概念作简单综合和引申,可以得到市场较为完整的认识:

(1)市场是建立在社会分工和商品生产基础上的交换关系。

(2)现实市场的形成要有若干基本条件。这些条件包括:

①消费者一方消费需求或欲望的存在,并拥有其可支配的交换资源;

②存在由另一方提供的能够满足消费者需求的产品或服务;

③要有促成交换双方达成交易的各种条件,如双方接受的价格、时间、空间、信息和服务方式等。

(3)市场的发展是一个由消费者决定,而且是由生产者推动的动态过程。

3. 营销学视角

从营销者角度看,人们常常把卖方称行业,而把买方称之为市场。它们之间的关系,如图 1.1 所示。

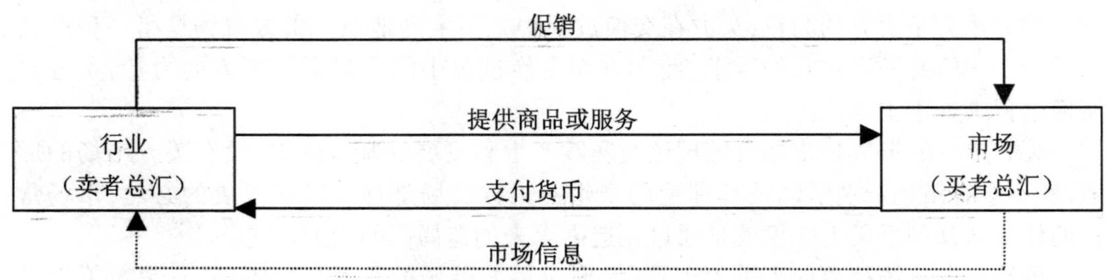

图 1.1 简单的市场营销系统

图 1.1 中买卖双方有四种流动相连:卖方将商品或服务送达市场,并与市场沟通;买方把金钱和信息送到行业。内环表示钱物交换,外环表示信息交换。

可见,在现实经济中,基于劳动分工的各特定商品生产者之间的各类交换活动,市场已经形成复杂的相互联结的体系。其中,生产者从资源市场(由原材料、劳动力、资金等市场组成）购买资源，转变为商品和服务后卖给中间商，中间商再出售给消费者。消费者出卖劳动赚取金钱，再换取所需的产品或服务。政府是另一种市场，它为公众需要提供服务，对各市场买者、卖者征税，同时也从资源市场、生产者市场和中间商市场采购商品。市场的流程结构如图 1.2 所示。

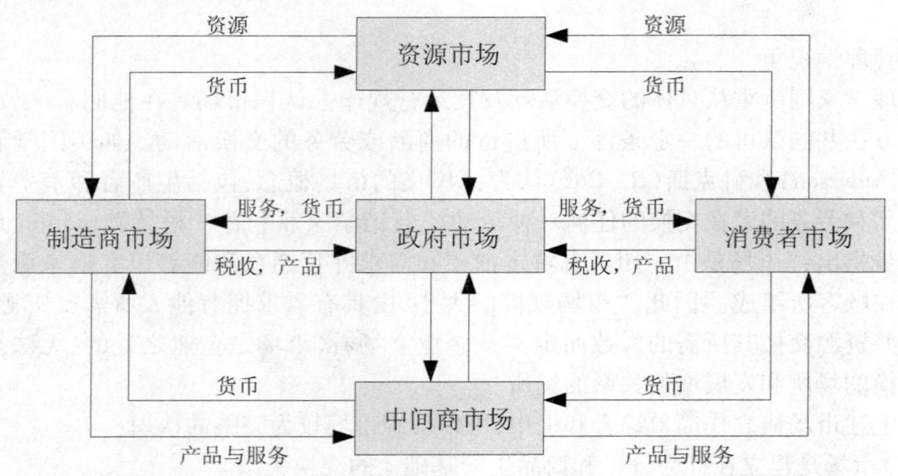

图 1.2　现代经济中的市场参与者

在市场营销学中，市场通常指一切具有特定欲望和需求并且愿意和能够以交换来满足此欲望和需求的顾客集合，也指为便利和实现交换而建立的一种制度安排或场所。前者包含三个主要因素，即有某种需要、为满足这种需要的购买能力和购买欲望，后者主要是指有关交换的市场规则，如定价机制、合约监督执行机制、经营限制或激励等法律法规、商业伦理，这是交换得以有序进行的基本保障。所以，认清市场的基本含义，一是要理解顾客需求，二是要熟悉并遵守交换的基本行为规范。

在市场营销中，通常按照市场中买卖双方的力量对比，分为卖方市场和买方市场。

买方市场是指一种产品的供应超出了所有顾客对它的需求，使顾客（买方）在交换过程中的力量大于卖方的力量，买方在交换过程中处于主动地位。卖方市场是指一种产品的供应小于所有顾客对它的需求，使卖方在交换过程中的力量大于买方的力量，卖方在交换过程中处于主动地位。

买方市场的形成是市场营销理论与实践产生和发展的基本前提，没有买方市场的形成，就不会有市场营销活动及其理论的产生。买方市场是社会经济发展的必然，市场营销的任务从某种意义上来说就是通过创造需求来创造局部的卖方市场。

虽然买方市场都表现为供大于求，但形成买方市场的原因其实不同，营销对策也不尽相同。形成买方市场的最主要原因是饱和需求、潜在需求、超前需求等。

饱和需求买方市场是由于产品需求处于饱和状态下而形成的买方市场。为适应需求快速增长而建立起来的供应能力通常都会在产品生命周期演变到成熟阶段时，超过市场总需求——饱和需求，此时市场对产品的需求不会由于价格下降而上升，却可能由于价格的上升而下降。这是一种通常意义上的买方市场。

潜在需求买方市场的形成原因主要有两种：一是由于企业对消费者的购买欲望和购

买力估计过高，这时企业应着重于降低成本，而不应采取提高性能、提供更多更好的服务等必然导致成本进一步增加的策略；二是由于与产品使用相关的一些辅助设施跟不上，使得消费者暂时无法消费，这种情况下的企业在发展生产的同时，应密切关注国家的政策、法规、制度等宏观经济环境，在调查和分析市场时，应注意当地的基础设施建设情况和建设规划等，并根据具体的市场情况选择相应的营销策略。

超前需求下的买方市场是由于宣传力度不够，或顾客的知识水平有限而不能理解、认可这种产品而形成的，此时，企业当充分利用各种沟通策略，大力加强对产品的作用、功能、优点和使用方法等方面的宣传力度，使顾客认识、认可产品。

(二)市场的构成要素

根据研究的目的不同，市场可以分为宏观市场和微观市场。

1. 宏观市场

宏观市场的构成要素包括三个方面：

(1)可供交换的商品

这里的商品既包括有形的物质产品，也包括无形的服务，以及各种商品化了的资源要素，如资金、技术、信息、土地、劳动力等。市场的基本活动是商品交换，所发生的经济联系也是以商品的购买或售卖为内容的。因此，具备一定量的可供交换的商品，是市场存在的物质基础，也是市场的基本构成要素。倘若没有可供交换的商品，市场也就不存在了。

(2)提供商品的卖方

商品不能自己到市场中去与其他商品交换，而必须由它的所有者——出卖商品的当事人，即卖方带到市场上去进行交换。在市场中，商品所有者把他们的意志——自身的经济利益和经济需要，通过具体的商品交换反映出来。因此卖方或商品所有者就成为向市场提供一定量商品的代表者，并作为市场供求中的供应方面成为基本的市场构成要素。

(3)商品的购买者

卖方向市场提供一定量的商品后，还须寻找到既有需求又具备支付能力的购买者，否则，商品交换仍无法完成，市场也就不复存在。因此，以买方为代表的市场需求是决定商品交换能否实现的基本要素。

商品、供给、需求作为宏观市场构成的一般或基本要素，通过其代表者——买方和卖方的相互联系，推动着市场的总体运动。

2. 微观市场

企业作为某种或某类商品的生产者或经营者，总是具体地面对对该商品有购买需求的买方。深入了解现实的市场状况，从中选择目标市场并确定进入目标市场的市场营销策略，以及进一步寻求潜在市场，是企业开展市场营销活动的前提。因此，就企业而言，更具有直接意义的是微观市场的研究。宏观市场只是企业组织市场营销活动的市场环境。微观市场的构成包括人口、购买力、购买欲望三方面要素：

(1)人口。需求是人的本能，对物质生活资料及精神产品的需求是人类维持生命的基本条件。因此，哪里有人，哪里就有需求，就会形成市场。人口的多少决定着市场容量的大小;人口的状况,影响着市场需求的内容和结构。构成市场的人口因素包括总人口、性别和年龄结构、家庭户数和家庭人口数、民族与宗教信仰、职业和文化程度、地理分布等多种具体因素。

(2)购买力。购买力是人们支付货币购买商品或劳务的能力。人们的消费需求是通过利用手中的货币购买商品实现的。因此,在人口状况既定的条件下,购买力就成为决定市场容量的重要因素之一。市场的大小,直接取决于购买力的高低。一般情况下,购买力受到人均国民收入、个人收入、社会集团购买力、平均消费水平、消费结构等因素的影响。

(3)购买欲望。购买欲望指消费者购买商品的愿望、要求和动机。它是把消费者的潜在购买力变为现实购买力的重要条件。倘若仅具备了一定的人口和购买力,而消费者缺乏强烈的购买欲望或动机,商品买卖仍然不能发生,市场也无从现实地存在。因此,购买欲望也是市场不可缺少的构成因素。

因此,市场的大小用公式来表示就是:

市场大小=人口+购买力+购买欲望。

市场的这三个因素是相互制约、缺一不可的,只有三者结合起来才能构成现实的市场,才能在一定程度上决定市场的规模和容量。

二、市场营销的含义

(一)市场营销的含义

美国著名营销学家菲利普·科特勒教授在《营销管理(第十四版)》中指出:所谓市场营销(Marketing),就是识别并满足人类和社会的需要。对市场营销最简洁的定义,就是"满足别人并获得利润"。当 eBay 公司意识到人们在当地买不到最想要的物品时,就发明了网上竞拍业务;当宜家公司(KEA)意识到人们想购买价格低廉、质量高的家具时,就创造了可拆卸与组装的家具。所有这些都证明:市场营销可以把社会需要和个人需要转变为商机。

美国市场营销协会(AMA)为市场营销下了一个定义,认为市场营销是一项有组织的活动,包括创造、传播和交付顾客价值和管理顾客关系的一系列过程,从而使利益相关者和企业都从中受益。

市场营销概念具体归纳为下列要点:

(1)市场营销的最终目标是"满足需求和欲望"。

(2)"交换"是市场营销的核心,交换过程是一个主动、积极寻找机会,满足双方需求和欲望的社会过程和管理过程。

(3)交换过程能否顺利进行,取决于营销者创造的产品和价值满足顾客需求的程度和交换过程的管理水平。

以上概念的表述基本揭示了市场营销概念的内涵与外延。

(二)市场营销与销售、推销和促销的关系

可以这样说,推销往往是有需要的。然而,市场营销的目的却是使推销成为多余。

市场营销的目的就在于深刻地认识和了解顾客,从而使产品和服务完全适合特定顾客的需要,从而实现产品的自我销售。因此,理想的市场营销应该可以自动生成想要购买特定产品或服务的顾客,而剩下的工作就是如何使顾客可以购买到这些产品或者服务。

——彼得·德鲁克(Peter F. Drucker)

市场营销不同于销售、推销和促销。现代企业市场营销活动包括市场研究、市场需求预测、新产品开发、定价、分销、物流、商业广告、人员推销、销售促进、售后服务等活动,而销售、推销和促销仅仅是现代企业营销活动的一部分。把市场营销类比为"供应链"应该是对其含义的拓展。

(三)市场营销的相关概念

1. 需要、需求和欲望

需要和欲望是市场营销活动的起点。需要是指没有得到某些基本满足的感受状态,是人类与生俱来的。如人们为了生存对食品、衣服、住房、安全、归属、受人尊重等方面的需要。这些需要存在于人类自身生理和社会之中,市场营销者可用不同方式去满足它,但不能凭空创造。

欲望是指想得到上述基本需要的具体满足品的愿望,是个人受不同文化及社会环境影响表现出来的对基本需求的特定追求。

需求是指人们有能力购买并愿意购买某个具体产品的欲望。需求实际上也就是对某特定产品及服务的市场需求。市场营销者可以通过各种营销手段来影响需求,并根据对需求的预测结果决定是否进入某一产品市场。

市场营销由需求的把握和创新来构思有效的产品,通过市场交换送达消费者,以满足消费者的需求,所以营销始于需求,终于需求。把握需求、产品、市场及营销者这些核心概念是理解市场营销的重要基础。

与需求紧密相关的一组概念是行为、生活方式和生产方式。

行为是指人们为满足需求而采取的行动方式,如从哪里寻求产品信息、去哪里购买、在什么场合使用等。

生活方式可以认为是涵盖了需求和行为的一个更为宽泛的概念,既包括需要什么,也包括如何满足自己的需求和付诸行动。大学毕业后从集体宿舍到50多平方米的单身公寓是两种差别巨大的生活方式,这里面既有对住房面积、功能、环境的不同需求,也包括了由不同的自由空间所带来的不同行为。

生产方式则是指生产领域加工制造产品采用的技术装备以及劳动组织方式。超级市场大多数产品采用定量包装、顾客自选、统一结账的方式,于是货架、商场布局、结算、人员结构都有别于百货商店。标准化、通用化和流水线是制造业生产方式的一次革命,自动化和信息化则使企业的制造系统、后勤系统和管理系统成为一个有机的大系统。每一次变革都带来企业对设施设备和组织方式的一系列变革,蕴涵巨大的需求。

需求能否被创造存在很大的争议,这种争议主要源于对需求的内涵的认识不同。如果把人类的需求理解为是为了生存而需要食品、衣服、住所、安全、归属、受人尊重等,这些需求确实是人类与生俱来的,并且是稳定的,营销不需要也不可能创造。但从理论上说,对需求的这种理解没有给出需求的定义,只是给出了需求的具体类型。从需求是人们改善目前状态的一种愿望这一定义出发,情况就完全不同了。人类对食品的希望从吃饱到吃好,对服装的希望从遮羞保暖到彰显个性,对旅游的需求从走马观花到探险、度假、体验……人们对目前状态的满足标准是变化的,而满足标准的变化是各种内外因素作用的结果,营销就是一种促成这种标准变化的强烈的外部因素。

因此,所谓发现需求就是发现不满足,创造需求就是使人从满足转变为不满足,传播需求就是变个体不满足为群体不满足——创造市场,实现需求就是使不满足回到满足。而改变人们满足状态的本质在于提供一种新的满足标准(参照系)——新的生活方式,所以,营销的本质就是创造并传播新的生活方式(生产方式)。

表 1.1　需求与营销对策

需求状况	需求特征	对策
负需求	绝大多数人不喜欢,甚至花费一定代价也要回避某种产品	扭转性营销:试图使原来不喜欢某些事物的人变得喜欢。人们态度的改变取决于这种营销所申明的好处是否为个人所接受
无需求	目标消费者对于某些产品或服务不感兴趣或漠不关心的一种状态	刺激性营销:刺激人们对不了解的或无形取得产品的需求
潜伏需求	当许多消费者对不存在于实际的某些东西有强烈的需求时,就形成了潜伏需求的状况	开发性营销:衡量潜在市场的范围,试图发展某种新产品或新的服务
下降需求	市场对一个或几个产品的需求呈下降趋势的情况	再营销:企业通过各种方式企图重新建立人们对产品或服务的兴趣
不规则需求	在某些时候,需求低于供给能力;而在某些时候,供给能力低于需求	同步营销:设法使产品的需求配合供给
充分需求	营销者对其营业额感到满意的状况	维持性营销:面对消费者偏好变动,竞争加剧的情况维持现有的需求水平。营销者必须维持或改进其产品的质量,不断地评估消费者的满足程度
过量需求	某产品或服务的市场需求超过企业所能供给或愿意供给的水平	低营销:暂时地或长期地减少市场对产品的需求
有害需求	市场对某些有害物品或服务的需求	反营销:试图移植市场对某种产品或服务的需求

2. 产品或服务

产品或服务是能够满足人的需要和欲望的任何有形或无形的东西。它给消费者带来欲望的满足。产品或服务实际上只是获得利益的载体。这种载体可以是物,也可以是“行为过程”,包括人员、地点、活动、组织和观念等。

3. 效用、费用、满足

效用是消费者对产品满足自身需要的整体功能的评价。如作为交通工具，轿车比自行车更舒适、快捷，因而效用更高。但这种评价许多时候又是因人而异的，如对一些人来说，网络游戏比游戏机能给人更多的乐趣，而对另一些人来说，喝茶、打牌、聊天才是最好的娱乐。

费用是指顾客为得到产品的所有付出，包括精力、时间和金钱等。

满足是指顾客对产品的满意程度，它是效用和费用的函数，或者说是和理想产品的接近程度。所谓理想产品是指完全满足需求、绝对安全且费用为零的产品。

消费者通常根据对产品价值的主观评价和需要支付的费用来作出购买决定。

4. 交换活动

交换是指从他人处取得所需之物，并将自己拥有的某种东西作为回报的行为。人们对满足需求或欲望之物的取得，可以通过各种方式，如自产自用、巧取豪夺、乞讨和交换等方式。其中，只有交换方式才存在市场营销活动。

（四）市场营销管理

卖方在与买方进行交换活动的过程中，往往需要完成很多工作和具有相应的技能。当一方考虑通过各种方式促使另一方做出预期的反应（如购买）时，就产生了营销管理。因此，我们可以把营销管理（Marketing Management）看作艺术和科学的结合——选择目标市场，并通过创造、交付和传播优质的顾客价值来获得顾客、挽留顾客和提升顾客的艺术与科学。

市场营销管理是指企业为实现其目标，创造、建立并保持与目标市场之间的互利交换和关系而进行的分析、计划、执行与控制过程。它的基本任务，就是通过营销调研、计划、执行与控制，来营销目标市场的需求水平、时机和构成，以达到企业目标。为了保证营销管理任务的实现，营销管理者必须对目标市场、市场定位、产品开发、定价、分销、信息沟通与促销，做出系统决策。

营销管理的内容如图 1.3 所示。

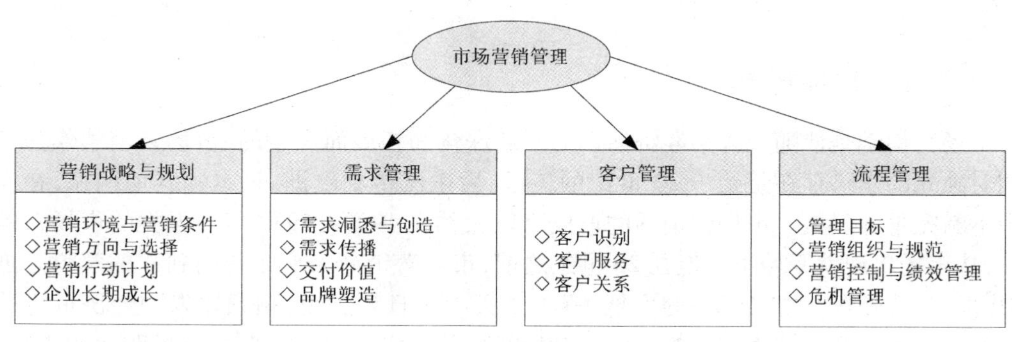

图 1.3　营销管理内容

三、市场营销与企业职能

市场营销的主要应用领域是以盈利为目的的各类企业。在市场经济体系中，企业存在的价值在于它能否有效地提供满足顾客需要的商品。因此，管理大师彼得·德鲁克(Peter F. Drucker)指出："企业的基本职能只有两个，这就是市场营销和创新。"这是因为：

(1)企业作为交换体系中的一个成员，必须以顾客的存在为前提。

(2)顾客决定企业的本质。只有顾客愿意花钱购买产品和服务，才能使企业资源变成财富。

(3)企业最显著、最独特的职能是有效实施市场营销活动。

因此，市场营销不仅以其创造产品或服务去占领市场，而且将企业与其他类型的组织区分开来，不断促进企业将市场营销概念贯彻于每一个部门，将市场营销作为企业首要的核心职能。

阅读资料

宋人的秘方

古时宋国有一族人善于制造一种药，在冬季，将这种药擦在皮肤上，可使皮肤不会干裂，不生冻疮。这一族人靠这个秘方，世世代代做漂染布絮的生意，日子倒也过得充足殷实。后来有个买布的商人知道了此事，就出重金买下了这个秘方。

当时吴越两国是世仇，不断交兵打仗。这个商人便将这个秘方献给吴王，并说明其在军事上的用途。吴王得此秘方大喜，便在冬天发动水战，吴军士兵涂了药粉，不生冻疮，战斗力极强；而越国士兵仓促应战，加上大部分都患了冻疮，苦不堪言，大败而归。吴王重赏献秘方的商人一块土地，这个商人从此大富大贵，再也不用去贩卖布匹了。

故对于善于思考的营销者来说，营销的成功法则就是选择合适的营销对象，推销他们最需要的产品。

第二节　市场营销学的产生和发展

一、市场营销学的形成

市场营销学是伴随着人类经济活动的不断深化和拓展而产生的，市场营销学作为一门相对独立的学科存在是始于20世纪的美国，后来流传到欧洲、日本和其他国家，在实践中不断完善和发展。市场营销学的形成阶段大约在1900～1930年。人类的市场营销活动，从市场出现就开始了。但在20世纪之前，市场营销尚未形成一门独立的学科。进入19世纪，伴随资本主义经济的发展，资本主义矛盾日趋尖锐，频频爆发的经济危机迫使企业日益关心产品销售，千方百计地应付竞争，并在实践中不断探索市场营运的规律。到19世纪末20世纪初，世界主要资本主义国家先后完成了工业革命，从自由竞争向垄断资本主义过渡。垄断组织加快了资本的积聚和集中，使生产规模扩大。这一时期，泰罗以提高劳动生产率为主要目标的"科学管理"理论、方法应运而生，受到普遍重视。一些大型企业由于实施科学管理，促使产品迅速增加，进而对流通领域也产生了巨大影响，对相对狭小的市场需要有更精细的市场营销。同时,科学技术的发展也使企业内部计划与组织变得更为严整,从而有可能运用现代化的调查研究方法,预测市场变化趋势,制订有效的生产计划和销售计划,控制和调节市场销售量。在这种客观需要与可能条件下,市场营销学作为一门独立的学科诞生了。

在此之前,美国学者已经发表和出版了一些论著,分别论述了产品分销、推销、商业广告、定价、产品设计和实体分配等专题。到 20 世纪初,一些学者如阿克·肖(Arch W. Shaw)、爱德华·琼斯(Edward D. Jones)、拉尔夫·斯达·巴特勒(Ralph Starr Butler)、詹姆斯·海杰蒂(James E. Hagerty)等人,将上述问题综合起来,形成一门市场营销学科。1902~1905 年,密歇根州大学、加利福尼亚州大学、伊里诺斯州大学和俄亥俄州大学等相继开设了市场营销课程。1910 年,执教于威斯康星大学的巴特勒教授正式出版《市场营销方法》一书,首先使用市场营销(Marketing)作为学科名称。而后,弗莱德·克拉克(Fred E. Clark)于 1918 年编写了《市场营销原理》讲义,被多所大学用作教材并于 1922 年出版。邓肯也于 1920 年出版了《市场营销问题与方法》。

这一时期的市场营销学,其内容局限于流通领域,真正的市场营销观念尚未形成。然而,将市场营销从企业生产活动中分离出来做专门研究,无疑是一个创举。

二、市场营销学的发展

经济环境的变化是市场营销理论丰富的契机。1929~1933 年资本主义经济危机,震撼了整个资本主义世界。生产严重过剩,产品销售困难,已直接威胁企业生存。从 20 世纪 30 年代开始,主要资本主义国家市场明显进入供过于求的买方市场。这时,企业界广泛关心的首要问题已经不是如何扩大生产和降低成本,而是如何把产品销售出去。为了争夺市场,解决产品价值实现问题,企业家开始重视市场调查,提出了"创造需求"的口号,致力于扩大销路并在实践中积累了丰富的资料和经验。与此同时,市场营销学研究大规模展开。一些著名大学的教授将市场营销研究深入到各个问题,调查和运用大量实际资料,形成了许多新的原理。如弗莱德·克拉克和韦尔法在其《农产品市场营销》(1932 年)中指出:"农产品市场营销系统包括集中(农产品收购)、平衡(调节供求)和分散(化整为零销售)三个相互关联的过程,营销者在其中执行七种市场营销职能:集中、储存、融资、承担风险、标准化、销售和运输。"拉尔夫·亚历山大(Ralph S. Alexander)等学者在 1940 年出版的《市场营销》一书中则强调市场营销的商品化职能是适应顾客需要的过程,销售是"帮助或说服潜在顾客购买商品或服务的过程"。1937 年,美国市场营销学和商业广告学教师协会及美国市场营销学会合并组成现在的美国市场营销学会(AMA)。该学会在美国设立几十个分会,从事市场营销研究和人才的培训工作,出版市场营销专著和市场营销调研专刊,对市场营销学的发展起了重要的推动作用。到第二次世界大战结束,市场营销学已得到长足发展,并在企业市场营销实践中广泛应用。但在这一阶段,它的研究主要集中在销售推广方面,应用范围基本仍局限于商品流通领域。

三、市场营销理论创新

第二次世界大战后至今,市场营销学从概念到内容都发生了深刻的变化。第二次世界大战以后,因和平条件和现代科技进步,促进了社会生产力的高度发展,致使社会产品数量剧增,花色品种日新月异。随着垄断资本的竞争加剧,销售矛盾更为尖锐。西方国家政府先后推行所谓高工资、高福利、高消费以及缩短工作时间的政策,刺激了人们的购买力,但并未引起实际购买量的直线上升,而只是使消费者需求和欲望在更高层次上变化,对社会供给提出了更高的要求。这时,传统的市场营销学已经不能适应形势要求,需要进行重大变革。

许多市场营销学者经过潜心研究,提出一系列新的观念。其中将"潜在需求"纳入市场概念是一个创新点,即把过去对"市场是卖方与买方之间的产品或劳务的交换"的旧观念,发展成为"市场是卖方促使买方实现其现实的和潜在的需求的任何活动"。这样,凡是为了保证通过交换实现消费者需求(包括现实需求与潜在需求)而进行的一切活动,都被纳入了市场营销学的研究范围。这也就要求将传统的"生产—市场"关系颠倒过来,即将市场由生产过程的终点,倒置于生产过程的起点。这样,也就从根本上解决了企业必须根据市场需求来组织生产及其他企业活动,确立了以消费者需求为中心而不是以生产者为中心的观念问题。这一新的概念导致市场营销学基本指导思想的变化,在西方称之为市场营销学的一次"革命"。

第二次世界大战后的近七十年来,市场营销论著层出不穷,理论不断创新。市场营销学逐步建立起以"满足需求"、"顾客满意"为核心内容的框架和体系,不仅在工商企业,而且在事业单位和行政机构也得到广泛运用。市场营销学界每隔几年就有一批新概念出现。这些新概念推动了市场营销学从策略到战略、从顾客到社会、从外部到内部、从国家到全球的延伸,得到了全面系统的发展和深化。

第三节　市场营销学的相关理论及基本内容

一、市场营销学的相关理论

作为一门应用性学科,市场营销学具有交叉性和边缘性的学科特点。在其发展过程中,不断吸纳了经济学、管理学、社会学、行为学等多门学科的相关理论,逐步形成了自己的理论体系。营销理论的基础是生产目的论和商品价值实现论。

从普遍意义上说,社会生产的最终目的是为了消费。任何生产者必须面向消费、面向市场,不断提供能满足消费需求和欲望的产品和服务,实现其价值交换过程,才能生存和发展。

市场营销学把交换作为学科的核心概念,并且在实践中不断丰富和发展了交换理论。它的微观概念,如1985年美国市场营销协会界定为:"市场营销是(个人和组织)对思想(或主意、计策)、货物和劳务的构想、定价、促销和分销的计划和执行过程,以创造达到个人和组织目标的交换。"宏观市场营销则一般定义为满足社会(或人类)需要和欲望,实现潜在交换的人类活动。市场营销学将交换作为一个相对范围抽出来,以价值实现为核心,运用系统论、决策论方法,构建了一个完整的理论体系。

这一理论体系将营销界定于交换和实现潜在交换,并将之作为企业市场营销者的基本职能;提出产品价值的创造与实现的必要条件是满足消费者(社会)的特定需要,充分条件是积极适应环境,实施整体营销。这是一种以手段(生产、市场营销)适应目的(消费需要),以微观(企业活动)适应宏观(消费需要比例)的系统理论。其内容主要包括:市场营销哲学的演进与变革理论,市场调研理论,市场环境分析理论,消费者购买行为理论,市场细分化理论,市场营销组合理论,以及营销组织与控制理论等,形成完整的体系。

二、宏观与微观市场营销学

从学科体系建立角度看,市场营销学的构建从微观(企业)开始,逐步形成了宏观与微观两个分支。宏观市场营销学从社会总体交换层面研究营销问题。它以社会整体利益为目标,研究营销系统的社会功能与效用,并通过这些系统引导产品和服务从生产进入消费,以满足社会需要。宏观市场营销学将营销视为一种社会经济过程,"引导某种经济的货物和劳务从生产者流转到消费者,在某种程度上有效地使各种不同的供给能力与各种不同的需求相适应,实现社会的短期和长期目标。"它强调从整体经济、社会道德与法律的角度把握营销活动,以及由社会(政府、消费者组织)控制和影响营销过程,求得社会生产与社会需要之间的平衡,保证社会整体经济的持续、健康发展和保护消费者利益,如图 1.4 所示。

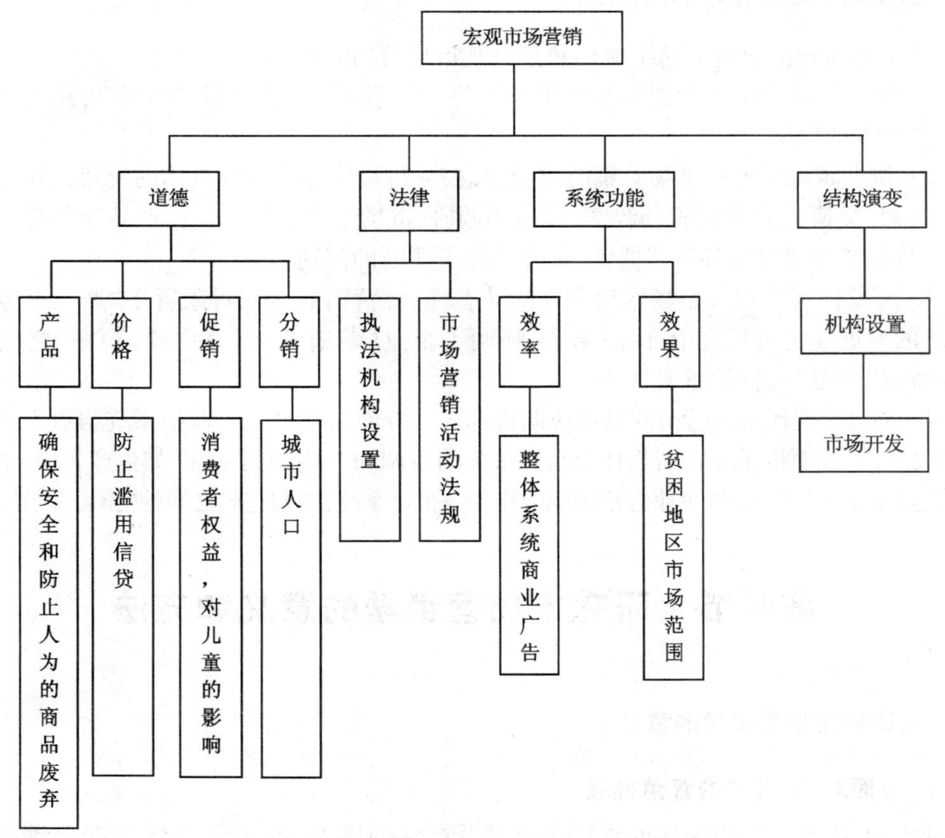

图 1.4 宏观市场营销的主体活动

微观营销学从个体(个人和组织)交换层面研究营销问题。微观市场营销“是指某一组织为了实现其目标而进行的这些活动:预测顾客和委托人的需要,并引导满足需要的货物和劳务从生产者流转到顾客或委托人。”显然,个人和组织(其典型是企业)的营销活动是围绕产品或价值的交换,实现其目标而进行的决策与管理。在这一过程中,营销者首先要通过调查研究了解消费者的特定需要,并据此研制开发能满足这种需要的产品;然后,要在进一步分析消费行为的基础上,制定市场计划,实施适当的产品、分销、价格与促销策略,如图 1.5 所示。

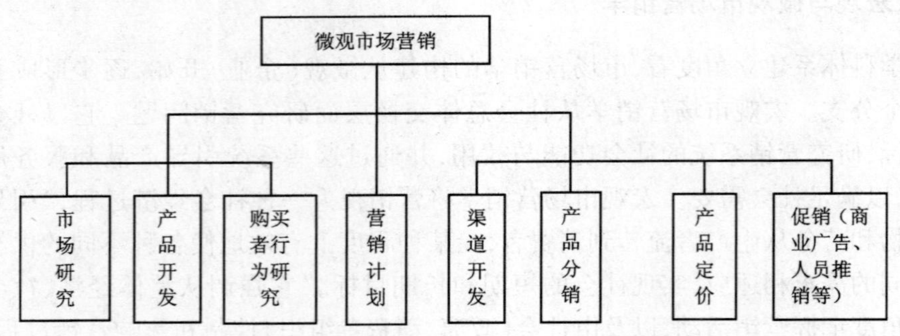

图 1.5　微观市场营销的主要活动

三、微观市场营销学的逻辑结构

现代市场营销学研究的主流仍然是微观市场营销问题。

1. 强调了现代市场营销的基本指导思想,即“满足需求”、“顾客满意”,并将其作为一条主线贯彻始终。

2. 基本涵盖了现代市场营销的主要概念,并尽可能结合实际具体的阐述。从营销的核心概念(交换),到营销管理哲学,到市场调研、市场细分、目标市场、产品定位等战略要素,以及市场营销组合各策略要素,都分别作了明晰的阐述。

3. 完整体现了现代市场营销研究的动态性,将营销的研究对象置于“昨天—今天—明天”的发展变化过程之中,面向未来,强调了企业(营销者)与消费者(顾客)之间的信息沟通和“学习”过程的重要性。

4. 突出了现代市场营销的系统协调特性。一方面强调了企业营销系统与更大系统的协调关系,一方面将企业营销与社会经济系统的协调和一些相关系统(如生产领域)的协调联系起来;另一方面,也将企业各营销职能作为一个分系统,强调它们之间的“整合”与协调。

第四节　研究市场营销学的意义和方法

一、研究市场营销学的意义

(一)面对 21 世纪的营销挑战

我们正在面对知识经济时代的来临及其严峻的挑战,特别是 2008 年的金融危机后

续效应的日益明显。在现代科技的飞速发展的背景下,从根本上改变着人们的生活方式和社会生产方式,带来比以往更为复杂和快速变化的社会经济环境以及更为剧烈的全球竞争。无论在国家(地区)综合国力的发展层面,还是在微观企业市场营销与发展层面,新世纪的挑战都是崭新全面的。

新的经济运行环境要求市场营销者洞察消费者的知识及其学习过程,并在向消费者学习过程中发挥作用。因此,市场营销不仅要向顾客学习,自身(组织内部)要学习,而且要对顾客"半教半学"。这种新的营销观念认为,营销活动的规则随购买者的不断学习而演变,这种演变在一定程度上取决于营销者教给购买者的内容。

菲利普·科特勒预言(2005),新世纪初市场销售领域将出现十大新趋势:

(1)电子商务的发展,使批发和零售之间出现了实质性非居间化。

(2)零售店交易量减少,它们更多是在推销"体验"而不是产品。

(3)建立客户信息库,根据某客户的特别需要提供"定制商品",成为公司时尚。

(4)商家在通过富于想象力的方法来超过消费者期望方面作了出色的工作。

(5)公司重视并对个别客户、产品和销售渠道进行利润核算。

(6)许多公司进一步树立忠实于客户的观念。

(7)公司的活动和需要,更多依赖外部资源和合作。

(8)现场销售人员拥有更多的特许权限。

(9)大量的电视商业广告、报纸杂志消失,"因特网"商业广告兴起。

(10)公司不可能长久地保持其竞争优势,除非他们具有尽快学习和跟上形势变化的能力。

(二)促进经济增长

宏观经济的稳定、健康和持续发展,已经成为各国(地区)关心的话题。经济成长决定于多种要素。其中,市场营销占据重要地位。

第二次世界大战后许多国家的经济成长经验表明,市场营销观念的转变和贯彻是经济成长的一个重要原因。

回顾我国改革开放30多年来的经济成长过程,也不难看到市场营销对经济发展的重要作用。可以预言,随着我国社会主义市场经济体制的构建和完善,这种作用还将进一步加强。

(1)市场营销在促进经济总量增长方面发挥着重要作用。市场营销以满足消费者需求为中心,强调不断开拓新的市场,为生产者、市场营销者提供不断向新的价值生产领域拓展和产品价值实现的手段,有效地促进经济成长。

(2)市场营销通过营销战略与策略的创新,指导新产品开发,降低市场风险,促进新科技成果转化为生产力,充分发挥科技作为第一生产力在经济成长中的作用。

(3)市场营销的发展,在扩大内需和进军国际市场以及吸引外资、解决经济成长中的供求矛盾和资金、技术等方面问题,开拓了更大的市场空间。

(4)市场营销为第三产业的发展开辟道路。专业性市场营销调研、咨询机构的发展,企业营销机构的充实,市场营销支持系统的发展,提供了大量的就业机会,并直接、间接地创造价值,促进第三产业的成长和发展。

(5)市场营销强调市场营销与环境的系统协调,倡导保护环境,绿色营销对经济的可持续发展起着重要作用。

(三)促进企业发展

企业是现代经济的细胞。企业的效益和成长是国民经济发展的基础。市场营销学对经济成长的贡献,主要表现在其解决企业成长与发展中的基本问题上。

市场营销学为企业成长提供了战略管理原则,将企业成长视为与变化的环境保持长期适应关系的过程。企业为此必须不断了解变化的环境,预测其趋势,不断创新其产品及营销策略,避免营销短视,不断在更高层次上满足需要来实现自身成长。

市场营销学为企业成长提供了一整套竞争策略,指引企业创造竞争优势。在战略与策略层面,市场营销学十分重视研究企业以满足需求为中心,形成自己的市场营销特色,以保证企业处于不败之地。

市场营销学为企业提供了系统的策略方案。企业可以通过市场营销战略、营销组合策略的决策和系统方案的实施,来达到其成长目标。

市场营销学也为企业成长提供了组织管理和营销计划执行与控制的方法。

由于政府的重视,企业的营销工作取得了一定的成效:

(1)企业营销力量得到加强,营销水平有所提高。

(2)企业开拓市场的能力不断增强。

(3)带动了适销产品的开发和结构调整。

(4)促进了工商联合和现代营销方式的运用。

二、市场营销学的研究方法

人们在长期的市场营销实践中总结了许多科学的市场营销研究方法,总结起来,市场营销学的研究方法主要有:

(一)传统研究法

(1)产品研究法

即对产品(商品),如农产品、机电产品、纺织品等分门别类的研究方法。其优点是具体实用,缺点是有许多共同的方面出现重复。这一方法的研究结果,形成各大类产品的市场营销学,如农产品市场营销学等。

(2)机构研究法

即对分销系统的各个环节(机构),如生产者、代理商、批发商、零售商等进行研究的方法。侧重分析研究流通过程的这些环节或层次的市场营销问题。其研究结果形成了《批发学》《零售学》等这样的著作。

(3)职能研究法

即研究市场营销的各类职能以及在执行这些职能中所遇到的问题及解决方法。如将营销职能划分为交换职能、供给职能和便利职能三大类,并将之细分为购、销、运、存、金融、信息等内容,进行专门和综合研究。这一方法在西方学术界颇为流行。

(二)历史研究法

历史研究法是从发展变化过程来分析阐述市场营销问题的研究方法。如分析市场

营销的含义及其变化，分析工商企业100多年来营销管理哲学（观念）的演变过程，分析零售机构的生命周期现象等，从中找出其发展变化的原因和规律性。市场营销学者一般都重视研究历史演变过程，但并不把它作为唯一的研究方法。

（三）管理研究法

管理研究法是二战后西方营销学者和企业界采用较多的一种研究方法：从管理决策角度研究市场营销问题。其研究框架是将企业营销决策分为目标市场和营销组合两大部分，研究企业如何根据其“不可控变数”即市场环境因素的要求，结合自身资源条件（企业可控因素），进行合理的目标市场决策和市场营销组合决策。管理研究法广泛采用了现代决策论的理论，将市场营销决策与管理问题具体化、科学化，对营销学科的发展和企业营销管理水平的提高起了重要作用。

（四）系统研究法

系统研究法是一种将现代系统理论与方法运用于市场营销学研究的方法。在以管理为导向的营销研究中心，这一方法常常结合起来使用。企业市场营销管理系统是一个复杂系统，在这个系统中包含了许多相互影响、相互作用的因素，如企业（供应商）、渠道伙伴（中间商）、目标顾客（买主）、竞争者、社会公众、宏观环境力量等。一个真正面向市场的企业，必须对整个系统进行协调和“整合”，使企业“外部系统”和企业“内部系统”步调一致、密切配合，达到系统优化，产生“增效作用”，提高经济效益。

现代市场营销学具有强烈的“管理导向”，即从管理决策的角度研究营销者（企业）的市场营销管理过程、策略与基本方法。市场营销管理哲学作为企业营销活动的基本指导思想，对企业经营成败具有决定性意义。建立能全面贯彻现代市场营销管理哲学、真正面向市场的企业，是摆在企业管理者面前的一项重要任务。

三、我国的市场营销理论发展

（一）市场营销理论在中国的传播

我国1949年之前，虽曾对市场营销学有过一些研究（当时称“销售学”），但仅限于几所设有商科或管理专业的高等院校。在1949～1978年，除了我国台湾省以及港、澳地区的学术界、企业界对这门学科有广泛的研究和应用外，在中国其他省市和地区，市场营销学的研究一度中断。在这长达30多年的时间里，国内学术界对国外市场营销学的发展情况知之甚少。党的十一届三中全会以后，党中央提出了对外开放、对内搞活的总方针，从而为重新引进和研究市场营销学创造了有利的环境。1978年，北京、上海、广州的部分学者和专家开始着手市场营销学的引进研究工作。虽然当时还局限在很小的范围内，而且在名称上还称为“外国商业概论”或“销售学原理”，但毕竟在市场营销学的引进上迈出了第一步。经过30多年的时间，对于市场营销学的研究、应用和发展，现已取得了可喜的成绩。从整个发展过程来看，大致经历了以下几个阶段：

1. 引进时期（1978—1982年）

在此期间，通过对国外市场营销学著作、杂志和国外学者讲课的内容进行翻译介绍，选派学者、专家到国外访问、考察、学习，邀请外国专家和学者来国内讲学等方式，系统地介绍和引进了国外市场营销理论。但是,当时该学科的研究还局限于部分大专院校和研究机构,从事该学科引进和研究工作的人数还很有限,对于西方市场营销理论的许多基本观点的认识也比较肤浅,大多数企业对于该学科还比较陌生。然而,这一时期的努力毕竟为国内市场营销理论的进一步传播打下了基础。

2. 传播时期(1983—1985 年)

经过前一时期的努力,全国各地从事市场营销学研究、教学的专家和学者开始意识到,要使市场营销理论在中国得到进一步的应用和发展,必须成立各地的市场营销学研究团体,以便相互交流和切磋研究成果,并利用团体的力量扩大市场营销学的影响,推进市场营销学研究的进一步发展。1984 年 1 月,全国高等综合大学、财经院校市场学教学研究会成立。在以后的几年时间里,全国各地、各种类型的市场营销学学会在研究和学术交流的同时,还做了大量的传播工作。例如,广东市场营销学会定期出版了会刊《营销原理》;全国高等综合大学、财经院校市场学教学研究会在每届年会后都向会员印发了各种类型的简报;各团体分别举办了各类型的培训班、讲习班;有些还通过当地电视台、广播电台举办了市场营销学的电视讲座和广播讲座。通过这些活动,既推广传播了市场营销学的知识,又扩大了学术团体的影响。在此期间,市场营销学在学校教学中也开始受到重视,有关市场营销学的著作、教材、论文在数量上和质量上都有很大提高。

3. 应用时期(1986—1988 年)

1985 年以后,国内经济体制改革的步伐进一步加快,市场环境的改善,为企业应用现代市场营销原理指导经营管理实践提供了有利条件,但各地区、各行业的应用情况又不尽相同,具体表现为以下几个方面:

(1)以生产经营指令性计划产品为主的企业应用得较少;以生产经营指导性计划产品或以市场调节为主的产品的企业应用得较多、较成功。

(2)重工业、交通业、原材料工业等以经营生产资料为主的行业所属的企业应用得较少;而轻工业、食品工业、纺织业、服装业等以生产经营消费品为主的行业所属的企业应用得较多、较成功。

(3)经营自主权小、经营机制僵化的企业应用得较少;而经营自主权较大、经营机制灵活的企业应用得较多、较成功。

(4)商品经济发展较快的地区(尤其是深圳、珠海等经济特区)的企业应用市场营销原理的自觉性较高,应用得也比较好。在此期间,多数企业应用市场营销原理时,偏重于分销渠道、促销、市场细分和市场营销调研部分。

4. 扩展时期(1989—1994 年)

在此期间,无论是市场营销教学研究队伍,还是市场营销教学、研究和应用的内容,都有了极大的扩展。全国各地的市场营销学学术团体,改变了过去只有学术界、教育界人士参加的状况,开始吸收企业界人士参加。其研究重点也由过去的单纯教学研究,改为结合企业的市场营销实践进行研究。全国高等综合大学、财经院校市场学教学研究会也于 1987 年 8 月更名为“中国高等院校市场学研究会”。学者们已不满足于仅仅对市场营销一般原理的教学研究,而是开始对其各分支学科进行日益深入地研究,并取得了一定的研究成果。在此期间,市场营销理论的国际研讨活动进一步发展,这极大

地开阔了学者们的眼界。1992 年春，邓小平视察南方并发表讲话以后，学者们对关于市场经济体制和市场营销管理，中国市场营销的现状与未来，跨世纪中国市场营销面临的挑战、机遇与对策等重大理论课题展开了研究，这也有力地扩展了市场营销学的研究领域。

5. 国际化时期(1995 年—2000 年)

1995 年 6 月，由中国人民大学、加拿大麦吉尔大学和康克迪亚大学联合举办的第五届市场营销与社会发展国际会议在北京召开。中国高等院校市场学研究会等学术组织作为协办单位，为会议的召开作出了重要的贡献。来自 46 个国家和地区的 135 名外国学者和 142 名国内学者出席了会议。25 名国内学者的论文被收入《第五届市场营销与社会发展国际会议论文集》(英文版)，6 名中国学者的论文荣获国际优秀论文奖。从此，中国市场营销学者开始全方位、大团队地登上国际舞台，与国际学术界、企业界的合作进一步加强。

6. 创新时期(2000 年至今)

营销创新就是根据营销环境的变化情况，并结合企业自身的资源条件和经营实力，寻求营销要素在某一方面或某一系列的突破或变革的过程。在这个过程中，并非要求一定要有创造发明，只要能够适应环境，赢得消费者的心理且不触犯法律、法规和通行惯例，同时能被企业所接受，那么这种营销创新即是成功的。还需要说明的是，能否最终实现营销目标，不是衡量营销创新成功与否的唯一标准。

(二)中国市场营销的走向

目前中国市场环境的演变，把中国营销推到了一个新的分水岭，中国营销将进入“创新中国营销”的新阶段。这意味着，中国营销速度和内容的变化都会超过过去 30 多年的平均水平。因此必须基于对营销环境的分析，对未来一段时间年内营销的走向作出判断。

1. 规范与创新——中国未来营销的主旋律

自 2000 年以来，终端销售一直是营销界的主旋律。最早参与终端销售的企业，由于其创新而赢得了竞争优势；当终端销售模式被普遍接受时，终端销售运作得规范的企业赢得了竞争优势。要么比对手更快地创新，要么比对手更早地规范，否则，企业不可能赢得竞争优势。规范与创新，将是未来一段时间中国企业营销的主旋律。对优秀企业而言，规范包含着诸多含义：第一，以体制推动营销运营而不是以个人推动营销运作；第二，以专业的理念、态度、精神和方法对待营销中的任何一件事情；第三，以规范的政策、程序进行操作和管理；第四，对规则和计划的尊重与严格执行。新的创新来自何方？几乎在营销的每项要素，每个领域都要寻求创新。但是，重大的、标志性的创新来自于对消费者的新认知，来自于对消费行为的新发现，来自于新的消费价值观，只有回归原点，观察并分析消费者的行为，才有可能找到新的创新点。

2. 营销注意力将会从关注对手和通路，转移到关注消费者，消费者行为研究将成为趋势

中国企业喊了多年的“市场导向”，其实大多一直是以竞争对手为导向和以经销商为导向，而不是以消费者为导向。当营销的注意力指向消费者时，本土营销界才发现对消

费者知之甚少——不仅没有消费者调查，更没有基于消费者行为研究的洞察，只有对消费者模糊的感觉，营销也只是在跟着感觉走。当大众市场饱和，企业准备针对特殊消费群体市场开展营销时，才发现对这些消费群体基本处于无知状态。消费者行为研究不仅使企业在表面已经饱和的市场中发现巨大的空间，而且将为企业找到满足消费者需求的策略和手段。

3. 企业的目标市场将从大众市场走向真正的细分市场

尽管营销人对市场细分的概念并不陌生，尽管不少营销人早已开始市场细分的实践，但却始终缺乏群体性的细分行为。现在，新的营销环境已经为企业群体性走向细分市场创造了条件。首先，大众消费市场已趋饱和，企业被迫寻找细分市场以创造增长空间。其次，收入分配的差异以及由此造成的需求差异已经足够大，中产阶级和高收入群体已经作为一个社会阶层出现，这些都是细分市场规模化的前提条件。再次，细分传媒和细分渠道已经产生，分众传媒、小众传媒的不断出现为细分化产品的推广创造了条件。做细分市场需要解决好三个核心问题：一是新产品设计和开发；二是渠道建设；三是培育做细分市场的队伍。

4. 企业营销体系将从简单、稚嫩迈向系统、成熟

尽管国内不乏优秀的企业，但本土企业的营销总体上仍是稚嫩的。正如坎坷的经历催人早熟一样，日趋恶劣的竞争环境正在催熟一批企业，而且更多有潜质的企业将走向成熟。未来一段时间我国企业竞争将呈现如下趋势：你死我活式的、自杀式的竞争少了，共生共荣、理性的竞争增多；急功近利、追求"生存"的企业少了，稳步推进，追求"长存"的企业将增多；采用单一营销策略的企业少了，采用整合营销策略的企业增多。回顾中国的营销史，每跨越一次营销的分水岭，不仅主要的竞争要素在变化，而且竞争的要素也在增加。以往单一要素的营销有可能成功，未来只有复合的、系统的营销才可能成功。系统的营销不是竞争要素的简单叠加，而是要素的系统整合。如果企业的营销达到下列境界，它将具有无法模仿的竞争优势：营销的每个方面，对手都可能模仿，但却始终无法模仿整体。

5. 跨国公司的本土化和本土企业的国际化

跨国公司的本土化并非一个"新发现"的命题。一些跨国公司拿它们那套几乎放之四海而皆准的东西来"改造"、"教育"、"引导"中国消费者时，其实已经犯了一些小儿科式的错误。跨国公司的本土化按照市场导向的观念应该是一个简单的问题：中国几乎无限供给的廉价劳动力，中国巨量人口所形成的巨大市场，中国从原始到现代共存的市场特征足于改变任何既定的市场规则。如果说本土企业的国际化以前仅停留在理念上，那么现在新的市场环境已经逼使本土企业在行动上研究这个问题。本土企业现在面临这样的营销环境：第一，即使本土企业不想走出国门，大批跨国公司已经进入国内市场与本土企业竞争，中国市场已经成为国际市场的一部分。第二，对某些行业而言，国内市场已经严重饱和，不得不走出去寻找新的增长空间。所以本土企业不得不国际化。本土企业的国际化包含着两大命题：一是按国际规则办事，二是资本和营销力量进入国际市场。

本土企业国际化和跨国公司本土化，将真正让跨国公司融入中国，中国企业融入国际社会，共同成为"国际企业俱乐部"成员。

6. 通路经销商小型化与终端供应商规模化将是同时并存的两种趋势

自2008年全球金融危机开始，市场重心不断下沉，从大区经销商、省级经销商、市级经销商，一直到现在以县级经销商为主，经销商小型化成为一股不可逆转的趋势，也是营销界的主旋律之一。经销商重心下沉的底线是乡镇经销商，现在有些企业已经开始从乡镇发掘经销商，但目前还不是主流，相信在3～5年内一定会成为主流。市场重心不断下沉的过程，一定是一个经销商小型化的过程。经销商小型化的过程也符合目前厂家主导市场而不是经销商主导市场的潮流。对很多市场主导能力很强的厂家而言，"听话的经销商"比市场能力强的经销商更符合需要。

与通路环节经销商小型化的趋势相反，中心城市的经销商正呈现规模化的趋势。大卖场和连锁超市等超级端点的出现是催生经销商规模化的主要因素。目前，实力弱小的供应商正在不断退出，资源正在不断向优势供应商集中。在某些中心城市，年供货额千万元以下的供应商不得不明智地选择退出，规模较大并具备讨价还价能力的供应商正在形成。

7. 推进以区域营销组织建设为主体的营销管理体系变革

当前的营销环境正在迫使企业加快区域营销组织建设。这是因为：第一，营销组织的集权是与大众消费相关联的，在未来市场不断细分的过程中，向区域组织分权成为一种必然。第二，区域市场的争夺可能比以前更激烈，需要更快的反应速度。第三，中国发展极不平衡的多元经济结构，只有通过强有力的区域营销组织才能有效地把握。正如跨国公司不可能由本部指挥各个国家的营销一样，区域营销组织也将实现"本土化"。

8. 营销组织体系将从单兵作战，逐步过渡到专业分工下的集群作战

单兵作战的组织体系在以往的营销环境中是有效的，它建立在这样的前提之下：第一，市场空间广阔，业务员可以跑马圈地。第二，竞争对手也是单兵作战，市场的竞争以营销人的个人竞争为主，营销业绩建立在"营销英雄"之上。第三，在组织管理能力跟不上时，以结果管理替代过程管理。单兵作战组织体系的缺陷是显而易见的，由于对个人能力的过度依赖而使结果具有不可预知性，业务员的道德风险和能力风险都足于酿成企业的经营风险。这种营销组织体系根本无法抗衡由专业人员组成的集群作战组织体系。

成熟市场环境下的营销组织体系，一定是以专业分工为基础的高度组织化的管理体系，它通常具有下列特点：第一，企业搭建基础营销平台，让平凡的人作出不平凡的业绩。第二，以一个营销机构做市场而不是以个人做市场，营销机构将营销管理推进到市场一线。第三，注重发挥业务员的专业优势而不要求"全职全能"。第四，以过程导向的管理替代结果导向的管理，实行过程导向的收入分配而不是"提成制"。第五，专业职能部门之间有效的沟通和协调，在专业分工之后还原组织的有机联系。

第五节 市场营销哲学演进

案例:美体小铺

美体小铺本是一家小企业,却被无数经典的教科书、国际奥美广告公司的《奥美的观点》、科特勒教授的权威著作《市场营销管理》以及大卫·爱格的《品牌经营法则》所广泛传播、引用。这源于它所坚持的一种价值、要赚钱,更要有道德。这种社会营销观念在思想学说中频频出现,但在实践中身体力行道德营销的企业并不多见。这正是作为一个小企业的美体小铺的可贵之处。1976 年,当艾妮达·罗狄克在英国的布莱顿市开了第一家"美体小铺"(The Body Shop)之后,这家跨国的美肤美发用品制造者和零售业者,打破了传统的所有旧观念。大部分化妆品的品牌特色,都是基于丰富的想象力以及由大量广告和包装所塑造出来的,富有感性及自我表现的优点。但美体小铺却正好相反,它所强调的价值观完全和竞争对手不同,而这种"支持原则的获利"的营销哲学,是美体小铺维持特色的主要原因。

美体小铺认识几个世纪以来,无论世界哪个角落,人们都在使用天然产品来护肤和护发。既然如此,为何不将这种护肤和护发知识加以改良,让更多人受惠?基于此,它开发了如"蜂蜜燕麦磨砂肤"、"苦瓜洗面乳"、"海菜洗发精"、"可可奶油美体乳液"等产品。美体小铺坚持从发展中国家取得原料,这不仅为其产品提供独特的创意,也为这些国家带来了就业机会和其他资源。美体小铺还坚持"要贸易,不要援助"的原则,为这些贫穷国家创造新活力。它把"第三世界国家"称为"多数国家",以此标明自己的非歧视性。它在多数国家的投入不只是赚钱而已,The Body Shop 于 1985 年上市,并成为绿色和平的赞助商。1986 年,自资成立环保企划部,第一个大型活动是在 1986 年与绿色和平合办的"拯救鲸鱼"。公司成功推广"反对动物测试"计划,使英国于 1998 年 11 月全面禁止使用动物测试化妆产品和原材料,并于 1996 年发起大规模请愿行动(共收集得四百万个签名)向欧盟执委员递交请愿书。

美体小铺除了卖化妆品,同时,还希望建立一个全球社区。随着它的成长,它所提倡的"反浪费"、"崇尚自然"的原则越来越显著。直到现在,它仍然拒绝用动物来测试产品,而且包装也力求简单。诸如此类的对环境和社会的贡献,体现了它的原则,公司不断提醒员工"目标、价值与产品、获利同等重要",它强调:"美体小铺有灵魂,别让这灵魂消失了。"

此外,它对员工也不轻视,通过各种课程和内部刊物,让员工了解公司的产品和环保诉求,进而影响周围的人,共同加入他们的行列。

凡此种种都带来了顾客的忠诚与好感。美体小铺的顾客也比较关心这个世界,也希望参与这个世界。这是一个小公司捍卫社会,高举社会道德营销的大旗的一个典型例子。

(http://blog.sina.com.cn/s/blog_55704f0f010009dq.html)

一、市场营销管理哲学及其演进

(一)市场营销管理哲学的概念

市场营销管理哲学是指企业对其营销活动及管理的基本指导思想。它是一种观念,一种态度,或一种企业思维方式,是企业在开展市场营销管理过程中,在处理企业、顾客、社会及其他利益相关者关系时所持有的态度、思想和观念。任何企业的营销管理都是在特定的指导思想或观念指导下进行的。确立正确的营销管理哲学,对企业经营成败具有决定性意义。

市场营销管理哲学的核心是正确处理企业、顾客和社会三者之间的利益关系。在许多情况下,这些利益是相互矛盾的,也是相辅相成的。企业必须在全面分析市场环境的基础上,正确处理三者关系,确定自己的原则和基本取向,并用于指导营销实践,才能有效地实现企业目标,保证企业的成功。

随着生产和交换日益向纵深发展,社会、经济与市场环境的变迁和企业经营经验的积累发生了深刻变化。这种变化的基本轨迹是由企业利益导向,转变为顾客利益导向,再发展到社会利益导向。

企业经营观念(哲学)是企业经营活动的指导思想,是企业如何看待顾客和社会的利益,即如何处理企业、顾客和社会三者利益之间比重的关键。无论是西方国家的企业或我国企业经营观念思想演变都经历了由“以生产为中心”转变为“以顾客为中心”,从“以产定销”变为“以销定产”的过程。企业经营观念的演变过程,既反映了社会生产力及市场趋势的发展,也反映了企业领导者对市场营销发展客观规律认识的深化结果。这从美国企业经营观念思想的演变可窥见一斑。

(二)现代企业的市场营销管理观念

现代企业的市场营销管理观念可归纳为五种。

1. 生产观念

生产观念(Production Orientation)是一种注重企业的内部能力而不注重市场的愿望与需求的哲学。生产观念是指导销售者行为的最古老的观念之一。这种观念产生于20世纪20年代前。企业经营哲学不是从消费者需求出发,而是从企业生产出发。其主要表现是“我生产什么,就卖什么”。生产观念认为,消费者喜欢那些可以随处买得到而且价格低廉的产品,企业应致力于提高生产效率和分销效率,扩大生产,降低成本以扩展市场。例如,美国皮尔斯堡面粉公司,从1869年至20世纪20年代,一直运用生产观念指导企业的经营,当时这家公司提出的口号是“本公司旨在制造面粉”。美国汽车大王亨利·福特曾傲慢地宣称:“不管顾客需要什么颜色的汽车,我只有一种黑色的。”显然,生产观念是一种重生产、轻市场营销的商业哲学。

生产观念是在卖方市场条件下产生的。在资本主义工业化初期以及第二次世界大战末期和战后一段时期内,由于物资短缺,市场产品供不应求,生产观念在企业经营管理中颇为流行。我国在计划经济旧体制下,由于市场产品短缺,企业不愁其产品没有销路,工商企业在其经营管理中也奉行生产观念,具体表现为:工业企业集中力量发展生产,轻视市场营销，实行以产定销；商业企业集中力量抓货源，工业生产什么就收购什么，工业生产多少就收购多少，也不重视市场营销。

生产观念的主要特点为：

(1)企业的主要精力放在产品的生产上。追求高效率、大批量、低成本；产品品种单一，生命周期长。

(2)企业对市场的关心，主要表现在关心市场上产品的有无和产品的多少，而不是市场上消费者的需求。

(3)企业管理中以生产部门作为主要部门。

(4)企业把主要精力放在产品的改进和生产上，追求高质量、多功能。

(5)轻视推销，单纯强调以产品本身来吸引顾客，一味排斥其他的促销手段。

(6)企业管理中仍以生产部门为主要部门，但加强了生产过程中的质量控制。

生产观念在以下两种情况下是合理、可行的：一是物资短缺条件下，市场商品供不应求时；二是由于产品成本过高而导致产品的市场价格高居不下时。

美国哈佛大学的西奥多·莱维特教授指出，产品观念导致"市场营销近视症"。"市场营销近视症"是指企业管理者在市场营销中缺乏远见，只注视其产品，认为只要生产出优质产品，顾客就必然会找上门，而不注重市场需求的变化趋势。"市场营销近视症"的主要表现在两个方面：(1)企业经营目标的"狭隘性"；(2)企业经营观念上的目光短浅；

预防和治疗"市场营销近视症"的"处方"为"企业逆向经营过程"，即将传统的经营过程倒转过来。

第一，了解消费者市场需求。

第二，分析消费者需求，找出企业能够满足的部分。

第三，确定满足需求的具体产品形式。

第四，购进必需的原材料。

第五，确定生产工艺。

第六，生产产品。

第七，将产品推向市场，满足消费者需求。

除了物资短缺、产品供不应求的情况之外，有些企业在产品成本高的条件下，其市场营销管理也受产品观念支配。例如，亨利·福特曾倾全力于汽车的大规模生产，努力降低成本，使消费者购买得起，借以提高福特汽车的市场占有率。生产观念是指管理层评估企业的资源并提出下列问题：

"我们最擅长做什么？"

"我们的工程师能设计什么？"

"考虑到我们的设备状况，生产什么最容易？"

对于一个服务性组织，经理们的问题是：

"本企业最适于提供什么服务？"，"我们的优势在哪里？"

评估企业的能力并没有错，事实上这些评估是战略性营销计划中主要考虑的因素。生产观念的不足之处是它没考虑企业以最高效率生产的商品和服务是否能满足市场需求。

2．产品观念

产品观念的基本观点是顾客会欢迎质量最优、功能最多的产品，并愿意付更多的钱。产品观产生的经济基础是市场上产品总体上处于供求平衡，顾客开始有了一定的挑选余地，并且，开始对产品质量、功能提出了超出基本配置的更高要求。但是这种绝对高质量、多功能的产品观念很快就被证明总体上是一种错误的观念。无论是质量还是功能，都不是越高越好，也不是越多越好，一件衣服10年不烂未必受欢迎，一张可以作为床来使用的沙发并不总是被需要的，成熟的顾客不会为多余的质量和功能支付更多的钱。

到了20世纪20年代，西方社会已经基本脱离贫困，衣食无忧，生活质量的提高逐渐成为人们追求的主要目标。改进产品质量、增加产品功能成为这一时期的主题，但既然绝对的高质量和多功能是错误的，企业就必然要关注相对的、合理的高质量和多功能，于是对需求的研究成为必然。为顺应这一时期市场形势的需要，1923年美国人亚瑟C. 尼尔森创建了专业的市场调查公司，这标志着专业化的市场营销实践的开始，市场营销的发展进入萌芽期。

产品观念的另一错误是导致"市场营销近视症"，即过分重视产品而不是需求，把产品和需求混为一谈，产品就是需求，需求就是产品，似乎人们要的就是某种产品，从而对替代产品的竞争视而不见。即使可口可乐这种品牌可以从容面对来自其他品牌可乐饮料的竞争，却一样也不能轻视来自非可乐饮料的竞争，正是非可乐饮料打破了可口可乐公司在饮料业的绝对地位。

产品观念认为，消费者最喜欢高质量、多功能和具有某种特色的产品，企业应致力于生产高质量产品，并不断加以改进。它产生于市场产品供不应求的"卖方市场"形势下。最容易滋生产品观念的场合，莫过于当企业发明一项新产品时。此时，企业最容易形成"市场营销近视"，即不适当地把注意力放在产品上，而不是放在市场需要上，在市场营销管理中缺乏远见，只看到自己的产品质量好，却看不到市场需求在变化，容易使企业经营陷入困境。

3．推销观念

推销观念或称销售观念的基本观点是顾客通常表现出一种购买惰性或抗衡心理，如果顺其自然的话，顾客一般会对某一产品的购买随机地分配给不同的品牌而不是足量购买某一品牌。因此，企业必须积极推销和大力促销，以刺激消费者大量购买本企业产品。企业的工作重心转向销售，开始重视广告术及推销术。推销观念产生的经济基础是生产力的进一步发展使许多产品开始由相对过剩向绝对过剩过渡，品牌知名度成为影响产品销售的重要因素。

推销观念的绝对表现是"我卖什么，顾客就买什么"。这种绝对的推销观建立在以下两个假设上：一是顾客会在花言巧语劝诱下购买产品，并且会喜欢它，即便不喜欢也不会向朋友说它的坏话，或者向消费者组织投诉；二是他们也可能忘记上次的上当而再次购买，显然，这种假设是站不住脚的，因而也是最危险的一种营销观。

推销观念在现代市场经济条件下仍被大量用于推销那些非渴求物品，即购买者一般不会想到要去购买的产品或服务。许多企业在产品过剩时，也常常奉行推销观念。然而产品能否长期销售最终必然取决于产品满足需求的程度，创造需求并通过推销（沟通）让顾客了解你的产品,在比较中确定你的产品和他的需求的高匹配性才是推销(沟通)的本质所在。

推销观念产生并流行于20世纪20年代末至50年代前期。1931年,麦克尔罗伊建立了宝洁公司的品牌管理体制,这一体制将宝洁公司的多种产品分别建立起不同的品牌,各自拥有相当自主权的品牌经理对一个产品的全面市场表现负责,各品牌间允许存在有限度的竞争。今天,众多的宝洁品牌成为消费者可信赖的品牌,宝洁公司成为小商品领域的市场领导者,这种品牌管理模式功不可没。随之,世界上大大小小的消费品甚至生产品公司都或多或少地引入了品牌管理模式。

与此同时,理论上的研究也得到了发展,美国一些大学开设了有关分销的课程,并逐步演变至最终采用了营销(Marketing)这一名称。这表明理论上已经把分销活动从生产活动中分离出来,单独地加以考察,研究的范围也从单纯的中间商组织和管理,扩展到广告、行为、价格及其他相关问题,认为制造创造使用价值,而市场营销创造时间和空间价值,市场营销的雏形初步形成。

推销观念虽然比前两种观念前进了一步,开始重视广告术及推销术,但其实质仍然是以生产为中心的。

4. 市场营销观念

市场营销观念是作为对上述诸观念的挑战而出现的一种新型的企业经营哲学。这种观念是以满足顾客需求为出发点的,即"顾客需要什么,就生产什么"。尽管这种思想由来已久,但其核心原则直到20世纪50年代中期才基本定型,当时社会生产力迅速发展,市场趋势表现为供过于求的买方市场,同时广大居民个人收入迅速提高,有条件对产品进行选择,企业之间为实现产品销售而竞争加剧,许多企业开始认识到,必须转变经营观念,才能求得生存和发展。市场营销观念认为,实现企业各项目标的关键,在于正确确定目标市场的需要和欲望,并且比竞争者更有效地传送目标市场所期望的物品或服务,进而比竞争者更有效地满足目标市场的需要和欲望。市场营销观念的出现,使企业经营观念发生了根本性变化,也使市场营销学发生了一次革命。市场营销观念同推销观念相比具有重大的差别。

西奥多·莱维特曾对推销观念和市场营销观念作过深刻的比较,指出:推销观念注重卖方需要;市场营销观念则注重买方需要。推销观念以卖主需要为出发点,考虑如何把产品变成现金;而市场营销观念则考虑如何通过制造、传送产品以及与最终消费产品有关的所有事物,来满足顾客的需要。可见,市场营销观念的四个支柱是:市场中心、顾客导向、协调的市场营销和利润。推销观念的四个支柱是:工厂、产品导向、推销、赢利。从本质上说,市场营销观念是一种以顾客需要和欲望为导向的哲学,是消费者主权论在企业市场营销管理中的体现。

许多优秀的企业都是奉行市场营销观念的,如日本本田汽车公司要在美国推出雅阁牌轿车。在设计新车前,他们派出工程技术人员专程到洛杉矶地区考察高速公路的情况,实地丈量路长、路宽,采集高速公路的柏油,拍摄进出口道路的设计。回到日本后,他们专门修了一条9英里长的高速公路,就连路标和告示牌都与美国公路上的一模一样。在设计行李箱时,设计人员意见有分歧,他们就到停车场看了一个下午,看人们如何放取

行李。这样一来,意见就马上统一起来。结果本田公司的雅阁牌汽车一到美国就备受欢迎,被称为是全世界都能接受的好车。

再如美国的迪斯尼乐园,欢乐如同空气一般无所不在。它使得每一位来自世界各地的儿童美梦得以实现,使各种肤色的成年人产生忘年之爱。因为迪斯尼乐园成立之时便明确了它的目标:它的产品不是米老鼠、唐老鸭,而是快乐。人们来到这里是享受欢乐的,公园提供的全是欢乐。公司的每一个人都要成为欢乐的灵魂。游人无论向谁提出问题,谁都必须用“迪斯尼礼节”回答,决不能说“不知道”。因此游人们一次又一次地重返这里,享受欢乐,并愿付出代价。反观我国的一些娱乐城、民俗村、世界风光城等,那单调的节目,毫无表情的解说,爱理不理的面孔,使人只感到寒意,哪有欢乐可言?由此可见我国企业树立市场营销观念之迫切性。

5. 社会市场营销观念

社会市场营销观念是对市场营销观念的修改和补充。它产生于20世纪70年代西方资本主义出现能源短缺、通货膨胀、失业增加、环境污染严重、消费者保护运动盛行的新形势下。因为市场营销观念回避了消费者需要、消费者利益和长期社会福利之间隐含着冲突的现实。社会市场营销观念认为,企业的任务是确定各个目标市场的需要、欲望和利益,并以保护或提高消费者和社会福利的方式,比竞争者更有效、更有利地向目标市场提供能够满足其需要、欲望和利益的物品或服务。社会市场营销观念要求市场营销者在制定市场营销政策时,要统筹兼顾三方面的利益,即企业利润、消费者需要的满足和社会利益。企业在市场营销中,首先是运用政治权力(Political Rower)和公共关系(Public Relations),以打开市场、进入市场。然后,运用传统的“4P”(产品、价格、渠道、促销)组合去满足该市场的需求,进一步巩固市场地位。

社会市场营销观念与传统的市场营销观念的区别:

(1)对环境因素的态度不同。

(2)企业营销目标有所不同。

(3)市场营销手段有所不同。

(4)诱导方式有所不同。

市场导向型的企业有时可能不提供顾客所追求的利益,这样做的原因是这些得益可能对个人或社会没有好处,这种哲学就称为社会营销观念(Societal Marketing Orientation)。这种观念认为,一个组织的存在不仅要满足顾客的需要和需求及实现组织自身的目标,而且要保持或提高个人和社会的长期最佳利益。如就产品而言,与社会营销观念相一致的营销活动是销售的产品或产品的容器比正常情况毒性更小、更耐用、含可再利用的成分。

上述五种企业营销观,其产生和存在都有其历史背景和必然性,都是与一定的条件相联系、相适应的。当前,外国企业正在从生产型向经营型或经营服务型转变,企业为了求得生存和发展,必须树立具有现代意识的市场营销观念、社会市场营销观念。但是,必须指出的是,由于诸多因素的制约,当今企业并未都树立了市场营销观念和社会市场营销观念。事实上,还有许多企业仍然以产品观念及推销观念为导向。

目前我国仍处于社会主义市场经济初级阶段,由于社会生产力发展程度、市场发展趋势、经济体制改革的状况及广大居民收入状况等因素的制约,我国企业经营观念仍处于以推销观念为主、多种观念并存的阶段。

表1.2 推动市场营销发展变化的主要原因

原因	说明
供求关系	当供求关系由相对过剩演变为绝对过剩时,产品即使价格合理也不可能自行销售。于是,与顾客沟通越来越重要。
需求性质	生理需要得到基本满足后,精神需要成为需求的主体。和生理需要是同质的、客观的不同,精神需要是异质的、主观的。于是,需求变得可以创造。
消费行为	随着社会经济的发展,人们从希望拥有物质到希望摆脱繁重的劳务、享受生活再到参与过程、体验生活。这时,营销已经成为企业经营的核心。
信息对称性	在产品相对简单、变化缓慢的时代,交易双方信息基本对称,如今却全然不是这样了。通过营销沟通建立与顾客间的信任是企业生存的必要条件。
社会关系	当社会和谐成为影响人们幸福感的重要因素时,个体顾客观演变为整体顾客观,即社会观在生产力低下的年代,大自然似乎是取之不尽的宝库。在生产力高度发达的年代,一味索取意味着破坏、生态恶化,社会观成为必然。
人与自然的关系	当供求关系由相对过剩演变为绝对过剩时,产品即使价格合理也不可能自行销售。于是,与顾客沟通越来越重要。

二、新型市场导向营销观念创建过程

(一)创建市场导向营销观念的理论依据

市场导向营销观从市场需求和市场竞争两个焦点出发,通过对企业自身的比较优势的分析和发挥,比竞争对手更有效地满足市场需求,并取得满意的营销绩效。

1. 兰·戈登提出的新的营销观念

兰·戈登认为,传统的市场营销观念已不能有效地指导企业实现利润最大化目标,它存在以下缺陷:

①容易使企业所提供的产品在同行中出现雷同。

②由于产品雷同,而市场需求总量有限,从而本企业和同行业其他企业各自的市场份额都相对缩小。

③各自市场份额的下降,必将导致本企业及同业中各个企业的利润额下降。

④少数具有潜能的劣势企业将被淘汰。

据此,兰·戈登提出:一个企业要想持续增长,就必须扬弃传统的市场营销观念,树立一种既考虑顾客需要的满足,又考虑竞争者经营战略的新的营销观念。

2. 菲利普·科特勒提出的"市场导向"

菲利普·科特勒指出:相对于既不注意顾客又不注意竞争者为产品导向,只注意顾客不注意竞争者为顾客导向,只注意竞争者忽略顾客为竞争者导向,今天的公司应是市场导向，既要注意顾客也要注意竞争者。

3．亨特和摩根（Hunt and Morgan）为代表的“比较优势理论”

1995年，亨特和摩根在企业成长理论、竞争理性理论、竞争优势理论和差异化优势理论等基础上，提出了“比较优势理论”（或称“资源优势理论”）。

（二）市场导向营销观的主要观点

1．生态营销观念

生态营销观念是以市场为导向，以市场需求和市场竞争为中心，以寻找和满足最能发挥企业优势的市场需求、提高企业经营效益为重点的营销观念。

生态营销观念认为，市场上的需求多种多样，任何一个企业都不可能满足市场上的所有需求，而只能将那些最能发挥企业优势的市场需求作为企业的营销方向，设法去满足它。

企业一方面坚持以消费者需求为中心，另一方面强调发挥自身的优势和特长。

2．双焦点市场导向营销观

双焦点市场导向营销观是在生态营销观念基础上的进一步发展，双焦点市场导向营销观强调企业市场营销中必须注重市场需求和市场竞争两个焦点。

双焦点市场导向营销观指导下企业的营销过程为：

①寻找、识别未被竞争者满足或是还未被充分提及的需要和欲望。

②估量其总体需求潜力及企业销售潜力的大小。

③各种竞争力量及自身比较优势分析。

④选择和确定具有比较优势且能获得优秀财务业绩的目标市场。

⑤市场营销环境及主要竞争对手的战略分析。

⑥以合作竞争和超越竞争为主导，制定、实施与控制自身发展战略和营销战略、策略。

（三）市场导向营销观的发展——社会市场导向营销观

1．社会市场营销观

社会营销观念认为，企业的营销活动不仅要满足消费者的欲望和需求，而且要符合消费者和全社会的最大长远利益，要变“以消费者为中心”为“以社会为中心”。因此，企业在市场营销中，一方面要满足市场需求，另一方面要发挥企业的优势；同时，还要注重社会利益：确保消费者的身心健康和安全，确保社会资源的合理、有效利用，防止环境污染、保持生态平衡。要将市场需求、企业优势与社会利益三者结合起来，来确定企业的经营方向。

2．绿色市场营销观

绿色营销观念认为，企业在营销活动中，要顺应可持续发展战略的要求，注重地球生态环境保护，促进经济与生态协同发展，以实现企业利益、消费者利益、社会利益及生态环境利益的统一。

(四)关系导向营销观

1. 关系导向营销观的演进

自20世纪80年代"关系营销"(Relationship Marketing)的提出,关系导向营销观的演进可归纳为以下三个阶段:

第一阶段,单一客户关系论。构建客观存在的客户与商家关系。

第二阶段,单纯多元关系论。多元关系论主要包括三个方面:

①三元关系论(顾客、供应商、分销商)。

②六市场论:顾客市场、供应商市场、内部市场、竞争者市场、分销商市场、相关利益者市场。

③多元关系论。认为与公司利益攸关者包括:顾客、员工、供应商、分销商、零售商、广告代理人、大科学家及其他人。

第三阶段,交易与关系结合论。认为营销应是从交易到关系的一个连续、系统的过程。以交易为核心的"营销管理"与以关系为核心的"单纯关系营销"的结合,在相互交换和履行承诺的过程中,识别、建立、维持、巩固与消费者及其他参与者的关系,实现各方目的,才是以关系为导向的营销观的本质特征。

2. 关系导向营销观的内涵

(1)关系导向营销观的基本内容。

①强调交易与关系的结合。

②强调"关系"的多元性。

③强调实现"多赢"目的。

(2)关系导向营销观与传统营销观念的差异。

①营销范围的扩大。

②营销的利益导向的差异。

③营销的核心内容的差异。

④营销主体的差异。

3. 关系营销的实施过程

(1)关系营销的实施原则。

①主动沟通原则。

②承诺信任原则。

③互惠原则。

(2)关系营销中的关键过程。

①建立与维持与顾客的良好关系。

②促进企业合作,共同开发市场机会。

③协调与促进同企业内部利益攸关者的关系。

④协调与政府及其他利益攸关者的关系,创造良好的营销环境。

三、全方位营销观

(一)全方位营销的涵义

在21世纪的前十年,营销的趋势和力量正促使一些领先企业接纳一套超越传统营销观念的新的理念和实践方式,采用更具整体性、关联性的方法来展开自己的营销活动。

全方位营销(Holistic Marketing)观念是以开发、设计和实施营销计划、过程及活动为基础的,但同时也深刻地认识到上述营销计划、营销过程和营销活动的广度和彼此之间的相互依赖性。在营销实践中每个细节都是重要的,从系统、整合的视角研究营销的要素和环节具有重要价值。

(二)全方位营销的维度

全方位营销试图认识和协调市场营销活动的范围和复杂度。图1.6提供了该理论的简图和它的四个主题:关系营销、整合营销、内部营销和绩效营销。

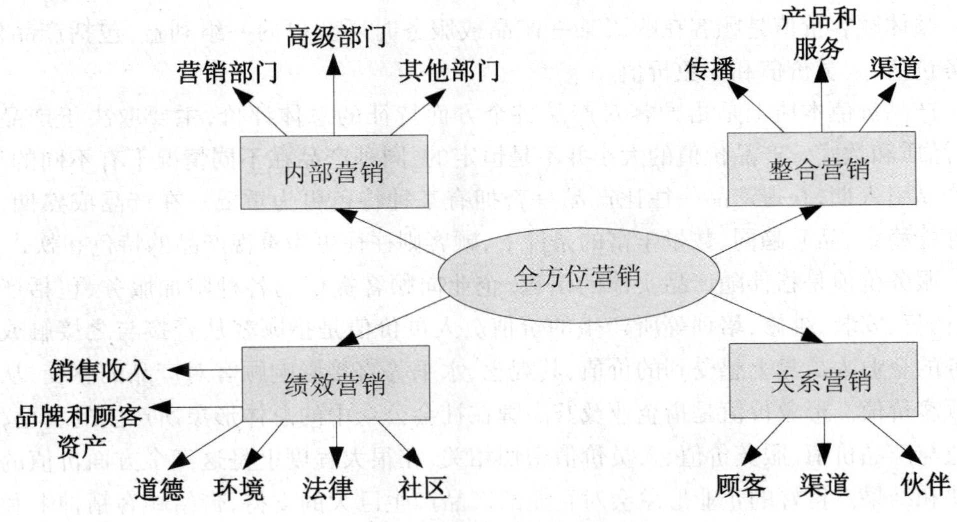

图1.6 全方位营销的维度

四、顾客价值与顾客满意

(一)顾客价值

1. 顾客价值

顾客购买、使用产品或服务的目的都是为了获得某种利益,这种利益既可以是物质的也可以是精神的,或二者兼而有之。顾客总是选择他认为能够提供较大利益、并能从这种利益中得到满足的品牌。所以创造并提高顾客价值是企业达到顾客满意的关键。顾客价值的大小可以用顾客让渡价值——整体顾客价值与整体顾客成本之间的差额——来衡量,顾客将选择购买他们认为顾客让渡价值最高的产品。顾客让渡价值的构成见图1.7所示。

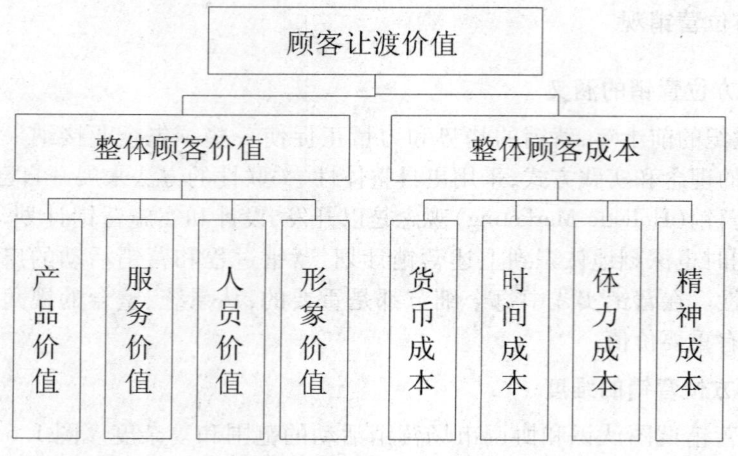

图 1.7　顾客让渡价值

整体顾客价值是顾客在购买某一产品或服务时所获得的一组利益,包括产品价值、服务价值、人员价值和形象价值。

产品价值本质上是指顾客对产品各个方面特征的总体评价,主要取决于产品的功能、品质和款式。产品价值的大小并不是恒定的,同种产品在不同情况下有不同的价值。在产品引入期,获得产品往往比产品是否拥有某种特色更为重要。在产品成熟期,也就是性能稳定、品质趋同、数量丰富的条件下,顾客则往往更为重视产品的特色和款式。

服务价值是指伴随产品实体的出售,企业向顾客提供的各种附加服务,包括产品介绍、送货、安装、维修、培训等所产生的价值。人员价值是指顾客从直接与之接触或为之服务的企业人员身上感受到的价值,其观念、水平等直接影响顾客对产品的感受,从而产生顾客价值。形象价值是指企业及其品牌在社会公众中的总体形象所产生的价值,形象价值与产品价值、服务价值、人员价值密切相关,在很大程度上是这三个方面价值的综合反映和结果。良好的企业形象会对企业的产品产生巨大的支持,带给顾客精神上和心理上的满足感、信任感,使顾客的需要获得更高层次和更大限度地满足,从而增加顾客购买的总价值。

对大多数选择性产品,顾客接受企业产品的顺序是先企业,次人员,最后才是企业产品。顾客对企业的了解和认可是第一位的,良好的企业知名度和企业形象有助于顾客接受企业业务人员并与业务人员建立良好的关系。业务人员的形象、水平和服务则容易获得顾客的高度信任,并进而使顾客接受企业的产品。

整体顾客成本是顾客为了购买和使用一个产品所付出的全部代价,它分别表现为货币成本、时间成本、精神成本和体力成本。这些成本并不仅仅指顾客在购买过程中所发生的支出,也包括购买前、使用中所发生的一切相关支出。

货币成本是顾客购买产品时的价格。一般来说,货币成本是构成顾客总成本大小的主要和基本因素,产品的功能、品质相同时,顾客总是希望价格越便宜越好。同时,货币成本在顾客选择中的重要性还取决于它相对于顾客的总开支效应。相对于其他成本要素,货币成本是显性的、易衡量和比较的。

时间成本是顾客在产品购买和使用过程中的时间耗费。随着社会生活节奏的不断加快,顾客的耐心越来越有限,降低时间消耗也是降低顾客成本。体力成本是指顾客购买和使用产品的过程中的体力耗费,如搬运、摆放等。精神成本是指顾客在购买和使用产品的过程中的精神耗费,如学习、评判、冲突、困扰等。现代科技产品在许多方面对顾客来说都是一个黑箱,为避免不愉快的出现,顾客不得不花费大量的精神以得到正确的和有利的结果,保障自身利益。企业如果能使购买和使用过程成为一种体验则这一过程是愉悦的,不是精神支出而是精神享受。

2. 价值链

价值链概念是由迈克尔·波特提出的,其将在某一特定行业中创造价值和将产生成本的诸活动分解为在战略上相互关联的九项活动,用以识别创造更多的顾客价值的各种途径。

这九项活动分为五项基础活动和四项支持性活动,如图 1.8 所示。基础活动是指企业购进原材料(进入运筹),进行加工生产成最终产品(生产作业),将其运出企业(出货运筹),上市销售(营销与销售)到售后服务(服务)依次进行的活动。支持性活动始终贯穿在这些主要活动中,包括采购、技术发展、人力资源管理和公司的基础设施。公司的任务是检查每项价值创造活动的成本和经营情况,并寻求改进措施。只有当公司在某些活动上做得比它的竞争者好时,它才能获得竞争优势。

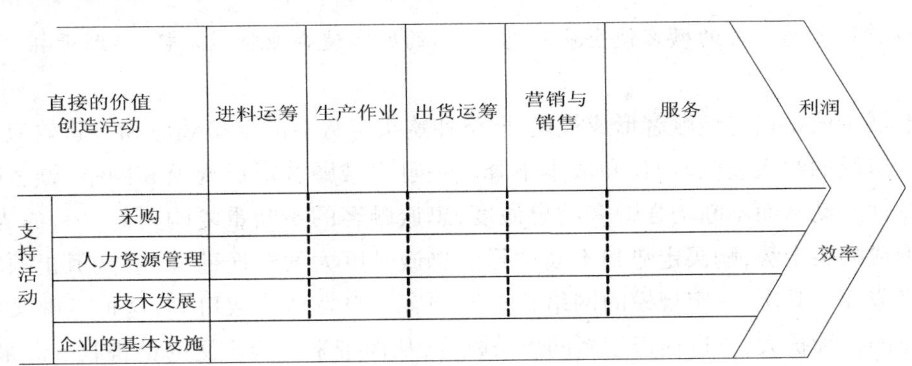

图 1.8 企业价值链

3. 价值让渡网络

为了营销成功,许多公司还需要超越其自身的价值链,进入其供应商和最终顾客的价值链中寻求竞争优势。越来越多的公司和特定的供应商及分销商合伙,以创造优秀的价值让渡网络(供应链)。

4. 顾客资产

和品牌一样,忠诚的顾客也是企业最重要的资产之一。顾客对企业的价值——顾客资产主要体现在三个方面:一是直接价值;二是创新价值;三是扩展价值。

直接价值是指顾客的直接购买为企业带来销售收入及利润的价值,它不仅指顾客短期的或一次性的购买所带来的价值,更是指顾客终生的重复购买所带来的价值。一个企业在学会看待顾客的终生价值时,企业将走向长期发展的轨道。

创新价值是指顾客不断推动企业创新所带来的价值。优秀的顾客善于表达自己的需求,乐于对企业产品和服务的不足提出自己的意见,从而为企业创新提供了思路和动力,也就是为企业提供了建立优势和开拓新市场的机会。他们是创意的来源、新产品的首推对象,同时也是扩大需求的首选对象。

阅读资料

欢迎内行而挑剔的顾客

哈佛商业管理学院教授迈克尔·波特在其《国家竞争优势》中指出:"假如本土客户对产品、服务的要求或挑剔程度在国际上数一数二,连带会激发该国企业的竞争优势。这个道理很简单,只要能满足这些难缠的顾客,企业就能满足其他发达国家的客户需要。"

他接着指出:"内行而挑剔的客户是本国厂商追求高质量、完美的产品造型和精致服务的压力来源……因此,挑剔型顾客既能维持厂商的竞争优势,更是创造竞争优势的动力。当厂商长期被刺激着不断改进、不断开发新领域时,势必会迫使他们在流程上的竞争优势升级。"

所以说容易满足的顾客使企业懈怠,挑剔的顾客使企业精益求精,不断开拓。

扩展价值是指忠诚顾客形成规模、网络和购买定势后的壁垒效应和口碑效应而带来的更为广泛的收入、利润增长和成本下降。一旦忠诚顾客形成规模和网络,顾客间易于形成良性互动从而不断增强顾客的忠诚度,忠诚顾客的不断重复购买使交易成为惯例,从而形成购买定势,购买定势和不断增强的忠诚是巨大的转换壁垒,它会阻止顾客转向其他供应商。其次,一定规模的网络化忠诚顾客会自发地形成口碑,这种口碑又导致顾客规模的持续扩大,并进而产生新的忠诚顾客,从而带来更为广泛的销售收入。最后,忠诚顾客会爱屋及乌,极易接受企业围绕核心产品开发出的相关产品,甚至是全新的产品,这就使得企业新产品的推广费用大大降低,推进时间大大缩短。

(二)顾客满意

1. 顾客满意的概念

顾客满意(Customer Satisfaction,CS)是指顾客在产品使用后形成的对产品效用的感知(P)与他(明示的、隐含的或要求的)期望(E)的产品效用的比较而形成的惊喜、满意或失望的感觉状态,即 $CS = P/E$。

2. 顾客满意影响分析

顾客满意是相对而不是绝对的,在一定的产品效用下,过高的期望虽然会强化顾客的购买欲望，有助于提升短期销售业绩，但往往导致较低的顾客满意。所以，企业在不断提高产品效用的同时，还应适当地控制顾客对产品效用的期望，而不是一味地提升这种期望、图 1.9 表明了顾客对产品的期望效用和购买欲望、顾客满意之间的相互关系。

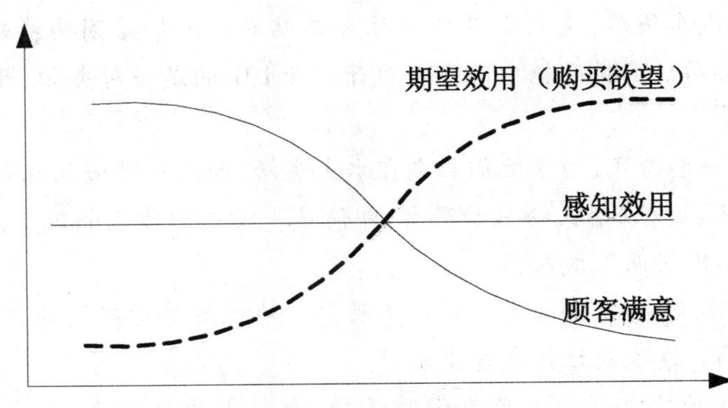

图 1.9　期望效用、感知效用与顾客满意

顾客对产品的期望效用和感知效用是决定顾客满意的两个基本方面，更深层次的影响因素则是顾客对产品的认知度、顾客关系、对顾客的承诺和满意度比较。

顾客对产品的认知度是指顾客对产品满足需求程度的总体评价，主要取决于产品的功能、品质和款式，满足需求的程度越高，感知效用越高，满意度也越高。

顾客关系是指企业与顾客之间所建立起来的关系，这种关系越是亲密融洽，顾客的满意度就越高。

对顾客的承诺是指企业对所提供的产品或服务的一种事前保证，保证对顾客在今后使用过程中可能遇到的可预见和不可预见风险予以及时解决，包括对产品或服务的质量、安装、维修、换货、退货和培训等各个售后环节的承诺。承诺在购前阶段的主要作用是吸引顾客对产品的关注，强化顾客对产品的信心，并对消费者对产品的期望效用产生重要影响，承诺对期望效用有显著影响，对感知效用有影响但不显著。所以，承诺可以有效提高期望效用和购买欲望，但如果没有措施使感知效用得到同步提升，则往往带来满意度的下降。

满意度比较是指顾客对不同品牌的满意度的比较。处于较高满意度的品牌，满意度会获得进一步的上升，形成良性循环，反之则会下降。

对于商业客户，不管是设备采购、原材料采购或者是解决方案采购，其目的都是为了再生产，以便为他的顾客提供需求解决方案从而实现自身的成长。所以，虽然产品认知、顾客关系、承诺和满意度比较也都依然对顾客满意产生影响，但最主要的影响一定是顾客成功，即商业客户的顾客满意的本质是顾客成功。

阅读资料

两辆中巴

家门口有一条汽车线路，是从小港口开往火车站的。不知是因为线路短，还是沿途人少的缘故，客运公司仅安排两辆中巴来回对开。开101的是一对夫妇，开102的也是一对夫妇。

坐车的大多是一些船民，由于他们长期在水上生活，因此一进城往往是一家老少。

101号的女主人很少让船民给孩子买票，即使是一对夫妇带几个孩子，她也像是熟视无睹似的，只要求船民买两张成人票。

有的船民过意不去，执意要给大点的孩子买票。她就笑着对船民的孩子说："下次给带个小河蚌来，好吗？这次就让你免费坐车。"

102号的女主人恰恰相反。只要有带孩子的，大一点的要全票，小一点的也得买半票，她总是说，车是承包的，每月要向客运公司交多少钱，哪个月不交足，马上就干不下去了。

船员民们也理解，几个人就掏几张票的钱。因此，每次也都相安无事。不过，三个月后，门口的102号不见了，听说停开了。它应验了102号女主人话：马上就干不下去了，因为搭她的车的人很少。

营销是不见硝烟的战场。在这个战场上，竞争者之间比拼的不仅仅是价格、质量和服务，还有营销哲学这样深层次的东西。102号的做法无可厚非，101号的做法似乎很傻，然而，最后却是"傻人"取得了成功，"精明的"反而做不下去了。再看看我们身边无数的"傻人自有傻福"、"机关算尽太聪明"的例子，其中的道理还用多说吗？

复习题

一、单选题

1. 市场营销概念的核心是(　　)。

A. 交换　　B. 需求　　C. 需要　　D. 产品

2. 市场营销学作为一门独立的经济管理学科诞生于20世纪的(　　)。

A. 欧洲　　B. 日本　　C. 美国　　D. 中国

3. 从市场理论的角度而言，企业市场营销的最终目的是(　　)。

A. 满足消费者的需求和欲望　　B. 求得生存和发展

C. 推销商品　　D. 获取利润

4. 市场营销学的"革命"的标志是提出了什么观念(　　)。

A. 以消费者为中心　　B. 以生产者为中心

C. 市场细分　　D. 市场营销组合

5. 市场营销应该以(　　)为中心。

A. 产品　　B. 服务　　C. 价格　　D. 顾客

6. 从市场营销的角度看,市场就是(　　)。

A. 买卖的场所　　B. 商品交换关系的总和

C. 交换过程本身　　D. 具有购买欲望和支付能力的消费者

7. 消费者未能得到满足的感受状态称为(　　)。

A. 欲望　　B. 需要　　C. 需求　　D. 愿望

8. 与顾客建立长期合作关系是(　　)的核心内容。

A. 关系营销　　B. 绿色营销　　C. 公共关系　　D. 相互市场营销

9. 建立营销道德最根本的是确立并实施(　　)。

A. 生产观念　　B. 市场营销观念　　C. 社会营销观念　　D. 推销观念

10. 营销者掌握的信息较多,而消费者了解的情况较少,对有关商品的知识甚为有限,在交易中处于不利地位,这是由于什么引起的(　　)。

A. 信息传递　　B. 信息不对称　　C. 信息沟通　　D. 信息对称

11. 市场营销管理的实质是(　　)。

A. 刺激需求　　B. 需求管理　　C. 生产管理　　D. 销售管理

12. 对于负需求市场,营销管理的任务是(　　)。

A. 改变市场营销　　B. 刺激市场营销　　C. 反市场营销　　D. 维持市场营销

13. 企业对其营销活动及管理的基本指导思想就是(　　)。

A. 市场营销观念　　B. 社会营销观念

C. 市场营销管理哲学　　D. 生产或销售观念

14. 以“顾客需要什么,我们就生产供应什么”作为其座右铭的企业是(　　)企业。

A. 生产导向型　　B. 推销导向型

C. 市场营销导向型　　D. 社会营销导向型

15. 顾客总价值与顾客总成本之间的差额就是(　　)。

A. 企业让渡价值　　B. 企业利润　　C. 顾客让渡价值　　D,顾客利益

16. 顾客购买的总成本包括货币成本和(　　)。

A. 时间成本　　B. 体力成本　　C. 精神成本　　D. 非货币成本

17. 从总体上看,质量改进方案(QIP)通常会增加企业的(　　)。

A. 成本　　B. 盈利　　C. 无形资产　　D. 以上答案都不对

18. 服务价值是指伴随产品实体的出售,企业向顾客提供的(　　)。

A. 附加服务　　B. 送货　　C. 产品保证　　D. 技术培训

19. 从企业价值链及其构成看,下游环节的中心是(　　)。

A. 创造产品价值　　B. 创造顾客价值　　C. 技术创新　　D. 产品创新

20. 在企业的价值链中,真正创造价值的经营活动,就是企业价值链的(　　)。

A. 供销环节　　B. 战略环节　　C. 生产环节　　D. 技术开发环节

二、判断题

1. 市场营销理论以交换作为自己的核心概念,提出产品价值的创造与实现的必要条件是满足消费者的特定需求,充分条件则是适应环境、实施整体营销。(　　)

2. 市场的发展是一个由买方决定,而由卖方推动的动态过程。(　　)

3. 市场营销的核心是交换。(　　)

4. 消费者之所以购买商品,根本目的在于获得并拥有产品本身。(　　)

5. 市场营销的最终目标是企业获取利润。(　　)

6. 市场营销就是推销和广告。(　　)

7. 营销管理的实质是需求管理。(　　)

8. 针对过量需求,企业营销管理的任务是"反市场营销"。(　　)

9. 构成顾客总成本之一的非货币成本,包括时间成本、精神成本和体力成本。(　　)

10. 由于追求顾客让渡价值最大化的结果往往会导致企业成本增加,利润减少。因此,任何企业都不会主动采用顾客让渡价值最大化的策略。(　　)

11. 以企业为中心的观念包括生产观念和营销观念。(　　)

12. 除了物资短缺、产品供不应求的情况之外,某种具有良好市场前景的产品,因生产成本很高,必须通过提高生产率、降低成本来扩大市场时,也会导致企业奉行生产观念。(　　)

13. 市场营销观念和社会营销观念的最大区别在于后者强调了社会和消费者的长远利益。(　　)

14. 通过满足需求达到顾客满意,最终实现包括利润在内的企业目标,是现代市场营销的基本精神。(　　)

15. 从企业实际的营销经验看,维系老顾客要比吸引新顾客花费更高的成本。(　　)

16. 顾客总价值是指顾客购买某一种产品或劳务时所期望获得的一组利益。(　　)

三、填空题

1. 交换过程能否顺利进行,取决于营销者创造的产品和价值________的程度和交换过程的水平。

2. 市场营销在一般意义上可理解为是与________有关的人类活动。

3. 没有得到满足的感受状态,我们称之为________。

4. 有五个可选择的观念,他们是________、________、________、________和________观念,组织在这五个观念指导下开展他们的营销活动。

5. ________是一种产品当前和潜在购买者的集合。

6. 在通常情况下,企业一般都会对目标市场设定一个预期交易水平,即________。

7. 绝大多数人不喜欢,甚至愿意花一定代价来回避某种产品(如高胆固醇食品等)的需求状况,我们称之为________。

8. “我们生产什么,就卖什么。”是________的典型表现。

9. 以消费者为中心的观念,又称________。

10. 以企业为中心的市场营销管理观念,就是以________为根本取向和最高目标来处理营销问题的观念。

11. 在企业市场营销管理哲学(观念)的演变历程中,以________的观念,一般称为旧观念。

12. 中国传统营销管理哲学“好酒不怕巷子深”是________的典型表现。

13. 顾客总价值是指顾客购买某一产品与服务所期望获得的________。

14. 要保持企业的垄断优势,关键是保持其价值链________上的垄断优势。

15. 阻碍市场知识的积累及其在组织内部的广泛传播是________组织的致命弱点。

四、简答题

1. 如何准确理解市场营销的含义?

2. 微观市场营销和宏观市场营销的区别表现在哪几个方面?

3. 社会营销观念的核心思想是什么?

4. 如何准确理解市场营销的含义?

5. 微观市场营销和宏观市场营销的区别表现在哪几个方面?

6. 社会营销观念的核心思想是什么?

本章小结

1. 市场营销学是一门以经济学和管理学为基础,研究以满足消费者需求为中心的企业营销活动及其规律性的综合性应用科学。市场营销学的构建从微观(企业)开始,逐步形成了宏观与微观两个分支。

2. 市场是由一切具有特定欲望和需求并且愿意和能够以交换来满足这些需求的潜在顾客所组成。

市场包含三个主要因素:有某种需要的人、为满足这种需要的购买能力和购买欲望。用公式来表示就是:市场大小 = 人口 + 购买力 + 购买欲望。

3. 市场营销是个人和群体通过创造并同他人交换产品和价值以满足需求和欲望的一种社会和管理过程。

4. 需求是指人们有能力购买并愿意购买某个具体产品的欲望。

5. 产品是能够满足人的需要和欲望的任何东西。可以是物,也可以是服务,如人员、地点、活动、组织和观念。

6. 效用是消费者对产品满足自身需要的整体效能的评价。

7. 交换是指从他人处取得所需之物,并以自己拥有的某种东西作为回报的行为。

8. 市场营销学的研究方法主要有:传统研究法(产品研究法、机构研究法、职能研究法)、历史研究法、管理研究法和系统研究法。

9. 市场营销管理哲学是指企业对其营销活动及管理的基本指导思想。

10. 产品导向营销观,以产品的生产或销售为中心,"以产定销"的产品导向营销观念,主要包括生产观念(Production Concept)、产品观念(Product Concept)和推销观念(Selling Concept)。

11. 顾客导向营销观,包括单纯市场营销观和大市场营销观。单纯市场营销观念是单纯以顾客的市场需求为中心,以研究如何满足市场需求为重点的营销观念。大市场营销观念是以市场需求为中心,以引导需求、创造需求为宗旨的营销哲学。

12. 市场导向营销观的发展:社会市场营销观;绿色市场营销观;关系导向营销观,全方位营销观。

案例分析

雅兰苑,营销制胜

雅兰苑是位于某市老城区繁华商业地段的高雅楼盘。楼盘第一期价格从最初的每平方米4 700元不断攀升到最后的每平方米6 000元,不到半年时间全部销售一空。

(1)从对消费者分析中找出市场的买点。

公司通过观察发现:来雅兰苑的客户多是夫妻一起同来,在了解楼盘各方面的具体情况时,往往是妻子表现出更大的兴趣,丈夫只是在一旁耐心倾听。而不少女性客户是在逛街或者偶然经过时进来参观,在对雅兰苑感兴趣之后,第二次再回来叫丈夫一起来,这种情况出现的频率很高。同时来电话咨询的八成是女性,而且绝大部分是住在附近的居民。

雅兰苑地处繁华老市区,周围商铺与民宅林立,购物、消费都极其便利。居住周围的老街坊对此区域都很有感情,曾有不少客户说希望在自己生活了几十年的地区找一套合心意的房子,这些可以说就是市场的"买点"所在。

按上述的分析,雅兰苑主要目标客户应该是集中在此区域中的居民,他们对此区域

有天生的感情。如果能通过某些策略准确把握住客户的感情,通过情感诉求的方式引起客户的共鸣,必然可以大大引发他们对雅兰苑的好感。基于前面观察,来雅兰苑的客户中,女性表现出比男性更强的兴趣,这是因为女性比男性更加留恋曾经生活过的旧区域,喜欢人气旺的地方。虽然她们往往不是最后拍板购买的决定人,但是她们的建议、感受对是否购买起着最关键的作用。由此营销中必须以女性心理需求为市场推广的突破点。

(2)以女性诉求为核心,制订整套营销推广方案。

策略一:“好色之家”——以特殊色彩迎合女性客户心理喜好。

色彩的不同搭配给人的联想和产生的感情效果有很大不同,针对雅兰苑目标客户的心理特征,公司在售楼部及样板间中布置以具有梦幻与联想的紫色调,尤其增加一些图案的淡紫色。这些看似随意的颜色搭配及图案设计,其实是经过精心研究客户心理而设定的,这种色彩搭配能够让客户倍感亲切与温馨,同时也能引发他们对“家”的向往与渴望,使他们更有耐心与兴趣了解雅兰苑各方面的情况。

策略二:“沟通从心开始”——聘“特殊”销售人员促进与客户的沟通。

在同一区域成长的同龄人,他们之间的沟通显然比与其他对象交流要顺畅得多。公司专门聘了一批年龄在30~40岁的已婚女性,她们都是在雅兰苑所在地区生活多年的老居民,对这个区域有相当的了解,也有感情。为更好地打动目标客户的心,公司专门就目标客户群所关心的问题列成相应要点,同时结合雅兰苑及雅兰苑所在区的一些特点,重点对这批“大龄”销售员进行培训,以便让其更好地与客户沟通。

这批“大龄”销售人员虽然不及原先的销售员年轻漂亮,但是在面对雅兰苑的目标客户群时更显优势——她们对本区域的熟悉、对本地区域的感情让她们在向客户介绍时,明显更具说服力。而更让人意想不到的是,来访的客户中不少人竟然就是这些销售人员的邻居、朋友甚至亲属——当销售变成了诚意介绍,效果自然可想而知。

策略三:“我爱我家”——以情感诉求感染女性客户。

区妇联为促进社区精神文明建设,每年都要举办一次“文明家庭”之类的评选活动。经过考虑,公司决定与区妇联合作,以区妇联的名义,公司作为协助机构,出资策划在雅兰苑举行“‘我爱我家’家庭趣味活动暨最佳母亲”评选活动。由于所有费用及活动组织都由公司负责,区妇联正好省却精力与费用投入,所以对公司的活动也非常支持。在活动中由家庭成员上台讲母亲或妻子,评出最佳母亲并将最佳的大幅彩照挂在小区展示栏中,再配上其丈夫或孩子的祝福语,俨然成了温馨家庭光荣榜。在活动开展的短短两周时间,成功售房100套,最高一天卖出24套——其中不少是参加活动的女性客户。

策略四:“雅兰苑祝福天下所有母亲”——小传单派出大奇效。

考虑到母亲节即将到来,且基于人们普遍的求福祝愿心理,公司将整张传单剪切做成一张流光溢彩的“福”字,而“福”字中间又隐含着雅兰苑的LOGO及名字。在福字上面,印上一句话“是母亲庇护我们成长,让幸福庇护母亲一生平安——雅兰苑祝福天下所有母亲”。传单上方设计了一条可以悬挂的小红绳。可以让人挂在墙上或者其他地方。

在传单的背后,印上几则关于一些母亲节的趣闻轶事。在最下方,贴着一张印制精美的名片大小的卡片，上面写着"幸福的母亲最希望住哪里"这样一句悬念式的话，而卡片一翻过来就是雅兰苑的地址及电话。

派送的区域突破以往只在写字楼或随街派发的习惯，而集中到雅兰苑目标客户最经常出现的地方，如酒楼、文化广场、大商场入口、公共汽车站等。由于传单设计对人的心理把握准确，客户收到传单非常高兴。

策略五："你的快乐就是我的快乐"——六一儿童节亲子同乐游园活动。

母亲节过后，六一儿童节很快就到了。公司想方设法将雅兰苑在六一那天变成儿童们的乐园——孩子的开心就是母亲的开心，而他们的快乐会让雅兰苑更显得是一个欢乐的"家"。

六一那天，公司在雅兰苑门口请人装扮成米老鼠与唐老鸭，一看到带孩子的母亲经过，就热情地邀请他们加入雅兰苑的快乐游园活动，任何一个参加游园活动的孩子都可以免费选一个自己喜欢的面具，戴上面具之后都可以参加游园活动——公司将雅兰苑一些宣传小礼品藏在小区的某个角落，然后给每一个孩子一张图，让他们自己去寻找。

除了寻宝游戏外，还有放风筝比赛、投篮球比赛、趣味钓鱼等都是一些低成本投入、参与性强的活动。孩子们玩得兴高采烈，而母亲们感受了雅兰苑的良好氛围，观赏了雅兰苑的园林设计，同时现场倾听销售人员的介绍。

一天活动下来，不少孩子们都玩得依依不舍，一些孩子央求母亲说想住在这里，因为雅兰苑很好玩！营销的目的达到了。

这五大策略实施之后，雅兰苑的知名度及美誉度迅速上升。在楼盘美誉度的支撑之下，客户对价格的敏感度降低，成交量开始持续上升，这正是营销者分析准确，抓住了消费者心理，营销取得了成功。

（http://www.baidu.com/s? wd=%D1%C5%C0%BC%D4%B7%2C%D3%AA%CF%FA%D6%C2%CA%A4&pn=10）

案例思考：

1. 说明雅兰苑的营销观念。

2. 分析雅兰苑是如何取得成功的。

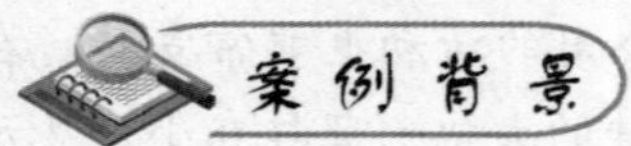

络活喜的经营理念

在古希腊特洛伊战争中，帕里斯得到了阿波罗的神谕，了解到阿喀琉斯的弱点，开弓一箭射中了他的致命处——脚跟，使得"阿喀琉斯之踵"成为极具象征意义的词汇。营销上要赢得成功，同样需要找到竞争对手之踵，并给出致命一击。

辉瑞公司的络活喜上市几年后，全球的销售额逐渐追上了先前处于领先地位的拜耳公司的拜新同，并很快超越了对手。但在不同的国家，某个时间段里，两者的销售额却是旗鼓相当的，比如中国。这两个品种为了在竞争中取胜，将营销手段都玩得活灵活现，其

你争我斗的场面多次演绎得眼花缭乱，成为历年全国性或地方性心血管学术会议中最精彩的时刻，其情节实在与古希腊的帕里斯与阿喀琉斯之争有异曲同工之妙，至于双方能否击中对方的要害，就看能否得到来自“阿波罗”的神谕了。

第一回合　络活喜挑起争端

络活喜的宣传资料中以表格的形式将涉及拜新同的2项研究（INSIGHT和ACTION研究）列出，在“与对照组相比降低脑卒中事件”和“与对照组相比降低心肌梗死事件”栏目下赫然以红色的黑体字标示拜新同都“不支持”，这意味着服用拜新同的结果，与对照组相比的话不会更好。那么，对照组是些什么品种呢？INSIGHT研究中对照组是利尿剂，ACTION研究中的对照组是安慰剂，也就是说，服用拜新同相比利尿剂甚至安慰剂，都不会更大程度地降低脑卒中与心肌梗死。这样的结论够分量吧？

拜新同沉着回应。针对对方的攻击，拜新同专门编了两份资料，以应对挑战。INSIGHT研究是从肾脏保护方面强调拜新同的价值，它说：“肾脏功能是评价高血压患者预后的重要内容，高血压长期发展可导致并持续加重肾脏功能损害，进而增加高血压患者发生心血管事件的危险。”拜新同与利尿剂相比，肾功能损害的发生率显著降低，说明其能够保护肾脏，因而能够降低心血管事件。至于ACTION研究，它“对中国慢性稳定性心绞痛指南的制定做出了重要贡献”，因为“中国慢性稳定性心绞痛指南推荐长效CCB（拜新同）可作为冠心病合并高血压的初始治疗药物”，并且拜新同还显示出减少新发心衰和卒中的独特优势。这些回应表明，术业有专攻，不能指望姚明去跑步，去跳高！

第二回合　拜新同主动出击

2006年10月，日本《高血压研究》杂志上发表了ADVANCE－COMBI研究的论文，是拜新同与络活喜的直接对比试验。虽然试验中有诺华公司的抗高血压药物代文的参与，但两组使用情况相当，有可比性。这项研究经过了16周的试验，最终的结论是：“拜新同联合治疗组优于络活喜联合治疗组”，其证据是：①拜新同联合治疗组：SBP达标率69.8%，DBP达标率75.1%，SBP和DBP均达标率是61.2%；②络活喜联合治疗组：SBP达标率48.5%，DBP达标率50.0%，SBP和DBP均达标率是34.6%。其P值均小于0.001，光看这些数据，以“降压就是硬道理”为标准，孰优孰劣，似乎一目了然。

络活喜咬住不松。络活喜并不理会拜新同目标转移的伎俩，它要就卒中和心肌梗死这两个话题的重要性深入挖掘，并探索出络活喜为什么在这些方面有突出的优势，毕竟，“降压的核心目标是降低心血管危险因素”。它首先从1980年代的文献中找到了两项证据，证明卒中及心肌梗死的高发时间在清晨，从而得出结论；“清晨血压升高与心脑血管事件密切相关”。那么，络活喜与拜新同控制清晨血压的效果谁强呢？如果确认络活喜在这方面的优势，证据就是铁板钉钉了！天遂人愿，从1997年的文献中找到的数据，明确显示出虽然络活喜与拜新同降低平均24小时血压效果相当，但对清晨血压的控制，络活喜显着优于拜新同（$P<0.02$）。

第三回合　络活喜棋高一着

2008年9月22日那一天，以络活喜的化学名氨氯地平在PubMed上检索，出现了2

642处文献,而以拜新同的化学名硝苯地平控释片检索则只有245处;再逐条数2007年欧洲高血压指南中引用各自临床研究的次数,发现引用络活喜的达40次,而拜新同的只有8处。这些都是很好的证据,明明白白地说明了络活喜的价值所在。这些量化的结果于今都成为了络活喜学术活动中宣传的焦点,特别适合中国现在以"量化评价"为事实依据的风潮。能够将如此与时俱进的计谋应用到营销上,实在是高明。

拜新同出其不意。几个月后,媒体上出现了某个心血管专家写的文章,其中记载着这样一件事,说是络活喜多年前做的PRAISE研究里,在非缺血性心肌梗死心衰亚组中,络活喜主要终点事件发生率降低31%,死亡率降低46%,这是大家知道的,我们也承认;但是我们同时要注意"PRAISE-2: 1652例非缺血性心肌病患者被随机分组接受平均48个月的治疗,氨氯地平组死亡率比安慰剂组增加了9%.遗憾的是,PRAISE-2试验的结果于10年前在美国心脏学会口头报告后,至今未全文发表,以致很少有人知晓。"这段话意味深长,让人浮想联翩,看来,深藏10年的武器终于"扬眉剑出鞘"了。

案例思考:

1. 络活喜的经营理念是否适应我国当代市场环境的要求?

2. 试评价这种观念对企业成长的作用。

第二章 市场营销环境

教学目标

市场营销环境是影响企业与目标顾客建立并保持互利关系等营销管理能力的力量,它可分为宏观市场营销环境和微观市场营销环境。本章介绍了市场营销环境的基本概念,营销环境的影响和对营销的作用,分析市场营销环境对企业的重要影响,提出企业如何采取相应的措施来应对市场营销环境的变化。

学习任务

通过本章的学习:

1. 了解企业与市场营销环境的关系。
2. 掌握市场营销环境分析的重要意义。
3. 理解市场营销宏观环境、微观环境的主要内容和变化趋势及其对企业市场营销的影响。
4. 掌握在各种市场营销环境中企业应采取的营销对策。

案例导入

葡萄酒的营销环境分析

一、有利的环境要素

1. 独特的自然环境要素

中国的自然环境,无论是日照时间、降雨量还是昼夜温差,都适宜酿酒葡萄生长。仅河北省酿酒葡萄种植面积已达26万亩,酿酒葡萄总产量达到20多万吨。因此葡萄酒原料十分丰富。

2. 存在非常具有吸引力的市场

中国人口多,经济持续快速增长,居民可支配收入不断增加,生活水平迅速提高,购买力逐步增强。而且,外国人员来华经商、旅游等经济活动日益频繁,这些都为中国葡萄酒市场需求的不断扩大创造了条件。

3. 适宜的文化环境

中国酒文化源远流长。酒已经成为中国人的一种文化沉淀,成为各种社交场合必不可少的消费品。从文化层面上来讲,中国人对酒的需求非常强烈且根深蒂固。近几年来,随着大家对白酒危害性认识的加深,同时对葡萄酒特别是干红葡萄酒宣传力度的加大,人们对干红的需求日益增加,喝干红已经成为保护身体、提高品位的一种时尚。

4. 良好的政策环境

葡萄酒系酒精度较低的发酵酒种,品格高雅,加上种植葡萄可以开发利用山坡地、沙砾地等不宜种植粮食的土地资源,因此,在我国的酿酒政策中一直鼓励葡萄酒的发展。

二、不利的环境要素

1. 葡萄酒技术工艺有一定差距

我国葡萄酒行业还处于发展起步阶段,葡萄酒的技术工艺,产品质量、档次、品种等还无法与国际水平相比。

2. 葡萄酒市场正处于发育阶段

中国葡萄酒市场虽然存在巨大潜力,但是远没有达到快速成长的时期,市场的发育和成熟需要一定时间。

3. 竞争环境恶劣

入世后,技术雄厚、品牌强势的国外企业冲破中国高关税和相关保护政策的壁垒,以低价位进入中国,从而使国内葡萄酒市场竞争更趋激烈。

(http://wenku.baidu.com/view/59f5e81252d380eb62946da5.html)

第一节　市场营销环境概述

企业的发展都要受到它所生存的社会“生态环境”的影响。而在现代市场经济条件下,企业必须建立适当的应变系统,持续地监视其市场营销环境的变化,并善于分析和识别由于环境变化而造成的主要机会和威胁,努力做到随着环境的变化而不断调整自身的组织、战略和策略等一切可控因素,力求使自身发展与周围环境相适应。

市场营销环境指一切影响、制约企业营销活动及其目标实现的各种因素和力量。这些因素既广泛又复杂,大体上可分为宏观环境和微观环境两大类。宏观环境,也称总体环境、一般环境、间接环境,是指非企业所能控制的、影响企业营销活动的社会性力量与因素,包括人口、经济、自然、科技、政治法律和社会文化等。微观环境,又称个体环境、作业环境、直接环境,是指企业可以控制或可以施加影响的、对企业的营销活动构成直接影响的各种力量与因素,包括企业内部环境、市场营销渠道、消费者或客户、竞争者及各种公众,这些都会影响企业为其目标市场服务的能力。企业的营销环境如图 2.1 所示。

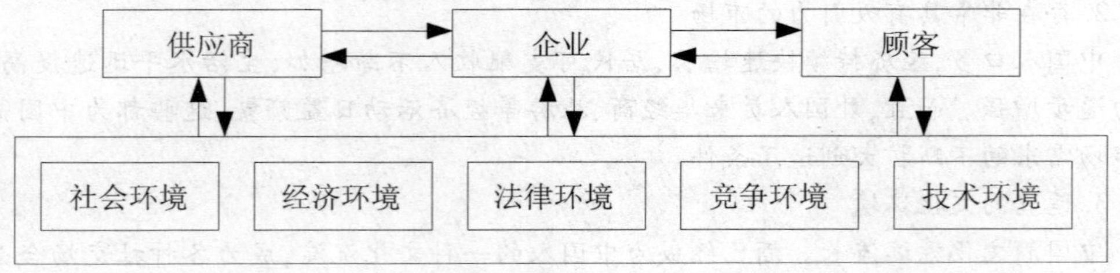

图 2.1　企业内部环境

企业市场营销环境的内容非常广泛，可以划分为多种类型：

1. 按影响范围可以分为宏观环境和微观环境

营销的微观环境也称直接营销环境，是指由公司本身市场营销活动所引起的，与公司市场紧密相关，直接影响其市场营销能力的各种行为者，包括企业、供应者、营销中介、顾客、竞争者和公众六个方面的因素。

营销的宏观环境也称间接营销环境，是指影响公司微观环境的各种因素和力量的总和，对企业营销活动构成间接影响，包括人口、经济、自然、技术、政治法律、社会文化等要素。

2. 按对营销活动影响的时间长短可分为长期环境和短期环境

长期环境是指在一段时间内保持稳定，而不会轻易发生的环境，如一国的政体、文化等。而短期环境指环境变化比较快，周期比较短的环境，如偏好等。

企业的市场营销环境分类如图 6.2 所示

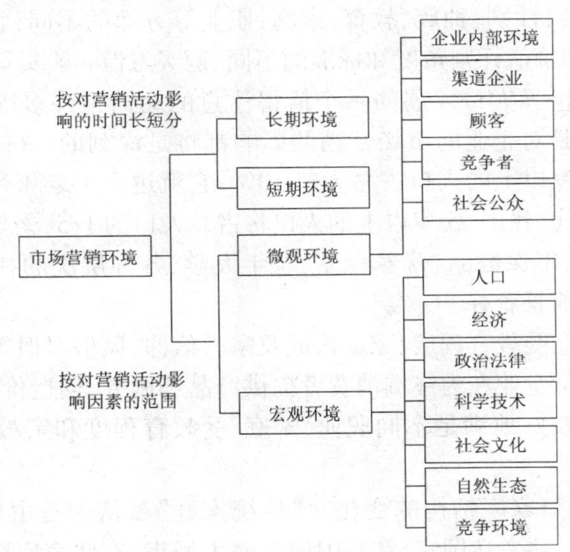

图 2.2 市场营销环境划分

第二节 宏观环境

在经济全球化的浪潮中，公司和公众都要在一个更大的、他们自身不可控制的宏观环境中谋求生存与发展。公司必须监视六种主要宏观环境力量并适时对此作出反应：人口环境、经济环境、自然环境、技术环境、政治法律环境、社会文化环境。

一、人口环境

一个企业要进入某一市场，第一个要考虑的因素就是人口环境。人口的数量直接决定了市场的规模的大小，人口的结构则决定了市场的内涵和水平，不同国家、地区、城市的人口规模、增长率、年龄分布、种族结构、教育水平、家庭类型、地区特征和人口迁移趋势等都是营销人员要密切关注的内容。

1. 人口的数量与变化趋势

世界人口正呈现爆炸性的增长。据人口学家统计,1991 年世界人口为 54 亿,并以每年 1.7% 的速度在增加,其中 80% 的人口属于发展中国家。人口增长意味着人类需求的增长,世界人口的持续增长,又为全球的商业孕育了巨大的商机,如果人们有足够的购买力,那么人口的增长就意味着潜在市场的扩大。我国现有人口 13 亿,人口基数大,增长速度仍然较快。

因此,一个企业在某一国家、某一地区开展市场营销活动,首先要了解目标市场国家和地区人口的总量。美国的沃尔玛、法国的家乐福这些跨国零售巨头,在决定进入某一市场之前,第一个要考察的指标就是人口的数量。

2. 人口结构

人口结构在年龄、性别、种族、教育、家庭、职业等方面的不同,直接会影响到人们在接受商品和服务时的价值评判角度和标准的不同、购买习惯和购买行为的不同。

在年龄结构上,世界人口发展的一个值得注意的动向是许多国家人口正趋于老龄化,这无论对社会还是对企业的市场营销的影响都将是深刻的。按国际标准,一个国家或地区的年龄在 65 岁以上的人口占总人口 10%,它就进入了老年社会。据有关部门预测,到 21 世纪 20 年代,我国 65 岁以上的人口将占总人口的 1/5,老年市场需求将明显增长,反映到市场上,老年保健品、营养食品、老年大学、各种层次的托老所、家庭护理、旅游、娱乐等老年市场前景看好。

人口的职业构成、受教育程度、家庭构成及宗教信仰、风俗习惯等是形成不同需求和购买习惯的重要因素,企业在为终端消费者提供产品和服务,创造价值的过程中,一定要注意通过市场细分,较好地满足不同职业、家庭、受教育程度和宗教信仰的消费者的需求。

值得一提的是人口家庭结构的变化。“传统家庭”被认为是由丈夫、妻子和孩子组成。而今天,在西方一些发达国家,在我国的某些大城市,有些家庭则是由“离婚”和“非传统家庭”构成,越来越多的人是离婚或独身生活,不再结婚,或结婚较晚,独身家庭、单亲家庭、丁克家庭(不要孩子)已经成为现代家庭的一种习以为常的构成方式。那些提供以家庭为消费单位的产品的企业和组织,比如家具业、房产业、包装食品业、保险业、个人和家庭理财金融服务及房地产等行业,对于这种人口在家庭结构上的变化和特点,必须进行认真的研究和细分。

3. 人口的地理分布

人口的地理分布是指人口在不同的地理区域的密集程度。由于各区域的自然条件、经济发展水平、市场开发程度以及社会文化传统和社会经济与人口政策等因素的不同,不同区域的人口具有不同的需求特点和消费习惯。不同国家、不同城市、不同地区的人们有着各自不同的商品和服务的偏好,这也是人口在地理分布上的不同所造成的需求上的差异。目前的中国,由于广大农民的求廉心理和商品辨别能力低及地方监管能力差的局限,假冒伪劣产品更多的是在农村市场上泛滥;与此相对应,大中城市的居民消费的对象则首选品牌商品，"三无"商品在城市生存的空间越来越小。

反应人口地理分布的重要指标是人口密度。人口密度越大，意味着该地区人口约稠密、市场需求越集中。企业在制订营销计划必须要考虑到这一因素。

4．多元化不断加深

全球经济一体化的今天，也是人口大迁移的时代，这就使得一个国家的民族和种族的结构发生变化，人口的多元化不断加深。同时，中国的城镇化进程也加剧了这种效应。人们从农村迁往城市或由城市迁往代表阳光地带的城郊和农村。这种人口流动对企业市场营销的一个重要影响就是传统的"以闹市为优"的商业布局原则受到了郊区大型购物中心的挑战，城市商业中心区百货商店为了生存和发展，纷纷在郊区开设分店，郊区住宅区出现了现代化的购物中心。在我国，随着市场经济的发展，人口在南部和北部之间、东部和西部之间的流动；随着城市建设事业的发展，人口在农村和城市、城市和郊区之间的流动，都势必会带来一系列商业业态的变化，大型购物中心也将不断流向郊区。这种人口迁移的动向无疑将给我国的市场营销带来革命性的影响。

二、经济环境

购买力的大小是经济环境变化的反映，整个购买力即社会购买力又直接或间接受国民生产总值、人均收入、消费者个人收入、价格水平、储蓄、信贷和消费者支出模式等方面的影响，营销者必须密切关注收入的变化和消费者支出模式的发展趋势。

1．人均国民收入和人均国民生产总值

国民收入是指一个国家的物质生产部门的劳动者在一定时期（通常为一年）新创造的价值的总和。人均国民收入是衡量一个国家居民购买力最常用的指标，它大体揭示了一国的经济发展水平。一般来讲，人均国民收入高的国家，其个人消费水平也高。国民生产总值（GNP）是根据当前价格计算的一国在一定时期内，其国民生产要素所生产的全部最终产品和服务的价值总和，它是衡量一个国家经济实力的最重要的指标。企业常常通过计算人均国民生产总值来对未来的市场需求作出判断。一般来说，根据人均国民生产总值，能够推测出在不同的人均国民生产总值阶段，人们可能会相应地消费哪一类的消费品和服务。研究表明，在一定的经济发展阶段形成的消费水平和结构呈现出一定规律性。据近40年的统计，一国人均国民生产总值达到3 000美元时，电视机可以普及；达到5 000美元时，机动车可以普及，其中，小轿车约占30%。不过，在研究国际市场时，还应注意时间差、空间差和文化差。

2．消费者的个人收入水平

消费者的购买能力，来自于消费者收入，而消费者并不是将其全部收入都用来购买商品，消费者的购买力只是其中的一部分。消费者收入水平的分析，首先要明确"个人收入"、"个人可支配收入"、"个人可任意支配的收入"几个具体指标。个人从各种来源所得的收入，包括工资、稿酬、利润、红利、租金、退休金、馈赠等，称为"个人收入"；个人收入中扣除个人应纳税款和非税性负担（交给政府的非商业性支出）之后所得的余额，称为"个人可支配收入"，个人可支配的收入主要用来购买生活必需品，它是影响消费者购买力和消费支出的主要因素；从个人可支配的收入中减去消费者用于购买个人和家庭的生活必需品的固定支出（水电、房租、保险费、燃料、食物、衣着、分期付款等）所剩下的那部分收入就是“个人可任意支配性收入”。这部分收入是消费者需求变化中最活跃的因素，消费者可任意决定是把它存在银行，还是用于旅游，或者用来购买汽车、豪宅、健身器材等。因此，个人可任意支配性收入是企业研究营销活动时非常有价值的一个重要指标。

分析消费者收入，还要明确货币收入和实际收入的区别，只有实际收入才具有现实意义。在消费者的货币收入不变的情况下，如果物价下跌了，那么，消费者的实际收入便得到了增加；相反，物价上涨，消费者的实际收入便减少。即使消费者的货币收入随着物价的上涨而增长，但如果通货膨胀率超过了货币收入增长率，消费者的实际收入也会减少。

企业的管理层不仅要分析研究消费者的个人平均收入，而且还要分析研究各个阶层的消费者收入。另外，由于各地区的工资水平、就业状况不同，不同地区消费者的收入水平和增长率也会有所不同。

3. 消费储蓄和信贷

社会购买力、消费者支出还直接受消费者储蓄和信贷的影响。消费者储蓄的最终目的还是为了消费，它实际上是一种推迟了的购买力。但在一定时期内消费者实际收入不变（剔除通货膨胀的因素）的情况下，如果储蓄增加，购买力和消费支出便减少。

在现代市场经济发达国家，消费者不仅以其货币收入购买他们所需要的商品，而且可以用贷款来购买商品和服务，这就是消费者信贷，即消费者可以凭借信用预支未来的购买力，预先取得商品的使用权，然后，按期归还贷款。这是一种超前的消费方式。我国房地产和汽车市场的按揭贷款、分期付款以及商业领域的赊销和信用卡消费，都属于消费信贷。随着我国信用经济的进一步发展和完善，消费者信贷的消费支出模式还将会为越来越多的企业和顾客所接受和使用。

4. 消费支出模式和消费结构

消费者支出模式考察的是消费者收入中用于衣食住行及娱乐、健康、教育等方面的支出比例，主要分析目标市场居民的消费水平和消费结构。

恩格尔系数是分析消费结构的一个有效指标。德国统计学家恩格尔在研究欧洲劳工家庭的收支构成后发现：在一定条件下，当家庭收入增加时，收入中用于食物开支部分的增长速度要小于用于教育、医疗、享受等方面的开支增长速度。这种人们收入增加后的支出的变化规律被称为“恩格尔定律”，消费支出中用于食物方面的支出占全部支出的比重称为“恩格尔系数”。食物开支占总消费数量的比例越大，恩格尔系数越高，生活水平越低；反之，生活水平越高。整个社会经济水平越高，用于食品消费部分占总支出的比例越小。有研究显示，恩格尔系数在59%以上，称为绝对贫苦；50%～59%，称为一般水平；40%～50%，为小康水平；30%～40%，为富裕水平；30%以下，称为最富裕水平。据此，营销者可以通过分析一个国家或地区的恩格尔系数，来大体掌握该国家和地区的消费结构和消费水平，从而及时有效地开发适应目标市场需求的相关产品市场。

由于各地区发展不平衡，我国少数大城市或经济水平较高的沿海城市食物支出比例已低于40%，而在比较落后的部分农村食物支出比例尚高达60%左右。这些统计数字说明，消费者收入的多少，对于消费者支出模式具有决定性的影响。

5. 经济发展水平

经济发展水平的不同对市场营销活动的影响具体表现为：就消费品而言，处于经济发展水平较高阶段的国家和地区，消费者更多的关注产品的款式、性能及特色，企业的市场营销活动则侧重于大量广告和促销活动，其品质竞争多于价格竞争；而处于经济发展水平较低阶段的国家和地区，企业的营销则侧重于产品的功能和实用性，其价格因素重于产品品质，价格战也如火如荼、硝烟弥漫。就工业品市场而言，处于经济发展水平较高阶段的国家地区，着重于资本密集型产业的发展，需要高新技术、性能良好、机械化和自动化程度较高的生产设备；而处于经济发展水平较低阶段的国家和地区，以发展劳动密集型产业为主，侧重于多用劳动力而节省资金的生产设备，以符合劳动力低廉和资金缺乏的现状。

三、自然环境

自然环境（或物质环境）的恶化是全世界共同面临和关注的一个问题。自然环境的变化动向主要体现为：

1. 全球性的某些自然资源短缺

地球上的资源可分为无限资源、可再生资源，不可再生资源三种。

第一类资源是如空气、阳光、水等是取之不尽、用之不竭的资源，但面临着被污染的问题。近几十年以来，世界各国用水量每20年增加1倍，而世界各地水资源在地区、年度和季节上分布又各不相同。因此，全世界许多国家都面临着程度不同的缺水问题，在我国的北方淡水缺水问题尤其突出。面对如此态势，企业或行业必须积极从事研究和开发，尽量寻求新的资源和替代品或进入新的相关行业。与此同时，由于水资源短缺问题，海水淡化的低成本技术、节水用具、循环用水器具的研究和开发等都具有非常诱人的前景。

第二类是“有限但能更新的”可再生资源。如森林等可再生资源，由于生产的有限性和周期性，再加上乱砍滥伐，导致水土流失、生态失衡、自然灾害频繁，一定程度上影响着可再生资源的正常供给。与此类资源相关的行业和企业，可以通过调节原料库存的方式来减轻不利的影响，一个更具长远眼光的选择是建立原材料生产基地来实现原料的全部或部分自给，建立原材料供应的良性循环。如木地板行业建立木材原生林基地，就是一个很好的保护生态平衡和保持木材原材料的正常供应的选择。

第三类是“有限又不能更新的”不可再生资源。如石油、煤等矿产资源，一般政府对其价格、产量、使用状况等方面控制较严，对需要这些资源的企业来说，一方面，要科学开采，综合利用，减少浪费，降低威胁的挑战；另一方面，要积极开发新的替代资源，善于发现和抓住新的市场机会。

2. 环境污染严重，政府对环境管理的力度日益加大

随着城市化和工业化的发展，环境污染问题，如全球气温升高、臭氧层破坏、水资源污染、噪音污染、海水赤潮、酸雨、沙尘暴、荒漠化等，自20世纪70年代以来已逐渐引起世界各国的重视。我国严重的环境污染问题也越来越成为政府和有关企业的关注点，尤其近几年以来，越来越严重的沙尘暴等环境问题，推动着社会公众的环保呼声一浪高过一

浪。为顺应这一潮流，维护社会的整体利益和长远利益，各国政府也越来越多地使用经济的、行政的、法律的等宏观调控手段来规范企业的营销行为。加强环保的趋势对那些造成污染的行业和企业无疑是一种巨大的环境威胁，它们在社会舆论的压力和政府的干预下不得不采取措施，甚至不惜投入巨资来治理和控制污染。同时，这种动向也给研究和开发价格便宜的、能为社会接受的控制和减少污染的设备、不污染环境的包装及材料的行业、企业及产品带来了生机，营销学界也提出了绿色营销观念，将环境保护意识与市场营销观念相结合的绿色市场营销观念，正成为21世纪市场营销的新主流，并导致了绿色产业、绿色消费和绿色市场营销的蓬勃兴起。

四、技术环境

技术环境是目前影响人类命运的最引人注目的因素。营销者首先要认识到科技发展呈现的趋势最突出的表现是技术变革的步伐加快，并给我们带来无限的革新机会。科学家正在从事从微生物技术、机器人、固态电子学、微机械学、计算机科学到材料科学的范围惊人的新技术研究，已经和正在引领着我们的产品设计、生产、管理及传播和营销过程的革命。

具体而言，营销者对科技环境的分析和研究应注意和把握：

1. 技术是一种“创造性的破坏”力量

每一种新技术都会给某些企业造成新的、积极的、充满生机的市场机会，产生新的行业，同时也会给另外一些行业以致命的威胁，随之而来的便是新产业的出现、传统产业的改造和落后产业的淘汰，正如西方经济学“创新学派”的代表熊彼特所说，“技术是一种创造性的毁灭。”如多媒体电脑的广泛进入家庭，导致电视的生存空间受到了前所未有的挑战。在一系列的新技术带来的机会和威胁面前，如果企业的最高管理层能够及时跟踪、学习、采用与企业的生存和发展相关的新技术，企业就能获得生机。

2. 新技术革命有利于企业改善经营管理

第二次世界大战结束以来，现代科学技术发展迅速，一场以微电子为中心的新技术革命正在蓬勃兴起。现在，西方零售商店已普遍使用小型手提点货机。电子计算机、传真机等办公自动化设备和技术不仅在跨国公司里、大型企业里司空见惯，即便在今天中国成千上万的民营小企业里也随处可见，宽带互联网打造的电子商务平台更为企业的经营和管理提供了先进的物质手段和技术基础。

3. 新技术革命丰富和影响着企业的营销内容和形式，引导着消费的新潮流

新材料、新技艺、新设备、新技术使产品生命周期缩短，企业需要不断研制和开发新产品；先进的通讯技术、多媒体传播手段使广告更具影响力；商业中自动售货、邮购电话订货、电子商务、电视购物等引起了分销的变化；科技应用使生产集约化和规模化、管理高效化，这些导致生产成本、费用大幅度降低。所有这些新技术革命的成果应用到企业的营销活动中，决定了企业营销活动的内容和形式必须具有时代感。与此相对应，消费者的消费和购物习惯也在随着新技术的革命而不断地变化着。

4. 知识经济与现代信息技术革命和知识管理

数字化、网络化通信技术革命与现代市场经济制度相结合，与风险投资和现代企业

制度相结合，这就极大地促进了新知识的实际使用，促进了发明创新的物化过程，极大地加快了新知识的商品化、市场化、产业化进程。

对于任何一个已经或即将要在知识经济的大海中闯荡的企业来说，在知识经济时代，就必须具备知识管理的意识和能力。所谓知识管理，就是对企业的知识资源进行管理，使每一个员工都最大限度地奉献其积累的知识，实现知识共享的过程。能够善于运用集体的智慧提高企业的应变能力和创新能力，使企业能够对市场需求作出快速反应，并利用所掌握的知识资源预测和把握市场需求的发展趋势，开发适销对路的产品，从而比竞争对手更为快捷地满足市场需要。

五、政治法律环境

政治和法律环境主要是指国家的政治变动引起经济态势的变化及政府通过法律手段和各种经济政策来干预社会的经济生活对企业营销活动所产生的影响，包括那些强制和影响社会上各种组织和个人的法律、政府机构和压力集团。

一个国家的政治环境通常包括如下几方面的因素：

1．国内政治环境

国家每出台一项方针、政策，都或多或少地对相关的行业和企业的市场营销活动产生一定的影响，因此，企业开发国内市场，首先要认真研究国家和政府的政策动向，领会其实质，尤其要随时跟踪和研究各个不同阶段的各项具体方针、政策及其变化的趋势。中国饲料大王刘永好说，他之所以能有今天的成就，很大一部分应归功于生逢其时，归功于国家的政策好，归功于他们能够吃透政策，把握住机会。

2．政治权力

政治权力指一国政府通过正式手段对外来企业的权利进行约束和限制以保护本国的利益。不同的政治制度有不同的运行机制，对经济的干预程度也不同。一般而言，西方资本主义国家的政府大多通过法律与宏观调控手段间接引导经济的发展，而在一些发展中国家，政府都或多或少地直接对经济进行干预。在可能的情况下，企业要善于运用“大市场营销”的理念，去冲破各种人为壁垒。

3．政治冲突

政治冲突主要指国际上的重大事件和突发性事件对企业市场营销活动的影响。

伊拉克战争对全世界产生巨大的影响，旅游、航空、保险业损失严重，相关市场面临着重新洗牌的可能，保险的险种和费率将会增加新的内涵，国际资本的流向也在悄悄地发生着变化。这些都是包括战争、暴力事件、绑架、恐怖活动、罢工、动乱等直接政治冲突给企业营销活动带来的损失和影响，这类因素突发性强，对企业来说预测难度大。

直接政治冲突、重大政治事件以及国与国、地区与地区之间观点的对立或缓和给国家经济政策带来的变化，所导致国际关系的恶化和政治观点对立的加剧，都会波及企业的营销活动，这同样会创造机会、带来威胁。

4．法律环境

企业了解法律，熟悉法律环境，把握当前世界经济立法的潮流和趋势，既能保证企业自身严格依法经营，还能争取在法律允许的范围内充分发挥自身的管理水平、技术能力、营销效率,同时又能利用法律手段保护企业自身的利益,获得平等参与竞争的机会。

目前,我国影响企业营销活动的主要经济法律有:《中华人民共和国合同法》、《中华人民共和国产品质量法》、《中华人民共和国食品卫生法》、《中华人民共和国商标法》、《中华人民共和国反不正当竞争法》、《中华人民共和国广告法》、《中华人民共和国消费者权益保护法》、《中华人民共和国专利法》等。

在国际市场上,经济立法对企业的影响有日益加大的趋势。各国都在加快立法,以推动和规范开放的市场,保护消费者的利益,维护社会的长远利益。营销人员必须知晓、熟悉关于保护平等竞争、保护消费者和社会整体利益的主要法律及立法动向,并能加以灵活运用和把握。因此,企业从事国际市场营销活动,首先要了解和熟悉目标市场国家的相关法律法规及影响较大的国际惯例。其中包括:

(1)消费者权益保护法。如《联合国保护消费者准则》、《欧洲经济共同体产品责任指令》、《关于人身伤亡的产品责任公约》等。

(2)反不正当竞争法。如美国的《沙门反垄断法》等。

(3)工业产权法。如《保护工业产权巴黎公约》(简称《巴黎公约》)、《商标注册马德里协定》等。

(4)国际贸易惯例与国际公约。国际惯例多是世界性的民间商业组织国际商会颁布的国际贸易往来的习惯做法和一般原则。国际惯例尽管不是法律,不具有普遍的约束力,但当买卖合同权责约定不明或双方所在国存在法律冲突时,法院和制裁机构往往会引用某种公认的或影响较大的国际惯例来作为判决或仲裁案件的依据。国际贸易惯例和国际公约影响长远,被普遍采用的有:《关税与贸易总协定》、《国际贸易术语解释通则》、《联合国国际货物销售合同公约》、《跟单信用证统一惯例》、《承认及执行外国仲裁裁决公约》(简称《纽约公约》)等。

在国际市场营销中,还要了解参与法律的制定与执行有关的监督、管理和服务于企业市场营销活动的政府部门的职能、管理任务和内容及方式。

5. 道德和社会行为规范

形成文字的法律法规不可能覆盖所有可能产生的市场弊端,而现有法律也很难全部执行。而且,除法律和规章制度之外,企业也要受到社会规范和职业道德的约束。有社会责任感的企业不仅要遵守法律,而且还要遵守社会道德行为规范。最近出现的大量的食品安全事件和环保问题,消费者开始对企业的商业道德和社会责任问题加以重视。那些不遵守社会道德规范的企业,会受到很大的"惩罚"。

六、社会文化环境

文化环境是由影响一个社会基本价值观念、看法、偏好和行为的习惯制度和其他力量构成。人们成长于特定的社会中,社会塑造了人们的基本信仰和价值观,决定他们与周围人们关系的世界观也随之形成。社会文化环境通过影响消费者欲望和购买行为,来间接影响企业的市场营销活动。此类环境因素包括以下几个方面:

1. 民族习俗

由于不同的文化渊源,不同的民族有着不同的风俗习惯。农历春节是全球华人一年

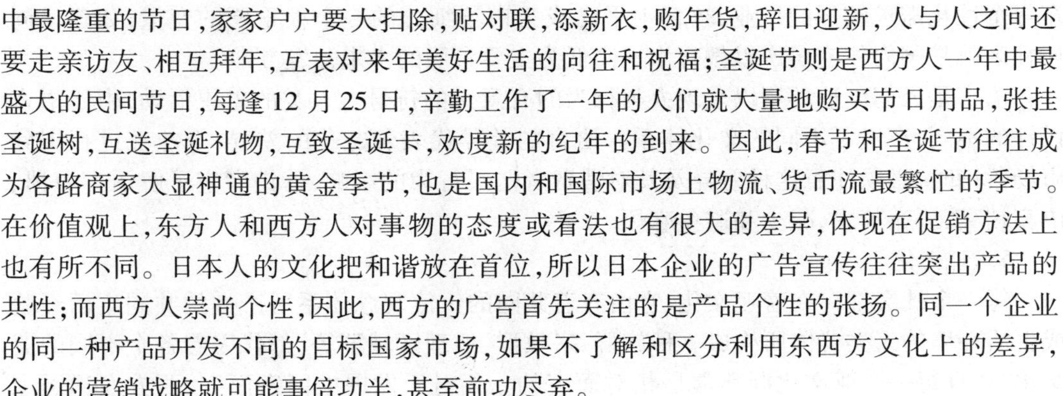

中最隆重的节日,家家户户要大扫除,贴对联,添新衣,购年货,辞旧迎新,人与人之间还要走亲访友、相互拜年,互表对来年美好生活的向往和祝福;圣诞节则是西方人一年中最盛大的民间节日,每逢12月25日,辛勤工作了一年的人们就大量地购买节日用品,张挂圣诞树,互送圣诞礼物,互致圣诞卡,欢度新的纪年的到来。因此,春节和圣诞节往往成为各路商家大显神通的黄金季节,也是国内和国际市场上物流、货币流最繁忙的季节。在价值观上,东方人和西方人对事物的态度或看法也有很大的差异,体现在促销方法上也有所不同。日本人的文化把和谐放在首位,所以日本企业的广告宣传往往突出产品的共性;而西方人崇尚个性,因此,西方的广告首先关注的是产品个性的张扬。同一个企业的同一种产品开发不同的目标国家市场,如果不了解和区分利用东西方文化上的差异,企业的营销战略就可能事倍功半,甚至前功尽弃。

2. 宗教信仰

不同的宗教信仰群体有不同的饮食习惯,如:犹太教的信徒有星期五吃鱼的习惯;基督教重视圣礼、节日,推崇节俭、勤劳、守时;伊斯兰教的信徒食牛羊肉,忌猪肉、烟酒;佛教徒不杀生,重素食,崇善行。宗教作为历史文化的产物,对人们的价值观及生活方式有着根深蒂固的影响,它是构成社会文化因素的一个主要方面。企业从事营销活动,尤其开发国际市场,一定不能忽视对宗教信仰的研究和应用,营销人员要善于问"俗"知"禁",不仅要了解不同地区人们的宗教信仰的种类,还要了解他们的宗教要求和宗教禁忌。

营销者还应注意到,一种新产品上市,如果与某宗教信仰相冲突,就有可能遭到该宗教组织的抵制;反之,一种新产品的问世,如果顺应了某宗教组织的信仰,能得到该宗教组织的支持,那么就会对产品的推广起到特殊的推动作用。因此,企业要善于对目标市场影响较大的宗教组织进行重点公关,赢得该宗教组织的赞同和支持。另外,营销者还要注意到同一宗教组织的不同派别之间可能存在的对立和矛盾,要尽可能地避免此类冲突给企业的营销活动带来负面冲击。

3. 图腾文化

简单地说,图腾就是原始社会作为各氏族血统的标志并当作祖先来崇拜的动物、植物或其他自然物等。这种万物有灵的思想创造出了人类最早的文化和精神文明。图腾文化是民族文化的主要源头,它渗入到市场营销工作的全过程,往往决定着市场营销活动的成败。西方跨国公司要开拓中国市场,在某些方面如果能根据中国人对龙的崇拜以及对红色、金黄色的偏爱来设计、生产和传递产品,一定程度上,他们已经敲开了中国市场的大门。

4. 教育水平与语言文字

教育是传授生产和生活经验的必要手段,目标市场地区教育水平的高低,是影响企业营销调研、选择目标市场、开发和设计产品及选择促销方式的重要因素。一般来说,教育水平不同,人们对商品的品种、款式、颜色、质量及服务方式的要求也不同。教育水平较高的人,个性化需求越高,对新产品的鉴别和接受能力越强,购买时的理性程度越高,对产品的品牌和质量也比较挑剔。受教育水平较低的人,往往要求提供实物样品和简单易懂的文字或图示说明书,他们大多是大众化产品的目标顾客。目前,在房产、服装、汽车等个性化需求较强的行业,教育水平已成为市场细分的一个很重要的变量,如建设同质社区就是国内住宅房产以教育水平高低为主要参照的未来开发方向。

语言是人们创造的用以表现人类行为的有意义的符号。人类的思想活动,由于语言设计的不同,产生了不同的文化体系。语言的差异代表着文化的差异,企业在进行国际市场营销时,必须注意这种差异及其对消费者购买行为的影响,营销者应了解语言习惯、语言歧义、语言禁忌,减少和避免麻烦。

5. 亚文化

每一个社会都存在着亚文化,它由有着共同的价值观念体系所产生的共同生活经验或生活环境的人类群体所构成。种族群、宗教群、地理区域群等,都代表着各个不同的亚文化,并且每一个亚文化群常常是相对而言的。相对于发展中国家而言,西方发达国家是相对于东方发展中国家的一个经济学意义上的亚文化群,而在西方的范畴中,美国、欧洲又是两个具有不同内涵的次级亚文化群。相对于欧洲而言,法国与英国仍然存在着鲜明的文化差异;对于中国版图的整体来说,南方是相对于北方的一个地理亚文化群,而相对于南方来说,江、浙、闽、粤、云、贵、滇等区域又被视为各具特色的一个个不同的次亚文化群。因此,在国内、国际市场营销活动中,对文化环境的研究,一定要注意对不同亚文化群各自价值观、行为规范的把握,力争把每一个亚文化群都看作一个细分市场,尽量给各具特色的亚文化分别制定相适应的营销策略。

第三节 微观环境

微观环境与企业间的协作、服务、竞争与监督的关系,直接制约着企业为目标市场服务的能力。微观环境具体包括以下内容:

一、企业内部环境

企业为实现其战略目标,必须进行调研、开发、采购、制造、计财、市场营销等活动,这一切工作是市场营销管理部门、其他职能部门、最高管理层以及全体员工共同协调完成的,这些因素共同构成了企业的内部营销环境,它们共同影响和决定着企业为消费者提供商品和服务的能力和水平,如图 2.3。企业最高决策层在制定决策时,不仅要考虑外部环境的力量,而且要考虑企业内部环境力量的作用,尤其要使各个职能部门都树立以消费者需求为中心的现代市场营销理念,一切以顾客的利益、企业的利益、社会的整体利益为出发点,加强部门之间的合作,而不是各自为政;对待员工,一个值得重视的趋势是要善于把员工当成企业的内部顾客,实行人本管理,奉行“内部营销先于外部营销”的理念,要充分认识到,只有员工满意企业,才能够提供令顾客满意的服务,才能创造和维护忠诚的顾客。可以通过全员培训,树立全员营销理念来实现。

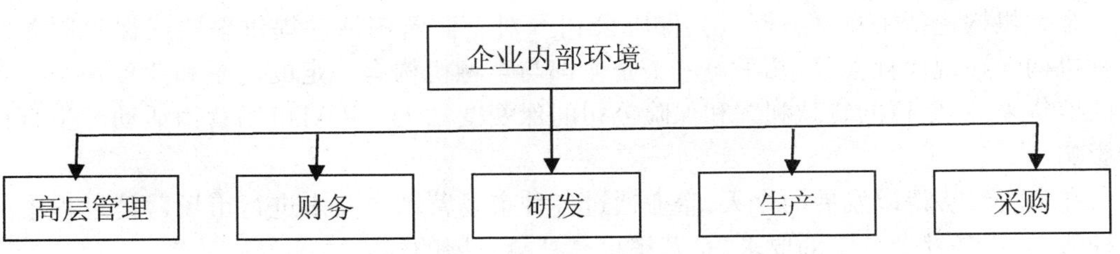

图 2.3 企业内部环境

二、供应商

向企业供应原材料、部件、能源、信息、劳动力和资金等资源的企业和组织，统称为供应商。其中包括从事商品购销活动，并对所经营的商品拥有所有权的批发商、零售商等商人中间商；协助买卖成交、但对所经营的产品没有所有权的经纪人、制造商代表等代理中间商；为商品交换和物流提供便利、不直接经营商品而辅助执行某些职能的运输公司、仓储公司、银行、信托、保险公司、广告公司、市场营销研究公司、营销咨询公司等辅助商。供应商是整个顾客“价值传递系统”中重要的一环。他们提供公司生产产品及提供服务所需的资源。供应商的变化对企业营销有着重要的影响，营销部门必须关注供应商的供应能力，供应短缺或延迟、工人罢工、资金短缺等因素在短期内会影响销售，而在长期中会影响顾客的满意程度。

三、营销中介

营销中介是协助企业推广、销售和分配产品给最终买主的那些企业。他们包括中间商、物流机构、营销服务机构和金融机构等。

1. 中间商

中间商是协助企业寻找顾客或直接与顾客进行交易的商业组织和个人。中间商分为两类：代理中间商和商人中间商。代理中间商指专门协助达成交易，推销产品，但不拥有商品所有权的中间商，如经纪人、代理人和制造商等。商人中间商是从事商品购销活动，并对所经营的商品拥有所有权的中间商，包括批发商、零售商。中间商是联系生产者和消费者的桥梁，他们直接和消费者打交道，协调生产厂商与消费者之间所存在的数量、地点、时间、品种以及持有方式之间的矛盾。因此，他们的工作效率和服务质量就直接影响到企业产品的销售状况。

2. 物流机构

物流机构是帮助企业储存、运输产品的专业组织，包括仓储公司和物流公司。企业从成本、运送速度、安全性和方便性等因素选择合适的物流计划。物流机构的作用在于使市场营销渠道总的物流畅通无阻，为企业创造时间和空间效益。

3. 营销服务机构

营销服务机构包括市场调研公司、财务公司、广告公司、各种广告媒体和营销咨询公司等，他们提供的专业服务是企业营销活动不可缺少的。

4. 金融机构

金融机构包括银行、信贷公司、保险公司等对企业营销活动提供融资或保险服务的各种机构。在现代社会里,几乎每一个企业都与金融机构有一定的联系和业务往来。企业的信贷来源、银行的贷款利率和保险公司的保费变动无一不对市场营销活动产生直接的影响。

在市场经济得以发展的今天,企业通过各种市场营销中介来进行市场营销过程中的各种活动,正是社会分工的要求,是营销也是社会发展的标志之一。

四、顾客

国际标准化组织给顾客下的定义是"接受产品的组织和个人",现代市场营销理论则站在动态的消费者需求的角度,对顾客的理解要宽泛许多。广义的顾客不仅包括传统意义上的产品现实使用者、潜在使用者,甚至还包括企业内部、企业外部的与企业的营销活动有直接或间接作用的各种组织和个人。企业对待各种层次的顾客的唯一宗旨是一切营销活动要始终如一以消费者需求为中心,而且还要善于运用社会营销观念、绿色营销观念、关系营销观念做指导,谋求企业的长远发展与社会整体利益的协调与平衡。企业的顾客市场大致可以分为5种(如图2.4),消费者市场是由个人和家庭组成,他们仅为自身消费而购买商品服务。企业市场(也称产业市场或组织市场)购买产品和服务是为了进一步深加工,或在生产过程中使用。经销商市场购买产品和服务是为了转卖,以获取利润。政府市场由政府机构构成,购买产品和服务用于服务公众,或作为救济发放。国际市场是由其他国家的购买者构成,包括消费者、生产者、经销商和政府。

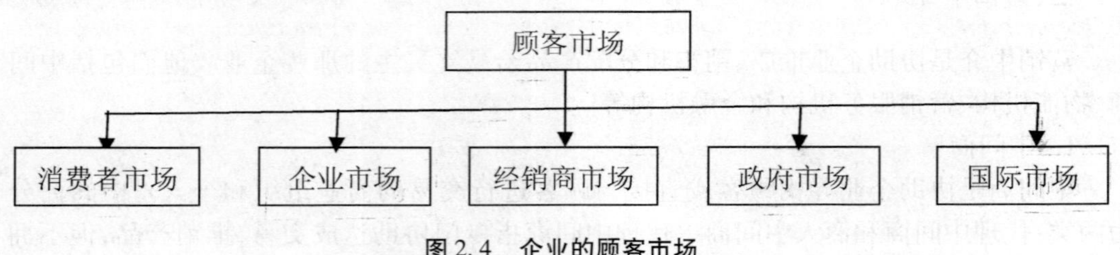

图2.4 企业的顾客市场

五、竞争者

要想在竞争中胜出,企业就必须要比竞争者更快捷、更有效地满足消费者的需求和欲望,因此,企业开展营销活动并非仅仅迎合消费者的需要,还要通过有效的产品差别化等有效的竞争手段,使得企业的产品与竞争者的产品在消费者心目中形成明显差异,树立产品和企业形象,建立竞争优势。在产品越来越同质化的今天,企业还要善于遵从协同竞争这一对处理企业和竞争者关系的很有价值的新思维,同业竞争者通过建立战略联盟,共同把蛋糕做大,然后分而食之。这些都要求企业必须善于从产品和市场两个方面识别现实和潜在的竞争者。竞争者一般包括:

(1)愿望竞争者,即满足消费者的各种目前愿望,与企业争夺同一顾客购买力的所有其他企业。如通用汽车公司将房地产、耐用消费品等公司都看做竞争者,因为顾客若购买了房子,就可能无力购买汽车。

(2)一般竞争者,即提供不同种类的产品,满足购买者某种愿望的企业。如通用汽车公司不仅将所有轿车制造商视为竞争者,而且将摩托车、自行车、卡车制造商都看做竞争者。

(3)产品形式竞争者,即提供同种但不同型号的产品,满足购买者某种愿望的企业。如通用公司将所有生产轿车制造商视为竞争者。

(4)品牌竞争者,即提供同种产品的各种品牌,满足购买者的某种愿望的企业。通用公司将福特、丰田及其他提供同等档次的轿车制造商作为主要竞争者。

六、公众

公众是指对企业实现其市场营销目标有实际或潜在影响或利害关系的任何团体和个人,大致包括:金融公众,即影响企业融资的银行、投资公司等;媒体公众,即报纸、杂志、广播、电视、网络等影响广泛的大众媒体;政府公众,即负责管理企业业务经营活动的有关政府职能部门;市民行动公众,即各种消费者权益保护组织、环境保护组织、少数民族组织等;地方公众,即企业附近的居民群众、地方官员等;一般公众;企业内部公众,包括董事会、经理、职工、股东等。企业必须着眼于组织的长远发展,善于运用各种公关手段,在各种公众中树立良好的企业形象,打造良好的口碑,为企业的健康发展铺平道路。企业在制定对消费者的营销计划的同时,也要制定针对其主要公众的营销计划。

第四节 企业面对环境影响的对策

对企业来说:营销环境是不断发生变化的,营销环境的变化既是机遇,也是威胁。不断分析企业内外部营销环境,其意义就在于使企业能够了解所处的环境和预见环境的发展趋势,辨清所处环境给企业带来的各种各样的威胁和可能的营销机会,借以制定、实施相应的营销战略与策略,避开和消除环境威胁,充分利用营销机会。

一、企业面对环境威胁的对策

所谓环境威胁,是指由于环境的变化形成或可能形成的对企业现有经营的冲击和挑战。企业面临主要威胁时,有三种可能选择的对策:

1. 反抗策略

反抗策略是指试图通过自己的努力限制或扭转环境中不利因素的发展。例如,长期以来,日本的汽车、家用电器等工业品源源不断地流入美国市场,而美国的农产品却遭到日本贸易保护政策的威胁。美国政府为了对付这一严重的环境威胁,一方面,在舆论上提出美国的消费者愿意购买日本优质的汽车、电视、电子产品,为何不让日本的消费者购买便宜的美国产品;另一方面,美国向有关国际组织提出起诉,要求仲裁。同时提出,如果日本政府不改变农产品贸易保护政策,美国对日本工业品的进口也要采取相应的措施。结果,扭转了不利的环境因素。2002 年,面对欧盟传出的即将出台和实施的 CR 法规的威胁，温州烟具协会组织相关力量积极应诉，通过多方周旋和努力，最终使欧盟取消了CR法规的启动。诸如此类，通常都被认为是积极、主动的策略。

2. 减轻策略

减轻策略是指通过调整营销组合，改善环境，减轻环境威胁对企业的负面影响程度。例如，烟草公司极力宣传在公共场合设立单独的吸烟区。再如，当可口可乐的年销售量达300亿瓶时，在美国的市场上突然杀出了百事可乐。可口可乐及时调整市场营销组合，减轻环境威胁的影响，一方面，聘请社会上的名人（如心理学家、精神分析学家、应用社会学家、社会人类学家等）对市场购买行为新趋势进行分析，采用更加灵活的宣传方式，对百事可乐展开了宣传攻势；另一方面，花费比百事可乐多50%的广告费用，与之展开了一场广告战，力求将广大消费者吸引过来。经过上述努力，达到了一定的效果。

3. 转移策略

转移策略是指决定转移到其他更多的、更为盈利的市场或行业。第一种是原有市场的转移，包括地理上的转移和目标顾客的转移，如把产品由发达国家转移到发展中国家，或把婴幼儿使用的产品扩展到成年人；第二种是企业总体上的策略转移，比如各种各样的多元化战略，某些军工企业近年来将业务方向转移到民用产品上来，因此逃避了环境威胁，获取了更大的利益。

二、企业面对环境机会的对策

所谓营销机会，是指由于环境变化形成的对企业营销管理富有吸引力的领域。企业管理层对企业所面临的机会应审慎地评价其质量。美国著名市场学家西奥多·李维特曾警告企业家们，要小心评价市场机会。他说："这里可能是一种需要，但是没有市场；或这里可能有顾客，但目前实在不是一个市场。"那些不懂得这种道理的市场预测者对于某些领域（如闲暇产品、住房建筑等）表面上的机会曾作出惊人的错误估计。因此，企业应选择最好的适合于自己营销方向的市场机会，对于虚假市场机会决不可信以为真，盲目投资经营。面对不同的需求状态，企业通常采取的策略有：

1. 扭转性营销策略

扭转性营销策略，又称转变性营销。市场的主体对某项产品或服务持否定或拒绝的态度，被称为"否定需求"或"负需求"，在这种情况下企业所采取的策略对策就是扭转性营销。如日本本田公司的摩托车进军美国市场时，曾面对公众对摩托车所持的否定态度，因为当时公众将摩托车同流氓犯罪活动联系在一起。该公司以"你可以在本田车上发现最文雅的人"为主题，大力开展促销活动，广告画面上的骑车人都是神父、教授、美女等，逐渐改变了美国公众对摩托车的态度，打开了美国摩托车市场。

2. 刺激性营销

刺激性营销，也称激活营销。在企业的潜在目标消费者群体中，表现出对产品或服务的毫无兴趣或漠不关心，称为"无需求"。如人们对初上市的新型录音机不闻不问，起初人们对邮政鲜花礼仪服务也无动于衷。企业的营销任务是在搞清商品或服务与消费者之间的关系后，通过促销宣传的各项活动，设法让他们理解产品或服务能够给消费者带来的利益，通过营销刺激来激发消费者的兴趣。

3. 开发性营销

开发性营销，又称发展营销。这是指面对现实中没有适当产品和服务能够满足消费者需求时企业所采取的营销对策。潜在需求大，具有强烈购买欲望和顾客感到现有产品和服务已经不能适应自己的需要了，渴望有新的和性能更优越的产品和服务的出现。如人们对可以不受病毒侵犯的电脑操作系统的渴望、对绿色食品的需求等。在确实认清消费者需求及其规模的前提下，企业通过新产品和新的服务项目的开发，将潜在的消费者需求变为现实的消费者需求，为自己创造新的市场机会。

4. 恢复性营销

恢复性营销，又称提升营销。这是指面对产品或服务处在"需求下降"的情况时企业所采取的营销对策。如电子邮箱的诞生和广泛普及，使得传统邮政业务的市场空间大为缩小。对于邮政企业来说，如何通过自身营销策略的调整为原有的产品重新定位，进一步挖掘传统业务的内在市场价值，争取开辟市场新空间，成为刻不容缓的任务。

5. 协调性营销

协调性营销，也称同步营销。某些产品或服务的消费者需求有着明显的季节。季节上的淡、旺，市场营销学称之为"不规则需求"。这种当季节、时点等变化造成某些产品或服务的需求波动时，企业所采取的营销对策即为协调营销。近年来随着黄金周以及传统的几大节假日的开放，旅游、餐饮、交通等行业普遍存在着"不规则需求"，相关行业通过运用灵活的价格策略、推销方法和各种刺激手段，来引导和改变消费者的需求习惯和节假日的集中突击消费行为，一定程度上实现了协调需求大幅度波动的目的。

6. 保持营销

保持营销，又称维持营销。这是指面对产品或服务的需求水平、时间、地点与期望的需求和时间一致时企业的营销对策。营销学称这种现象为"充分需求"或"饱和需求"，一般说来，这是企业追求的最理想需求状态和水平。此时，企业的任务是，通过及时发现消费者的偏好，保持产品质量的稳定，严格控制企业的成本，在维持企业自身竞争地位的同时，努力维持现有的需求水平。当产品处于成熟期时，面对"饱和需求"，企业一般通过进一步的市场细分。通过不懈地开发新产品以及通过不断提高生产效率，降低成本，实现规模效益等途径使现有需求水平不至下降。

7. 降低性营销

降低性营销，也称低调或限制性营销。这是指企业面对超过了现有产品或服务的供应能力时采取的营销对策。面临这种"过量需求"时，企业一般通过提高价格、减少促销等活动来暂时或永久性地降低需求水平，通过"低调"营销，来协调市场需求。非典期间，面对强劲的需求，几乎所有品牌的板蓝根以及具有提高人体免疫力的中草药，价格普遍上涨；每年春运期间，火车票上涨20%等举措，都是为了缓解需求过量时采取的一些必要的措施。

8. 抵制营销

抵制营销，也称对抗营销。这是指面对一些不健康的产品或服务的需求时企业应采取的营销策略。消费者对毒品、赌品、黄色书刊或音像制品及封建迷信用品等的需求都属此类。此时，企业营销管理者的任务是为了消费者和社会的长远利益进行抵制营销，通过劝说、宣传等方式使这类产品或服务的消费者放弃这种不健康的需求。

三、应对环境变化应注意的问题

面对营销环境的变化，企业成功制定正确营销对策的关键来自企业对环境变化趋势的正确判断和对企业机会的适时把握。为了使企业的对策建立在客观的、切实可行的基础上，提高其可靠程度，成功企业的经验是重视以下方面的工作：

1. 重视和加强对企业营销环境变化的监测

在现代社会中，许多企业对营销环境变化的监测和研究的重视是前所未有的。他们不仅建立了专门的组织，委派了专职人员对环境进行持续不断的常年监测，而且明确分工：由企业内部的一名高层决策人员，通过CIO（Chief Information Officer）来专门负责该项工作。通过建立并有效运行这种"早期警戒"或"预警系统"，使企业对营销环境变化的趋势能够及时地、系统地、全面地和比较客观地进行分析和掌握，为成功地制定相应的对策打下了较坚实的信息基础。

2. 重视和增强企业战略的可调整性

企业要力图通过自己的努力，建立一个适合本企业或组织发展的各种长短期战略目标体系。遇有环境变化，能够及时地变化和采取适当的对策。

总之，面对复杂多变的市场营销环境，企业必须持续不断地监视它、认识它、适应它，通过不断调整自身组织、资源、战略及策略等积极措施，最终实现企业自身发展与外界营销环境的协调与平衡。

复 习 题

一、单项选择题

1. 影响消费者需求变化最活跃的因素，同时也是消费者市场要重点研究的收入是（　　）。

A. 消费者收入　　B. 实际收入

C. 个人可支配收入　　D. 个人可任意支配收入

2. 根据恩格尔定律，恩格尔系数越低，说明这个国家人民的生活水平（　　）。

A. 越高　　B. 越低　　C. 不一定　　D. 不变

3. 当企业面临环境威胁时，通过各种方式限制或扭转不利因素的发展，这就是（　　）策略。

A. 转移　　B. 减轻　　C. 对抗　　D. 竞争

二、多项选择题

1. 人口是构成市场的基本因素，人口环境主要指（　　）。

A. 总人口　　B. 人口的地理分布

C. 人口的年龄结构　　　　　　　　　D. 人口的性别

E. 家庭单位与人数

2. 竞争者包括(　　)。

A. 同行业的竞争者对手　B. 替代品　　　　C. 新加入者

D. 购买者　　　　　　　E. 供应者

3. 市场营销渠道企业包括(　　)。

A. 供应商　　　　　　B. 商人中间商　　C. 代理中间商　　D. 服务商

E. 市场营销中介机构

三、判断题

1. 企业在开展营销活动中遇到环境威胁时只能被动地去适应环境。(　　)

2. 个人可任意支配性收入指的是消费者用于购买生活必需品的那部分开支。(　　)

3. 随着人们生活水平的提高,恩格尔系数会下降。(　　)

4. 消费者储蓄是一种推迟的购买力,它作为一种家庭"流动资产",可以较顺利、迅速地转化成现实购买力,从而影响消费者的购买支出。(　　)

四、简答题

1. 经济环境是怎样影响市场营销活动的?

2. 微观营销环境包括哪些主要内容?

3. 营销活动中,企业应如何对待营销环境带来的影响?

五、论述题

1. 试论非典对我国企业的营销活动带来哪些影响?

2. 试对你了解的企业周围公众进行分析,说明其对企业的影响?

本章小结

1. 企业的全部营销活动是在社会"生态环境"中进行的,企业的"生态环境"即市场营销环境,是指一切影响和制约企业营销活动的因素和力量,其中,影响企业营销活动的社会性力量和因素称为宏观环境,与企业市场营销活动直接发生关系的组织与行为者的力量和因素称为微观环境。所有环境因素或直接、或间接、或单独、或交叉对企业构成机会或威胁。企业与市场营销环境之间的关系最应重视的是市场营销环境变化的动态性、不可控性、强制性与企业适应环境的必要性、能动性。

2. 企业对营销环境影响首先要善于辨认清楚面临的营销环境机会或威胁,以不失时机地将潜在的机会变为企业发展的机会。对环境威胁,企业常用的对策有对抗策略、减轻策略和转移策略;同时企业还要对不同的需求状况分别或结合采取扭转性营销策略、刺激性营销策略、开发性营销策略、恢复性营销策略、协调性营销策略、保持性营销策略、降低性营销策略和抵制性营销策略。

3. 企业只有重视和加强对营销环境变化的监测，加强自身战略的可调整性，才有可能把环境变化潜在的机会变为企业发展的机会，趋利避害。

案例分析

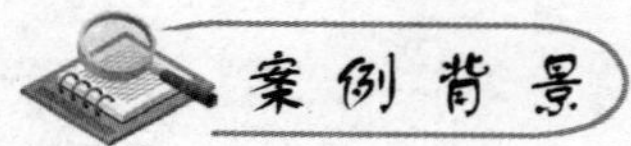

海尔沙尘暴里寻商机

海尔集团首席执行官张瑞敏曾多次提出：中国企业要参与国际竞争，必须以速度取胜。也许这正是海尔成功的奥秘所在。在2002年春天的沙尘暴袭来之际，海尔再一次抓住商机，以迅雷不及掩耳之势推出新品，充分体现出以速度取胜的真谛。

沙尘暴里"雪中送炭"

自2002年3月下旬以来，我国北方绝大部分地区都受到了沙尘暴或沙尘天气的影响，沙尘所到之处天空昏暗、空气混浊，居民即使紧闭门户，在粉尘飞扬的室内也很难舒畅呼吸。沙尘暴不折不扣已成为北方越来越频繁的"城市灾难"。但中国著名的家电品牌海尔集团却在此次沙尘暴中独具慧眼，在灾害中发现了巨大商机。

海尔"防沙尘暴Ⅰ代"商用空调，正值沙尘暴肆虐北方大地、人们生活饱受沙尘之扰苦不堪言之时推出，可谓"雪中送炭"，使产品的使用者在有限的空间之内，有效地将沙尘暴的危害降低到最小限度，筑起一道健康的防护墙。

据悉，在海尔"防沙尘暴Ⅰ代"商用空调推向市场的两周时间内，仅在北京、西安、银川、太原、天津、济南等十几个城市就卖出去了3 700多套，部分城市甚至出现了产品供不应求、人们争购的局面。仅凭"防沙尘暴Ⅰ代"商用空调，海尔商用空调在2002年3月份的销量便达到了去年同期的147.8%。

海尔沙里淘金

当多数人都看到沙尘暴的危害时，海尔却看出了商机，根据市场的变化、人们的个性化需求，迅速推出了最受北方地区欢迎的产品——"防沙尘暴Ⅰ代"商用空调。目前国内生产空调的企业已达400多家，家电企业更是数不胜数，为什么仅海尔能做到这一点呢？不难看出海尔在反应速度、市场应变能力、个性化产品开发、技术力量的转化方面所具有的强大优势实力。这大概也是海尔今天能发展成为知名的国际化大企业，而其他企业所难以企及的原因所在了。

据环境监测专家称，2002年我国北方地区沙尘暴形势比较严峻，而且是频繁发生，自1999年起，我国进入新一轮沙尘天气的频发期，这也是继20世纪五六十年代以来我国所遭受的最严重的沙尘暴侵袭。据悉，仅在2001年，我国监测网络就观测到32次沙尘暴现象，虽然我国已启动一系列重大环保工程来恢复沙尘暴源区和附近地区的植被和生态环境，力图从源头控制沙尘暴的爆发，但这也并不能在短期内解决我国北方地区的沙尘暴问题，据专家估计，即使国家环保措施得力，最快也要15～20年方能从根本上解决沙尘暴问题，在这期间沙尘暴仍将频频发生。

沙尘暴给人们带来的种种危害，使人们"谈沙色变"。它使沙尘漫天，空气中弥漫着一股土腥味，外出不便，车辆、楼窗、街道乃至整个城市都蒙上了层层灰尘。但由此也引发了一股"沙尘暴经济潮"，精明的商家看出了其中蕴含的无限商机，采取了相应的策略，从而带动了车辆洗刷、家政服务、环卫清扫、吸尘器、空调、墨镜、口罩等行业的兴旺。如海尔集团便在沙尘暴再现之际迅速开发推出了"防沙尘暴Ⅰ代"商用空调，受到我国北方地区人们的欢迎，其销售业绩在短期内便得到了大幅度提高。

应该说有了市场需求才有相应的产品产生，既然在短期内我国北方地区无法从根本上解决沙尘暴的问题，只有采取种种防御措施，尽可能将沙尘暴给日常生活所带来的负面影响降低到最低程度。海尔"防沙尘暴Ⅰ代"商用空调的应运而生，给处于沙尘之中的人们带来了重新享受清新生活的希望。这种采用多层HAF过滤网技术、独特的除尘功能、离子集尘技术的海尔"防沙尘暴Ⅰ代"商用空调，可以清除房间内因沙尘暴带来的灰尘、土腥味及各种细菌微粒，经过滤后的空气犹如森林中的一般清新，从而在人们日常生活中为抵御沙尘暴的侵袭筑起了一道道绿色的防护城。

(http://zhidao.baidu.com/question/81671691.html)

案例解析：

1. 海尔"防沙尘暴Ⅰ代"商用空调成功的原因是什么？

2. 海尔的成功给我们带来哪些启示？

第三章　消费和消费者市场

教学目标

围绕消费者市场和消费购买行为进行介绍。每一个企业都离不开消费者市场。消费者市场是一个复杂的、多层次的和发展的概念。同时，影响消费者市场的因素有很多种。本章主要介绍消费购买决策过程和决策方式，消费者购买行为模式。分析影响消费者购买行为的主要因素。

学习任务

通过本章的学习：

1. 熟练掌握消费者消费行为模式的一般规律。
2. 了解影响消费者购买行为的主要因素。
3. 熟练掌握消费者购买行为的不同类型。
4. 熟练掌握购买群体决策中的角色及各自的作用。
5. 了解消费者市场的特点及购买行为过程。

案例导入

德国麦德龙是世界上仅次于美国沃尔玛的国际商业联销集团，1995 年 7 月其与上海锦江(集团)有限公司共同斥资 5 500 万美元，建立了上海锦江麦德龙的购物中心有限公司，并于第二年 10 月底在上海普陀区开了亚洲地区第一家大型仓储式会员制商场。据设在上海的麦德龙集团中国总部透露，麦德龙将加快在中国发展的步伐，继在榕城开出福州分店之后，又将在上海浦东新区开出其在中国的第 8 家分店(这也是该集团在上海开出的第 4 家连锁店)。2001 年麦德龙在中国开设的分店会达到 20 家，遍布杭州、济南、青岛、大连、沈阳、天津、西安、南昌、武汉、重庆、成都等大城市。

麦德龙以其雄厚的资本实力和良好的品牌优势抢滩上海，麦德龙不仅给国内商业带来了先进的管理技术、经营理念和浓郁的竞争氛围，而且以商品多、价格低、环境好而受到顾客欢迎。

麦德龙的现购自运配销制是全世界最成功的。它向供应商提供订货单，供应商直接送货，顾客进商场购物，现金结算。这种配销制的主要特征就是进销价位较低，现金结算，勤进快出，顾客自备运输工具；在供应商、麦德龙、零售商或顾客之间，构建了一种提货都要现金支付的关系，使商品在三者之间能以最低的成本和最短的资金占用时间完成流通，从而减少经营风险。难怪企业内人士将这位超市巨头比喻为企业的“利润之源”。

其次，麦德龙集团采用世界统一的经营模式，从众多的消费对象中确定自己特定的消费群体，顾客对象主要有：专业客户（如中小型企业、餐厅、酒店、娱乐场所）和公共机构（如学校、机关、医院、团体），直接为企事业单位、中小零售商、宾馆等法人团体服务，间接为普通消费者服务，顾客一律凭“会员证”入场。这种市场定位，与中国极大多数的商业企业相比，是一种差异化的市场定位，因为它不在一个消费层面上与中国的商业争夺同一个消费群，由此为自己赢得了市场发展的空间。正是在这种准确的市场定位的基础上，用会员制把目标顾客锁定，从而进行长期、稳定、深入的交易，取得了惊人的成功。自从在中国设分店以来，麦德龙每家分店达到了日均销售额200多万元的良好业绩。而他们特定的货仓式超市形式，也迎合了供需双方的需要。

麦德龙的主要顾客是那些小型的零售商，并为缺乏经营经验的私人小企业提供专业性的服务。你如果想开一家小超市或杂货店，麦德龙会提供你目前市场上最畅销的商品并帮助你配货，让你用最少的现金配最齐全的货物；如果你想开一家小型装修公司，他们会为你配齐所需要的电动工具和手动工具，提供相应装修材料的商品建议清单；若想开一家小饭店，则有餐具套餐、酒水套具等供选择。

据有关资料统计，上海商业系统从业人员在100人以下的企业占97%，资金在100万以上的企业占92.5%。可见，麦德龙所选择的目标市场是很有潜力的，这也是麦德龙在中国成功的经验所在。

（http://www.baidu.com/s? wd=%CA%D0%B3%A1%B7%D6%CE%F6%B0%B8%C0%FD&pn=10）

第一节　消费者市场及特征

一、消费市场

消费者市场是指个人和家庭为了生活消费而购买商品和劳务的市场。它是企业乃至整个经济活动为之服务的最终市场。

二、消费市场的特征

由于消费需求的多样性和市场供求状况的多变性，消费者市场具有以下特征：

1. 非盈利性

消费者购买商品的目的是为了获取商品的使用价值，以满足生活方面的某种需要，并不是为了转卖或盈利。因此，非盈利性是消费者市场的一个显著特征。

2. 非专家性

消费者对多数商品缺乏专门的知识，对商品的性能、保管和维修都不太了解，所以其购买属非专家购买。因而，消费者受广告和其他促销手段的影响较大。

3. 层次性

消费者的需求总是在一定支付能力和其他客观条件的基础上形成的。如收入较低的人们，只能在低层次上满足其基本生活需要；随着人们收入水平的提高，其需求层次也就越高，不仅要满足生理需要，还要满足安全上的需要、实现自身价值的需要。因此，消费者需求具有较明显的层次性。

4. 多样性

由于消费者人数众多、性格各异，加之在年龄、性别、职业、收入、教育程度、民族、宗教信仰等方面不同，消费者对不同商品，或同种商品的不同品种、规格、式样、价格、服务以及质量等都会产生多种多样的要求。

5. 分散性

消费者市场是以个人和家庭为基本消费单位，顾客多，购买范围广泛，消费者一般是小批量、多批次的零星购买，尤其对日用消费品的购买较为频繁。

6. 伸缩性

消费者购买商品，在数量、品级、式样等方面会随着购买力水平的变化而变化，随着商品的价格的高低而转移。这反映了消费者在收入和价格的作用下需求弹性的变化。其中日常生活必需品，需求弹性较小，但其他大多数选择性较强的商品则需求弹性较大，如高档服装、耐用消费品等。这种消费需求的伸缩性决定了消费者市场也具有同样的特征。

7. 时尚性

消费需求不仅受到消费者内在因素的影响和制约，而且还会经常受到时代风尚、环境等外在因素的影响。时代不同，人们的消费需求也不同，如人们对服装款式、颜色的追求就较为明显。这种消费需求的时尚性或时代性也同样会反映到消费者市场上。

第二节 消费者购买行为模式

一、消费者购买行为基本模式的内容

对消费者购买行为规律的研究首先涉及消费者购买行为的基本模式，它主要由6W1H构成，即：

形成购买群体的是哪些人？	WHO
他们要购买什么商品？	WHAT
他们为什么要购买这样的商品？	WHY
哪些人参与了购买决策过程？	WHO
他们以什么方式购买？	HOW
他们在什么时候购买？	WHEN
他们在哪里购买？	WHERE

二、消费者购买模式

所谓消费者购买行为，是指消费者为个人和家庭生活而购买商品或劳务的活动。每个消费者的购买行为是有差异的，但千差万别的购买行为背后，实际上也存在着某些相

似的行为。我们把消费者普遍采用的购买行为方式称为消费者购买行为模式。如图3.1所示，刺激—反应模式体现了消费者购买行为的发生过程。

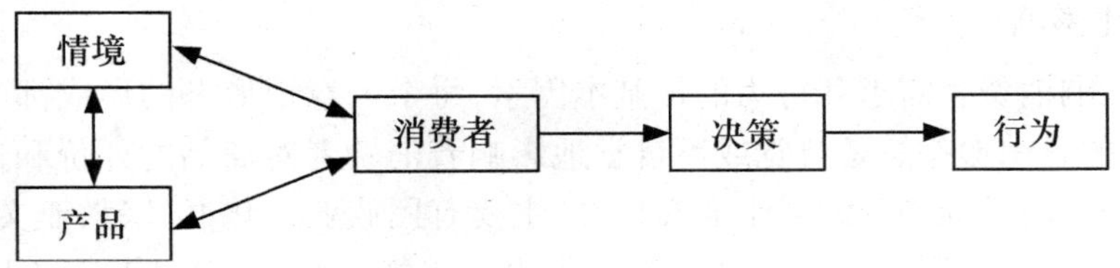

图3.1 购买行为模式

这一模式表明，购买行为的发生首先由外界情境刺激引起。这种刺激包括两种：一是企业所能控制的营销因素，即产品、价格、分销、促销对消费者产生的刺激；二是企业不能控制的宏观环境因素，即经济、技术、政治、文化对消费者的刺激。这些刺激进入消费者的意识领域后，基于购买者的不同个人特征，在思想意识里进行时受到这些个人特征的影响，进而作出购买决策和发生相应购买行为的反映。

企业营销人员就是要探究外界刺激进入消费者思想意识领域后，受个人特征影响消费者会作出何种反应，并作出购买决策的，从而明确消费者购买行为的形成过程，并能自如地运用刺激—反应模式达到营销目的。

第三节 影响消费者购买行为的主要因素

影响消费者购买行为的非经济因素主要有内外两个方面。从外部来看，主要有：消费者所处的文化环境，消费者所在的社会阶层，消费者所接触的各种社会团体（包括家庭），以及消费者在这些社会团体中的角色和地位等；内部因素则是指消费者的个人因素和心理因素。个人因素包括消费者的性别、年龄、职业、教育、个性、经历与生活方式等，心理因素包括购买动机、对外界刺激的反应方式、学习方式以及态度与信念等。这些因素从不同的角度影响着消费者的购买行为模式。如图3.2：

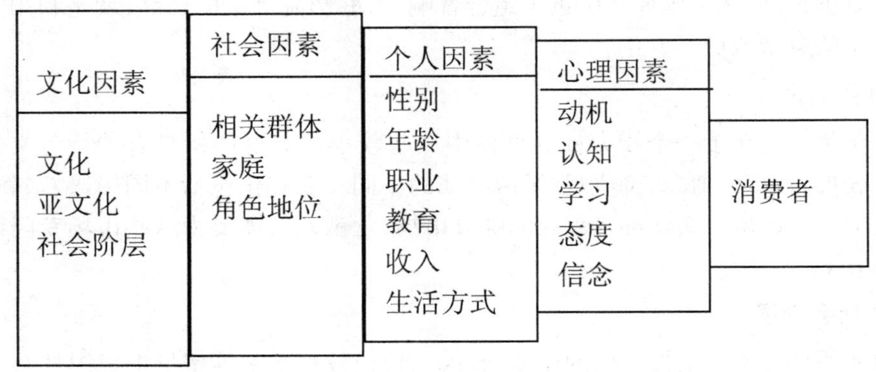

图3.2 影响消费者购买行为的因素

一、文化因素

(一)文化影响

文化是影响消费者需求和行为的最基本因素,每个人意识形态的形成都受文化因素的影响,而人的意识形态总是自觉或不自觉地影响着消费者对商品的评价和选择。社会文化可根据一定的标准划分为若干亚文化群,主要有民族亚文化群、宗教亚文化群、种族和地理亚文化群,处于不同亚文化群的消费者由于受特殊的文化影响,有不同的风俗习惯,因而具有不同的消费需求和购买行为。

第一,文化具有很明显的区域属性。生活在不同的地理区域的人们的文化特征会有较大的差异,这是由于文化本身也是一定的生产方式和生活方式的产物。同一区域的人们具有基本相同的生产方式和生活方式,能进行较为频繁的相互交流,故能形成基本相同的问题特征。

第二,文化具有很强的传统属性。文化的遗传性是不可忽略的。由于文化影响着教育、道德观念甚至法律等对人们的思想和行为发生深层次影响的社会因素,所以,一定的文化特征就能够在一定的区域范围内等到长期延续。例如:可口可乐公司在我国新春佳节推出的电视广告,可谓“中国味”十足。泥娃娃、春联、四合院、红灯笼、鞭炮等,一切充满传统节日色彩的元素以木偶片的形象表现出来,极具观赏性。片中的大塑料装可口可乐自然融入其中,恰到好处,对联、红包、泥娃娃抱大鱼都是春节的吉祥物,因此泥娃娃阿福成为新春广告片的主角,而泥娃娃手中的大鱼则被可口可乐所取代。由此可见,可口可乐对于中国市场的重视已经从内到外全方位展现,它充分运用本土文化,使它的产品印象深深地扎根于中国的消费者心中,于是可口可乐不仅在中国的传统节日——春节里成为深受人们欢迎的饮料产品,而且有力地促进其产品在中国市场的稳定和拓展。

第三,文化具有间接影响作用。文化对人们的影响在大多数情况是间接的,往往首先影响人们的生活和工作环境,进而再影响人们的行为。上个世纪 80 年代,一些外国家电企业首先在中国举办“卡拉 OK”之类的民间自娱自乐活动,形成了单位或家庭自娱自乐的文化氛围,进而在中国成功引进了组合音响、家庭影院等家电产品,就是利用文化影响间接作用的典型范例。

(二)亚文化

亚文化是指存在于一个较大社会群体中一些较小社会群体所具有的特色文化。所谓的特色表现为语言、信念、价值观、风俗习惯的不同。亚文化包括不同国籍、宗教、种族和地区的文化。许多亚文化都是重要的细分市场,营销人员需要为这些市场专门设计产品和营销方案。

(三)社会阶层

美国一些社会学家根据人们的职业、收入、财富、教育水平等变量把美国社会划分为六个阶层。我国处于社会主义初级阶段,由于每个人在职业、收入、所受教育等方面存在着差异,因而客观上也存在社会地位上的差别,存在不同的社会阶层。同一社会阶层中

的人，往往具有相类似的行为标准、价值观，而在不同社会阶层中的人，其行为标准、价值观就存在较大的差异，因而在商品需求方面也表现出差异性。据此，企业可以根据自己的资源，选择一定的社会阶层作为目标市场，并根据其特点安排产品、价格、渠道、促销等市场营销手段，努力满足目标市场的需求。

二、社会因素

（一）相关群体

所谓相关群体，是指对某个人的态度或行为有直接或间接影响的群体。一个人的消费习惯、生活方式，对产品和品牌的选择，都在不同程度上受相关群体的影响，主要表现在：①相关群体为每个人提供新的消费行为和新的消费方式。如当某个人的同事购买了一台电脑后，这个人也许会产生或强化购买电脑的动机。②因为多数人都有从众心理，所以相关群体对人们行为"一致性"产生压力，从而影响人们对产品和品牌的选择。

值得市场营销人员注意的是，人们购买不同的产品和挑选不同的品牌受相关群体的影响程度是不同的。消费者在购买汽车和彩电等商品时，选择品牌深受相关群体的影响，消费者在购买家具、服装和香烟时也在一定程度上受相关群体的影响，而日用品的购买则受相关群体的影响较小。

相关群体中存在一种"意向领导人"，即对部分消费者具有很大影响力的人，如一些电影明星、体育明星、节目主持人，他们的喜好、服饰、形象、消费方式往往被许多崇拜者所模仿。

因此，企业营销人员应努力寻找并确定目标市场的"意向领导人"，摸清他们的人文和心理特征，了解他们经常接触的公共传播工具，发布他们容易接受的消息，使这些人成为企业的目标听众、观众和产品使用者，在可能情况下，直接利用"意向领导人"参与促销活动。

（二）家庭

家庭是社会的细胞，也是社会中最重要的消费品购买组织。企业的营销人员要注意家庭中丈夫、妻子和孩子在购买不同产品和服务时所起的作用和影响。一般地说，作为家庭主妇的妻子是家庭的主要采购者，特别是对食品、服装和其他日用品的采购往往有很大的决策权，而对价格昂贵的产品的购买决策，往往由丈夫或由丈夫和妻子共同商量决定。一些调查表明，主要由丈夫做购买决策的产品和服务有：保险、汽车、电视机、烟酒等。主要由妻子决定的产品和服务有：洗衣机、厨房用品、食品柜、服装等。夫妻共同决策的产品和服务有：家具、家电、旅游和房间装饰等。营销人员需要了解，对于某种特定产品来说，家庭中的哪个成员是较重要的决策者，以便有针对性地选择广告媒体、运用广告语言和其他有效的市场营销手段。

三、个人因素

在相同的社会文化环境下的消费者仍有不同的购买行为，其中一个原因就是消费者的购买决策还要受个人因素的影响,特别是消费者的年龄和所处家庭生命周期阶段、职业、经济状况、生活方式、个性和自我观念,它们对消费者购买决策的影响更为明显。

(一)消费者的年龄和所处家庭生命周期阶段

因为年龄和一个人的心理、生理特征有着密切的关系,所以消费者对产品和服务的需求会随着年龄的变化而变化。

与年龄有密切关系的一个概念就是家庭生命周期。家庭生命周期一般可分为7个阶段:

①未婚阶段。

②新婚阶段。

③“满巢Ⅰ”阶段,即有6岁以下幼儿。

④“满巢Ⅱ”阶段,即最小的孩子已超过6岁。

⑤“满巢Ⅲ”阶段,即子女已大,但尚未独立。

⑥“空巢”阶段,即子女已独立成家。

⑦独居阶段。

在家庭生命周期的不同阶段,消费者的经济状况和对商品、服务的需求是不同的。例如,未婚阶段消费者一般没有多大负担,又处于广泛社交的时期,所以往往喜爱时新商品,注重美化自己;而在婚后有子女之后,增加了多方面的需求,消费负担较重,此时开始偏爱经济实惠的产品。企业的营销人员应该了解目标市场消费者主要处于家庭生命周期的哪个或哪几个阶段,以便制定与之相适应的营销决策。

(二)职业

个人的消费模式受职业的影响是极为明显的。例如,一般工薪收入者将大部分收入用于购买食品、服务、家具和室内装饰;农民则将大部分收入用于盖房;教师则必须购买较多的书籍、杂志、报纸,追求较多的文化生活。正因为同种职业的人往往有相类似的需求,而不同职业的人的需求差异较大,企业就要为不同职业的消费者生产经营各种不同的产品。

(三)经济状况

消费者的经济状况在很大程度上决定其对产品的选择。经济状况包括消费者的收入、储蓄、财产以及贷款能力等。企业的营销人员对于那些受经济状况影响较大的商品,要密切注意消费者收入、储蓄、利息率等的变化趋势,当目标市场消费者的经济状况发生较大的变化时,企业就应采取相应的措施,对产品进行重新设计、定位、调整价格,以便继续吸引目标消费者。

(四)生活方式

生活方式通过一个人的日常起居活动、兴趣和观点等方面表现出来。不同生活方式的消费者对商品的价值观、需求也不同。例如,过去我国城市居民都去公共浴室洗澡,现在由于煤气的普及和太阳能的开发,相当部分家庭愿在家里解决洗澡问题,这就大大增加了各类热水器的需求。企业的营销人员就是要为创造自

己生活方式的“艺术家”——顾客，提供各种“素材”，使他们能创造出精美的“艺术”作品。

（五）个性和自我观念

消费者的个性类型和消费者对产品和牌号的选择有很大的相关性。例如，“外向”型的消费者爱表现自己，喜欢参加社交活动，求新心理较强，往往是新产品的首批购买者；而“内向”型的消费者社交活动少，求新心理不强，不愿强烈表现自己，一般喜欢购买大众化的产品。每个人对自己都有一幅心理图画，即立志使自己成为一个什么样的人，或者希望别人把自己看成是什么样的人，这就是自我观念。许多消费者在采购商品时，都要同自我形象对照，要考虑是否能保持或美化自我形象，当商品同自我形象一致时才会采取购买行为。

四、心理因素

（一）动机

动机是由需要引起的。每个人在特定的时间里有许多需要，大部分需要不会形成动机，激发人们为满足需要而采取行动，只有当需要达到很强烈的紧张程度时，才会转化为动机，某种需要得到满足后，紧张状态才会消除。

心理学家提出许多有关人类动机的理论。其中最著名的是美国心理学家马斯洛的“需要层次”理论。他的基本观点如下：

1. 人类的需要具有层次性

根据不同时期对需要的不同追求，人们的所有需要可分为五个层次。第一层次生理的需要，这是最基本的需要，包括衣、食、住、行等方面的需要；第二层次安全的需要，为了保证人身安全而对保险、保健、饮食卫生等的需要；第三层次社会的需要，如希望加入某一组织的归属感、友谊、爱情等需要；第四层次尊重的需要，包括自尊心、名誉、地位、受人尊重等需要；第五层次自我实现的需要，即希望能发挥自己的才能、实现自己的抱负。

2. 一般情况下，人们在满足了低层次的需要后才会追求较高层次的需要

如对于一个将要饿死的人来说，它首先要满足的是生理上的需要，而不会立即追求要实现自己的抱负，也不会追求名誉、地位、友谊和爱情，甚至会忽视安全的需要，食用一切能消除饥饿的东西。

马斯洛从人的需要为出发点研究人的动机，这是符合逻辑的。当然，对于特定环境和具体的人而言，并不一定同马斯洛的需要层次理论相一致，但作为一般的原理，它对企业的营销活动是有指导意义的。根据这一理论，企业必须了解其目标市场消费者现时主要追求什么？他们的哪些需要尚未得到满足？然后根据其需要安排市场营销刺激，促使他们产生购买动机，进而采取购买行为。

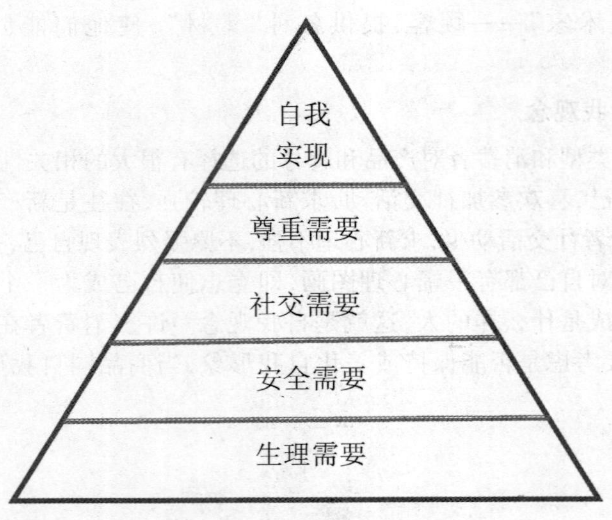

图 3.3　马斯洛需求层次图

(二)认知

认知是一种基本的心理现象,是人们对外界刺激产生反应的首要过程。人们不会去注意其没有认知的事物,也不可能去购买没有认知的商品。只有注意到某一商品存在,并与自身需要相联系,购买决策才有可能产生。

认知是一种人的内外因素共同作用的过程,取决于两个方面:一是外界的刺激,没有刺激,认知就没有对象;二是人们的反应,没有反应,刺激就不能发挥作用。从消费者行为角度来看,唤起认知的主要是销售刺激。销售刺激分为两类:第一类是商品刺激。刺激源是商品本身,它包括商品的功能、用途、款式和包装等。第二类是信息刺激,即除商品外各种引发消费者注意和产生兴趣的信息,包括通过广告、宣传、服务及购物环境等表现出来的语言、文字、画面、音乐、形象设计,等等。

阅读资料

和尚买梳

有四个营销员接受任务,到庙里推销梳子,第一个营销员空手而回,说到了庙里,和尚说没头发不需要梳子,所以一把都没有销掉。

第二个营销员回来了,销售了十多把,他介绍经验说,我告诉和尚,头要经常梳梳,不仅止痒,头不痒也要梳,要活络血脉,有益健康。念经念累了,梳梳头,头脑清醒。这样就销售掉了十来把。

第三个营销员销售了百十把。他说,我到庙里去,跟老和尚说,您看这些香客多虔诚呀,在那里烧香磕头,磕了几个头起来头发就乱了,香灰也落在他们头上。您在每个庙堂的前堂放一些梳子,他们磕完头可以梳梳头,会感到这个庙关心香客,下次还会再来。这一来就销售掉百十把。

第四个营销员说销售掉好几千把，而且还有订货。他说《我到庙里跟老和尚说，庙里经常接受人家的捐赠，得有回报给人家，买梳子送给他们是最便宜的礼品。您在梳子上写上庙的名字，再写上三个字'积善梳'，说可以保佑对方，这样可以作为礼品储备在那里，谁来了就送，保证庙里香火更旺。这一下就销售掉好几千把。"

(三)学习

学习，亦称"后天经验"。消费者的购买动机不是先天形成的，而是通过不断学习和经验的积累之后形成的，相应学习过程如图4.2所示。

一个人对事物的熟悉是通过驱使力(某种需要)、刺激物(满足需要的产品或服务)、提示物(一种更具体的刺激物)、反应(需要得到满足的感觉)和强化(加深印象)这一系列过程而形成的。

据此，企业营销人员要善于把本企业的产品(刺激物)和消费者的"驱使力"联系起来，使用各种促销手段使消费者能获得有关"提示物"的信息，并积极地进行"强化"工作，坚定消费者购买的信心，使之成为企业的常客。

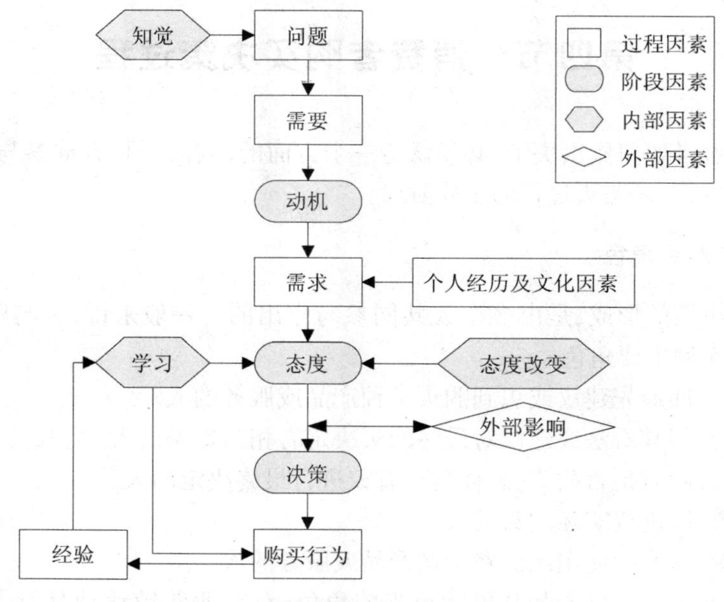

图3.4 消费者的"学习"过程

(四)信念和态度

消费者通过购买行为和学习的过程，形成一定的信念和态度，这又反过来影响消费者新的购买行为。这里的信念是指一个人对某一事物的信任程度，而态度是指一个人对某一件事物的认识、评价、感情、行为意向等。消费者一旦树立起对某种产品的信念，是很难改变的，具有相对的稳定性。因此，企业要了解目标市场消费者对本企业产品的信念和态度，并利用各种手段促使消费者的信念和态度向有利于本企业的方向发生转化。

态度具有三个明显特征：

第一，态度具有方向和程度。态度具有正反两种方向，正向即消费者对某一客体感到喜欢,表示赞成;反方向即消费者对某一客体感到不喜欢,表示不赞成。程度就是指消费者对某一客体表示赞成或不赞成的程度。

第二、态度具有一定的结构。消费者态度是一个系统,其核心是个人的价值观念。各种具体的态度分布在价值观念这一中心周围,它们相对独立,但不是孤立存在,而是具有一定程度的一致性,都受到价值观念的影响;离价值中心较近的态度具有较高的向心性,离中心较远的态度则向心性较低。形成时间较长的态度比较稳定,新形成的态度则比较容易改变。

第三、态度是学校而来的。态度是经验的升华,是学习的结果,包括自身的学生和向他人的学习。消费者自身的经历和体会,同样会对人们的态度产生正面或反面的影响。

相对态度而言,信念更为稳定。使消费者建立自身产品的积极信念应当是企业营销活动的主要目标。而消费者如果要对竞争者的产品建立了信念,则会对企业构成很大威胁。从某种程度来讲,建立和改变消费者的信念就是对市场的直接争夺。

第四节　消费者购买决策过程

要了解消费者如何作出决策,必须认清三个方面的内容:一是有谁参与购买决策;二是购买行为类型;三是购买过程的主要阶段。

一、消费者购买角色

一个购买决策的形成,是由多个人共同参与作出的。一般来说,参与购买决策的成员大体可分为5种主要角色。

(1)发起者,即最先建议或想到购买某种产品或服务的人。

(2)影响者,即其看法或建议对最终购买决定有相当影响的人。

(3)决策者,即对是否购买、怎样购买有权进行最终决定的人。

(4)购买者,即进行实际购买的人。

(5)使用者,即实际使用或消费所购产品或服务的人。

认识购买决策的参与者及其可能充当的角色,对企业营销活动具有十分重要的意义。一方面企业可根据各种不同角色在购买决策过程中的作用,有的放矢地按一定的程序分别进行营销活动;另一方面也必须注意到某些商品的购买决策中的角色错位,如男式的内衣、剃须刀等生活用品会由妻子决策和采购;儿童玩具的选购,家长的意愿占了主导地位。这样才能找到准确的营销对象,提高营销活动的效果。

二、购买行为类型

根据消费者对产品的熟悉程度和购买决策风险大小,可以将购买行为分为以下四种类型,如表3.1所示。

表 3.1 购买行为的类型

购买决策风险	对产品的熟悉程度	
	低	高
高	复杂购买性行为	选择性购买行为
低	简单性购买行为	习惯性购买行为

(一)复杂性购买行为

主要是对于那些消费者认知度较低,价格昂贵,购买频率不高的大件耐用消费品。由于价格昂贵,购买决策的风险就比较大,购买决策必然比较谨慎,加之由于消费者对产品不够熟悉,需要收集信息比较多,进行选择的时间也比较长。

(二)选择性购买行为

同样是价格比较昂贵的商品,有较大的购买决策风险,但是由于消费者对此类商品比较熟悉,知道应当如何进行选择。因此在购买决策时无需再对商品的专业知识做进一步的了解,而只要对商品的价格、购买地点以及各种款式进行比较选择就可以了。

(三)简单性购买行为

对于某些消费者不太熟悉的新产品,由于价格比较低廉,购买频率也比较高,消费者不会花费很大的精力去进行研究和决策,而常常会抱着"不妨买来试一试"的心态进行购买,所以购买的决策过程相对比较简单。

(四)习惯性购买行为

对于某些消费者比较熟悉而价格又比较低廉的产品,消费者会采用习惯性的购买行为,即不加思考地购买自己惯用的品种、品牌和型号。若无新的、强有力的外部吸引力,消费者一般不会轻易改变其固有的购买方式。

了解购买行为的不同类型,有助于企业根据不同的产品和消费者情况,去设计和安排营销计划,知道哪些是应当重点予以推广和宣传的,哪些只要作一般的介绍,以使企业的营销资源得到合理的分配和使用。

三、购买决策过程

消费者的购买决策是在特定心理驱动下,按照一定程序发生的心理和行为过程。这一过程在实际购买前就已经开始,一直延续到购买行为之后,是一个动态的系列过程。一般将消费者购买决策过程分为五个阶段:认知需要、收集信息、评价选择、购买决策、购后行为,如图 3.5 所示。

图 3.5 购买行为的决策过程

(一)认识需要

消费者只有首先认识到有待满足的需求,才能产生购买动机。引起消费者认知需要的刺激主要来自两个方面:一种是人体内部的刺激,如饥饿、寒冷等;另一种是人体外部的刺激,如流行时尚、相关群体影响等。

现代市场营销研究认为,企业不能仅仅在交易行为上下工夫,而应从引起需求阶段开始,调查研究那些与本企业产品实际上和潜在的有关联的驱使力,以及按照消费者的购买规律,适当地安排诱因,促使消费者对本企业生产经营产品的需要变得很强烈,并转化为购买行动。

(二)收集信息

当消费者认识到自身的需求后,就会广泛收集有关信息。消费者的信息来源主要有四类:

1. 个人来源

消费者从家庭成员、朋友、邻居和其他熟人那里得到信息。

2. 商务来源

消费者从广告、推销人员、中间商、商品包装和商品阵列中获得信息。

3. 公共来源

消费者从大众媒体(如报纸、杂志、广播、电视、互联网)的宣传报道和消费者组织等方面获得信息。

4. 经验来源

消费者从亲自操作、实验、使用产品的过程中取得信息。

以上四种信息来源对消费者的影响程度是不同的。一般来说,消费者取得信息最多的是"商务来源"和"公共来源",这是企业有可能支配的来源。而消费者认为可信度最高的是"个人来源"和"经验来源"。消费者通过收集信息,就会对市场上某种产品的一些品牌及其特色有一定的了解。

根据以上分析,企业面临的任务是:设计有效的市场营销组合策略,尽可能使企业经营的产品品牌突出自身产品的特点,增强其对消费者的吸引力,促使消费者购买本企业的产品。

(三)评价选择

评价各种可以替代的产品品牌。多数消费者都是从以下几个方面来评价替代物的:①产品特征。②特征的重要性权数。③品牌信念。④实用性能。

例如:"非典"时期,很多全国治疗传染病的专业医院在紧急时刻都选择了安装海尔空调。据了解,主要是因为海尔空调的过硬质量以及科学高效的安装服务和具备抗菌方面的独特优势赢得了这些"苛刻"的特殊用户的信赖。海尔空调的所有产品均需经过十分严格的检验工序,小到元器件性能比较,大到整机性能测试,海尔空调可以说是"身经百战"。四大国家级实验室,150 多项国际认证,从根本上为大批量的产品提供了高质量和高可靠性的保证。

因为是隔离区,所以空调安装还有一个特殊的要求,那就是空调一旦到位决不能进行售后服务，所以，海尔空调星级服务网络紧急联动，为海尔空调优质高效地的完成突击安装任务奠定了坚实的基础。为了争分夺秒在第一时间安装调试好空调，产品还没到位，海尔服务人员就已先行出动，在工程现场实地考察医院房间结构、安装位置、常规风向进行事先设计。同时，海尔空调独特的无尘安装、安全配电等星级服务措施为优质完成突击任务更奠定了有力的基础。

因为是特殊医疗机构，在选择空调时有关部门还考虑必须具备一定的健康功能。海尔推出了一系列的健康空调、氧吧空调、强力杀菌酶空调等。因其具有的杀菌换气、健康呼吸，可以改变室内的空气质量，为广大的患者营造最好的医疗条件，也能给医护人员创造最好的防护条件而受到特别的青睐，因此，大规模选购安装海尔空调完全是在情理之中。

(四)购买决策

消费者通过评价选择，对某一品牌的产品产生了偏爱，这时，消费者就形成了“购买意念”，并准备购买自己偏爱的品牌，但从“购买意念”转变为“购买决策”过程中往往受两种因素的干扰。

第一种因素是“别人的态度”。“别人的态度”对消费者购买决策的影响程度取决于两个方面：一是别人对自己偏爱的产品的否定程度，二是消费者对别人意见的接受程度。

第二种因素是“意外情况因素”。消费者一般是根据预期的家庭收入、产品价格和产品的预期利益等因素形成对某种品牌产品的购买动机的。但当消费者将要采取购买行为时，可能会出现某种意外情况，如家庭成员被宣布下岗，或某位朋友告知他准备购买的那种品牌的产品使用效果很差等。所有这些“意外情况因素”都会使消费者改变原来的购买意念，从而影响购买决策。

(五)购后行为

消费者购买了商品，并不意味着购买行为过程的结束，消费者购买商品后，最主要的感觉就是满意还是不满意，其购后的所有行为都基于这两种不同的感觉。

感到满意的消费者在后续行为方面会有积极的表现，包括向他人进行宣传和推荐该产品，并且自己也可能重复购买。而感到不满意的消费者行为就比较复杂，一般而言，若不满意的程度较低或商品的价值不大，消费者有可能不采取任何行动，但是如果不满意的程度较高或商品的价值较大，消费者一般都会采取相应的行动，向企业讨一个说法。

不满意的消费者所采取的一般是个人行为，如到商店要求对商品进行退换，将不满意的情况告诉亲戚朋友，以后再也不购买此种品牌或此家企业的商品等，此种行为虽然对企业有一定影响，但是影响的程度相对小一些。不满意的消费者的另一种可能做法，就是将其不满意的情况诉诸公众，如向消费者协会投诉、向新闻媒体披露甚至告上法庭。这样的行为就会对企业造成较大的损失，企业应当尽可能避免这样的情况出现。事实上，即使出现消费者不满意的情况，企业若能妥善处理，也是能够使消费者转怒为喜的。如妥善处理好退换商品的工作，耐心听取消费者意见并诚恳道歉，公开采取积极的改进措施,在必要的情况下主动对消费者进行赔偿等。

现代营销观念认为,稳定的市场份额比高额的利润更为重要,所以认真对待消费者购后的态度和行为是企业营销活动中的重要一环。

复 习 题

一、单项选择题

1. 一个消费者的完整购买过程是从(　　)开始的。

A. 认知需要　　B. 收集信息　　C. 购买决策　　D. 评价选择

2. “需求层次论”的首创者是(　　)。

A. 弗洛伊德　　B. 马斯洛　　C. 宇野正雄　　D. 科特勒

3. 对于油、盐之类的商品的购买,属于(　　)。

A. 复杂的购买行为　　B. 寻求平衡的购买行为

C. 简单的购买行为　　D. 寻求多元化的购买

4. 在消费者的信息来源中,最有效的信息来自于(　　)。

A. 个人来源　　B. 商业来源　　C. 大众来源　　D. 经验来源

二、简答题

1. 市场的含义是什么?市场的构成有哪些主要因素?
2. 什么是消费者市场?它有哪些特征?
3. 什么是消费者购买行为?
4. 简述消费者购买决策过程。
5. 简述马斯洛需求层次理论的内容。
6. 影响消费者购买决策的主要因素有哪些?

本章小结

1. 本章主要围绕消费者和消费者购买行为展开,分析了消费者购买模式。消费者购买模式主要由6W1H构成。

2. 对消费者市场的研究,影响消费者购买行为的主要因素有文化因素、社会因素、个人因素和心理因素。通过消费者购买角色、购买行为类型和购买决策过程来了解消费者如何作出购买决策。

3. 根据消费者对产品的熟悉程度和购买决策的风险大小。将购买行为分为复杂性购买、选择性购买、简单性购买和习惯性购买等四种类型。消费者典型的购买决策过程一般可以分为确认问题,收集信息、评价方案、做出决策、购后行为等五个阶段。

案例分析

大宝护肤品:工薪阶层的选择

大宝是北京三露厂生产的护肤品,在国内化妆品市场竞争激烈的情况下,大宝不仅没有被击垮,而且逐渐发展成为国产名牌。在日益增长的国内化妆品市场上,大宝选择了普通工薪阶层作为销售对象。既然是面向工薪阶层,销售的产品就一定要与他们的消费习惯相吻合。一般说,工薪阶层的收入不高,很少选择价格较高的化妆品,而他们对产品的质量也很看重,并喜欢固定使用一种品牌的产品。因此,大宝在注重质量的同时,坚持按普通工薪阶层能接受的价格定价。其主要产品"大宝SOD蜜"市场零售价不超过10元,日霜和晚霜也不过是20元。价格同市场上的同类化妆品相比占据了很大的优势,本身的质量也不错,再加上人们对国内品牌的信任,大宝很快争得了顾客。许多顾客不但自己使用,也带动家庭其他成员使用大宝产品。大宝还了解到,使用大宝护肤品的消费者年龄在35岁以上者居多,这一类消费者群体性格成熟,接受一种产品后一般很少更换。这种群体向别人推荐时,又具有可信度,而化妆品的口碑好坏对销售起着重要作用。大宝正是靠着群众路线获得了市场。

在销售渠道上,大宝认为如果继续依赖商业部门的订货会和各省市的百货批发展,必然会造成渠道越来越窄。于是,三露厂采取主动出击,开辟新的销售网点的办法,在全国大中城市的有影响的百货商场设置专柜,直接销售自己的产品。专柜的建立不仅扩大了销售,也为大宝做了广告宣传。此外,许多省市的零售商直接到厂里提货,再批发到县乡一级。零售与批发同步进行,使大宝的销售覆盖面更加广泛,在许多偏僻的地区也能见到大宝的产品。

在广告宣传上,大宝强调广告媒体的选择一定要经济而且恰到好处。因而选择了中央电视台二套节目播出其广告宣传片,理由是二套的广告价格较一套便宜许多,还可以套播。大宝赞助了大宝国际影院和大宝剧场两个栏目。这样加起来,每日在电视上能见到七、八次大宝的广告,如此高密度、轰炸式的广告,为大宝带来了较高的知名度。

广告的成功还在于广告定位与目标市场吻合。大宝曾经选用体育明星、影视明星做广告,但效果不是很好。后来大宝一改化妆品广告的美女与明星形象,选用了戏剧演员、教师、工人、摄影师等实实在在的普通工薪阶层,在日常生活的场景中,向人们讲述了生活和工作中所遇到的烦恼以及用了大宝护肤品后的感受。广告的诉求点是工薪阶层所期望解决的问题,于是,将"大宝挺好的"、"想要皮肤好,早晚用大宝"、"大宝明天见,大宝天天见"等广告词深深植入老百姓的心中。

案例思考:

1. 大宝化妆品成功的主要原因是什么?
2. 结合本案例谈谈企业应如何根据顾客消费心理从事市场营销活动?

第四章 组织（产业）市场

教学目标

本章将探讨不同类型的组织购买者，组织购买的重要特点，以及当今组织市场中一些典型的购买过程和决策。并介绍政府市场和政府购买行为及程序。

学习任务

通过本章的学习：

1. 了解组织市场的含义和构成。
2. 了解组织市场购买行为的特征。
3. 了解组织市场购买的决策方式和购买过程。

案例导入

金·纳赫勒对纸的看法和绝大多数人不同。作为彭尼媒介公司的高级采购经理，他和一支专业采购团队每年要花费上亿美元采购26万多吨纸张。

彭尼公司是美国第五大零售商和西边球最大的百货目录销售商，而彭尼媒介是为其印刷和采购纸张的部门，主要负责彭尼公司的销售目录、报纸插页和直邮信件的纸张采购。全球有包括美国的国际纸业公司、加拿大的Catalyst纸业公司、瑞士的斯道拉恩索公司和芬兰的芬欧汇川公司等在内的十多家公司向彭尼媒介供应纸张。

由于牵涉到相当大的收入和支出，纸张和其供应商的选择也是一个重大的商业决策。因此，彭尼媒介的纸张采购人员和彭尼公司的人员密切协作，保证在预算范围内，以最有利的价格购入保质保量的纸张，以满足彭尼公司每年数以百万计的产品目录、报纸插页和直邮信件的用纸需要。

除了纸张的质量和价格以外，采购人员还要考虑供应商的实力，包括按要求生产运送从特殊用纸到报刊用纸等不同级别纸张的能力、在规定时间内生产特定纸张的能力以及正在实施的环境方案。比如，一家供应商所实施的森林管理和环保措施就属于彭尼媒介在购买过程中需要考虑的因素。

下次当你翻阅彭尼公司的产品目录、广告或直邮信件时，可以注意一下纸张。金·纳赫勒和彭尼媒介的采购团队在纸张挑选和购买上都花了相当大的功夫。

（罗杰·A. 凯琳等. 市场营销. 后浪出版，pp155）

第一节 产业市场概述

一、产业市场的概念

组织市场的购买者是指为了自己使用或在销售而购买产品和服务的制造商、批发商、零售商和政府机构。组织市场可以分为以下三种不同的市场:产业市场、中间商市场和政府市场。

同消费者市场相对应的是生产者市场。生产者市场也称产业市场或工业市场。产业市场是指购买商品或服务用来生产其他产品或劳务以供销售、租赁或供应他人的所有个人及组织。主要是由这样的一些个体和组织构成:它们采购商品和劳务的目的是为了加工生产出其他产品以供出售、出租,以从中谋利,而不是为了个人消费。理解组织市场及其购买行为是有效营销工业品的必要前提。工业营销是指向公司、政府或非营利组织提供产品和服务的营销,这些产品和服务可以让这些组织创造产品和服务提供给其他需求者。

中间商市场由所有以营利为目的而从事转卖或租赁业务的个体组织构成,包括批发和零售两大部分。在许多场合中,批发和零售往往是作为营销渠道的组成部分,但是中间商市场和生产者市场有着许多相似之处,包括双方的购买行为也有很多雷同的地方。因此,有必要把它作为组织市场的第二主要组织部分提出来,而在具体分析的时候,并不涉及其作为渠道组成部门的特点。

中间商在购买产品或服务的过程中,通常需要对购买的品种与数量、供货的厂商和购买的条件做出决策。

政府市场,在很多国家中,政府也是作为产品和劳务的主要购买者。由于政府的采购决策要受到公众的监督,因此它们经常会要求供应商准备大量的书面材料。此外,政府市场还有一些如以竞价竞标为主,喜欢向国内供应商采购等特点。

二、产业市场的特点

同消费者市场相比较,产业市场具有以下不同的特点。

1. 购买者相对少

产业市场的营销人员比消费品市场的营销人员接触的顾客要少得多,这是由产品特殊的用途所决定的。如发电设备生产者的顾客是各地极其有限的发电厂,大型采煤设备生产者的顾客则是少数大型煤矿,购买者的数量是相当有限的,这一点和消费品市场形成明显反差。

2. 购买数量大

产业市场的顾客虽然个数较少,但每位顾客每次购买数量都比较大,有时一位买主就能买下一个企业较长时期内的全部产品,有时一张订单的金额就能达到数千万元甚至数亿元。

3. 供需双方关系密切

产业市场的购买者为了实现生产、销售的目的，需要有源源不断的货源供应，而供应商也需要有长期稳定的销路，因此供需双方能够保持密切的关系。比如有些买主常常在产品的花色品种、技术规格、质量、交货期、服务项目等方面提出特殊要求，供应商应当努力与买方进行沟通，详细了解其需求并尽最大努力予以满足，从而实现双方的目标和利益。

4. 购买者的地理位置相对集中

产业市场的购买者往往集中在某些区域，以至于这些区域的某种工业品购买量占据全国市场的很大比重。这是由于随着社会经济的发展，产业生产力的布局与自然环境、交通地理、环境保护以及国家产业发展政策等都密切相关，不同产业按照自身的发展需要往往集中于不同地区，有利于发展规模优势，也有利于降低有关的费用。

5. 派生需求

产业市场的需求是由消费者市场的需求派生出来的，产业市场的顾客购买商品或服务，是为了给自己的服务对象提供所需的商品或服务。因此，业务用品需求由消费品需求派生出来，并且随着消费品的变化而变化，是以消费者市场上的需求和偏好为转移，并按实际生产的需要进行相应的采购活动。

6. 需求弹性小

产业市场对产品和服务的需求总量受价格变动的影响较小。

特别是原材料的价值越低或原材料成本在制成品成本中所占的比重越小，其需求弹性就越小。产业市场的需求在短期内基本无弹性，因为企业不可能临时改变生产产品所需的原材料和生产方式。

7. 需求波动大

产业市场需求的波动幅度，要大于消费者市场需求的波动幅度。这其中的道理就是，如果消费品需求增加某一百分比，为了生产出能够满足这一追加需求的相应产品，工厂所需的设备和原材料会以更大的百分比进行增长，经济学家把这种现象称为加速原理。产业市场需求的这种波动性，使得许多企业向多元化经营方向发展，以避免风险。

8. 专业人员采购

产业市场的购买一般对产品质量、规格、性能等方面要求较为严格，而且有相对稳定的进货渠道和系统的进货计划。因此，产业市场的采购人员大都经过专业训练，具有丰富的专业知识，清楚地了解产品的性能、质量、规格和有关技术要求。供应商应当向他们提供详细的技术资料和特殊服务，从技术的角度说明本企业产品和服务的优点。

9. 影响购买的人多

与消费者市场相比，影响产业市场购买决策的人数众多。大多数企业都有专业的采购组织，重要的购买决策往往由技术专家和高级管理人员共同作出，其他人员也直接或间接地参与进来，这些组织和人员形成事实上的“采购中心”。供应商应当派出训练有素的、有专业知识和人际交往能力的销售代表与买方的采购人员和采购决策的参与人员打交道。

10. 直接采购

产业市场的购买者往往向供应方直接采购,而不需经过中间商环节,这样就可以有效地降低采购费用,缩短采购周期,提高企业的经济效益,同时也有利于进一步密切双方的关系,获得更多的技术支持与保障。价格昂贵或技术复杂的产品采购更是如此。

11. 互惠购买

这是一种在消费者市场中不会发生,但在产业市场中却非常普遍的现象,即互惠现象。也就是"你买我的产品,那么我也就买你的产品",更通俗地讲就是互相帮忙。由于生产资料的购买者本身就是某种产品的出售者,因此,当企业在采购时就会考虑为其自身的产品销售创造条件。但这种互惠购买的适用范围是比较窄的,一旦出现甲企业需要乙企业的产品,而乙企业不需要甲企业的产品时,就无法实现互惠购买了。这样互惠购买就会演进为三角互惠或多角互惠,此时会有更多的公司参与进来,形成一个相互独立的、互惠互利的"生态链"。

12. 租赁现象

一些产业购买者喜欢租赁大型设备,而不是全盘购买,因为租赁对于承租方和出租方都有诸多好处。对于出租方,当客户不能支付购买其产品的费用时,他们的优惠出租制度就为其产品找到了用武之地;对于承租方,租赁为他们省下大笔资金,又可以获得所需设备的使用权,租期满后还可以折价购买该设备。因此,租赁现象在产业市场中得到广泛的欢迎。

第二节 产业市场购买决策

产业消费者在进行购买之前,也经历一系列的决策过程。与消费者决策过程不一样的是,组织购买更正规化、专业化、系统化。

一、组织市场购买行为类型

组织购买者行为的复杂程度和采购决策项目的多少,取决于采购业务的类型。一般情况下,组织市场购买行为可以分为三种类型:直接续购、变更续购和新购

1. 直接续购

直接续购是指生产者用户的采购部门,根据以往的采购经验,对某些供货企业产生特殊的信任和偏爱,按照过去的订货目录和基本要求连续向原先的供应商购买产品。这是最简单的购买类型。直接续购的产品主要是原材料、零配件和劳保用品等,当库存量低于规定水平时,就要续购,采购部门对以往的所有供应商加以评估,选择感到满意的作为直接续购的供应商。被列入直接续购名单的供应商,应尽力保持原有的产品质量和服务质量不下降,提高重复采购者的满意程度,而未列入名单的供应商会试图提供新产品和满意的服务,以便促使采购者转移或部分转移购买,逐步争取更多的订货。这种购买行为,对产业购买者来说手续简单,采购费用低。不利的是长期使用同一产品,不能同其他企业发生横向联系,产品更新换代慢,不能及时满足消费市场的需求。

2. 变更续购

变更续购是指生产者用户在新的环境下，为了争夺更多的消费者，扩大市场规模，要不断对所采购原材料的花色、品种、质量等进行调整，提出新的商品价格和供货方式，以至有可能在市场上选择新的供应商。原先被选中的供应商随之会感到有一定的压力，会全力以赴地继续保持交易，新的供应商则感到是获得交易的大好机会。这种采购行为，一般都是企业经过理智地、科学地分析以后采取的行动，它体现了企业的内在活力，表明了生产者为适应市场环境而采取的措施。不利的是打破了原来的产业供应关系，生产者要想在很短的时间内找到理想的供应商比较困难。因而，这种决策过程较为复杂，买卖双方都有较多的人参与。

3. 新购

新购是指生产者用户为制造新的产品或进入新的目标市场，而采取的购买新产品的购买行为，这种购买行为具有很大的挑战性和风险性。这是最复杂的购买类型。新购产品大多是不经常购买的项目，采购者需要在一系列问题上作出决策，如产品的规格、购买数量、价格范围、交货条件及时间、服务条件、付款条件、可接受的供应商和可选择的供应商等。在这种购买活动中，新购产品的成本费用越高，风险越大，购买决策的参与者越多，需要收集的信息就越多，购买过程就越复杂。由于此时还没有一个现成的"供应商名单"，对所有的供应商而言都是机会，也是挑战。

表 4.1　不同决策类型表现形式

	直接续购	变更续购	新购
涉及人员	最少	2～3 人	最多
决策时间	短	短	长
问题界定	很好界定	相对好界定	很难界定
购买目标	好确定	好确定	难确定
供应商	现有	现有	现有或更新
购买影响	采购经理	采购经理或其他	技术操作人员、采购经理

二、产业市场的购买决策参与者

在任何一个企业中，除了专职的采购人员外，还有一些其他人员也参与购买决策过程。所有参与购买决策过程的人员构成采购组织的决策机构，也称之为采购中心。企业采购中心通常包括以下 6 种成员：

1. 使用者

具体使用欲购买的某种产业用品的人员。比如，公司要购买实验室用的电脑，其使用者是实验室的技术人员；要购买打字机，其使用者是办公室的秘书。使用者往往是最初提出购买某种产品意见的人，他们在计划购买产品的品种、规格中起着重要的作用。

2. 影响者

在企业外部和内部直接或间接影响购买决策的人员，他们通常协助企业的决策者决定购买产品的品种、规格等。这类人中，企业的技术人员是最主要的影响者。

3. 决策者

决策者是指有权决定买与不买、购买产品规格、购买数量和供应商的人员。在标准品的例行采购中,采购者常常就是决定者;而在较复杂的采购中,决定者往往是公司领导人。

4. 批准者

批准者是指有权批准决策者或购买者提供购买方案的人员。

5. 信息控制者

在企业外部和内部能控制市场信息流向决策采购中心成员的人,如企业的购买代理商、技术人员等。

6. 采购者

在企业中被授权按照采购方案组织采购工作的正式职权人员。在较复杂的采购工作中,采购者还包括参加谈判的公司高级管理人员。

当然,并不是每一个企业在采购任何产品时都必须有上述6种人员参与购买决策过程。企业中采购中心的规模大小和成员多少会随着欲采购产品的不同而不同。

如果一个企业采购中心的成员较多,供货企业的市场营销人员就不可能接触所有的成员,而只能接触其中少数几位成员。在此情况下,供货企业的市场营销人员必须了解谁是主要的决策参与者,以便对最有影响力的重要人物开展工作。

三、影响产业购买者购买决策的主要因素

产业购买者在制定购买决策时往往受多种因素的影响。

市场营销学家菲利浦·科特勒把影响产业购买者行为的主要因素划分为四大类,即环境因素、组织因素、人际因素和个人因素。

1. 环境因素

环境因素是指宏观环境因素,包括国家的经济前景、市场需求水平、技术发展、竞争态势、政治法律状况等。假如国家经济前景看好或国家重点扶持某一产业的发展,有关产业用户就会增加投资,增加原材料采购和库存,以备扩大生产之用。而在经济滑坡时期,产业购买者会减少甚至停止购买。

市场营销环境和经济前景对企业的发展影响很大,也必然影响到其采购计划。另外,原材料供给状况是否紧张,也是影响组织用户采购的一个重要环节因素。一般企业都愿意购买储存较多的紧缺物资。同样,采购者也受到技术因素、政治因素以及经济环境中各种发展因素的影响。

2. 组织因素

组织因素是指产业用户自身的有关因素,包括经营目标、战略、政策、采购程序、组织结构和制度体系等。企业营销人员必须了解的问题有:产业用户的经营目标和战略是什么?有哪些人参与采购或对采购发生影响?他们的评价标准又是什么?该公司对采购人员有哪些政策与限制等。

组织内部采购制度的变化也会对采购决策带来很大影响。如,对于大型百货商厦来说,是采用集中采购的方式还是将进货权下放给个部门,采购行为就会有很大的差别。

3. 人际因素

正如前面所述，企业的采购中心通常包括使用者、影响者、采购者、决策者、批准者和信息控制者，这六种成员都参与购买决策过程。这些参与者在企业中的地位、职权、说服力以及他们之间的关系是有所不同的，这种人际关系也会影响产业购买者的购买决策、购买行为。

4. 个人因素

每个参与产业购买决策过程的人都有不同的动机、感觉和偏爱等特征，并在购买决策过程中始终起着一定的作用，而这些特征往往由参与者的年龄、教育水平、职务、个性以及对风险的态度等因素所决定。营销人员应努力了解购买决策过程参与者的这些个人因素，同他们处理好关系，以有利于开展经营业务。

组织营销人员必须了解自己的顾客，使自己的营销策略适合特定的组织购买行为中的环境、组织、人际以及个人因素的影响。组织市场购买行为的重要特点是往往表现为组织与组织之间（B2B）的交易关系，理论上应该比消费者的购买行为更理性。但实际上并非如此，因为在组织采购的过程中的每一个过程都是由具体的人员去完成的。执行采购任务的具体的人员往往会受到其个性和个人情感因素的影响。因此，注意研究组织购买行为中的个人因素，有的放矢地开展相关营销活动显得非常重要。

第三节　产业购买者购买决策过程

产业购买者购买决策过程的阶段多少，也取决于产业购买者购买情况的复杂程度。

在直接续购这种最简单的购买情况下，购买过程所经历的阶段最少；在变更续购情况下，购买过程的阶段就会多一些；而在新购这种最复杂的情况下，购买过程的阶段最多，要经过八个阶段，如图 4.1 所示。

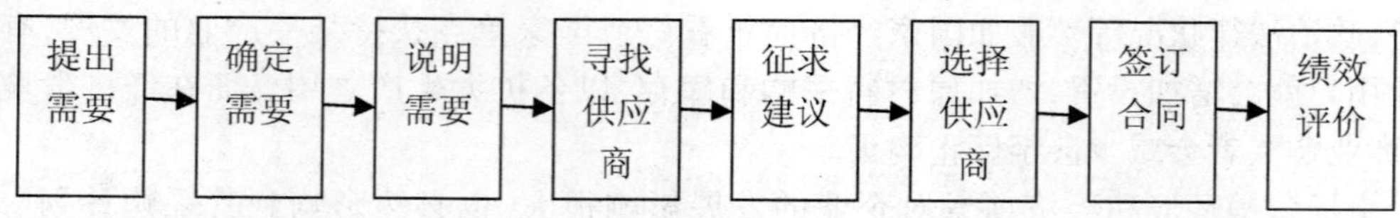

图 4.1　组织购买者采购决策过程

一、认识需要

在新购和变更续购情况下，购买过程是从企业的某些人员认识到要购买某种产品以满足企业的某种需要开始。认识需要是由两种刺激引起：①内部刺激。比如，企业最高管理层决定推出某种新产品，因而需要采购生产这种新产品的新设备和原料；有些机器发生故障或损坏，需要购置零部件或新机器；发现购进的某些原料质量不好，必须更换供应商等。②外部刺激。如采购人员通过广告或参加展销会等，发现了更物美价廉的产业用品。

二、确定需要

确定需要即确定所需品种的特征和数量。一般标准品采购没有这类问题,至于一些复杂品种,采购人员要与使用者、工程师等共同研究,确定所需品种的特征和数量。供应企业的市场营销人员在此阶段要帮助采购单位的采购人员确定所需品种的特征和数量。

三、说明需要

企业的采购组织确定需要以后,要指定专家小组,对所需品种进行价值分析,作出详细技术说明,作为采购人员取舍的标准。供货企业的市场营销人员也要运用价值分析技术,向顾客说明其产品具有良好的功能。

四、物色供应商

在新购情况下,采购复杂的、价值高的品种,需要花较多时间物色供应商。供货企业要加强广告宣传,千方百计提高本公司的知名度。

五、征求建议

征求建议即企业的采购经理邀请合格的供应商提出建议。如果采购复杂的、价值高的品种,采购经理应要求每个潜在的供应商都提交详细的书面建议。采购经理还要从合格的供应商中挑选最合适的供应商,要求他们提出正式的建议书。因此,供货企业的市场营销人员必须善于提出与众不同的建议书,提高顾客的信任度,争取成交。

六、选择供应商

采购中心根据供应商提供的产品质量、价格、信誉、及时交货能力、技术服务等来评价供应商,选择最有吸引力的供应商。采购中心在做最后决定以前,也许还要和那些比较有倾向性的供应商谈判,争取较低的价格和更好的条件。最后,采购中心选定一个或几个供应商。许多精明的采购经理一般都宁愿有多条供应来源,以免受制于人,而且这样能够比较各个供应商提供的产品。比如,他向第一位供应商采购所需产品的60%,分别向其他供应商采购所需要产品的30%和10%,这样可以使这三位供应者展开竞争,进一步做好供应工作。

一般情况下选择供应商的标准通常涉及以下几个方面:

第一,产品质量。即产品是否安全可靠,技术是否先进,品种规格是否符合要求,技术资料是否齐全。第二,交货能力。即能否及时交货,能否稳定、均衡供货。第三,服务能力。即能否提供维修服务,是否具备相应的技术力量,能否对客户的要求迅速做出反应。第四,报价水平与付款条件。即价格是否合理,付款条件十分便利。第五、企业信誉。即能否重约守信,有无欺诈或违法行为等。

七、签订合同

签订合同,即采购经理开具订货单给选定的供应商,在订货单上列举技术说明、需要数量、交货期等。现在企业日益趋于采取“一揽子合同”，而不采取“定期采购交货”。这是因为如果采购次数较少，每次采购批量较大，库存就会增加；反之，如果采购次数较多，库存就会减少。采购经理通过与供应商签订“一揽子合同”，与供应商建立长期供货关系，供应商承诺当采购经理需要时即按照合同规定的条件随时供货。这样，库存就摆在供货企业（卖方）那里，采购单位（买方）如果需要进货，采购经理的电脑就会自动印出订货单，或者用传真发送订货单给供应商。因而“一揽子合同”又叫做“无库存采购计划”。

八、绩效评价

采购经理最后还要向使用者征求意见，了解他们对购进的产品是否满意，检查和评价各个供应商履行合同情况。然后根据这种检查和评价，决定以后是否继续向某个供应商采购产品。

第四节　政府市场与政府采购

政府市场是组织购买中比较特殊的一个市场，也是十分重要的市场。在西方已有200年左右的历史，其特点就是对政府的采购行为进行法制化的管理。

一、政府采购的含义和特点

（一）政府采购的含义

政府采购是指各级国家机关、事业单位和团体，使用财政性资金依法制定的集中采购目录以内的或者采购标准以上的货物、工程和服务的行为。

政府采购的基本要素包括以下几个方面：

1. 政府采购的主体

政府采购的主体是国家机关、事业单位和团体组织，而不是一般的个人或企业。从政府采购的目的是为了满足开展日常的政务活动或为社会公众提供公共服务的需要。

2. 政府采购的范围

政府采购的范围并不包括所有的商品和服务，而是有限定的采购目录，说明政府采购是一种纳入法制管理范围的组织购买行为。通过必要的法定程序是政府采购的重要特点。

3. 政府采购的资金来源

政府采购的资金来源是财政性的资金，即全民的共有财产。这就是为什么要对政府采购进行必要的法制管理的主要原因。

（二）政府采购的特点

同一般的消费者购买相比，政府采购具有这样的几个特点：

1. 行政性

政府采购决策是一种行政性的运行过程。严格遵守行政决策的程序和过程,要代表政府的意志,遵循组织的原则,并非将经济利益作为唯一的评价标准。

2. 社会性

政府要承担社会责任和工作责任,其包括采购行为在内的所有行为不能只对政府机构负责,还要对全社会负责。所以其采购行为必然要考虑到诸如环境、就业以及国家安全等各方面的影响。同时,政府采购行为的本身也要接受社会的监督。而且监督的范围要大得多。

3. 法制性

在法制国家中,政府行为的基本特征是必须在法律的范围内运行,所有行为必须符合法律的规范和原则。所以采购的对象、程序和操作都必须用法律的形式加以规定并严格执行。

4. 广泛性

政府是对国家和社会施行管理和服务的机构,其涉及的事物范围及其广泛。所以其采购的范围必然也十分广泛。

二、政府采购的方式和程序

(一)政府采购的方式

政府采购基本上采用公开招标、邀请招标、竞争性谈判、单一来源采购、询价采购等方式。其中公开招标是政府采购的主要方式。

1. 公开招标。公开招标就是不限定投标企业,按照一般的招标程序所进行的采购方式。这种采购方式对所有的投标者都是一视同仁,其主要看其是否能更加符合招标项目的规定要求。但由于整个招标、评标过程中会耗费大量的费用,所以公开招标一般要求采购项目的价值比较大。

2. 邀请招标。邀请招标是指将投标企业限定在一定的范围内(必须三家以上),主动邀请他们进行投标。邀请投标的原因一方面是由于所采购货物、工程或服务具有一定的特殊性,只能向有限范围内的供应商进行采购;另一方面是由于进行公开招标所需要费用占采购项目总价值的比例过大,招标成本比较高。所以对于采购规模较小的政府采购项目一般会用邀请招标的方式。

3. 竞争性谈判。竞争性谈判是指采购单位采用同多家供应商同时进行谈判,并从中确定最优供应商的谈判方式。一般适用于在需求紧急情况之下,不可能有充裕的时间进行常规性的招标采购;或招标后没有合适的投标者;以及项目技术复杂、性质特殊无法明确招标规格等情况下,就可不采用招标方式而采用竞争性谈判的采购方式。

4. 单一来源采购。即定向采购,虽然所采购的项目金额已达到必须进行政府采购标准,但由于供应来源因资源专利、合同追加或后续维修扩充等原因只能唯一的,就适用采用单一来源的采购方式。

5. 询价采购。主要是指采购单位向国内外的供应商(通常不少于三家)发出询价单,让其报价,然后进行比较选择,确定供应商的采购方式。询价采购一般适用于货物规格标准统一,现货货源充足且价格变化幅度较小的政府采购项目。对于某些急需采购项目,或招标谈判成本过高的项目也可以采用询价采购的方式。

(二)政府采购的程序

一般情况之下,政府采购的程序因采购方式的不同而不同:

1. 公开招标的采购程序

第一步是进行招标前的准备,如上报采购计划,确定招标机制,制作招标文件等。

第二步是发布招标通告,让所有潜在投标人知道招标信息。

第三步进行资格预审,即对于供应商的资格和能力进行事先的了解和审定。

第四步是发售招标文件,接受投标。

第五步是在规定时间内接受投标之后,进行公开统一开标,评标,确定供应商。

第六步是同所有的供应商签订采购合同。

2. 邀请招标的基本程序

同公开招标差不多,只是其对于投标的供应商有一定的限制,不是采用发布招标通告,而是采取发出招标邀请书的方式进行招标的。

3. 竞争性谈判的程序

竞争性谈判的程序与一般商务采购程序差不多,通常包括四个基本环节:

第一步是询盘,即向供应方提出关于采购项目的价格及其他交易条件的询问。

第二步是发盘,即由接到询盘的供应方发出价格或交易条件的信息,也称“报价”。

第三步是还盘,即采购方对供应方的发盘提出修改意见,供应方修改后再向采购方还盘。此过程可反复进行,直达交易达成或拒绝交易。

第四步是接受,即采购方或供应方对于对方提出的价格和交易条件表示同意,从而双方的交易合同即可成立。

竞争性谈判的这一程序是同时对各供应商开展的,由供应商进行公平竞争,采购方在同各供应商的发盘和还盘中去选择最合适的供应商。

4. 询价采购程序

询价采购一般也分为四步:

第一步是选择供应商,一般应在三家以上。

第二步是发出询价单,询价单除了询问价格之外还应包括其他交易条件。

第三步是评价和比较,由采购方对供应商报出的条件进行比较,然后做出选择。

第四步是签订合同、履行采购。

5. 单一来源采购程序

单一来源采购由于没有竞争,所以不需要进行广泛的招标和竞价,但一般也要经过:提出采购要求,进行交易谈判和签订、履行交易合同的过程。

复习题

一、单项选择题

1. 中间商市场购买的目的是为了(　　)。
A. 转售以盈利　　B. 加工以盈利　　C. 自己消费　　D. 社会消费
2. 产业市场工业品的需求是(　　)。
A. 最终消费　　B. 个人消费　　C. 直接消费　　D. 派生消费
3. 产业市场的需求是由(　　)的需求派生出来的。
A. 中间商市场　　B. 生产者市场　　C. 组织者市场　　D. 消费者市场
4. 购买者地理位置相对集中是(　　)的特点。
A. 消费者市场　　B. 中间商市场　　C. 组织者市场　　D. 生产者市场
5. 企业中的产品使用者、具体采购人员均可能是购买决策的(　　)。
A. 影响者　　B. 决策者　　C. 管制者　　D. 使用者

二、简答题

1. 组织市场中购买行为的主要特征是什么?
2. 政府采购的特点是什么?
3. 产业用户采购业务的类型是什么? 企业应采取何种影响对策?
4. 什么是产业市场? 它有哪些特征?
5. 影响产业购买者购买决策的主要因素有哪些?

本章小结

1. 本章主要围绕产业市场的购买行为进行介绍。组织市场是购买商品和服务以用于生产性消费,以及转卖、出租、或用于其他非生产性消费的企业或社会团体。组织市场一般由生产性企业、中间商、政府部门等非营利性组织构成。

2. 分析组织市场的特征。组织市场具有购买者少,购买规模大;地域集中;倾向于直接销售,专业购买;属于衍生需求,需求波动较大;需求弹性较小;具有互惠购买原则;能进行租售;注重谈判和投标。

3. 产业市场的购买行为主要有直接续购、变更续购和新购三种类型。经过提出需要、确定需要、说明需要、寻找供应商、征求建议、选择供应商、签订合同、绩效评价八个主要阶段。

4. 政府采购是一种特殊的组织采购行为,其必须按照法定的范围和程序进行。它具有行政性、社会性、法制性、广泛性等特点。

案例分析

松下公司的互联网市场

松下电工产业株式会社计划建立一个庞大的网上市场,销售从几千个供应商那里购买的原材料和零部件。松下集团是一个由八家生产企业(生产传真机、录像机和数码相机等等)联合的大企业。它期望其所有与制造有关的在日本本土的采购活动都能在以网络为基础的市场上进行,日后再把海外供应商融入该系统中。松下实施这个项目的目的四为了节约集团的采购成本预算(每年在日本的采购成本价值高达2 2000亿日元,相当于208.2亿美元)。松下公司的行为会鼓舞日本其他类似的企业加紧自己的步伐,慢慢地将网络融入到它们的制造业经营中。

松下公司的目的是通过把零散的采购活动转移到一个更紧凑的网上系统,以节约相当大的成本。更重要的是,松下希望通过使本公司所使用的零部件标准化来和供应商谈判,节约长期成本。松下计划把3 000个大型的零部件和原材料供应商转移到网络系统,这些供应商供应的零部件占了公司在日本7 000家供应商出采购的零部件的98%。在日本的改革完成以后,公司计划把在线订购扩展到海外经营。这样,松下的国际采购每年要花费8 000亿到9 000亿日元。

公司还没有计划邀请其他电子产品制造商进入其网络采购系统,这一点与通用汽车公司、福特汽车公司和戴姆勒-克莱斯勒公司形成了对比。这三家巨头试图建立世界上最大的在线系统来取得更大的规模经济,以此来吸引集团外的汽车制造商。

案例思考:

1. 松下建立网络采购系统的主要驱动力是什么?
2. 结合本案例谈谈企业应如何节约采购成本?

第五章 市场调研与预测

教学目标

通过本章学习，使学生对市场营销调研活动过程有一个全面的了解，通过定性或定量分析和研究调查所得的信息资料，来解释或发现市场营销背景中的机会与威胁，产生、提炼和评估营销活动，监督营销绩效等。掌握和学会运用市场调研方法，学会设计调查问卷，处理专题调查项目。在市场调研的基础上，会利用一定的方法或技术，测算一定时期内市场供求趋势和影响市场营销因素的变化，为企业营销管理者制定有效的市场营销决策提供重要的依据。

学习任务

通过本章的学习：

1. 了解市场营销信息的特征与功能、市场营销信息系统的构成。
2. 明确市场营销调研的类型，了解其类型和方法。
3. 掌握常用的市场调查方法和设计问卷模式。
4. 掌握市场预测的原则、程序和影响因素以及市场预测的方法。

案例导入

中国数码相机市场调研

随着数码相机产品日渐成熟，全球传统摄影器材巨头被迫转型或退出竞争。而主要数码相机制造商则竞相推出高端数码单反相机，以此应对激烈的市场竞争。

2006 年 1 月，柯尼卡美能达控股公司宣布放弃经营了 100 多年的相机及胶卷产业，着力生产复印机等办公自动化产品，其单反相机技术和资产已于 3 月底全部转让给索尼公司。

全球第二大胶卷生产商美国柯达公司也遭到数码产品的严重冲击，去年亏损近 14 亿美元，公司改组进展缓慢。此外，全球第一大胶卷生产商日本富士公司也同样面临传统业务急剧萎缩的经营危机。

与此相反，近年来全球数码相机销量与日俱增，2005 年比 2000 年增长 670%，目前几乎完全取代了传统相机。但随着这部分业务逐渐走向成熟，全球数码相机销量增长已开始减慢。英国《经济学家》杂志曾撰文称，数码相机正在成为一种成熟的消费品。

随着数码相机价格逐渐走低，各大厂商将目标转向高端产品，一场新的争夺战在佳能和索尼两大巨头之间打响。根据调查公司 IDC 的统计数据，2005 年佳能、索尼分别占据数码相机市场18%和15%的份额，两者目前都瞄准了更为专业的数码单反相机市场。在接手柯尼卡美能达的部分资产之后，索尼将在今年夏天推出一系列可更换镜头的数码单反相机。不过，佳能仍是专业摄影师更为赏识的品牌，其L级白色远距镜头被许多体育摄影师用来抓拍动感十足的精彩画面。此外，松下生产的可更换镜头单反数码相机DMC－L1即将上市，尼康、奥林巴斯和三星也蓄势待发。

美国柯达公司的小型数码相机在北美市场击败佳能、索尼，在份额上保持领先地位。然而，为尽快摆脱亏损局面，柯达同样急于向高端市场发展。据悉，柯达最新推出一款内置Wi-Fi芯片的数码相机，可直接与打印机和互联网连接。

IDC分析师克里斯·丘特指出，对于富士等传统巨头来说，发展数码照片冲洗店是扭亏为盈的有效途径，但这一领域也即将出现新的竞争者，惠普公司已宣布凭借新开发的冲印系统进军数码照片冲洗业务。此外，很多人偏好通过电子邮件或网络相册传送照片，也使得冲印业务前景不甚乐观。丘特认为，从目前看来，存储类产品的市场前景更好一些。硬盘或光碟刻录并不是数码相片存储的长久之计，消费者很可能求助于移动或网络存储，可惜这并不属于摄影器材公司的经营范畴。

（注：该市场调研报告成稿于2006年中旬，所有参考数据均在2006年前，其所作市场预测仅限于该时的市场情境。）

第一节　市场营销调研

一、市场营销调研的概念和类型

（一）市场营销调研的概念

市场调研是市场调查与市场研究的统称，它是个人或组织运用科学的方法，有目的地、系统地设计、搜集、记录、整理、分析及研究市场各类信息资料，从而把握目标市场的变化规律，报告调研结果，为市场上的营销决策提供可靠依据的工作过程。市场调研是市场预测和经营决策过程中必不可少的组成部分。市场调研的目的是为了提高产品的销售决策质量、解决存在于产品销售中的问题或寻找机会等。

市场调研具有如下特点：

（1）本身是营销管理的一种辅助工具，目的是为了提高营销活动的效率。它作为营销管理的辅助工具，必须依附于具体营销管理问题而存在，并针对所需解决的营销管理问题的需要去设计和实施。

（2）市场营销调研是一项复杂且技术性较强的实践活动，它综合运用了经济学、管理学、统计学、社会学、市场营销学等多门类学科知识，采用现代科技手段，对市场状况进行研究和分析。因此，在具体的调研活动中，必须充分运用这些科学方法和技巧，并对调研活动进行合理的组织和安排，以科学的结论来帮助企业做出正确的营销决策。

（3）市场营销调研是调查与研究的紧密结合，两者互为表里，缺一不可。在现实的市场营销调研活动中，不能局限于汇编有关市场的大量统计数字和有关市场特点，还必须

针对所要解决的营销问题，对所获市场资料进行整理、分析和判断，进而得出相当具体和明确的市场研究结论。

（二）市场营销调研的类型

市场营销调研的基本类型包括定量研究、定性研究、零售研究、媒介和广告研究、商业和工业研究、对少数民族和特殊群体的研究、民意调查以及桌面研究等。近年来，伴随着互联网的发展和新技术的应用，市场研究往往借助专业在线调查收集信息，处理数据。

按调查的目的来分，市场调查可以分为以下三类：

1. 探测性调研

顾名思义，探测性调研就是在情况不明时所进行的一种初步调查。这种调查一般不拟订严密的调查方案，其特色是调查面广而不深。出去走一走、看一看，与有关人员谈一谈，查一查有关的数据资料是探测性调查常见的表现形式。

2. 描述性调研

这是对所调研的对象的详细情况进行全面了解的调研。描述性调研要注重掌握大量丰富的第一手资料，要注意全面、系统地收集、整理市场信息，并对客观资料做出实事求是的认真分析，将分析结果如实地表达，从而起到描述市场现状的作用。

3. 因果关系调研

就是侧重于了解市场变化原因的专题调研，分析市场上各种变量之间的因果性质的关系，以及可能出现的相关反应。如销售量、市场占有率、成本、利润等与价格、广告费用、推销策略、产品开发、消费者的收入、平均消费支出水平及消费环境诸因素之间的因果关系，以及它们相互制约、相互影响可能给市场带来的变化。通过调研分析，获得可靠的因果目标，找出因果的直接和间接的关系，以达到控制其因，获取其果的目的。

按调研时间分，调研可分为：一次性调研、定期性调研、经常性调研、临时性调研。相关市场营销调研类型总结如图 5.1 所示。

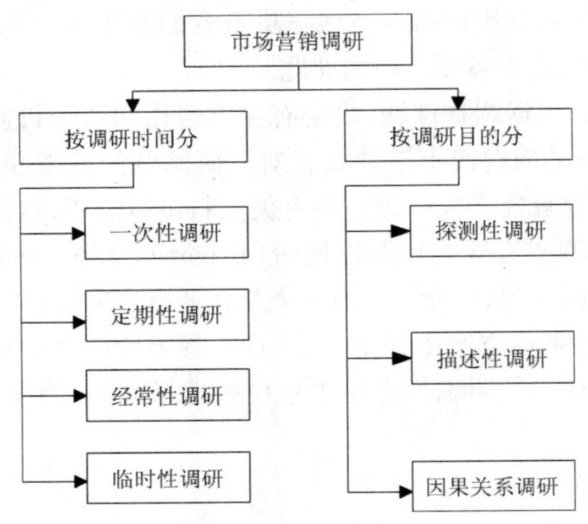

图 5.1 市场营销调研类型

二、市场营销调研的程序

根据国内外市场调研的实践，调研活动应按一定的步骤、程序，循序渐进，认真进行，方能保证调查质量。市场调研一般分为三个阶段：准备阶段、实施阶段和分析结果阶段。如图 5.2 所示：

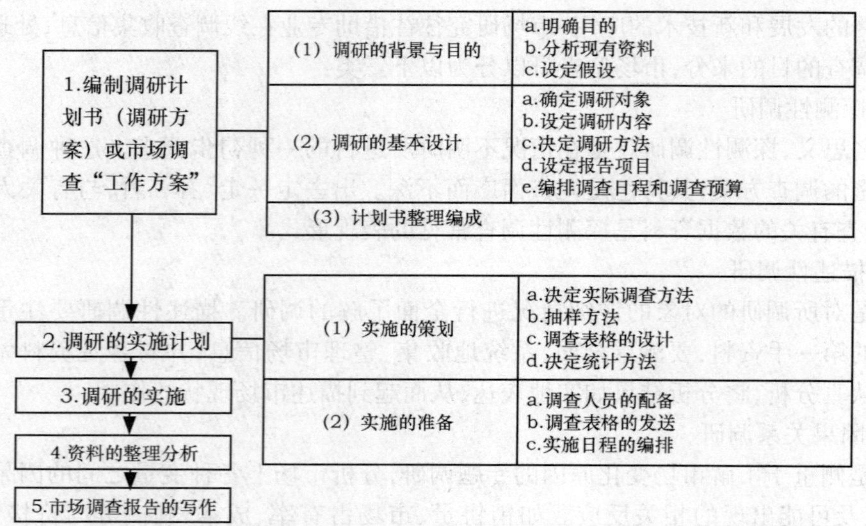

图 5.2　市场营销调研的程序

(一)调研准备阶段

这一阶段主要是确定调研目的、要求及范围并据此制订调研方案。在这阶段中包括三个步骤。

(1)调研问题的提出：营销调研人员根据决策者的要求或由市场营销调研活动中所发现的新情况和新问题，提出需要调研的课题。

(2)初步情况分析：根据调查课题，收集有关资料作初步分析研究。许多情况下，营销调研人员对所需调研的问题尚不清楚或者对调研问题的关键和范围不能抓住要点而无法确定调研的内容，这就需要先收集一些有关资料进行分析，找出症结，为进一步调研打下基础，通常称这种调研方式为探测性调研(Exploratory Research)。探测性调研所收集的资料来源有：现有的资料，向专家或有关人员作调查所取得的资料。

(3)制定调研方案：调研方案中确定调研目的、具体的调研对象、调研过程的步骤与时间等，在这个方案中还必须明确规定调查单位的选择方法、调研资料的收集方式和处理方法等问题。

(二)调研实施阶段

在这一阶段的主要任务是根据调研方案，组织调查人员深入实际收集资料，它又包括两个工作步骤：

(1)组织并培训调研人员：企业往往缺乏有经验的调研人员，要开展营销调研首先必须对调研人员进行一定的培训,目的是使他们对调研方案、调研技术、调研目标及与此项调研有关的经济、法律等知识有一明确的了解。

(2)收集资料:首先收集的是二手资料(Secondary Data),也称为现成资料。其来源通常为国家机关、金融服务部门、行业机构、市场调研与信息咨询机构等发表的统计数据,也有些资料来源于科研机构的研究报告或著作、论文。对这些资料的收集方法比较容易,而且花费也较少,我们一般将利用二手资料来进行的调研称之为案头调研(Desk Research)。其次是通过实地调查来收集第一手资料,即原始资料(Primary Data),这时就应根据调研方案中已确定的调查方法和调查方式,确定好的选择,先一一确定每一被调查者,再利用设计好的调查方法与方式来取得所需的资料。我们将取得第一手资料并利用其开展的调研工作称为实地调研(Field Research),这类调研活动与前一种调研活动相比,花费虽然较大,但是它是调研所需资料的主要提供者。

(三)分析结果阶段

营销调研的作用能否充分发挥,与做好调研总结的两项具体工作密切相关。

(1)资料的整理和分析。通过营销调查取得的资料往往是相当零乱,有些只是反映问题的某个侧面,带有很大的片面性或虚假性,所以必须要对这些资料做审核、分类、制表工作。审核即是去伪存真,不仅要审核资料的正确与否,还要审核资料的全面性和可比性;分类是为了便于资料的进一步利用;制表的目的是使各种具有相关关系或因果关系的经济因素更为清晰地显示出来,便于作深入的分析研究。

(2)编写调研报告。它是调研活动的结论性意见的书面报告。编写原则应该是客观、公正、全面地反映事实,以求最大限度地减少营销活动管理者在决策前的不确定性。调研报告包括的内容有:调研对象的基本情况、对所调研问题的事实所作的分析和说明,调研者的结论和建议。

三、市场营销调研资料的收集方法

资料收集是市场调研过程中的基本步骤之一,它直接影响和决定整个调查活动的优劣和成败。市场调研所需的资料具有多样性和复杂性的特点。通常市场调研所需资料按照收集来源的不同可分为原始资料和二手资料两类。原始资料是为了解决企业特定问题而专门收集的资料,包括调查资料、观察资料和实验数据。二手资料是指以前已经收集好的,但不一定和当前问题完全相关的信息资料。不同的资料收集方法,其特点、使用条件、费用以及所获得的资料质量也不尽相同。因此,在调研过程中应注意选择合适的调研方法来获取所需资料。如图 5.3 所示。

(一)原始资料收集的方法

1. 询问法

询问法是最常用、最基本的一种调查方法。它是调查员采用询问的方式向被调查者了解市场情况的一种方法。这种调查的特点是通过直接或间接的问答方式来了解被调查者的看法和意见。采用询问法进行调查,对所要了解的问题,一般都事先印在调查表中,按照调查表中的问题询问,有时又称调查表法。

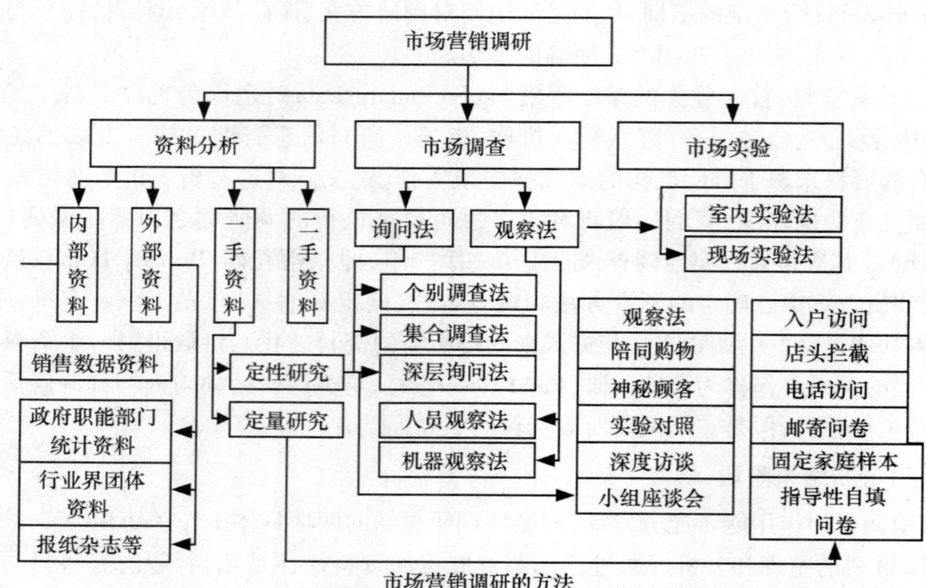

图 5.3　市场营销调研资料收集方法

询问法根据询问过程中调查员与被调查者之间的接触方式不同,可分为面谈调查法、邮寄问卷调查法、电话调查法和留置问卷调查法四种。

(1)面谈调查法。面谈调查法就是调查人员通过与被调查者面对面交谈、提问、讨论来获得有关信息的调查方式。面谈方式可以按调查表的问题顺序发问,也可以自由交谈;可以采取个人面谈,也可以集体座谈;可以安排一次面谈,也可以进行多次面谈,这需要从实际出发,根据市场调查的目的和要求来确定。

面谈法的对象、时间、人数、形式可以由调查人员掌握,较为灵活是面谈的一个突出特点。由于面谈法可以创造出一种融洽和谐的气氛,可以进行现场解释、澄清和核实,便于交换意见,所以了解到的信息较为全面深刻、真实,并富有启发性,另外,面谈调查的样本的代表性一般较好,问题回收率高,可以收集有关被调查者的附加信息,提高调查结果的可信水平。

面谈法的主要缺点是费用大,时间长,对调查人员的要求高,数据收集的速度慢,可能侵犯被调查者的隐私,可能受调查员偏差的影响,实施和监督困难。

(2)邮寄问卷调查法。邮寄问卷调查法是通过向被调查者邮寄统一印制的问卷和填写说明,由被调查者填写后再寄回来的一种数据收集方法。有些征订单、产品说明书、征询意见单都可当做邮寄问卷加以利用。

这种方法的优点是:成本低,简便易行,不受调查员偏好的影响,不直接侵犯被调查者的隐私,被调查者有充足的时间去思考,调查的结果可靠性高。不足之处主要是:回答率低,有时被调查者只回答部分问题,数据收集的速度慢,无当场澄清和核实的机会,可能出现他人代答的情况,容易遗漏某些特定人群,不适用复杂的或需现场示范的问题。

(3)电话调查法。电话调查法是指通过电话向被调查者询问了解有关问题的一种市

场调查的方法。随着电话的不断普及，该方法在市场调查研究中的潜力将越来越大。

电话调查的优点是：回答率较高，费用较低，数据收集的速度快，可以集中实施和监督，可以当场进行解释、澄清和核实。缺点是：覆盖的人群有限，样本的代表性差，访谈可能中途终止，可能有调查员偏差，问卷的深度有限。

(4)留置问卷调查法。留置问卷调查法是指调查人员将调查表送给被调查者自行填写，再由调查人员定期收回的一种询问方式。这种方法的优点是：回收率高，被调查者的意见可以不受调查人员的影响。缺点是：调查的样本面窄，调查的成本也相对较高。

表 5.1　四种询问调查法的比较

方法 项目	面谈调查法	电话调查法	邮寄调查法	留置问卷调查法
回收率	高	较高	低	较高
灵活性	强	较强	差	强
准确性	好	好	较好	好
速度	较慢(视地域、人数)	快	较快	慢
费用	高	较低	低	高
资料范围	面窄	面较广	面最广	面窄
复杂程度	复杂	简单	较复杂	复杂

2. 观察法

观察法是调查人员直接到现场进行观察与记录的一种收集第一手信息资料的市场调查方法。这种方法的特点是调查人员不直接向调查对象提出要求回答，而是依赖于调查人员耳闻目睹的亲身感受，或者利用照相机、摄像机、录音机等现代化记录仪器和设备间接地进行观察以收集资料。例如调查客流量、购买行为等。

这种方法的优点是：被调查者没有意识到自己正在接受调查，处在自然状态，可以比较深入地调查了解真实情况，同时受调查人员偏见影响小，调查结果比较接近实际，所以准确性较高。缺点是：观察不到市场行为的内在因果关系和动机，受时间和空间限制，费用较高，对调查人员要求较高。

3. 实验法

这种方法来源于自然科学的实验求证法。一般进行小规模的实验，然后再研究是否大规模推广的市场调查方法。这种方法适用范围很广，凡是一种商品改变品种、造型、包装、价格、渠道等因素，都可以用小规模的实验，调查消费者购买行为的变化和意见，然后对实验结果进行分析总结，以决定是否大规模推广。

在实践中主要有以下几种实验调查：

(1)无控制组的事前事后对比实验。这是一种最简单的实验调查，它是在不设置控制组(对照组)的情况下，考察实验组在引入实验因素前后状况的变化，从而来测定实验因素对实验对象影响的实验效果。这种实验模式如表 5.2 所示：

表 5.2　无控制组的事前事后对比实验模式

组别 / 项目	实验组	控制组
事前测定值	X_1	
事后测定值	X_2	

实验效果 E 可表达为：

$$E = X_2 - X_1 \tag{5-1}$$

上述实验效果 E 是一个绝对量，其值的大小与实验组原有销售规模有关。为了能更真实地度量实验效果，可用实验效果的相关指标来反映，相对实验效果 RE 可表达为：

$$RE = \frac{X_2 - X_1}{X_1} \times 100\% \tag{5-2}$$

(2)控制组同实验组对比实验。这是一种横向比较实验，即在选择一组实验对象作实验组的同时，再选择一批与实验组相同或相似的实验对象作为控制组，在同一实验期内，努力使实验组和控制组同时处于类似的实验环境中，对实验组引入实验变量，而控制组不予变化，观察对比两种实验结果。这种实验模式可用表 5.3 所示：

表 5.3　控制组同实验组对比试验

组别 / 项目	实验组	控制组
事前测定值		
事后测定值	X_2	Y_2

实验效果 E 可表达为：

$$E = X_2 - Y_2 \tag{5-3}$$

相对实验效果 RE 可表达为：

$$RE = \frac{X_2 - Y_2}{Y_2} \times 100\% \tag{5-4}$$

这种有控制组的事后实验最明显的优点是，它克服了前述的无控制组的事前事后实验所存在的非实验因素影响。由于这是一种横向对比试验，在同一时间里，诸如自然季节、商业季节、心理因素等非实验因素基本相同，在实验对比中可以抵消。这种实验法的不足是，这种实验方法应用时有一个前提条件，这就是所选择的控制组与实验组应具有可比性，即两组之间的各方面条件应基本相同，这里主要指它们的市场环境、规模、设备、经营管理水平等因素，若这一基本条件不能满足，将会产生很大的实验误差。因此，在评价实验效果时，要考虑到两组条件的差别对实验效果产生的影响。

(3)控制组、实验组的事前事后对比实验。这是上述两种实验法的结合，即在实验中。分别设立控制组和实验组，实验组引入实验变量，控制组不引入实验变量，同时考察控制组与实验组在实验前后不同时期的变化所进行的对比实验。例如，假定前后包装的价格不变，说明改变包装的效果是可行的。其实验模式如表 5.4 所示：

表 5.4 控制组实验组的事前事后对比实验

组别 / 项目	实验组	控制组
事前测定值	X_1	Y_1
事后测定值	X_2	Y_2

实验效果 E 可表达为:

$$E = (X_2 - X_1) - \frac{(Y_2 - Y_1) \times X_1}{Y_1} \tag{5-5}$$

相对实验效果 RE 可表达为:

$$RE = \left[\frac{X_2 - X_1}{X_1} - \frac{Y_2 - Y_1}{Y_1}\right] \times 100\% \tag{5-6}$$

有控制组的事前事后实验由于其实验过程既包含了纵向对比,又包含了横向对比,所以这种实验法既能自动消除非实验因素对实验效果的影响,又能避免在有控制组事后实验中存在的选择控制组的难题,是一种比较好的实验方法。但这种实验法在实际应用过程中操作较为复杂,工作量大。

从以上介绍可以看出,采用实验法进行市场调研,主要有两方面的优点:一是比较灵活,它可以有控制、有选择地分析某些市场变量之间是否存在着因果关系,以及这种因果关系之间的相互影响程度;二是比较科学,它通过实地考察实验,获得调查对象的静态和动态资料,不受调查人员主管偏见的影响,因而具有相当的科学性。与其他调查法相比,实验调查法也存在着不足:一是用实验法获取调查资料需较长时间,费用也比较高;二是难以选择一个主客观条件均相同或相似的控制组,从而使实验法获得的结果不可能很准确。

4. 调查问卷的设计

调查问卷也称调查表,是市场调查中一种以表格形式了解市场情况,有效搜集市场信息的工具。在市场调研过程中,大多数原始信息是通过调查问卷为载体而获得的。因此,在整个市场调研方案设计中,调查问卷的设计是一项十分重要的工作,它直接关系到调研工作的成效。调查问卷通常是采用询问调查法过程中使用。

调查问卷的设计是由一系列相关的工作过程所构成的。为使问卷具有科学性、规范性和可行性,一般可以参照以下程序或步骤进行:

第一,确定主题。这是设计调查问卷最基础、最关键的一步。在全面分析调查目的的基础上,确定某一调查的主题,由此才能明确所需搜集的特定范围的第一手资料。例如,某企业欲通过一次市场调查,了解其产品销售不畅的原因,这就是调查目的。进一步分析企业产品在促销方式、销售渠道、价格等方面与其他同类产品接近,故决定以产品在消费者心目中的形象为主题进行一次调查。

第二,设计问卷。在调查主题确定以后,如采用问卷的形式获取所需的资料,就要把调查目标分解成更详细的题目,同时还要针对调查对象的特征进行设计,如调查对象是企业、一般消费者还是老顾客。一般的调查问卷由以下几个部分组成。

(1)问卷说明。问卷说明一般都在问卷开头,通常可分为两部分内容:一部分是调查说明,意在向被调查者说明调查的意图,请求被调查者的合作;另一部分是问卷填写说明,包括填写问卷的要求、调查项目必要的解释说明、填写的方法、填写注意事项、调查人员应遵循事项等的说明。以便让填表者了解调查的目标和内容。

(2)被调查者的基本情况。这部分内容虽与调查内容本身没有直接联系,但在进行分类分析调查资料时,常常用到这些资料,这是调查问卷中不可缺少的内容。

(3)调查内容本身

调查内容本身是调查问卷的主体,也是一份调查问卷的核心部分,这部分内容通常是由一系列问句组成。在设计问句时,通常要考虑问题的内容、类别、格式、措辞和顺序等。

问句的类型很多,按问句的内容可分为:事实问句、意见问句、阐述问句;按问句的回答可分为自由回答式问句、是否式问句、多项选择式问句、顺位式问句、程度评等式问句、过滤式问句等。

①事实问句

事实问句是要求被调查者依据现有事实来回答问题,不必提出主观看法。这类问题常用于了解被调查者的特征(如职业、年龄、收入水平、家庭状况、居住条件、教育程度等),以及与消费商品有关的情况(如产品商标、价格、购买地点、时间、方式等),从中了解某些商品消费的现状。这类问题对调查人员确定某类产品的目标市场有很大帮助。

②意见问句

意见问句主要是用于了解调查者对有关问题的意见、看法、要求和打算。例如:"您希望购买哪种品牌的电冰箱?"等。这类问题可以帮助调查人员了解被调查者对商品的需求意向,使企业能够根据消费者需求不断改进产品设计,经营适销对路的商品,从而增强企业的生存能力。

③阐述问句

阐述问句(又称解释问句)主要是用于调查者想要了解被调查者的行为、意见、看法产生的原因。如前面提到的事实询问:"您希望购买哪种品牌的电冰箱?"若想进一步了解购买行为的原因,可提出:"您为什么希望购买这种品牌的电冰箱?"这就是阐述性询问。其主要特点是能够较为深入地了解消费者的心理活动,从而找到问题季问题产生的原因,为解决问题提供依据。

④自由回答式问句

又称开放式问句,这种问句的特点是调查者事先不拟定任何具体答案,让被调查者根据提问自由回答问题。例如:"您对私人购车有何看法?"这种询问方式因事先不提供回答答案,能使被调查者思维不收舒服,充分发表意见,畅所欲言,从而可以获得较为广泛的信息资料。但由于被调查者的回答漫无边际,各不相同,使调查结果难以归类统计和分析。

⑤是否式问句

又称二项式问句或伪真式问句。这种问句的回答只分两种情况,必须两者择一。这种问题的形式一般为:

您是否购买过空调?

A.是　B.否

这种问句回答简单,调查结果易于统计归类。但这种问句也有一定的局限性,主要是被调查者不能表达意见程度差别,回答只有“是”与“否”两种选择。若被调查者还没有考虑好这个问题,即处于“未定”状态,则无从表达意愿。

⑥多项选择式问句

多项选择式问句是对一个问题事先列出三个或三个以上可能的答案,让被调查者根据实际情况,从中选出一个或几个最符合被调查者情况的作为答案。例如:

您买山地车是因为:

A.经济条件允许　B.自己骑着玩,个人娱乐和锻炼身体　C.送给朋友

D.上下班骑,代步工具　E.气派,赶时髦　F.周围邻居或熟悉的人都有

G.为了旅游,锻炼身体　H.其他

多项选择式问句保留了是否式询问的回答简单、结果易整理的优点,避免了是否式询问的不足,能有效地表达意见的差异程序,是一种应用较为广泛、灵活的询问形式。使用这种问句有一点值得注意,即在设计选择答案时应考虑所有可能出现的答案,否则,会使得到的信息不够全面、客观。

此外,在多项选择式问句中,有一种专门用于测量消费者满意程度的量表。该量表有对称性量表和不对称性量表两种形式。例如,询问消费者关于某一滋补保健品的效果时,可以设计如下两种五段量表:

对称性量表

好　　较好　　一般　　较差　　差

非对称性量表

很好　　好　　较好　　一般　　差

⑦顺位式问句

顺位式问句是在多项选择式问句的基础上,要求被调查者对所提问的问题的各种可能的答案,按照重复程度不同或喜爱程度不同,对所列答案定出先后顺序。例如:

下列自行车品牌中,请根据您的喜爱程度,以1,2,3,4为序进行排序。

A.中华(　　)　B.捷安特(　　)　C.凤凰(　　)　D.飞鸽(　　)

这种询问方式回答较为简单,易于归类统计,但须注意避免可供选择的答案的片面性。

⑧程度评等式问句

程度评等式问句的特点,是调查人员对所询问问题列出程度不同的几个答案,并对答案事先按顺序评分,请被调查者选择一个答案。例如:

你对我厂生产的电冰箱质量有何看法?请在相应的(　　)中打√。

很好(　　)	好(　　)	一般(　　)	较差(　　)	差(　　)
2	1	0	-1	-2

将全面调查表汇总后,通过总分统计,可以了解被调查的大致态度。若总分为正分,表明被调查者的总体看法是肯定的;若总分为零分,表明肯定与否定意见持平;若总分为

负数，则表明总体上是持否定看法。

这种问句形式，也常被用来对不同品牌的同类产品进行各种性能的比较。例如，欲在某一范围内进行一次空调机质量评比，评出各种品牌的等级或名次，要求被调查者：

请根据下面的评分标准，给下列品牌的空调机质量评定分数，并将分数填入括号内。

			评分标准：	
A.	海尔	（ ）		
B.	格力	（ ）		
C.	荣事达	（ ）	很好	10 分
D.	三星	（ ）	较好	8 分
E.	松下	（ ）	一般	6 分
F.	奥克斯	（ ）	较差	4 分
G.	LG	（ ）	差	2 分
H.	春兰	（ ）		
I.	大金	（ ）		

（4）设计问卷时应注意的问题。①问卷中问句的表达要简洁易懂，用语准确，避免用容易引起歧义的词语，例如"一般"或"经常"这样的词语。②调查问句要保持客观性，避免提出诱导性问句，应让被调查者自己去选择答案。③调查语句要考虑人们的心理因素，避免提出令人窘迫的问题，并考虑提出的问题应使被调查者有能力回答。④调查问卷要简短，但答案的设置要完备。⑤问卷中问题之间的间隔要适当，注意问句的逻辑关系，印刷要符合要求，以便答卷人看卷时有舒适感。

第三，问卷的试填、修改和定稿。

问卷设计的质量如何，需要以试调查来检验。试调查通常采用小规模问卷调查的形式进行，用来检验问卷设计中始料未及的缺漏，经过自行修改，并同时与客户讨论再修改后，才可定下正式问卷。

第四，制表、打印、印刷阶段。

在上述工作完成以后，就可以开始制表了。制表时，要考虑每一问题的间隔、排列是否适当、文字是否清楚，然后进行打印。将打印稿进一步修改后，就可以交付印刷。

（二）二手资料收集的方法

依照来源不同，二手资料可分为内部二手资料和外部二手资料两大类。内部二手资料来自于企业的日常运作或企业自己收集的外部资料，企业内部二手资料主要包括：业务资料、统计资料、财务资料、企业积累的其他资料、客户资料、竞争对手资料。内部资料具有收集方便、成本低廉、资料可靠的特点，因此，在二手资料的收集活动中一般有限考虑内部资料，在内部资料的基础上再通过收集外部资料加以扩展。

外部二手资料是指来自于企业外部的各种相关信息资料，企业外部二手资料的主要来源有：各类出版物、数据库和互联网。相对于内部资料，外部二手资料内容和来源都十分广泛，往往是市场调研中二手资料的主要组成部分，但一般收集时间长、费用大、不易控制。

四、市场营销调研报告的撰写

与市场调研资料相比，市场调研报告不仅形式上更便于阅读，而且能够从原始的调查数据中总结出规律性的东西来，使企业能够更加系统而深入地理解市场，从而更好地指导企业市场实践活动。一份好的调查报告，能对企业的市场情况、分析问题、制定决策和编制计划等各方面都起到积极的作用。

判断一份调查报告质量好坏的基本标准，是该报告是否能与报告的阅读者顺利地沟通。为了达到顺利沟通的目的，在准备报告的过程中，必须始终考虑到阅读者对调查的技术方法是否理解，所关心的重点是什么，以及是否有足够的时间阅读报告等。总之，报告的写作者要时时考虑到阅读者的需要。

市场调研报告的格式不是固定不变的，其具体结构、格式和风格、体例因调查项目的需要、调查者以及调查性质的不同而不同。但是，大多数正规的市场调研报告都有一个基本的格式，即包括开头部分、主体部分和附录部分等，每个部分又包括若干具体内容。以下所列的是一套可供参考的格式，准备报告时可根据具体情况，在此基础上增减。

(1)开头部分。开头部分一般包括封面、题目、委托信(或授权信)、目录和摘要。

(2)主体部分(报告正文)。主体部分一般包括引言、调查方案、调查实施、数据分析、调查结果、局限性及必要说明、结论和建议等几个部分。

(3)附件部分。附件部分一般包括调查问卷、图、表、有关计算的细节或技术说明、参考文献等几个部分。

五、市场调研综合案例分析:零售企业的营销调研

零售企业营销调研是对与零售战略战术有关的资料的系统地收集和分析。无论是要制定一个全新的战略战术，还是要修订原有的战略战术，都要进行营销调研。零售企业需要进行营销调研的领域很多，如确定商店店址、商品管理、定价、促销、顾客服务等。

零售企业的营销调研之所以必要，是因为它可以减少企业的风险。如果没有进行调研，那么企业只能根据少量的和不系统的信息进行决策。如此进行的决策的准确性当然不会高，企业的风险自然就比较大。

为了保证企业各种计划和控制的顺利进行，企业必须连续不断地进行营销调研，如果企业的营销调研不是连续不断地进行，它就不能为长期战略计划服务，而是陷入了日常事务之中，对企业的作用是不大的。零售企业的营销调研不是单一的行动，而是一系列的活动，包括以下几个步骤:对将要解决的问题进行界定，查阅二手资料来源，收集原始资料，分析资料，推荐战略战术，执行战略战术。

(一)问题界定

问题界定是对将进行调研的问题给予明确地表述。零售企业为进行决策要获得什么样的信息？如果对所要调研的问题没有明确地表述，就有可能收集来一大堆毫不相干、毫无用处的资料。

下面是一个皮鞋商店的几个问题界定:

(1)在可能的三个店址中，我们应该选择哪一个？

(2)我们的营业时间应该怎样安排？

(3)我们应该如何增加男式皮鞋的销售?

(4)为什么我们店的竞争对手经营都挺好?我们怎样才能从它们手中争取一部分顾客?

(二)查阅二手资料

在将要调研的问题界定以后,就要查阅二手资料来源。二手资料是为了解决其他问题而已经收集来的资料。二手资料包括内部资料(企业的有关记录)和外部资料(政府的报告、行业协会的书面材料)。

(三)原始资料

原始资料是为了解决调研中特定问题而收集的资料。这类资料可以通过调查、实验、观察和模拟来收集。通过二手资料和原始资料的收集,就能够获得上面界定的几个问题的有关信息。如就皮鞋商店而言,应着重界定以下几个问题。

(1)哪一个店址?

通过政府的报告、行业协会出版物和三个备选店址的实地考察,收集它们的交通运输条件、消费者特征、房租、面积竞争类型等情况。

(2)怎样安排营业时间?

当地商店营业时间的传统习惯要掌握,邻居和竞争对手的营业时间也要掌握,还要确定消费者的态度。

(3)如何增加男皮鞋的销售?

竞争对手的商品和价格要注意,还要在附近街道上进行消费者调查。

(4)谁在竞争商店购买?

收集竞争对手各方面的信息,要对刚离开竞争商店的消费者进行询问调查。

有时,我们只用二手资料,但另一些时候,我们还需要收集原始资料。关于二者,有两点必须注意:第一,由于类型和成本不同,所收集的资料是有差异的;第二,只有与该调研中的问题有关的资料才应该收集。

(四)分析资料

二手资料和原始资料被收集以后,就要按照界定好的问题进行资料分析。可选择的答案应该清清楚楚地概括出来,如以皮鞋店而言。

(1)哪一个店址?

对每一个店址按照所有标准(交通运输条件、消费者特征、房租、面积和竞争类型)进行打分。

(2)怎样安排营业时间?

按销售额增量和成本增量比较不同营业时间的优劣。

(3)如何增加男皮鞋的销售?

对几种可供选择的提高男皮鞋销售量的战略战术进行分析和打分。

(4)谁在竞争商店购买?

研究竞争对手有吸引力的原因,列出消费者可能的反应。

接下来,就是列举上述几种选择各自的优缺点。

(1)哪一个店址?

A 地点:交通运输和消费者方面的条件较好,房租最高,面积最小,广泛的竞争,

B 地点:交通运输、消费者方面的条件最差,房租最低,面积最大,无竞争。

C 地点:各方面都处于中间状态。

(2)怎样安排营业时间?

9: 00 – 20: 00,邻店的营业时间,对顾客来说不够早。

7: 00 – 18: 00,顾客所希望的时间,违反各店共同遵守的习惯。

(3)如何提高男皮鞋的销售?

增加品种:吸引和满足更多顾客,但成本高,库存多,许多商品周转变慢。

减少一些类别的商品,进行专门化,吸引和满足特定消费者。减少许多市场部分,降低成本和库存销售量,但易导致单位毛利下降。

进行广告,可增加客流量和新顾客,但成本高。

(4)谁在竞争商店购买?

降价、增加库存,增加营业员,复制竞争对手成功的战略战术,增加成本对不同消费者市场的号召力进行模仿。

更新设施,做高质量形象广告。保持老顾客和用独特的形象吸引新顾客,但相对昂贵、费时。

(五)推荐战略战术

在这一环节,可以向决策层推荐战略战术。企业用来解决问题的最好的战略战术是什么呢?下列内容也显示了解决所讨论问题的推荐方案(以皮鞋商店为例)。

(1)哪一个店址?

A 地点,优点远远超过缺点。

(2)怎样安排营业时间?

7:00 – 18:00,满足顾客要求,将调查结果向其他商店通报。

(3)如何提高男皮鞋的销售?

较低价格和附加的广告:额外的顾客数量补偿,较高成本和较低毛利;二者的结合最有利于扩展业务。

(4)谁在竞争商店购买?

更新设施和改善形象:竞争优势能够获得综合提高;模仿竞争者这一差劲的决策将丢失现有顾客。

最后是推荐的战略战术的执行。如果在制订零售战略过程中用调研代替直觉,那么企业应该按照营销调研所推荐的战略战术行事,即使它与领导者的直觉相矛盾。

第二节　市场需求预测

案例导入

农资市场供求反馈及预测

为了做好明年的农业生产资料供求工作，确保明年的农业生产升温，在县生资公司的紧密配合下，于2010年8月中旬分别深入到3镇7乡，抽选了55户具有一定代表性的农户，就当前农业生产资料供应中的问题及对明年农资需求作了调查，预测情况如下：

一、市场供应反馈

1. 农资商品价格层次多，不利于管理。当前化肥、农药、农膜由供销社专营，但价格层次多。少的有三四种价格，多的有五六种价格，容易造成混乱，如尿素就有四个价格：一是与粮食挂钩的指标内价，每公27.50元；二是市面平价，每50公斤35元；三是综合价，每50公斤55元；四是市场议价，每50公斤75元。

2. 农药货源紧缺，价格昂贵。农户普遍反映，今年农药在数量上比上年有所增加，但货源十分紧缺，不能满足农户的需要。特别是钾铵磷，由于药性强，农民最喜爱用，需求量大，但货源不足，价格昂贵。市场上钾铵磷每瓶18.34元，1担稻谷还换不回3公斤农药，严重挫伤了农民的种粮积极性。

3. 化肥的数量严重不足。据调查，90%的碳铵包装不足，比规定数量，平均每包少1~5公斤，严重损害了农民的利益。如：廖家湾村村民廖××反映，今年购买的300公斤碳铵每包都只有40~45公斤。

4. 化肥、农药的质量较差。农户普遍反映，化肥含水量高，含氨率低，易熔化，卖假农药或在农药里掺水等现象不时发生，严重影响了农业生产。

二、农资需求预测

1. 大化肥的需求量将大大增加。尿素具有含氨率高，肥效好，施用方便，不损害禾苗等优点，是农户最喜爱使用的一种肥料。预计明年对尿素的需求量仍将大大增加。

根据55户农户的平均每亩尿素使用量，全县按种39万亩稻谷（早稻12万亩，中稻12万亩，晚稻15万亩）匡算，预计2011年需尿素6 500吨，2010年预计供应数5 400吨，增长20.4%。

2. 小化肥的需求量将与今年持平。碳铵由于含氨低，肥效差，易伤禾苗，使用不方便，因此农户大都不太喜欢。根据对55户农户的需求调查推算，全县按45万亩匡算，预计需碳铵14 850万吨，基本保持今年的水平。过磷酸钙，由于对土壤起退化、板结等不良作用，所以不宜多施，每亩仍保持今年23公斤水平。全县按45万亩匡算，需过磷酸钙10 350吨。钾肥，全县以39万亩匡算，明年预计需要1 950吨，基本上与今年相吻合。

3. 农药的需求量大，特别是钾铵磷需求量大大增加。当前，由于病虫害多，加之农药质量差，药力低，需求量增大，全县以45万亩匡算，预计2011年约需农药22.5吨，比今年供应数增长32.4%。

(http://www.baidu.com/s? wd = % CA% D0% B3% A1% D4% A4% B2% E2% B0% B8% C0% FD&pn = 30)

一、市场预测的概念和原则

(一)市场预测的概念

市场预测就是在市场调研的基础上,利用一定的方法或技术,测算一定时期内市场供求趋势和营销因素的变化,从而为企业的营销决策提供科学的依据。市场预测的内容包括市场需求预测、市场供给预测、市场物价与竞争形势预测等,对企业来说,最主要的是需求预测。市场需求预测是指通过对消费者的购买心理和消费习惯的分析,以及对国民收入水平、收入分配政策的研究,推断出社会的市场总消费水平。市场需求预测是市场研究中最重要的一部分,也是最复杂的一部分。

其内容包括:(1)对某一种或几种产品潜在需求的预测。(2)对潜在供应的估计。(3)对拟设中的产品市场渗透程度的估计。(4)某段时间内潜在需求的定量和定性特征。除了全部和大部分供出口的产品以外,对产品的潜在需求主要以国内市场为基础进行预测。

(二)市场预测的原理

市场预测的原理,就是关于人们为什么能够运用各种方法来进行市场预测的道理。它是市场预测方法的基础。

1. 可测性原理。从理论上说,世界上一切事物的运动、变化都是有规律的,因而是可以预测的。就市场预测而言,例如,若我们想预测某个消费者的购买行为,那是相当困难的,也无此必要。因为消费者的购买行为受到经济的、社会的、心理的等各种因素的影响,而且这些因素难以正确地测定。但是,大量消费者所表现出来的加总购买力,却呈现出一种有规律的现象,因而是可以预测的。这就是市场预测的可测性原理。

2. 关联性原理。关联性原理是指根据事物之间的直接或间接的联系或构成一种事物的各因素之间存在的或大或小的相互联系、相互制约的关系,当一种事物或一种因素发生变化时,去分析预测与之相联系、相依存、相制约的另一事物的发展变化趋势。关联性原理也可称为因果性原理。

3. 连续性原理。连续性原理是指一切客观事物的发展都具有符合规律的连续性。现在的市场需求状况是过去市场需求历史的演进;未来的市场需求状况是现在需求发展的继续。收集和掌握市场历史和现实的资料,分析其发展变化的规律,按照连续性原则进行逻辑推理,就可预测、分析未来市场的需求情况。

4. 类推性原理。类推性原理是根据经济结构及其变化的模式和规律推测未来经济发展变化情况。许多事物相互之间在发展变化上常有类似之处,人们根据已知事物的基本结构和发展模式,通过类推的方法,使其既适用于同类事物之间,也适用于不同种类事物之间。这是因为客观事物之间存在着某些类似性,这种类似性表现在两个事物之间,在结构、模式、性质、发展趋势方面相互接近。

二、影响市场预测的因素

(一)对客观事物的认识能力

客观事物发展变化的规律性是可以认识的。人们对客观事物的认识能力直接影响预测目标的实现程度。对客观环境和市场变化规律了解得越充分、越透彻,对未来发展趋势的判断和分析就越准确。所以人们在从事市场预测这一工作时一定要对事物的变化趋势、内在规律、影响因素等有充分的了解和认识,这样才能取得市场预测的良好效果。

(二)事物受外来因素干扰的状况及程度

在市场预测工作中,一定要充分认识事物受外来因素干扰的状况以及程度。从系统论的观点来看,事物是在普遍联系中存在和发展的。任何一种事物都是一个完整的系统,它不仅与其他事物之间存在着相互联系、相互制约的关系,在事物内部各个组成部分也存在着相互联系、相互作用的关系。市场的动态瞬息万变、纵横交错,受各方面因素的羁绊和冲击。比如气候恶化会使农产品供需发生变化,国内重大政策的调整、社会心理因素的变化等都会给市场某些商品的供需带来很大影响。一个事物受外来干扰因素越多,干扰因素越强,人们对这一事物未来变化的趋势分析的准确程度就越难把握。对于这一类事物,在预测过程中一定要充分考虑各种因素的影响,同时也应利用各种方法和手段对预测的结果加以分析和修正,以期能够取得较准确的预测结果。

(三)有没有选择合适的科学预测方法

由于市场因素复杂,选择合适的科学预测方法可获得较好的预测结果。市场预测的方法很多,必须针对不同的预测种类、不同的预测要求和具体情况选择不同的预测方法。为了使预测的结果有较真实的可信程度,可交替使用几种预测方法,并将定性分析和定量分析配合使用。

(四)市场商品不同的供需形态

市场商品供需形态就是指各类商品市场供需趋向的规律性。分析不同的供需形态对于正确选择科学的预测方法,认清预测的特点是十分重要的。根据一般的市场状况,市场商品供需形态大体可分为以下四种:

(1)稳定形态。稳定形态是在所预测的区域范围内,商品基本处于供需之间的平衡状态。在这种状态下,此地区范围在某一时段对某商品的需求量基本上是稳定的。

(2)趋势形态。趋势形态也称倾向性形态,其特点是各个时段的需求量或供应量是直线趋势或曲线趋势。

(3)季节性形态。季节性形态指商品需求量或供应量的变化是随着时间的推移、季节的不同而呈现出周期性的变化,在每年出现相似的周期曲线。

(4)随机形态。随机形态是指某些商品在某些时候的需求量呈现出不规则的变化,没有一定的规律性可循。此类商品主要是中、高级商品,特殊消费品,其消费往往受到众多外部因素的影响。

三、市场预测的程序

掌握市场需求预测的程序，是需求预测工作中最基本的一环，以此为基础，才能顺利地将预测工作进行到底。

（一）明确预测的目标

进行市场预测首先要明确预测的目标是什么。所谓目标就是指预测的具体对象的项目和指标，为什么要进行这次预测活动，这次预测要达到什么直接目的。其次还要分析预测的时间性、准确性要求，划分预测的商品、地区范围等具体问题。

对市场经济活动可以从不同的目的出发进行预测，预测目标不同，需要的资料、采取的预测方法也都有一些区别。有了明确的预测目标，才能根据目标需要收集资料，才能确定预测进程和范围。

确定了预测目标，接着要分析预测的时间性和准确性要求。如果是短期预测，允许误差范围要小，而中长期预测，误差在20%～30%之间则是允许的。预测的地区范围应是企业的市场活动范围，每次预测要根据管理决策的需要，划定预测的地区范围，过宽过窄都会影响预测的进程。

（二）广泛收集资料

进行预测必须要有充分的市场信息资料，因此，在选择、确定市场预测目标以后，首要的工作就是广泛系统地收集与本次预测对象有关的各方面数据和资料。收集资料是市场预测工作的重要环节。按照市场预测的要求，凡是影响市场供求发展的资料都应尽可能地收集。资料收集得越广泛、越全面，预测的准确性程度就能相应提高。在这里，市场调查材料是一个重要的信息来源。

收集的市场资料可分为历史资料和现实资料两类。历史资料包括历年的社会经济统计资料、业务活动资料和市场研究信息资料。现实资料主要包括目前的社会经济和市场发展动态，生产、流通形势、消费者需求变化等。收集到的资料，要进行归纳、分类、整理，最好分门别类地编号保存。在这个过程中，要注意标明市场异常数据，要结合预测进程，不断增加、补充新的资料。

（三）选择预测方法

选择收集完资料后，要对这些资料进行分析、判断。常用的方法是首先将资料列出表格，制成图形，以便直观地进行对比分析，观察市场活动规律。分析判断的内容还包括寻找影响因素与市场预测对象之间的相互关系，分析预测其市场供求关系，分析判断当前的消费需求及其变化，以及消费心理的变化趋势等预测方法。

在分析判断的过程中，要考虑采用何种预测方法进行正式预测。市场预测有很多方法，选用哪种方法要根据预测的目的和掌握的资料来决定。各种预测方法有不同的特点，适用于不同的市场情况。一般而言，掌握的资料少、时间紧，预测的准确程度要求低，可选用定性预测方法。掌握的资料丰富、时间充裕，可选用定量预测方法。在预测过程中，应尽可能地选用几种不同的预测方法，以便互相比较，验证其结果。

(四)建立模型,进行计算

市场预测是运用定性分析和定量测算的方法进行的市场研究活动,在预测过程中,这两方面不可偏废。

一些定性预测方法,经过简单地运算,可以直接得到预测结果。定量预测方法要应用数学模型进行演算、预测。预测中要建立数学模型,即用数学方程式构成市场经济变量之间的函数关系,抽象地描述经济活动中各种经济过程、经济现象的相互联系,然后输入已掌握的信息资料,运用数学求解的方法,得出初步的预测结果。

(五)评价结果,编写报告

通过计算产生的预测结果,是初步的结果,这一结果还要加以多方面的评价和检验,才能最终使用。检验初步结果,通常有理论检验、资料检验和专家检验。理论检验是运用经济学、市场学的理论和知识,采用逻辑分析的方法,检验预测结果的可靠性程度。资料检验是重新验证、核对预测所依赖的数据,将新补充的数据和预测初步结果与历史数据进行对比分析,检查初步结果是否合乎事物发展逻辑,是否符合市场发展情况。专家检验是邀请有关方面专家,对预测初步结果作出检验、评价,综合专家意见,对预测结果进行充分论证。

对预测结果进行检验之后,就可以着手准备编写预测报告了。与市场调查报告相似,预测报告也分为一般性报告和专门性报告,每次预测根据不同的要求,编写不同类型的报告。

(六)对预测结果进行事后鉴别

完成预测报告,并不是预测活动的终结,下一步还要对预测结果进行追踪调查。市场预测结果是一种有科学根据的"假定",这种"假定"毕竟仍要由市场发展的实际过程来验证,因此,预测报告完成以后,要对预测结果进行追踪,考察预测结果的准确性和误差,并分析总结原因,以便取得预测经验,不断提高预测水平。

四、市场预测的方法

(一)定性预测方法

定性预测主要依据预测者个人的专门知识、经验和直观材料,对市场作出分析判断来确定未来市场发展的趋势。由于这种预测主要依靠预测者的主观判断力,难免存在片面性,因此也称判断预测法。

在实际经济活动中,有时由于缺乏历史资料或准确的数据,或者是预测目标受外界因素的强有力的作用,错综复杂,难以数量化,无法用定量指标来表示。如在一定时间内对市场形势发展变化的估计、市场消费倾向、企业战略规划、经营环境等问题的判断,一般采用定性预测方法。

定性预测方法使用简便,易于掌握,而且成本低、费用少,因此使用范围广,但由于缺乏数量分析,预测精度会受到影响。因此,在采用定性预测时,应尽可能结合定量分析的方法,使预测结果更准确、更科学。下面分别介绍几种常用的方法。

(1)经验估计法。经验估计法按照参加预测的人员数量又可分为个人判断法和集体判断法。

①个人判断法。个人判断法是预测者根据所收集的资料,凭借自己的知识和经验,对预测目标作出符合客观实际的估计和判断。在企业的市场预测中,使用个人判断预测法的是企业的经营管理人员、销售人员以及一些特邀专家。个人判断法带有浓重的个人主观色彩,预测的结果与预测者个人的知识、经验、分析能力、推理能力等相关联。

②集体判断法。集体判断法是由企业集合有关人员依靠收集到的市场情报、资料、数据,运用科学的思想方法和数学运算手段对预测目标进行分析、讨论、判断市场未来发展趋势的一种方法。

集体判断法是个人判断法的发展。它能够集思广益,相互启发,避免了个人判断的局限,并且由于对各预测者分析的结果进行了数学处理,排除了预测结果的主观性,提高了预测的精度。

(2)德尔菲法。亦称专家调查法,是美国有名的兰德咨询公司率先提出并推广使用的一种方法。这种方法是采用通讯方式,将所需预测的问题征询专家意见,以匿名的方式经过多次信息交换,逐步取得比较一致的预测结果。

德尔菲法与前面介绍的集体判断法相比,至少有以下三个明显的特点:一是匿名,不公开预测专家的姓名和职务;二是采用函询的方式,专家们不必集中到一起讨论,通过函件往来发表自己的意见和了解别人的意见;三是反馈,预测主持人将收集的各位专家的意见,加以集中整理后,再反馈给各位专家,让专家们参照别人的意见不断修正自己的判断,经过数次反馈后,专家们的意见相对集中,预测主持人再进行统计分析,计算综合预测值,一般以平均数或中位数来表示专家们意见的倾向性。

应用德尔菲法进行预测的具体步骤如下:①拟定调查表。②选择专家。③通讯调查。④预测结果的定量处理。

(3)对比类推法。世界上有许多事物的变化发展规律带有某种相似性,尤其是同类事物之间。所谓对比类推法,是指利用事物之间的这种相似特点,把先行事物的表现过程类推到后继事物上去,从而对后继事物的前景做出预测的一种方法。对比类推依据类比目标的不同可以分为产品类推法、地区类推法、行业类推法和局部总体类推法。

(4)市场调查预测法。市场调查预测法是企业市场营销人员组织或亲自参与或委托有关机构对市场进行直接调查,在掌握大量第一手市场信息资料的基础上,经过分析和推算,对未来市场发展趋势做出预测的一类方法。

(二)定量预测方法

定量预测方法,又称数学分析法。它是在占有各项有关资料的基础上,根据预测的目标、要求,选择合适的数学模型进行预测,然后,根据企业内部和外部的变化情况,加以分析,以取得所需要的预测值的方法。

(1)时间序列预测法。时间序列预测法是分析反映事物在历史上各个时期状况的资料,研究事物是如何从昨天演变到今天的,找出事物随时间而变化的规律,然后据此预测事物的未来发展趋势。其预测方法具体有以下几种:

①简单平均法。简单平均法是以一定历史时期需求量的平均值作为预测值的预测方法。它简便易行,但不能充分反映出需求趋势和季节变化,适用于需求量变动不大的

商品需求预测。用公式表示为：

$$\overline{X}=\frac{\sum_{i=1}^{n}x_i}{n}\ (\mathrm{i}=1,2,3,\cdots,\mathrm{n}) \tag{5-6}$$

式中，$\bar{x}$ 表示观察期内预测目标的简单平均数，即下期预测值；x_i 表示预测目标在观察期内的实际值；n 表示数据个数。

②加权平均法。加权平均法就是在求平均数时，根据各期历史资料重要性的不同，分别给以不同的权数后加以平均的方法。其特点是所求的平均数已包含了长期趋势变动。用公式表示为：

$$y=\frac{\sum_{i=1}^{n}w_ix_i}{\sum_{i=1}^{n}w_i}\ (\mathrm{i}=1,2,3,\cdots,\mathrm{n}) \tag{5-7}$$

式中，y 表示观察期内预测目标的加权平均数，即下期预测值；w_i 表示与预测目标在观察期内的实际值相对应的权数；$\mathrm{x_i}$ 表示预测目标在观察期内的实际值。

③移动平均法。移动平均法是将观察期内的数据由远及近按一定跨越期进行平均，随着观察期的“逐期推移”，观察期内的数据也随之向前移动，每向前移动一期，就去掉最前面一期的数据，而新增原来观察期之后的那一期的数据，以保证跨越期不变，然后逐个求出其简单平均数，并将距预测期最近的那一个平均数作为预测值。用公式表示为：

设给定时间序列观察值：$X_1,X_2,\cdots,X_t(t\geqslant n)$

$$M_t=\frac{x_t+x_{t-1}+\cdots+x_{t-n+1}}{n} \tag{5-8}$$

式中，M_t 表示时间为 t 的移动平均数，作为下期 X_{t+1} 的预测值；X_t 表示观察期内时间序列的各个数据，即预测目标在观察期内的实际值；n 表示数据的个数，也即移动平均期数。

④指数平滑法。指数平滑法是市场预测中常用的方法，它是用预测目标历史数据的加权平均数作为预测值的一种预测方法，用公式表示为：

对应于观察值：$X_t,X_{t-1},X_{t-2},\cdots$，权重依次为：$\alpha,\alpha(1-\alpha),\alpha(1-\alpha)2,\cdots$

满足条件：$0<\alpha<1,\alpha+\alpha(1-\alpha)+\alpha(1-\alpha)2+\cdots=1$

采用上述权数的加权平均数是：

$$S_t=\alpha x_t+\alpha(1-\alpha)x_{t-1}+\alpha(1-\alpha)2x_{t-2}+\cdots$$

$$S_{t+1}=\alpha x_t+(1-\alpha)S_t \tag{5-9}$$

式中，S_{t+1} 表示 $t+1$ 期的预测值；x_t 表示 t 期预测目标在观察期内的实际值；S_t 表示 t 期预测目标的预测值；a 表示平滑系数（$0\leqslant a\leqslant 1$）。公式（5-9）表明，$t+1$ 期的预测值是 t 期实际值和预测值的加权平均数，t 期实际值的权数为 a，t 期预测值的权数为 $1-a$，权数之和为 1。

（2）一元线性回归法。根据时间序列资料，以 y 代表销售量，x 代表时间，视 y 为 x 的函数，运用数学的最小二乘法求得变动趋势线，并使其延伸来预测市场未来的发展趋势。也叫最小二乘法。

设影响因素的取值为 X,市场需求值是 Y,两者之间的线性关系可表述为:

$y=ax+b+\varepsilon$,其中:a,b 为常数,ε 为随机误差。

在市场需求预测中,随机误差是可以忽略的。假设利用历史资料,可找出 a,b 的具体数值,得到预测公式:$y=ax+b$

为估计出常数 a,b,采用最小二乘法,利用以下公式,可以得到最优估计值:

$$\mathrm{a}=\frac{\sum x_i y_i \ \frac{1}{n}\sum x_i \sum y_i}{\sum x_2 \ \frac{1}{n}(\sum x_i)^2},$$ (其中 n 为观察期的数据个数)

$$\mathrm{b}=\frac{\sum y_i}{n}-\mathrm{a}\frac{\sum x_i}{n},$$ (其中 n 为观察期的数据个数)

第三节 市场信息系统

一、市场营销信息的含义与特征

在市场营销过程中,经济信息是重要的资源。企业的市场调研活动的重点就是对市场信息进行收集、整理、甄别、储存、提取,而现代信息技术是实现市场信息管理的重要手段。

(一)市场营销信息的含义

市场营销信息属于经济信息范畴,它是指在一定时间和条件下,与企业的市场营销活动有关的各种事物的存在方式、运动状态及其对接受者效用的综合反映。它一般通过语言、文字、数据、符号等形式表现出来。

(二)市场营销信息的特征

市场营销信息作为广义信息的组成部分,具有一般信息的所有特征。除此以外,还因其所处的特定范畴,使市场营销信息在某些方面表现出特殊性。

(1)系统性。市场营销信息不是零星的、个别的信息集合,而是若干具有特定内容的同质信息在一定时间和空间范围内形成的系统集合,具有层次性和可分性;市场营销信息的收集、加工、传递、存储、检索、应用是通过有组织的信息管理系统进行的;市场营销信息在时间上具有纵向连续性,在空间上具有最大的广泛性,在内容上具有全面性和完整性。

(2)有效性。市场营销信息是为了满足开展市场营销活动的需要而收集、整理的。有用的信息会帮助从事市场营销活动的企业制定有效的决策,从而实现营销目标。其有效性包括两个方面:及时性、准确性。只有及时、准确的信息才是有效的。

(3)社会性。市场营销信息不同于一般信息,如生物系统内部的自然信息。它是产品交换过程中人与人之间传递的社会信息,是信息发出者和信息接受者所能共同理解的数据、文字和符号,反映的是人类社会的市场经济活动。

(4)多信源、多信宿、多信道的特征。在市场经济条件下,呈现出多买方、多卖方、多渠道、多功能的开放式市场状态。无数个身份各异的市场参与者在其中以买方和卖方的身份交替出现,他们既是市场营销信息的发布者,也是市场营销信息的接受者,并且已经渗透到政治、文化、社会生活的各个领域,这就决定了市场营销信息多信源、多信宿、多信道的特点。

二、市场营销信息系统

市场营销信息系统(Marketing Information System,MIS),是指一个由人员、机器和程序所构成的相互作用的复合体。企业借助市场营销信息系统收集、挑选、分析、评估和分配适当的、及时的和准确的信息,为市场营销管理人员改进市场营销计划、执行和控制工作提供依据。

市场营销信息的收集与管理必须依靠有关的软件和硬件的配合,设计和建立一个营销信息系统是满足这一要求的有效工具。信息系统就是一个输入、存储、处理、输出以及传输数据和信息的系统,它包含计算机硬件和软件、网络、电话、录像、传真和电传以及所有这些要素的综合。市场营销信息系统,是由人、机器和程序组成,为营销决策者收集、挑选、分析、评估和分配其所需要的、及时的和准确的信息。

市场营销管理者通过营销信息系统的四个子系统——内部报告系统、市场营销情报系统、市场营销调研系统和市场营销决策支持分析系统,收集所需要的信息,适时分配信息,对营销环境及其各组成要素加以监视和分析,帮助其从事市场营销的分析、计划、执行和控制。相关信息系统范例如图 5.4 所示。

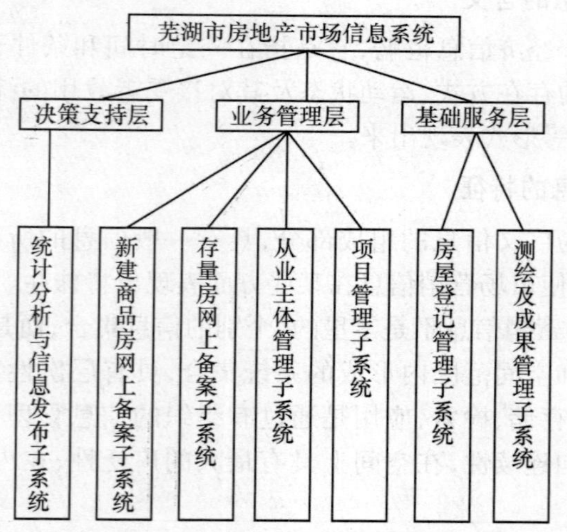

图 5.4 市场营销信息系统范例

(一)内部报告系统

市场营销人员运用的最基本的信息系统是内部报告系统。这是一个报告订单、销售额、价格、存货水平、应付账款、应收账款等的系统。通过这种分析,营销管理者能发现重要的机会和问题。订单—收款系统和销售报告系统是比较有效的内部报告系统。

(二)市场营销情报系统

市场营销情报系统是市场营销管理人员用以获得关于营销环境发展的恰当信息的一整套程序和来源。通过这一系统,将环境最新发展的信息传递给有关的管理人员。企业一般重视普查资料、各企业统计资料及市场研究这三个方面。企业外部信息收集的方式有:①无目的观察。无既定目标,在和外界接触时留心收集有关信息。②有条件观察。并非主动探寻,但有一定目的性,对既定范围的信息作任意性接触。③非正式地探索。为取得特定信息进行有限地和无组织地探索。④有计划地收集。按预定的计划、程序或方法,采取严密的行动,获取特定信息。

(三)市场营销调研系统

市场营销调研系统是指系统地设计、收集、分析和提出数据资料以及提出跟公司所面临的特定的营销状况有关的调查研究结果。其主要任务是收集、评估、传递管理人员制定决策所必需的各种信息。小型公司可请企业外部的专门机构和人员来设计及执行调研项目;大型公司则需要设立自己的营销调研部门从事调研活动。调研的范围主要包括确定市场特征、估算市场潜量、分析市场占有率、销售分析、商业趋势研究、短期预测、竞争产品研究、长期预测、价格研究和新产品测试以及各种专项调研。调研部门的工作主要侧重于特定问题的解决,即针对某一特定问题正式收集原始数据,加以分析、研究、写出报告。如宝洁公司就有两个独立的公司内部调研小组,一个负责整个公司的广告调研,另一个负责市场测试。

(四)市场营销决策支持系统

市场营销决策支持分析系统即通过软件与硬件支持,协调数据收集、系统、工具和技术,使一个组织能得到企业内部和外部环境的有关信息,并把它转化为营销活动的基础。它是用先进的统计程序和模式,对市场营销信息进行分析,以便从资料中发现更精确的研究结果,指导营销人员制定更好的决策。

三、现代信息技术对企业市场营销的影响

(一)提升了信息的重要性

过去,企业往往习惯于在比较狭窄的市场中进行竞争,通常是在自己所处的地理区域或在国内某一部分地区,大多数企业只是关注自己国家边界以内的地区。而信息技术的革命带来了市场的全球化和供应商的全球化,由于遍及世界的网络、遍及世界的客户和遍及世界的供应商,使得每一个企业均需要注意正在发生着什么,不仅需要注意自己国内的、附近的竞争者,而且还要注意世界范围内的竞争者正在做什么。

(二)使信息的获取、处理、存储等更为及时、有效、方便

现在,随着网络的发展,信息时时更新,而且通过计算机网络和电信,企业中的每个人都能及时得到信息,企业中的每个人都有条件去应用信息来改进他们的工作进程,从而创造出战略优势。互联网向公司提供了促销、直销和客户支持等方面的机会,它可以使企业从客户与供应商那里得到有关自己产品与服务方面的反馈意见。

（三）使营销调研和信息的获取、处理、存储、运用的方式、方法发生深刻变化

现代信息技术使传统的信息的取得和运用都发生了巨大的变化。如零售商店中的销售实时管理系统（POS系统），在出售商品的同时就把该商品的销售量、库存量、价格等多种信息进行汇总和存储，从而作为商场经营者决定商场的人员配备、商品陈列的依据。计算机网络使经营者能随时得到各地的行情，了解市场需求信息，获得有关原材料、货源、竞争者等各方面的情况。今天的信息存储已不再是简单的物理保存，而是向着更强的功能性方向发展。

复 习 题

一、单项选择题

1. 市场营销调研和市场营销信息系统的主要区别是（　　）。

A. 市场营销信息系统主要研究环境变化　B. 市场营销调研是为了解决具体问题

C. 市场营销调研提供连续不断的管理信息

D. 市场营销信息系统是相互作用的，并且其发展是定向的

2. 市场营销经理要了解顾客的态度，了解顾客是怎样看待他们的产品和服务，了解顾客是如何看待他们的竞争对手的，了解哪些客观因素对他们有利等，他就需要进行（　　）。

A. 市场营销规划　　B. 市场营销组合设计

C. 市场营销调研　　D. 预测市场需求

3. 市场调查与市场预测的关系是（　　）。

A. 市场调查是市场预测的基础　　B. 市场预测是市场调查的基础

C. 二者无关系　　D. 二者等同

二、填空题

1. 市场营销信息系统中最基本的信息系统是（　　）。

2. 市场预测的方法有两大类，即（　　）和（　　）。

3. 如果时间序列有较大的随机波动或大幅度的升降时，应选择（　　）的平滑系数。

4. 市场营销调研的主要方法有询问法、（　　）和（　　）。

三、简答题

1. 市场营销信息的含义是什么？它有哪些特征和功能？

2. 什么是市场营销信息系统？它包括哪些子系统？

3. 什么是市场营销调研？它有哪些方法？

4. 简述市场营销调研的程序。

5. 市场预测的程序有哪些？

本章小结

1. 市场营销信息对于企业营销活动的成功至关重要，因此需要企业建立市场营销信息系统，对与市场营销有关的信息进行收集、加工、传输和储存。市场营销信息系统为市场营销管理人员改进市场营销计划、执行和控制工作提供依据。一个有效的市场营销信息系统包括内部报告系统、市场营销情报系统、市场营销调研系统和市场营销决策支持系统四个子系统。

2. 市场营销调研是取得和分析整体市场营销信息的过程。市场营销调研的主要方法有询问法、观察法、实验法。一份完整的问卷设计一般有确定主题、设计问卷、问卷的试填修改和定稿、制表和打印印刷四个步骤。市场营销调研应遵循一定的程序。

3. 市场预测就是在市场调研的基础上，利用一定的方法或技术，测算一定时期内市场供求趋势和影响市场营销因素的变化，从而为企业的营销决策提供科学的依据。市场预测是在一定的原则下，按照一定的程序，通过定性预测和定量预测的具体方法进行科学预测的。

案例分析

某公司的市场调研

某公司利用自身力量，在制定年度空调市场营销计划及空调区域市场营销计划前，在重庆市场进行了一次市场调查，以下是该企业市场调查的具体情况。

1. 调研目的

总结过去一年来公司各项营销政策的落实情况和公司在营销方面取得的成绩，比较自己与竞争品牌的优劣势，为公司制定2004年度营销策略及区域营销计划提供翔实的依据。

2. 调研内容和调研对象

(1) 产品策略部分。

调研内容：

①重庆市场上的产品现况。

②公司产品在重庆市场的知名度、信誉度和竞争力。

③主要竞争对手的产品在重庆市场的竞争力。

④通过纵向和横向比较，找出自己与主要竞争对手在产品策略方面的相对优势；预测重庆市场上的产品发展趋势等。

调研对象：重庆的业务员（含销售经理，以下同）、促销员、经销商、售后服务人员（包括公司自己的维修服务人员和特约维修站的售后服务人员)、消费者。

(2)价格策略部分。

调研内容:

①重庆市场上消费者购买空调产品的主要价格区间。

②自身产品在重庆的价格优势。

③竞争品牌在重庆的价格优势。

④通过纵向和横向比较,推算产品在重庆市场上的价格升降幅度。

⑤调查重庆消费者和经销商对自身产品的心理价位等。

调研对象:包括消费者、促销员、经销商和业务员。

(3)渠道策略部分。

调研内容:

①自身网络资源的数量和质量。

②各主要竞争对手的网络资源的数量和质量。

③各主要渠道商的主推品牌各是什么(通过销量和市场占有率来判断)。

④重庆市场上主要渠道商的规模、潜质、信誉以及有无合作的前景。

⑤过去一年公司营销政策的落实情况,比如承诺的年终奖金、返利是不是及时、完全地兑现,如无兑现,原因何在?对重庆经销商的促销活动、广告宣传、展台制作等方面的支持力度有多大?还存在哪些遗留问题?

调研对象:业务员和经销商。

(4)促销策略部分。

调研内容:

①产品上柜情况。

②产品陈列情况。

③各个卖场售点的POP放置。

④业务员和促销员的销售能力。

⑤促销活动的频率和效果等。

调研对象:促销员、业务员、经销商、消费者。

(5)服务策略方面。

调研内容:

①公司在安装结算费和维修费的兑现程度及时效性。

②主要竞争对手的售后服务政策的竞争力。

③公司服务人员的服务态度和服务质量。

④竞争对手的服务态度和服务质量。

⑤维修备件的准备情况。

⑥公司在重庆市场上进行的有关服务方面促销或义务活动等。

调研对象:消费者、促销员、业务员和售后服务人员。

3. 调研方式

采取问卷调查、座谈会、实地考察和上门拜访。

4. 调研时间

抛开路途中的时间，把在重庆的调研时间限制在五天。其中：座谈会有三场，售后服务人员座谈会、经销商座谈会和促销员座谈会分别被安排在第一天的上午、下午和晚上（促销员白天还要上班，晚上才有时间参加会议），参加经销商座谈会的商家大多是市区中小经销商和周边县市的经销商，市区五大巨头（重庆、苏宁、国美、重百、商社）和周边县市的几个最大经销商由我们调研人员在后期进行实地考察和上门拜访。其他四天时间全部用来作为实地考察和上门拜访。

5. 调查问卷的设计

我们的问卷有以下几个特点：

第一，针对不同的调研对象，准备不同的调查问卷，我们共设计了 5 份不同的调查问卷，分别对应业务员、促销员、经销商、售后服务人员和消费者。

第二，每份调查问卷以 A4 纸版面制作，2 ~ 3 页（单面），题目数量不超过 40 道，多以选择为主，问答题不超过三道，选择题中以五个选择为主。

第三，每份问卷的设计遵循通俗易懂、言简意赅的原则。所有的题目都让受访者明白是怎么回事，而且，所有的题目不能有相互重复之处。

第四，为确保有关信息真实可信，在填写问卷时，要求调查对象署上真实姓名和联系方式（电话），以便后期求证，这点在消费者调查时更应保证。

第五，为取得调查对象支持，所有问卷不涉及个人隐私、尖锐性问题。

6. 调查问卷的份数及发放

根据重庆市场的现况，我们调查问卷的数量也预先确定下来了。其中，针对业务员的调查问卷 10 份，针对促销员的调查问卷 30 份（主要集中在重庆市区，周边郊县的促销员多为经销商家属，可以通过经销商座谈会和经销商调查问卷获得信息），针对经销商的调查问卷 30 份（市区 10 份、周边 20 份），针对售后服务人员的调查问卷 20 份（一个服务点可能来 2 ~ 3 人，每人都填写），针对消费者的调查问卷 250 份（其中：市区 150 份，周边 100 份），合计是 340 份。根据心理学的相关知识，这些调查问卷数量已经足以保证我们获得比较准确的结果了。

7. 注意的细节

（1）调研活动前，制订了完整的市场调研计划，并按照计划实施后期的调研活动。

（2）设计好了五套调查问卷，并就这些调查问卷的发放和回收进行了多次可行性演练。

（3）为了调查工作顺利开展，调研人员在去重庆之前，已经收集、整理了许多有关空调和重庆市场的资料，并在各人笔记本上记下了将要探讨的问题、座谈会的主题、焦点、谁先讲话、讲什么内容，都提前做好了记录，甚至给参加座谈会的人赠送何种礼品，我们都提前做了准备。

（4）实地考察的重点也确定下来。在四天实地考察时间内，我们走遍了重庆的各个主要卖场，取得了大量的一手资料。

（5）上门拜访更是调研的重头戏，在重庆调研市场时，选择了市区的两个巨头和郊县的六家经销商作为上门拜访的重点对象。

8. 汇总迅捷，成果斐然

为确保信息的原始、真实、有效，避免因时间拖延而导致的信息失真，我们回到公司就开始整理调研结果，其后5天时间加班加点，从大量的调研资料中汇总出了公司急需的结果。避免了“为调研而调研”的情况，确保信息的真实，为公司2004年的营销决策提供了真实、可靠的依据。

案例思考：

1. 试说明该公司是如何开展市场调研的。
2. 你认为该公司的调研有哪些成功之处？有什么不足？

第六章 营销战略

教学目标

“营销战略”是企业高层管理人员,特别是营销主管,为了企业的生存和发展,在充分了解、分析企业外部营销环境因素和内部营销条件的基础上,确定的企业营销工作纲领与行动方略,从而使企业的不同职能协调运行,保证企业战略的实现。通过本章的学习使学生对战略和营销战略的内涵、战略管理的历史演变过程、营销战略的意义、营销战略在企业经营中的地位,以及营销战略管理者的责任有清晰认识,能清楚地说明营销战略管理过程,说明战略、营销、营销战略之间的区别与联系。

学习任务

通过本章的学习:

1. 理解和掌握战略、营销战略的基本概念。
2. 掌握营销战略管理过程。
3. 掌握营销战略管理的内容。
4. 了解营销战略管理者的职责。
5. 了解营销战略与企业战略及业务战略、职能战略的关系。

案例导入

微软公司营销战略

微软是世界上最成功的软件公司。该公司由比尔·盖茨(Bill Gates)保罗·艾伦(PauI Allon)于1975年创立,公司最初的使命是“每一张办公桌上和每个家庭中的电脑都运行微软软件”。从那时起,微软通过战略营销和进取的发展策略而成长为世界第三大最有价值的品牌。

20世纪80年代,微软为IBM计算机编制了DOS操作系统,这是它的第一次重大成就。微软利用与IBM公司合作所获得的这一初始优势开始出售软件给其他制造商,很快就使微软在该行业成为主要公司。公司最初的广告诉求侧重于公司产品的范围,即从DOS操作系统到Excel和Windows,所有这些都统一在“微软”商标下。

1986年微软上市,之后10年随着Windows操作系统和Microsoft Office面世获得飞速发展。1990年,微软推出名为Windows3.0的操作系统全新版本。Windows3.0提供了至今仍在使用的Windows图标和一些应用程序,如文件管理器和程序管理器。正是这个瞬间的成功使微软在两年内售出了10多万份软件。此外,Windows3.0成为第一个预装在某些个人计算机中的操作系统,成为微软和该行业的重要里程碑。

在整个20世纪90年代,微软的传播策略是努力说服企业使用微软的软件不仅是企业的最佳选择,而且企业也需要微软助其经常升级。微软在杂志上投入了数百万美元广告,并得到行业内的顶级计算机杂志的认可,使微软Windows和Office成为那个时代的必备软件。微软在1995年和1998年分别成功推出Windows95和Windows98,其口号是"你今天想去哪里?"(这一口号没有侧重具体产品,宣传的是公司本身,这有助于增强企业能力,获得消费者好评。)

20世纪90年代末,微软在互联网热潮中努力寻找自己的位置,参与了臭名昭著的"浏览器大战"。1995年,网景公司(Netscape)在互联网上推出了Navigator浏览器。微软意识到网景拥有一个非常好的产品,就推出了它的第一版浏览器,即IE浏览器。到1997年,网景公司获得了72%的市场份额,IE则获得了18%的市场份额。然而5年后,网景的市场份额下降到4%。

在这5年中,微软采取了三个主要步骤超越竞争对手。首先,它将IE和Excel,Word和PowerPoint等Office产品进行捆绑。希望使用微软Office的消费者自动成为IE的用户。其次,微软与美国在线(AOL)成为合作伙伴,一夜之间新增了500万用户。最后,微软利用其雄厚的财力,确保消费者可以免费使用IE,"切断网景生命线"。然而,这些努力不无争议。1998年微软面临反垄断的指控,还有一些是对其营销战术和行业垄断的诉讼。

尽管受到指控,公司股价仍然飞涨,1999年以每股60美元达到峰值。2000年和2001年,微软分别发布了Windows2000和Windows XP。它还于2001年推出Xbox家用游戏机,标志公司进入数十亿美元的游戏产业。

在之后的几年中,当消费者等待下一代操作系统问世时,苹果公司推出Mac电脑、iPod、iPhone和iTunes来恢复元气,微软股票价格每股下跌超过40美元。在2007年,微软对其推出的Vista操作系统寄予厚望,但却为其出现的错误和问题所困扰。

随着2008年的经济衰退与恶化,微软发现自己身处困境。随着苹果公司"Get a Mac"系列广告成功推出,微软品牌形象失去光辉。该系列广告中由一个聪明、睿智、随和的Mac人物和乏味、臃肿、紧张的PC人物的简单对白构成。此外,消费者和分析师继续猛击Vista的不佳表现。

对此,微软创建了一个题为"Windows,生活无障碍"的营销活动,以在各地转变形象。专注于宣传使用微软软件可以降低成本提高效果,这在经济衰退时期引起了共鸣。微软也推出了"我是PC"(I am PC)系列商业广告,广告中以一名微软员工(看起来与苹果广告的PC角色相像)道白开始,"你好,我是PC,我已成为原型",广告中突出成为PC主人的多种自豪,以帮助提高员工的士气和顾客的忠诚度。

与苹果公司相似,微软于2009年开设了为数众多的零售商店。微软在一份声明中说:"开店的目的是与消费者更深入地沟通与合作,并为继续了解顾客想要什么,顾客怎么使用产品和顾客如何购买产品等获得第一手资料。"

如今,微软公司提供多类软件和家庭娱乐产品。在正在进行的浏览器大战中,IE持有66%的市场份额,Firefox 为 22%,Safari 为 8%。2009 年,微软推出名为必应的新的搜索引擎,挑战谷歌在市场上的主导地位,并声称必应能够提供更好的搜索结果。但微软最赚钱的产品仍然是微软 Windows 和 Microsoft Office,它们占公司 60 亿美元收入中的 90%。

(资料来源:Burt Helm,"Best Global Brands," Business Week, September 18,2008; Stuart Elliot "Microsoft Takes a User—Friendly Approach to Selling Its Image in a New Global Campaign,"New York Times. November 11,1994;Todd Bishop,"The Rest of the Motto,"Seattle Post Intelligencer,September 23,2004; Devin Ieonard, "Hey PC,Who Taught You to Fight Back?" New York Times, August 30,2009;Suzanne Vranica and Robert A. Guth,"Microsoft Enlists Jerry Seinfeld in Its Ad Battle Against Apple,"Wall Street Journal,August 21,2008,P. A1; Stuart Elliott,"Echoing the Campaign of a Rival,Microsoft Aims to Redefine'I'm a PC,'" New York Times,September 18,2008,P. C4; John Furguson."From Cola Wars to Computer Wars—Microsoft Misses Again,"BN Branding. April 4,2009.)

第一节 战略与战略管理

一、战略

"战略"(Strategy)一词最早出现在兵法中,是一个重要的军事用语。一般认为,军事上的战略是指在战争中,参与对抗的军事力量为了取得战争的胜利,根据对战争形势的分析和评估所采取的全局性谋略。"战略"一词被引入企业经营管理实践并被普遍使用,主要是在 20 世纪五六十年代之后。在 20 世纪 50 年代,"战略"一词首先出现在美国企业界,后来传到联邦德国、日本等,在 20 世纪 80 年代后为全球企业界广泛接受。对于什么是企业的战略,不同的学者给出了不同的定义。

安索夫认为,战略是贯穿企业经营与产品和市场之间的一条共同经营主线。

安德鲁斯认为,战略是目标、意图或目的,以及为达到这些目的而制定的主要方针和计划的一种模式;这种模式界定企业正在从事的或应该从事的经营业务,以及界定企业所属的或应该属于的经营类型。

汤姆森和斯迪克兰德认为,战略是公司前进的路径或地图,是公司经营的蓝图。

大卫·戴维认为,战略是公司实现长期目标的方法。

简单来说,企业战略是指企业在经营过程中为了在同竞争对手的对立中立于不败之地而制定的事关全局的重要谋略。企业战略制定的背景是激烈的市场竞争、环境的高度不确定性、较高的经营风险等。企业制定战略的目的主要是为了满足自身参与竞争和成长的需要。企业通过制定战略,维持、巩固或者提高自己的竞争地位,努力使自身在同竞争对手的冲突中保持优势地位,努力使自己在规模和实力不断提高,获得持续、健康的发展。企业战略涉及的内容主要是企业发展方向的选择和有限资源的配置。准确地说,战略是指企业面对激烈变化的外部环境,为求得长期生存和不断发展而进行的总体性行动谋划。因此,战略是企业实现长期目标的方法和途径,是企业制定年度目标、部署和配置资源的依据,也是企业对市场、竞争者和其他环境因素变动所做的反应。

企业战略具有如下5个基本特征:

第一,全局性。战略是以企业发展的全局为对象,根据企业总体发展要求制定的。战略所规定的是企业的全局性行动方略,着眼于企业的总体发展,追求总体协同效果。虽然战略必然考虑和包括局部活动,但局部活动要服务于全局性战略活动的要求,对战略的实施发挥有效的支持作用。有时,为了全局活动如期实现,局部活动必须适时调整。

第二,长期性。战略规定了企业在今后相对较长一段时间的发展方向和工作重点。一般而言,战略应当至少对企业未来3~5年的发展做出谋划,必要时,可以考虑对企业未来10年或者更长一段时间的发展方向做出全局性谋划。与此同时,不论战略本身涉及的时间跨度多长,企业的战略必须有利于企业未来数十年、上百年或者更长时间的发展,必须致力于将企业塑造成为长寿公司。战略是企业在一个较长时期的发展方向和目标,是企业谋取长远发展要求的反映。

第三,方向性。战略规定企业的未来发展方向,描绘企业的发展蓝图,具有行动纲领的意义,为企业的下一步发展指明方向。战略要求企业在战略期内的各项工作都要围绕战略制定的方向展开,同时要求企业各部门在战略方向的指引下可以充分发挥各自的积极性和创造力。正确的战略能够指引企业获得发展,而错误的战略可能将企业引入迷途,甚至使企业失去存在的意义。由于战略直接决定企业的未来走向,因而,一旦战略出了问题,企业很可能在错误的道路上越走越远;如果不能得到及时纠正,企业很容易走向死亡。因此,决定企业未来发展方向的战略,对企业的生死存亡具有特别重要的意义。

第四,外部性。战略是企业对外部条件变化所做的反应,着重指出企业如何通过自身的有效活动赢得在外部市场中的竞争优势。

第五,动态性。战略规定企业未来较长一段时间的经营方向,具有相对的稳定性。与此同时,战略又是动态变化的,根据企业与外部环境因素的互动关系和相互力量对比关系发生变化。一旦企业的外部条件或内部因素发生显著变化,企业战略必须相应作出调整。

阅读资料

比尔·盖茨对奥尔森与王安失败的评述

"在我的整个青年时代,最红火的计算机公司是数字设备公司,人称DEC。在20年的时间,它的正向螺旋似乎毫无逆转的迹象。""又过了20年,奥尔森的洞察力出故障了,他看不出小型桌面计算机的发展前途。结果,他被排挤出了DEC。"

"王安是一位眼光远大的工程师,这种曾使他果断地抛弃计算器的眼光本来可以使他在80年代个人计算机软件领域内取得成功,而他却偏偏在下一个工业发展的转折关头迷失了方向。""如果王安早些意识到兼容性应用软件的重要性,今天可能就没有什么微软公司了。我可能只有在某个地方当一位数学家,或一位律师了。"

资料来源:比尔·盖茨.《未来之路》.北京:北京大学出版社,1996.

二、企业战略的层次

一方面,事关企业长远发展的重大谋略可能涉及企业的多个不同层面:另一面,将企业视为一个整体来看,企业应当有关于未来发展方向的全局性安排。如果深入到企业的内部,具体到各个业务分部(事业部、分公司等)、各个职能部门(生产部门、人力资源部门、营销部门、研发部门等),同样具有指导本部门工作的全局性谋划,同样需要进行战略规划与贯彻落实。因此,正如企业的目标、组织结构等可以有不同的层次一样,企业的战略也可以分为不同的层次,企业的全部战略是由多个不同层次的战略组成的完整体系。

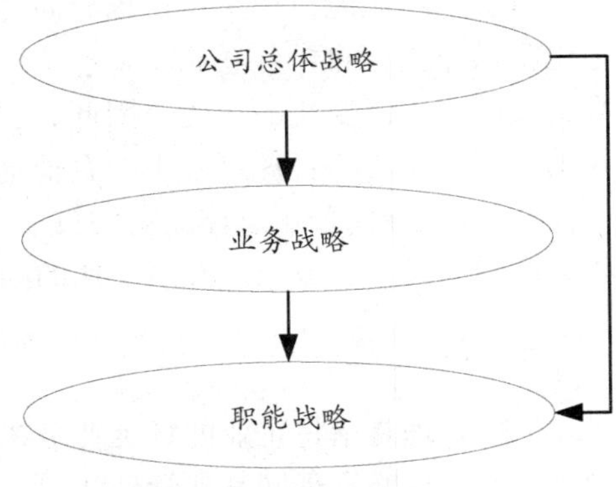

图 6.1 企业战略层次示意图

一般来说,企业战略大体可以划分为 3 个层次:企业总体战略、业务战略和职能战略(图 6.1)。

(一)企业总体战略

企业总体战略又称公司战略,是企业战略中最高层次的战略。在存在多个经营单位或多种经营业务的情况下,企业总体战略主要是指集团母公司或者公司总部的战略。它是公司整体意义上的战略,主要回答企业应该在哪些领域、从事何种经营活动以及企业目标和资源在不同业务之间的分配等问题。公司总体战略的目标是确定企业未来一段时间的总体发展方向,协调企业下属的各个业务单位和职能部门之间的关系,合理配置企业资源,实现企业总体目标。

(二)业务战略

现代大型企业一般都有同时从事多种经营业务,或者生产多种不同产品的若干个相对独立的产品或市场的部门,这些部门可以称之为事业部或战略经营单位。由于各个业务部门的产品或服务不同,面对的外部环境(特别是市场环境)也不相同,企业能够对各项业务提供的资源支持也不同,因此,各个部门在参与竞争过程中采取的战略也不尽相同,各经营单位有必要制定指导本部门产品或服务经营活动的战略,这类战略被称为业务战略(或称为竞争战略)。显然,业务战略是企业的一种局部战略,或者说是“子战略”。业务战略是在企业总体战略的制约下,具体指导和管理经营单位的重大决策和行动方案。业务战略着眼于企业中某一具体业务的市场和竞争状况,相对于总体战略有一定的独立性,同时又是企业战略体系的组成部分。业务战略侧重于回答在确定的经营业务领域内,企业如何同竞争对手展开竞争;在一个具体的、可识别的市场上,企业如何构建持续的竞争优势。

(三)职能战略

企业的各项经营管理工作,可以根据所在职能领域的不同划分为不同的职能业务,如供应管理、生产与作业管理、营销管理、人力资源管理、财务与会计管理、研究与开发管理、计算机信息系统管理、文化管理、后勤管理、设备管理、质量管理等。企业的不同职能,可能由一个独立的职能部门完成,也可能由多个不同的部门共同完成,还可能由一个部门负责多项职能工作。在市场导向的条件下,企业的各项职能工作与企业的市场竞争地位密切相关,而且,各项职能管理工作不再仅仅是一种企业内部的管理工作,许多工作都直接面对外部变化的环境。因此,为了保证公司总体战略的实施,各职能部门同样需要纳入到企业战略管理过程中。企业通过制定和实施职能业务领域的战略来指导职能工作,并以此确保公司总体战略的贯彻和长期目标的实现。职能战略主要回答某职能的相关部门如何卓有成效地开展工作的问题。

三、战略管理

战略管理是指将企业的日常业务决策同长期计划决策相结合而形成的一系列经营管理业务。战略管理同其他管理活动一样,是一种进行决策和决策结果贯彻落实的过程。具体来说,战略管理主要包括两项重要任务:一是战略制定,二是战略实施。战略管理在战略制定过程中的主要任务是进行外部环境和内部条件分析,提出企业的远景与使命,拟定可供选择的战略方案,进行战略方案评价与选择;在战略实施过程中的主要任务是,制定年度目标、调整组织结构、出台重要资源配置措施、塑造有利于战略实施的企业文化、有效协调战略实施过程中出现的各种问题、对战略实施过程和结果进行检查及评价等。

因此,可以将战略管理定义为,在某一时期,企业根据外部环境和内部条件制定战略方案并组织实施的管理活动过程。或者说,战略管理就是企业经营管理过程中有关战略问题的计划、组织、协调与控制等各项工作的总称。

相对于一般意义上的生产管理、财务管理、营销管理、研发管理等职能管理而言,战略管理是一项综合性管理,主要具有如下特点:

第一,复杂性。战略管理受到企业外部大量因素的影响,企业能够对这些因素施加的影响非常小,大部分因素处于不可控和不断变化之中。战略管理需要通过对企业内部可控资源的调度有效适应外部环境变化,这是一个艰难而复杂的过程。在企业内部,战略管理直接和企业的所有部门、所有人员密切相关,不仅关系到企业的生死存亡,而且关系到每个人的切身利益,涉及部门之间各项工作和利害关系的协调,企业内部各项工作的难点都会不同程度地在战略管理过程中得到体现。

第二,非常规性。在各项职能管理中,总有一些重复性的常规工作。战略管理则有所不同,重复的程序性管理工作几乎没有,无论是制定战略还是实施战略,总是要不断面对和处理新的问题,提出新的解决方案。与此同时,战略管理中的许多工作都具有一定的时间间歇性。例如,在正常经营情况下,企业每3~5年进行一次全面的战略分析工作,在检查过去战略期内各项工作的基础上,结合新的内外环境条件制定出新的未来战略。由于若干年间各个因素的变化,新战略的各项基础与原有战略的基础存在着很大的差异,企业必须重新审视自身的位置和未来的发展方向。而一旦新的战略形成,在未来几年间,系统的战略制定工作告一段落,直到经营条件出现重大变革或者战略任务完成而需要制定新的战略为止。

第三，广泛的基础性。一般的职能管理以当前可控资源、各个部门和岗位的职责权限、绩效与薪酬的相关关系等为基础，而战略管理则以环境、自身条件、相对位势、未来目标和动态可控资源为基础。战略管理需要企业把最重要的决策建立在通盘考虑外部机会与威胁和内部优势与劣势的基础上，而不能仅仅根据企业在某一方面的优点或者缺点决定自己的行为。

第二节　营销战略的内涵

一、营销战略的概念

营销战略是企业战略的一部分，是职能战略中的一种类型。营销战略一方面服从于公司的总体战略，以实现公司的战略目标和长期目标为出发点。同时，营销战略又是企业开展营销工作的主线，指导着企业各个营销部门的各项工作。

因此，营销战略是指在确定的总体战略指引下，企业根据市场等环境及自身营销条件的动态变化趋势，对自身营销工作做出的全局性谋划。

二、营销战略的特征

从营销职能管理工作的角度而言，营销战略同样具有全局性、长期性、方向性、外部性等战略的一般特征。同时，相对于企业的总体战略和经营单位战略而言，营销战略具有如下四个特征：

(1)从属性。一方面，可以把企业营销战略看成是企业整个战略体系的有机组成部分，即企业的营销战略和企业的总体战略以及其他职能战略都从属于完整的企业战略体系。另一方面，营销战略从属于企业总体战略，即营销战略是企业为保证总体战略的实施而制定的关于营销活动的战略规划，营销战略规定的方向和内容应该与总体战略保持高度一致，并有利于总体战略的实施；营销战略的实施，应为保证企业总体战略目标的实现服务。

(2)相对独立性。营销工作是企业一项独立性非常强的职能工作，营销活动直接面对外部市场环境，具有自身的发展变化规律。在相对完备的市场经济条件下，无论企业规模大小，企业处于何种产业之中，都拥有相对独立的营销部门，都有专门人员自主地开展各项营销工作，营销部门和营销人员同样具有自身的职权。这就决定了用以指导营销工作方向性的重大决策具有自身的独立性，成为有别于公司总体战略、经营单位战略和其他职能战略的重要战略。

(3)专一性。总体战略指导公司内部的各项工作，经营单位战略指导某一经营单位内(或多个相关单位和部门)的各项工作。营销战略只是指导企业营销及相关部门与人员的营销活动，营销战略对与营销没有直接联系的工作基本不具有指导作用。

(4)融合性。营销战略指导企业的各项营销工作，但不只是营销部门的工作。营销战略同企业的总体战略、经营单位战略和其他职能战略有着千丝万缕的联系。由于企业内部各项工作之间的相互融合和制约，营销战略也同企业的其他战略相关并融合。这不仅体现在总体战略和经营单位战略对营销工作做出的重大决策中，而且体现在营销战略和其他职能战略之间的相互融合。例如，在市场开发的战略中可能会与特殊营销人才引进和营销队伍整体建设相关的人力资源战略问题相融合；在新产品战略中可能会涉及技术创新战略问题；而在采购战略中可能会依据市场定位选择决定是否采购价高质优的原材料或零部件等。

三、营销战略的重要性

最近20年间，越来越多的企业高层管理者，特别是营销主管，不仅需要处理4P策略中相关的日常经营决策问题，同时需要引入最新的战略管理理论和实践方法，从战略的高度思考营销问题，并组织开展营销战略的制定与实施。营销战略在企业经营中的地位不断上升。在理论上，越来越多的理论工作者尝试将战略思维和管理过程引入营销过程中。现代营销理论的集大成者、美国西北大学凯洛格管理学院的科特勒教授在这一时期新版的营销学教材中也加入，大量的营销战略内容。营销战略在企业经营中的重要性，可以归纳为如下方面：

第一，保证营销工作沿着明确的方向进行，使各项营销工作更加有序和正规；

第二，帮助营销部门和其他职能部门降低外部环境的不确定性，准确把握外部环境的机会和威胁，将企业对有利机会的利用提升到最高水平，将不利的威胁减少到最低限度，减少成本，降低风险；

第三，使营销人员从整个营销工作成败，从企业生存与发展的高度思考顾客及其需求满足问题；

第四，使营销部门与人员对竞争对手有更加深刻和明确的认识，更加出色地把营销工作和提升企业市场竞争优势结合起来。

四、营销战略的内容

从营销战略的定义中可以看出，凡是事关企业营销工作的全局性谋划都是营销战略的内容。目前，对于营销战略应当包括的具体内容，理论界仍然处于探索之中。一般来说，营销战略主要包括企业的顾客选择、主要市场业务、营销资源分配等(图6.2)。对于是否应当将营销目标包括在营销战略中，理论界和实际工作者中存在不同的看法。我们认为，战略是实现长期目标的谋略、路径，不包括目标本身。无论企业选择什么样的营销战略，一般都要对如下问题做出回答：

第一、企业的顾客是谁，或者说企业的市场在哪里？任何企业的产品或服务都是有限的，都只能满足特定顾客群体的需求。营销战略必须明确界定本企业的市场在哪里，本企业具体服务的顾客是哪些消费者或者商家。

第二、企业当前的市场地位和追求的市场地位是什么？即企业在市场上当前的竞争位势如何，企业经过自身的努力，在市场上实现多大程度的地位提升，企业将树立什么样的市场形象。

第三、企业的主要市场业务及增长向量是什么？企业在市场上的各项活动，必然体现为产品或服务的销售，以及围绕产品和服务展开的各项工作。营销战略思考这样一些

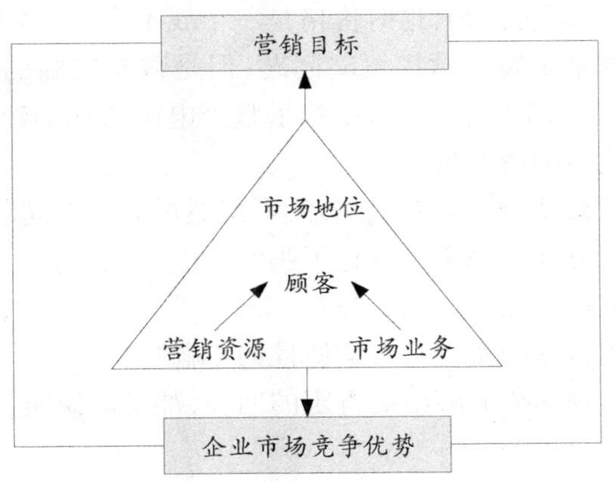

图 6.2 营销战略构成要素

关键问题:本公司的主要产品和服务项目是什么?本公司的产品或服务目前处于产品生命周期的哪一阶段?本公司市场业务拓展的增长点主要有哪些?公司何时推出新产品或新服务?何时进入新的细分市场?何时增加或者减少在某一细分市场的产品或者服务供应?何时退出某一细分市场?为了推动这些产品和服务项目的销售,营销工作将要采取的重要的方向性抉择是什么?对于这些营销努力,公司的战略观点是什么?在贯彻这些观点的过程中,公司的价值准则是什么?竞争对手将会对本公司采取的战略措施做出何种反应?本公司又如何采取针对性的反应?公司如何在同竞争对手的动态博弈中保持并巩固自身的市场地位?

第四、营销工作如何将有限的资源在不同市场业务活动间进行分配?在开展市场业务活动过程中,企业能够调动的资源是有限的,营销战略不仅需要说明不同市场业务的优先级次顺序,而且需要对未来战略期内有限资源在不同市场业务活动中的分配作出规定。

五、营销战略与营销策略之间的关系

在经典的营销著作中,并没有明确给出营销战略与营销策略的分界线。实践中,对营销战略和策略的运用更是没有不可逾越的鸿沟。从理论上讲,战略主要解决全局性的重大方向性问题;策略主要是解决各种战术性问题。通常,顾客、主要市场业务、业务的价值与效用、市场地位、营销资源等的抉择被归入营销战略,而有关价格、产品、分销、促销等则被归入营销策略。实际上,我们很难明确区分营销战略、营销策略两个概念包含的内容。上述归人战略的内容,也可能转变为营销策略问题,而 4P(或者更多)营销策略中的内容,也可能转变为战略问题。

只要某一问题成为事关营销全局的重大问题,有关该问题的决策就是战略决策,而做出的选择也就构成了营销战略的重要内容。反之,如果某项决策的重要性下降为短时间范围内的次要决策,则为策略决策。

以价格为例,TCL 彩电在进入电视机市场时,以低价格向市场提供大屏幕彩电,从而奠定了公司在与进口品牌彩电竞争中的优势地位,从而成功进入中国彩电市场。这个时候,可以说,价格决策是一项战略决策。彩电销售带有明显的季节性,企业为了在节假日期间提高销售业绩，进行降价促销，这时价格是一个战术决策，属于价格策略的范畴。

营销渠道的建设通常是属于营销策略问题，但是戴尔电脑的直销模式，却在强手如林的电脑市场中，造就了一个电脑巨人，影响了整个电脑市场的经营格局和力量对比，我们无法否认这一渠道决策的战略价值。

一项营销决策或者行动是否具有战略性，可以通过对如下问题的回答予以判断：

①给企业内部资源分配带来重大变化了吗？

②与企业的竞争位势变化密切相关吗？

③对企业长期营销目标的实现具有实质性的影响吗？

对上述任何一个问题如果能够给出肯定的回答，都足以说明其具有战略性质。

第三节　营销战略管理过程

与营销战略相关的计划、组织、协调、控制等各项工作，可以统称为营销战略管理。营销战略管理是一个动态的连续过程，由一系列重要步骤与环节组成（图6.3），它包括营销战略的制定与实施。

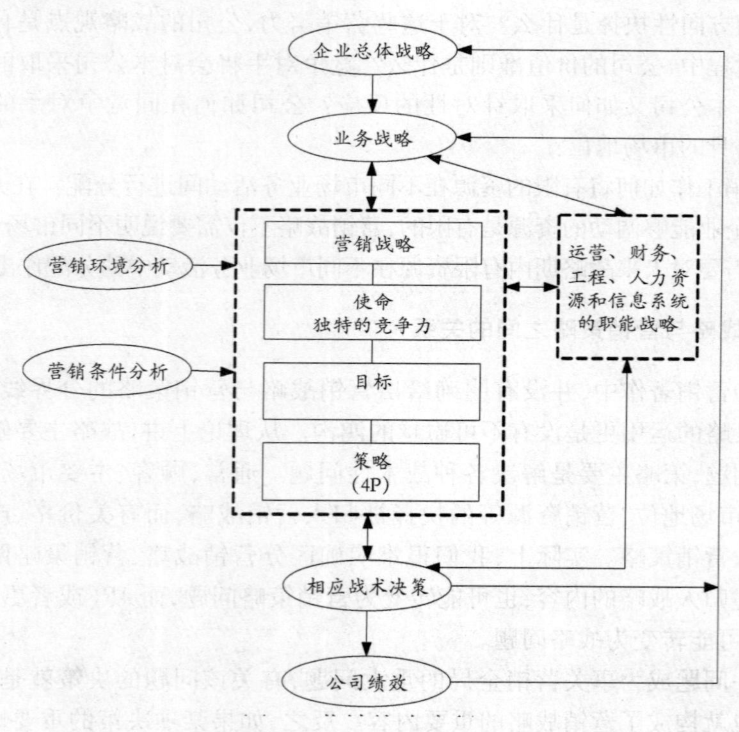

图6.3　营销战略流程

一、营销战略的制定

营销战略制定是营销战略管理过程的首要环节。营销部门需要在分析评价营销环境、自身条件和总体战略等要求的基础上，提出适合于公司未来经营发展需要的营销战略方案。这一阶段主要解决的问题有：

第一，分析公司外部营销环境，包括公司面临的外部经济、政治、法律、社会文化、人口、技术、自然环境、产业发展、消费者需求与偏好等因素，识别公司的外部营销机会与威胁。

第二，分析企业内部的营销条件，包括企业营销部门的决策权限、可以调动的人财物资源、已有的营销渠道、公司现有产品与服务的竞争力、其他职能部门对营销部门的支持程度等因素，确认公司开展营销活动的内部优势与劣势。

第三，提出为实现营销目标可供选择的营销战略方案。企业在很多情况下可以选择的战略不止一个，但由于资源的有限性，企业只能在多个不同战略之间选择最优战略，舍弃一些次优战略。在准确把握外部营销机会与威胁，明确内部优势与劣势的基础上，营销部门拟定出不同的营销战略方案，并通过对比分析，提出最理想的营销战略。

二、营销战略的实施

营销战略的实施，是比营销战略的制定更为重要的工作。好的蓝图得不到贯彻落实，在一定程度上还不如相对较差的规划得到较好的执行对企业经营更有效。营销战略实施过程中需要解决的主要问题包括：

第一，营销工作年度目标的确定。根据营销战略的要求，具体确定未来年度的营销工作计划。

第二，营销政策与策略组合的选择。根据营销年度计划，提出未来一年实现年度工作计划的各项活动措施。

第三，营销资源的配置。根据确定的年度目标和各项政策，对可以控制的营销资源进行分配。

第四，各项营销活动的组织与协调，包括具体指挥、协调开展营销活动时出现的营销部门内部、营销部门与外部环境、营销部门与其他部门之间的关系。

第五，营销战略实施效果的衡量。根据计划要求，对照实际执行结果，检查任务完成情况和任务完成的效果。

第六，营销战略实施过程中的偏差纠正。对营销活动过程中出现的各种偏差进行矫正，确保计划顺利执行。

第七，营销战略的调整。在内外条件发生重大变化时，适时对营销战略做出调整。

第四节 营销战略管理者

营销战略管理者是指在企业内部承担营销战略制定、实施和评价职责的管理人员。营销战略管理者是企业外部营销环境和内部营销条件的分析者；是战略备选方案的制订者；战略行动方案选择的决策者；战略实施工作的组织者、领导者和执行者；战略实施过程的监控者和战略实施结果的评价者。

根据在营销战略管理过程中承担的职责和所处的地位不同，可以将参与营销战略管理的全部管理人员划分为高层、中层和基层营销战略管理者三类。越是处于高层的管理者，对营销战略管理拥有的决策权越大，面对的风险和承担的职责也越大。

企业营销战略管理者不是单单指企业主管营销的副总裁（营销主管）一个人，而是指企业内部从事营销战略管理的一批人。这些营销战略管理者主要包括：企业董事会成员、总裁（或CEO）、主管营销的副总裁（营销主管）、营销部门负责人；经营单位总经理及主管营销的副总经理、经营单位营销部门负责人；各营销片区（办事处）负责人；营销项目小组负责人；营销人员等。

企业董事会在营销战略管理中的主要职责是：审查批准企业总裁提交的营销战略行动方案；审查批准营销战略实施的重大举措；听取企业总裁对营销战略实施情况的汇报；对企业总体营销战略实施结果做出评价；根据营销战略实施结果，决定对营销主管的聘任、解聘及有关的奖惩。

企业总裁在营销战略管理中的主要职责是：根据企业总体战略要求，提出营销工作的总体思路和指导方针；审核营销主管提出的营销战略方案；听取营销主管对营销战略实施情况的汇报；协调营销战略实施与其他战略实施之间的关系，处理战略实施过程中营销部门与其他部门之问的相互关系；听取营销主管对营销战略管理工作的汇报；对营销战略实施结果做出评价；向董事会汇报营销战略及实施情况；根据营销战略实施结果做出职权范围内的奖惩决策，或者提出重大奖惩方案报董事会批准后执行。

企业营销主管在营销战略管理中的主要职责是：直接组织对营销环境和营销条件进行分析；组织拟定营销战略备选方案；进行营销战略行动方案选择，报总裁审核后由董事会批准；组织指挥营销部门实施营销战略；协调营销战略实施过程中各营销部门之间的关系及营销部门与相关其他部门之间的关系；向公司总裁汇报营销战略管理工作；对下属各个部门在营销战略实施过程中的工作表现和业绩作出评价；对下属部门或人员给予职权范围内的奖惩或者提出奖惩方案。公司营销主管是最重要的营销主管，对营销战略的制定和实施承担主要责任。

企业营销部门负责人主要协助营销主管制定营销战略，积极组织开展营销战略的实施工作。各营销片区主管、销售办事处负责人主要负责职责范围内营销战略的实施工作。事业部总经理、主管营销的副总经理、事业部营销部门负责人负责本部门范围内的相关决策与指挥、协调等工作。

复 习 题

一、单项选择题

1. 以下表述能够很好地描述市场营销战略特征的是（　　）。

A. 全局性，以企业全局为对象

B. 方向性，描绘企业未来发展蓝图

C. 针对性,解决企业发展过程中的具体问题

D. 融合性,营销战略与企业的其他战略相关并融合

2. 营销战略与营销策略的关系是(　　)。

A. 营销战略与营销策略包含的内容具有清晰的概念

B. 营销战略与营销策略是对不同层次问题的决策

C. 二者都是对日常营销问题的决策

D. 二者都是对重大营销问题的决策

二、填空题

1. 按照安索夫的观点,战略是贯穿企业经营与产品和(　　)之间的一条共同经营主线。

2. 企业制定战略的目的主要是为了满足企业(　　)和(　　)的需要。

3. 战略管理主要包括两项重要任务,一是战略制定,二是(　　)。

4. 战略管理是一项综合性管理,具有三个主要特点:复杂性、非常规性和(　　)。

三、简答题

1. 什么是战略? 战略具有哪些基本特征?

2. 什么是营销战略? 营销战略主要包括哪些内容?

3. 营销战略与总体战略、业务战略有何区别与联系?

4. 营销战略管理主要包括哪几个环节?

5. 营销战略管理者主要指企业的哪些人员?

本章小结

1. 战略管理是在某一时期,企业根据外部环境和内部条件制定战略方案并组织实施的管理活动过程。同一般的管理活动相比,它具有如下特点:复杂性;非常规性和广泛的基础性。

2. 企业战略大体可以划分为三个层次:企业总体战略、经营单位战略和职能战略。

3. 营销战略是职能战略中的一种类型,是在确定的总体战略指引下,企业根据市场等环境及自身营销条件的动态变化趋势,对自身营销工作做出的全局性谋划。它具有四个特征:从属性、相对独立性、专一性和融合性。

4. 一般来说,营销战略的内容主要包括顾客选择、主要市场业务选择、营销资源分配。

5. 营销战略与营销策略之间没有绝对不可逾越的分界线。不处于具体的企业决策环境中,很难明确区分它们各自包含的内容。只要某一问题成为事关营销全局的重大问题,有关该问题的决策就是战略决策。如果某项决策的重要性下降为短时间范围内的次要决策,则为策略决策。

6. 与营销战略相关的计划、组织、协调、控制等各项工作，可以统称为营销战略管理。它是一个动态的连续过程，包括营销战略制定和营销战略实施两个步骤。

7. 营销战略管理者是指在企业内部承担营销战略制定、实施和评价职责的各级管理人员。

案例分析

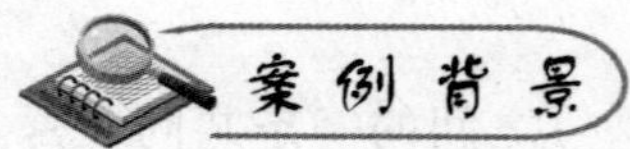

三星公司

韩国的电子消费品巨头三星公司完成了一次不寻常的变革，从最初作为价廉物美的日用产品的代工企业，变成一个提供三星品牌的优质电子消费品的全球性厂商。其产品包括纯平电视、数码相机、数码家电、半导体以及手机等。三星的高端手机已经成为公司的增长引擎，并且带来了持续不断的创新，使得掌上电脑变得流行。三星手机还是第一款带有 MP3 播放器和蓝光光盘播放器的手机。

起先三星关注的是销售额和市场领先地位而非利润率。但是，在 20 世纪 90 年代末期的亚洲经济危机期间，当其他的韩国财阀因为巨额债务而纷纷倒下之时，三星开始采取不同的措施。它削减了成本，重新强调产品质量与制造柔性，使其电子消费品从项目立项到货架出售仅需六个月时间。三星在创新方面投入巨资并专注于内存条业务。该业务成为公司重要的摇钱树，并使三星迅速成为世界上最大的内存条制造商。在 21 世纪的头十年里，该公司继续在研发方面注入大量资金，其中 2005 年到 2010 年间的研发预算就达到 400 亿美元。在研发与提高数字融合度方面的投资，使得三星在其强大的品牌佑护下拥有广泛的电子产品线。该公司还与长期以来的市场领导者索尼公司合作，在韩国建立起价值 20 亿美元、拥有先进技术水平的液晶显示器（LCD）工厂，同时签订里程碑协议，共享零部件与生产工艺方面的 24 000 余项专利。

三星的成功不仅是受到成功的产品创新的驱动，也得益于过去十年中积极的品牌建立。从 1998 年到 2009 年，公司在营销方面的支出超过了 70 亿美元，赞助了六次奥运会，并发起以“想象”（Imagine）、“谦和卓越”（Quietly Brilliant）和“你”（YOU）为主题的多次广告宣传，它们都包含着“技术”、“设计”与“感受（人类）”的品牌信息。2005 年，在 Interbrand 的品牌排行榜中，三星首次超过了索尼并将这种优势持续到现在。

2008 年到 2009 年间的经济下滑严重影响了半导体行业与整个电子消费品行业的销售，也触及了三星公司的底线。为了生存，它大幅削减了边际利润，并降低产量与库存。结果，在 2009 年末，公司的季度利润达到了历史新高，尽管边际利润要小得多。

今天，三星在平板电视与内存条方面已经成为全球领导者，在移动电话方面则是全球第二。后者关注于智能手机之类的成长型技术，并与微软的智能手机平台 Windows Mobile 以及谷歌的安卓软件均建立了合作关系。此外，三星还与微软形成了绿色合作，以协助其开发节能计算机。

与竞争对手不同,三星成为全球领导者是通过既生产电子产品配件,又生产卖给消费者的实际设备实现的,而且没有兼并主要竞争者。比起十年前,它的雇员总数翻了一番还多,在全世界范围内超过164 000人。2008年,三星的销售额达到创历史的1 100亿美元时,其首席执行官李润雨(Lee Yoon - woo)宣布,到2020年时,公司总收入有望达到4 000亿美元。为了实现这个雄心勃勃的目标,三星将涉猎更多的领域,如卫生保健与家庭能源产品。

案例思考:

1. 三星是如何对企业总体战略和营销战略进行协调的?

2. 三星要在2020年达到4 000亿美元销售额的目标会使其达到沃尔玛的同等水平。这可行吗?为什么?

第七章 目标市场营销

教学目标

通过本章学习,使学生了解市场细分、目标市场、市场定位的基本概念,掌握消费者市场和产业市场的细分依据、目标市场的营销策略、市场定位的步骤和策略。帮助学生识别各个不同的购买者群,选择其中一个或几个作为目标市场,运用适当的市场营销组合,集中力量为目标市场服务。通过市场定位,让产品的显著特征清楚地展现在消费者面前,使企业在市场竞争中占据优势。

学习任务

通过本章的学习:

1. 理解市场细分、目标市场、市场定位的概念。
2. 掌握运用市场细分的标准及方法。
3. 掌握如何选择目标市场以及目标市场营销策略?
4. 掌握市场定位策略。

案例导入

小油漆厂如何选择目标市场

英国有一家小油漆厂,访问了许多潜在消费者,调查他们的需要,并对市场作了以下细分:本地市场的60%,是一个较大的普及市场,对各种油漆产品都有潜在需求,但是本厂无力参与竞争。另有四个分市场,各占10%的份额。一个是家庭主妇群体,特点是不懂室内装饰需要什么油漆,但是要求质量好,希望油漆商提供设计,油漆效果美观;一个是油漆工助手群体,顾客需要购买质量较好的油漆,替住户进行室内装饰,他们过去一向从老式金属器具店或木材厂购买油漆;一个是老油漆技工群体,他们的特点是一向不买调好的油漆,只买颜料和油料自己调配;最后是对价格敏感的青年夫妇群体,收入低,租公寓居住,按照英国的习惯,公寓住户在一定时间内必须油漆住房,以保护房屋,因此,他们购买油漆不求质量,只要比白粉刷浆稍好就行,但要价格便宜。

经过研究,该厂决定选择青年夫妇作为目标市场,并制定了相应的市场营销组合:(1)产品,经营少数不同颜色、大小不同包装的油漆,并根据目标顾客的喜爱,随时增加、改变或取消颜色品种和装罐大小;(2)分销,产品送抵目标顾客住处附近的每一家零售商店,目标市场范围内一旦出现新的商店,立即招徕经销本厂产品;(3)价格,保持单一低廉价格,不提供任何特价优惠,也不跟随其他厂家调整价格;(4)促销。以“低价”、“满意的质量”为号召,以适应目标顾客的需求特点,定期变换商店布置和广告版本,创造新颖形象,并变换使用广告媒体;

由于市场选择恰当,市场营销战略较好适应了目标顾客,虽然经营的是低档产品,该企业仍然获得了很大成功。

(http://zhidao.baidu.com/question/211122839.html)

第一节 市场细分

一、市场细分的含义和作用

(一)市场细分

市场细分的概念是美国市场学家温德尔·史密斯(Wendell R. Smith)于1956年提出来的。

1. 市场细分的含义

市场细分(Market Segmentation)是指营销者通过市场调研,依据消费者的需要和欲望、购买行为和购买习惯等方面的差异,把某一产品的市场整体划分为若干消费者群的市场分类过程。每一个消费者群就是一个细分市场,每一个细分市场都是具有类似需求倾向的消费者构成的群体。

市场细分不是对产品进行分类,而是对消费者的需要和欲望进行分类。它是20世纪50年代中期,温德尔·史密斯在总结企业按消费者的不同需要组织生产的基础上提出来的。这一观念的提出及其应用的客观基础在于市场需求的差异性和企业生产经营能力的局限性。一方面,消费者对绝大部分产品的需求是多元化的,是具有不同的质的要求的。只有少数产品,消费者对其需求大致相同,如消费者对食盐、大米、食油、火柴等需求差异极小,这类市场称为同质市场。大多数商品的市场属于异质市场,这是由消费者对商品需求的千差万别所决定的。千差万别的需求就要求有千姿百态的产品给予满足。而且随着科学技术和社会经济的发展,市场的供给越充裕,人们的生活水平越高,需求的差异性就越大,市场细分的必要性也就越大。另一方面,任何企业(即使是特大型企业或跨国公司)其生产经营能力总是有限度的,都不可能有效满足所有消费者的不同需要。因此,为了提高经营效益,企业必须对总体市场进行细分,然后结合本企业的特长和优势,选择一个或几个本企业能够为之很好服务的部分市场作为企业的目标市场。

2. 市场细分的层次。

市场细分是有层次的,各个企业由于自身条件及产品不同,对市场开展不同层次的细分营销。

(1)一般细分营销。

这个层次的细分市场是由市场上大量可识别的各种购买者群体组成。虽然购买者的需要、购买力、地理位置、购买态度、购买习惯互不相同,但企业不会为每个购买者定制产品或服务，而是将构成市场的某些大细分市场分离出来，属于同一细分市场的购买者，他们的需要和愿望被看成是相似的。

(2)拾遗补缺营销。

这个层次的细分市场是从一般较大的细分市场中区分出来的更狭小的群体，通常是那些需要没有得到满足的小市场。占领这些市场是可获得某些特别利益的。个别拾遗补缺的企业，就会在这些狭小的市场中获得利润和发展。

(3)局部地区营销。

这个层次的细分市场是局部地区的顾客群体，包括商业区、民族社区，甚至个别商店服务范围的顾客。局部地区营销是按照局部地区顾客群体的需要和欲求而制订营销计划的。

(4)个别营销。

这个层次是市场细分的极限层次，是细分到了个人。个别营销也可以说是“定制营销”或“一对一营销”。大众化营销的盛行掩盖了为个人定制服务工作的存在。但科学技术迅猛发展的今天，特别是电脑、数据库、电子信箱、传真机以及现代制造技术的应用，使企业可以考虑重新实行定制营销，或称为“大规模定制营销”，即生产大规模单独设计、能满足每个顾客要求的产品。

(二)市场细分的作用

市场细分是企业营销观念的一大突破。通过市场细分，可以反映出不同消费者需求的差异性，为企业在市场营销活动过程中认识市场、选择目标市场提供依据，从而更好地满足消费者的需要，并获取经营利润。具体地说，市场细分对企业的作用主要表现在以下几个方面：

1. 有利于企业(特别是中小企业)发现市场机会，取得竞争优势

市场细分后的子市场比较具体，比较容易了解消费者需求，企业可以根据自己经营思想、方针及生产技术和营销力量，确定自己的服务对象，即目标市场。针对较小的目标市场，便于制定特殊的营销策略。同时，在细分市场上，信息容易了解和反馈，一旦消费者需求发生变化，企业可迅速改变营销策略，制定相应对策，以适应市场需求的变化，提高企业的应变能力和竞争力。

2. 有利于提高企业的应变能力

消费者需求是不断变化的，市场细分后，使市场研究比较容易选择调查对象，并使抽样调查具有代表性。通过市场细分，企业可以对每一个细分市场的购买潜力、满足程度、竞争情况等进行分析对比，探索出有利于本企业的市场机会，使企业及时作出投产、移地销售决策或根据本企业的生产技术条件编制新产品开拓计划，进行必要的产品技术储备，掌握产品更新换代的主动权，开拓新市场，以更好适应市场的需要。

3. 有利于合理使用企业的资源

任何企业即使大型企业或跨国公司的人力、物力、财力和技术资源终究是有限的，都不可能有效地满足所有消费者不同的需要。企业只有把有限的资源和精力集中于目标市场，有的放矢，才能取得较好的经营效益。

4. 提高企业效益

通过市场细分,企业可以面对自己的目标市场,生产出适销对路的产品,既能满足市场需要,又可增加企业的收入;产品适销对路可以加速产品流转,加大产量,降低生产销售成本,提高产品质量,全面提升企业经济效益。

二、市场细分的标准

市场细分是依据一定的细分变量进行的,由于市场类型不同,对消费者市场细分和生产者市场细分的标准也有所不同。

(一)消费者市场的细分标准

在现代社会中,影响消费者市场需求的因素极其纷繁复杂,因此细分消费者市场的标准和方法就没有一个固定不变的模式,各行业、各企业可采取不同标准和方法进行市场细分,以寻求最佳的营销机会。一般来说,影响消费者市场需求的主要因素,大致可分为四大类:人口因素、地理因素、心理因素和行为因素(如图 7.1 所示)。

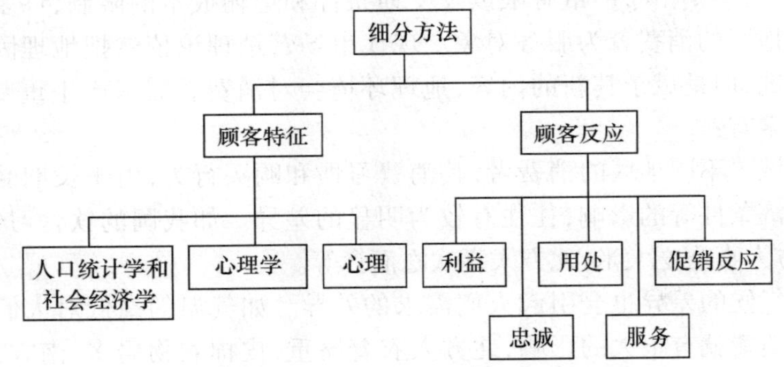

图 7.1 一般市场细分方法

1. 按人口因素细分

人口因素历来是细分市场常用的重要因素。因为消费者的欲望、需求偏好和使用频率往往和人口因素有着直接的因果关系,而且人口因素较其他因素更易测量。一般人口因素主要包括以下几个方面:

①性别。依据性别因素细分市场一直应用于服装、鞋帽、化妆品等领域,现已扩大到许多方面。随着妇女参加工作和社会经济地位的改变和提高,女性市场已成为一个越来越重要的市场。企业应高度重视女性市场需求的变化和发展。

②年龄。不同年龄的消费者对商品需求的特征也有着明显的差异。一般地说,儿童需要玩具、食品、童装、儿童读物;青年人则需要学习、体育和文娱用品;老年人需要营养品与医疗保健用品等。按年龄细分市场,有利于满足各年龄档次的消费者的特定的需要。因此,企业必须掌握市场上消费者的年龄结构和各档次年龄占总人口的比重及各档次消费者的需求特点。

③家庭生命周期。指一个以家长为代表的家庭生活的全过程,从青年独立生活开始,到年老后并入子女家庭或死亡时为止。一个家庭,按年龄、婚姻和子女状况等可划分为 7 个阶段,同一消费者及家庭的购买力兴趣和对商品的偏好也会有较大差别。

④收入。不同收入的消费者对商品的需求也有明显差异，因为收入水平是购买力形成的重要因素。按照消费者收入的不同，细分市场可以针对不同收入的消费者生产不同档次的商品，利用不同渠道、不同价格去满足不同收入层次的需求。许多企业把市场区分为精品市场与大众市场、高收入者市场、中等收入者市场及低收入者市场，或进一步依据消费者收入的不同档次细分市场。

⑤职业。不同职业的消费者，对商品的需求也有明显差异。比如教师、职员、工人、农民、学生等不同职业者，对商品的需求有着明显差异。

此外，经常用于市场细分的人口因素还有家庭规模（家庭人数）、教育程度、宗教信仰、国籍、种族等。

2. 按地理因素细分

人生活在一定的地域范围之内，处在不同的地理位置的消费者，会产生不同的需要和爱好，并对企业的同一产品及市场营销手段产生不同反应。这是一种传统的市场细分标准，使用已久。早期由于产量有限以及交通条件和运输成本的限制，许多企业只需也只能以某所在地区的消费者为服务对象。现代市场营销理论依然把地理因素作为市场细分的重要标准，但是赋予其新的内容，地理环境会对消费者需求产生重要影响。较为重要的地理因素有：

①地理区域。不同地区的消费者，其消费习惯和购买行为，由于长期受不同的自然条件和社会经济条件等的影响，往往有较为明显的差异。如我国的饮食习惯，素有南甜北咸之说；南方人喜欢吃大米，北方人喜欢吃面食等。

②气候。气候的差异也会引起人们需求的差异。如气温的高低对人们的衣着以及部分日用品的消费就有很大的影响，北方人衣着厚重，皮棉衣物居多，南方人衣着轻薄，单衣量大。北方人多需暖气设施，南方人多需降温设施等；气候的干湿对人们的消费需求也有很大的影响，气候干燥的地区多需抗旱设施，气候湿润的地区多需雨具及防涝设施等。

③人口密度。城市、郊区及乡村的情况是不一样的。例如，由于生活空间条件的差异，我国城市消费者喜欢小巧玲珑、较为轻便的自行车，农村顾客则喜欢结实耐用的载重型自行车。

④城镇规模。如特大型城市、大城市、中型城市及小城市、县城与乡镇，城市规模不同，经济发展水平、文化水平、收入水平都不同，因此对产品需求也不同。

一般来说，地理因素具有较大的稳定性，与其他因素相比，容易辨别和分析。然而地理因素毕竟是静态因素，不容易划分得很详细，原因是生活在同一地理位置的消费者仍然会存在很大的需求差异。因此，进行市场细分时还必须同时综合考虑其他因素，方能选择目标市场。

3. 按心理因素细分

心理因素是一个极其复杂的因素，消费者的心理需求具有多样性、时代性和动态性的特点。企业可根据消费者所属的社会阶层、生活方式及个性特点等心理因素，进行市场细分。

①社会阶层。在一个社会中，社会阶层是具有相对的同质性和持久性的群体。它们

按等级排列,每一阶层的成员具有类似的价值观、兴趣爱好和行为方式。一个人所处的社会阶层,通常是职业、收入、教育和价值观等多种因素作用的结果。同一社会阶层的人,要比来自两个社会阶层的人行为更加相似,因此,社会阶层是市场细分的重要心理因素。

②生活方式。生活方式有许多分类方法,人们追求的生活方式不同,对商品的偏好和需求就不同。西方国家的妇女服装制造商,为"简朴的妇女"、"时髦的妇女"和"有男子气的妇女"分别设计不同服装;烟草公司为"挑战型吸烟者"、"随和型吸烟者"及"谨慎型吸烟者"三种生活方式群体,推出不同品牌的香烟。

③个性。指一个人的特有的心理特征,它会导致一个人对其所处环境作出相一致的持续不断的反应。一个人的个性,会通过自信、支配、自主、服从、交际、保守和适应等性格特征来表现。企业依据个性因素细分市场,可以为其产品更好地赋予品牌个性,以期与相应的消费者个性相适应。

4. 按行为因素细分

消费者的购买行为,包括消费者对商品的购买时机、利益追求、使用频率、对产品的忠诚程度、待购阶段以及对产品的态度等,由于消费者行为与消费者需求密切相关,因此,西方国家许多学者及企业认为,行为因素是细分市场至关重要的出发点。

①购买时机。许多商品的消费具有时节性,因此,企业可以根据消费者的购买时机来细分市场,如有些商品是时令商品(如电风扇、空调器、取暖器等),有些商品是节日礼品或婚嫁特殊品,消费者购买时间有一定的规律性。在西方国家,许多企业往往通过时机细分,把握特定时机的市场需求,以期扩大消费者使用本企业产品的范围。

②追求利益。消费者购买商品是为了满足一定的需要,由于消费者的需要具有差异性,因而对同一种商品所追求的利益就不同。如消费者对牙膏的需求,有的追求洁齿功能,有的追求消炎、止血、防龋功能,企业可以依据消费者购买消费产品,期望得到的主要利益,进行市场细分。企业可以根据自身的条件,选择其中某一个追求某种利益的消费者群作为目标市场,生产出适合该目标市场需要的产品,然后通过广告媒介,把这种产品的信息传递给追求这种利益的消费者群。

③使用者情况。有些商品市场,可以按使用者的情况进行细分。分为未使用者、初次使用者、经常使用者、曾经使用者和潜在使用者等。一般地说,具有较高市场占有率的企业,往往更重视把潜在用户细分出来,以便使之成为现实的用户,而小企业则较重视经常使用者顾客群的开发,力图使自己的产品比竞争者更富于吸引力。

④使用频率。根据消费者对特定商品的使用次数和数量,可以划分为大量使用者、中量使用者和少量使用者,大量使用者往往人数不多,但他们所消费的商品数量在商品消费总量中所占比重却很大,并往往具有某种共同的人口及心理方面的特征。

⑤忠诚程度。消费者的忠诚程度,包括对企业的忠诚和对品牌的忠诚等。以品牌为例,可以把消费者细分为四类不同的消费者群:始终不渝地坚持购买某一品牌的坚定的忠诚者;经常在几种固定的品牌中选择的不坚定的忠诚者;由偏爱某一品牌转向偏爱另一品牌的转移型忠诚者以及对任何一种品牌都不忠诚的多变者。每个企业的市场都包含了比例不同的这样四类顾客。依据忠诚程度细分市场,可以发现问题,采取措施改进

市场营销工作。

⑥购买的准备阶段。在任何时候,消费者都处于购买某种产品的不同准备阶段。有的还不知道这种产品,有的已经知道,有的已产生兴趣,有的正打算购买。企业有必要在市场细分的基础上,采取不同的市场营销策略。

⑦态度。依据消费者对产品的热情程度细分市场,比如区别为热情、肯定、无所谓、否定和敌视五种态度不同的顾客群体。

(二)产业市场细分的标准

消费者市场的细分标准和方法虽然基本上适用于细分生产者市场。如用户所追求的利益、用户情况、使用率、对品牌的忠诚程度等,但生产者市场又不同于消费者市场,从而对生产者市场还有特有的细分标准。

1. 按最终用户要求细分

按最终用户要求细分是生产者市场细分最通用的标准。生产者的采购活动,是为了满足不同的生产需要或者是为了再出售,因而不同的最终用户对同一种产业用品往往有不同的要求。如飞机制造厂和农用拖拉机制造厂对轮胎的要求就大不一样,飞机制造厂对轮胎的安全标准的要求比农用拖拉机制造厂要高得多,企业按生产者市场上产品用户不同,细分为不同市场,制定不同的营销策略,以满足不同生产者的需要和提供相应的售前、售中、售后服务。

2. 按用户规模细分

通常用户规模可分为大客户、中客户、小客户三类。生产者用户的规模和购买力存在着明显的差异,不同规模的用户其购买力是有较大差异的。一般地说,大客户数量虽少,但购买力很大;小客户数量虽多,购买力却并不很大。用户购买力的大小可以通过用户支出或营业额来衡量。由于大小客户对企业的重要性是不同的,因此,在接待上也要有所不同,大客户通常由主要业务员负责接待洽谈,一般中小型客户则由推销员接待。

3. 按用户的地理位置细分

由于资源条件、交通运输、通讯条件、气候、生产力布局以及历史发展原因不同形成了不同的工业区域。因此,一般地说,生产者市场较消费者市场地理位置相对集中。如我国以山西为中心的煤矿区、东南沿海的加工工业区等。生产者市场用户的地理位置,对于供货企业合理组织销售力量,选择适当的分销渠道以及有效地安排货物运输等关系很大。况且不同地区的用户对生产资料的要求也往往各有特点。因此,按用户的地理位置来细分市场,可以充分利用企业的销售力量,节省销售费用。

4. 按用户行业特点细分

生产者市场的购买者是由许多行业构成的,各个行业明显地体现出行业特点。如纺织行业、仪器仪表行业、化工行业等,在每个行业中还可以细分许多子行业市场。按行业划分市场,使企业目标市场更加集中,容易研究掌握市场变化、发展动态、研制新产品,更好地满足生产者市场的需要。

在生产者市场上,多数情况下,企业不是依据单一的细分标准,而是把一系列的细分标准结合起来进行市场细分的。现以某铝制品公司为例加以说明,该铝制品公司首

先选用三种变量进行三个层次的宏观细分：第一步，先按最终用户把铝制品市场细分为汽车制造业、住宅建筑业和饮料容器制造业三个子市场，假定该公司选择其中住宅建筑业为目标市场。第二步是按照产品应用这个变量，对住宅建筑业市场进行市场细分，分为半制原料、建筑部件和铝制活动房屋三个子市场，假定该公司选择建筑部件市场为目标市场。第三步是再按顾客规模这个变量把建筑部件市场进一步细分为大客户、中客户和小客户三个子市场，假定该公司选择大客户为目标市场。其次，该铝制品公司还要在大客户建筑部件市场的范围内进行微观细分，进一步按照大客户的不同要求（如产品质量、价格、服务）进行市场细分，假定该公司选择注重服务的大客户为自己目标市场。

按照一系列变量逐步细分铝制品市场以后，这家公司的目标市场就很具体了。

阅读资料

细分市场 江崎公司巧挤善夺

日本泡泡糖市场年销售额约为740亿日元，其中大部分为“劳特”所垄断。

可谓江山惟“劳特”独坐，其他企业再想挤进泡泡糖市场谈何容易？但江崎糖业公司对此却毫不畏惧，成立了市场开发班子，专门研究霸主“劳特”产品的不足和短处，寻找市场缝隙。经过周密调查分析，终于发现“劳特”的四点不足：第一，以成年人为对象的泡泡糖市场正在扩大，而“劳特”却仍旧把重点放在儿童泡泡糖市场上；第二，“劳特”的产品主要是果味型泡泡糖，而现在消费者的需求正在多样化；第三，“劳特”多年来一直生产单调的条板状泡泡糖，缺乏新型式样；第四，“劳特”产品的价格是110日元，顾客购买时需多掏10日元的硬币，往往感到不方便。通过分析，江崎糖业公司决定以成人泡泡糖市场为目标市场，并制定了相应的市场营销策略。不久便推出功能性泡泡糖四大产品：司机用泡泡糖，使用了高浓度薄荷和天然牛黄，以强烈的刺激消除司机的困倦；交际用泡泡糖，可清洁口腔，祛除口臭；体育用泡泡糖，内含多种维生素，有益于消除疲劳；轻松型泡泡糖，通过添加叶绿素，可以改变人的不良情绪。同时精心设计了产品的包装和造型，价格则定为50日元和100日元两种，避免了找零钱的麻烦。功能性泡泡糖问世后，像飓风一样席卷全日本。江崎公司不仅挤进了由“劳特”独霸的泡泡糖市场，而且占领了一定的市场份额，从零猛升到25%，当年销售额达175亿日元。

企业应通过对市场的细分，寻找挖掘目前未被满足或尚未被完全满足的市场。因为在这类市场中竞争对手的势力较弱，因而就构成了企业良好的开发与营销机会。而当企业一旦把“目标”确定之后，就应立即“对症下药”，制定相应的对策，并快速地有计划有步骤地加以实施。

三、市场细分的方法

（一）有效细分的条件

企业进行市场细分的目的是通过对顾客需求差异予以定位，来取得较大的经济效益。众所周知,产品的差异化必然导致生产成本和推销费用的相应增长,所以,企业必须在市场细分所得收益与市场细分所增成本之间做一权衡。要使细分后的市场对企业有用,必须遵循以下原则,这些原则也是细分市场的有效条件:

1. 可估量性

可估量性是指细分市场的规模及其购买力是可以被测量的,也就是在这个细分市场可获得足够的有关消费者特性的资料。如果某个市场的资料无法获得,那就无法进行估量,也就不能把它纳入本企业市场细分的范围。在实践中,有些市场捉摸不定,难以估量,就不能对它进行细分。

2. 可进入性

可进入性是指细分的市场部分应是企业有可能进入并占有一定份额的,否则没有现实意义。例如,细分的结果,发现已有很多竞争者,自己无力与之抗衡,无机可乘;或虽有未满足的需要,有营销机会,但因企业缺乏原材料或技术,货源无着落,难以生产经营,这种细分没有现实意义。

3. 效益性

效益性是指企业所选定的市场部分的规模必须足以使企业有利可图。如果细分市场的规模很小,不能给企业带来足够的经济效益,一般就不值得细分。因此,市场细分并不是越细越好,而应该科学归类,保持足够容量,使企业有利可图。在此想要说明的是,即使在现代"定制营销"中,细分极限化,将每一位顾客都视为一个单独的细分市场,它仍然以大规模生产作为基础,追求企业的规模效益,与此同时,企业借助产品设计和生产过程的重新组合,来更好地适应消费者需要的变化。

4. 独特性

独特性是指细分出来的市场对市场营销方案有独特的反应,即各个细分市场的成员对市场营销方案的反应是不同的。如果各个细分市场对某种市场营销方案的反应都是相同的,也没有必要对不同的细分市场制订和实施不同的市场营销方案,只要大量营销方法就行了,也就没有必要进行市场细分了。

(二)市场细分的方法

1. 单一因素法

单一因素法即按影响消费需求的某一个因素来细分市场。例如,美国亨氏公司按年龄这一因素把婴儿食品市场细分为:0~3个月、3~8个月、9个月以上等不同的细分市场。

2. 综合因素法

综合因素法即按影响消费需求的两种或两种以上因素进行综合细分。因为顾客的需求差别常常极为复杂,只有从多方面去分析、认识,才能更准确地把他们区别为不同特点的群体。例如,一家企业依据户主年龄、家庭规模及收入水平三个因素,将家具市场细分为36(4×3×3)个明显的分市场(如图7.2所示)。

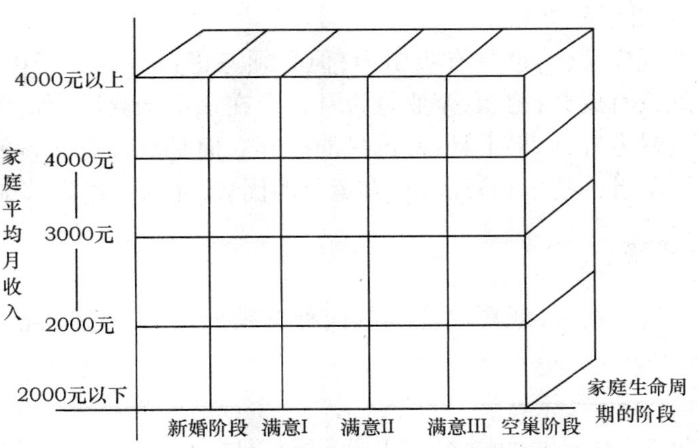

图 7.2 综合因素法

3. 系列因素法

这种方法也运用两个或两个以上的因素,但依据一定的顺序逐次细分市场。细分的过程,也就是一个比较、选择分市场的过程。下一阶段的细分,在上一阶段选定的子市场中进行。例如,某企业细分化妆品市场就采用系列因素法。

第二节 目标市场选择

市场细分是为了选择目标市场。在市场细分的基础上,企业首先要认真评估各细分市场,然后选择对本企业最有吸引力的一个或多个细分市场作为目标市场,有针对性地开展营销活动。

一、评估细分市场

目标市场是在市场细分的基础上,被企业选定的准备为之提供相应产品和服务的那一个或几个细分市场。企业为了选择目标市场,必须对各细分市场进行评估,判断细分市场是否具备目标市场的基本条件。目标市场应具备的基本条件有以下几个。

1. 适当的市场规模和增长潜力

首先要评估细分市场是否有适当规模和增长潜力,适当规模是与企业规模和实力相适应的。较小的市场对于大企业,不利于充分利用企业生产能力;而较大市场对于小企业,则小企业缺乏能力来满足较大市场的有效需求或难以抵御较大市场上的激烈竞争。增长的潜力是要有尚未满足的需求,有充分发展的潜力。

2. 有足够的市场吸引力

吸引力主要是从获利的立场看市场长期获利率大小。市场可能具有适当规模和增长潜力,但从利润立场来看不一定具有吸引力。决定市场是否具有长期吸引力的因素主要有:现实的竞争者、潜在的竞争者、替代品、购买者和供应者。企业必须充分估计这五种因素对长期获利率所造成的影响,预测各细分市场的预期利润的多少。

3. 符合企业的目标和资源

有些市场虽然规模适合,也具有吸引力,但必须考虑:第一,是否符合企业的长远目标,如果不符合,就只有放弃;第二,企业是否具备了在该市场获胜所需的技术和资源,如企业的人力、物力、财力等,如果不具备,也只能放弃。但是仅拥有必备的力量是不够的,还必须具备优于竞争者的技术和资源,具有竞争的优势,才适宜进入该细分市场。

二、目标市场策略

企业对细分市场评估后,就要决定采取何种营销战略。一般地说,有三种目标市场战略可供选择(如图 7.3 所示)。

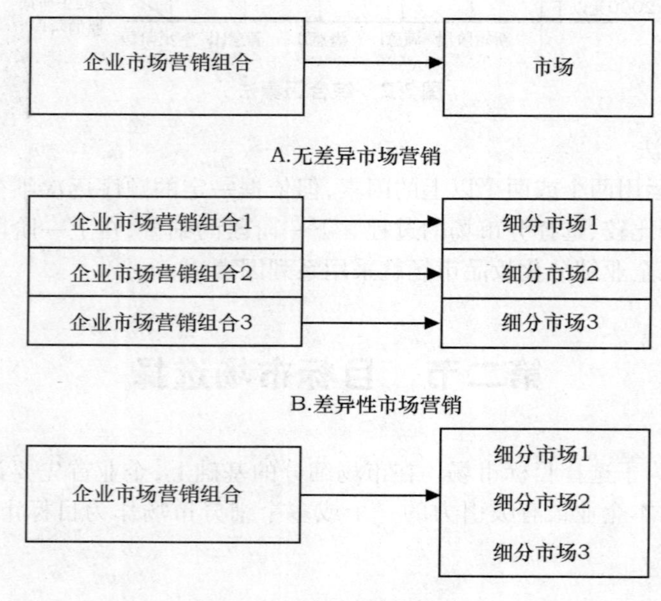

图 7.3 目标市场战略的主要类型

1. 无差异营销策略

这是指企业将各细分市场之间的差异忽略不计,推出一种产品,运用一种市场营销组合方案,试图吸引尽可能多的顾客,为整个市场服务。此时企业关注的是如何研制顾客普遍需要的产品,而不是生产他们所需要的不同的产品。并通过大众化分销和大规模促销,使产品在市场上树立最佳形象。例如早期的可口可乐就是只有一种口味,一种规格的瓶式包装,一样的广告词。

无差异营销策略的核心是:针对市场需求中的共性开展市场营销,忽略其中的差异性。这种战略优点是可以减少品种,扩大批量,易于达到规模效益。由于成本的经济性,比如单一品种可以减少生产、储存、运输成本,单一的促销活动可以降低促销费用,无需进行市场细分,可以节省市场调研开支等,不少企业认为这是一种与标准化生产和大批量生产相适应的市场营销方法。

但这种策略的缺点是:只适用于少数消费者需求大致相同、并且需求广泛的产品,对

大多数产品是不适用的。在现实生活中,消费者的需求与欲望是多种多样的,而且随着社会经济的发展,广大消费者生活水平的提高,消费者的需求更趋个性化,绝大多数市场都是可以细分的。采用无差异营销策略,势必满足不了消费者的不同需求。况且,如果同行业中多家企业都采用这一策略时,市场竞争就会非常激烈。因此,许多企业不得不改变这种营销策略,转而实行其他目标市场营销策略。

2. 差异性营销策略

这是指企业针对各个细分市场的特点,分别设计不同的产品、制订不同的市场营销组合方案,满足各个细分市场上的不同需要。例如,通用汽车公司就针对不同财力、目的和个性的消费者,设计和生产不同种类、型号的汽车。江苏森达集团组织设计、销售、生产部门的人员到全国各地进行市场调查,发放问卷数十万张,对收回的问卷进行综合分析,针对消费者对皮鞋的价格、风格、款式的不同要求进行市场细分,并制定了集团的产品分流战略:男女鞋分流、风格分流、档次分流、市场分流等,以满足不同层次、不同地域的消费需求。2001 年森达皮鞋市场占有率达到 11.37% 综合占有率,森达集团采用差异性市场营销战略取得巨大成功。

采用差异营销策略的优点是:一方面,可以更好地满足不同消费者的需要,有利于扩大销售;另一方面,企业如能同时在几个细分市场上占有优势,就能提高消费者对企业的信任感。但是,这种营销策略也有其缺点:会使企业增加生产成本和经营费用,这是由于企业市场营销组合多样化所造成的。采用这一营销策略,究竟利大还是弊大,这要看扩大销售获得的利润是否大于市场营销多样化所增加的成本和费用。因此,目前一些发达国家的企业,在采用此营销策略时,力图寻求一条新路,即既希望发展少品种,又能满足较大范围消费者的需求。

3. 集中性营销策略

集中性营销策略就是企业选择一个或少数几个有利的细分市场作为目标市场,制订一套营销组合方案,集中力量为之服务,争取在这些目标市场上拥有较大市场份额。一般地说,资源相对薄弱的中小企业宜采用这一营销策略,与其在整个市场上拥有很小的市场占有率,不如在部分细分市场上拥有较大的占有率,居于支配地位。因为资源有限的中小企业试图同时分散资源占有整个市场是不切实际的,不如集中“兵力”于某一细分市场,取得该市场的竞争优势。

采用集中性营销策略的优点是:

(1)由于企业集中所有力量为一个或少数几个细分市场服务,企业就能比较深入地了解这一个或少数几个细分市场的需要及其他情况,便于采取有针对性的市场营销战略,使之在竞争中居于有利的地位,从而提高企业的知名度。

(2)由于企业集中所有力量为某一个或少数几个细分市场服务,在生产经营上实行专业化,所以可以大大节省市场营销费用,提高投资收益率,增加盈利。

但实行这一营销策略具有很大的风险性。因为这一策略将企业的未来全部置于某个或少数几个细分市场上,目标市场比较狭窄,一旦市场情况出现变化,就可能使企业陷入绝境,如当消费者的需求偏好转移时,会影响企业的销售量,造成企业亏损,甚至破产。尤其是时尚商品,更新换代频繁,消费者的兴趣与爱好变化快,更需注意对营销策略的选择。另外，当强大的竞争对手进入市场时，可能引起价格下跌，影响企业的销售利润。因此，采用该营销策略时必须密切注意市场动向，做好充分的应变准备。

三、影响目标市场营销策略选择的因素

上述三种目标市场营销策略，各有利弊，各自适合于不同的情况。在实践中，企业究竟选择何种目标市场战略，须全面考虑主客观条件，权衡利弊。一般说来，在选择目标市场营销策略时要考虑下列因素：

1. 企业的资源能力

企业的资源能力主要包括企业的人力、物力、财力等，这是选择目标市场营销策略的首要因素。如果企业的资源雄厚，人力、物力、财力充裕，则可采用差异或无差异市场营销策略。当今发达国家的许多实力雄厚的大公司，如美国的可口可乐公司、通用汽车公司、日本的丰田汽车公司、索尼公司等，基本上采用差异或无差异营销策略。反之，如果企业的资源薄弱，人力、物力、财力不足，则实行集中性营销策略为宜。例如，我国的不少企业，由于资源条件相对还很薄弱，如想在市场上占有一席之地，则宜采用集中性营销策略。

2. 产品特点

有些产品本身的差异性不明显，如白糖、面粉、食盐、钢材等初级产品，其差异性很小，竞争的焦点往往集中在价格上，就适合采用无差异营销策略。而面对差异性较大、选择性较强的产品，如服装、家用电器、照相机、汽车等，则宜采用差异性或集中性营销策略。

3. 产品寿命周期

企业应根据产品所处的寿命周期各阶段的变化而更换其市场战略。当产品处于投入期，企业投入市场的产品一般只有一种或少数几种，这时竞争者尚少，企业的主要目的是探测市场需求和消费者的反应，这时消费者对产品的式样尚不很重视，企业宜采用无差异营销策略，或针对某一特定细分市场实行集中营销策略。当产品进入成长期和成熟期时，竞争者日渐增多，企业为了在激烈竞争中取胜，宜采用差异营销策略。当产品进入衰退期后，企业为了集中力量对付竞争者，则宜采用集中营销策略。

4. 市场特点

市场特点主要是指消费者需求偏好等方面的类似程度。如果某市场消费者的需求偏好大致相同，对市场营销刺激的反应也基本相同，则宜在该市场采用无差异营销策略；反之，如果消费者的需求偏好差异较大，对市场营销刺激反应也不一致时，则宜采用差异性或集中性营销策略略。

5. 竞争对手的营销策略

当今社会，企业普遍处于激烈竞争的市场环境中，因此，选择目标市场战略时，必须了解竞争对手所运用的营销策略。一般来说，企业所采用的营销策略应与竞争对手有所区别。当竞争对手采取无差异营销策略时，则本企业应实行差异营销策略，这样往往能取得较好的效果；而当竞争对手采用差异营销策略时，则本企业应考虑实行更深一层的差异或集中营销策略。当然这只是一般原则，并没有固定不变的公式，具体还得根据竞争对手的力量和市场的具体情况而定。

第三节 市场定位

企业选定目标市场后，必须考虑市场定位，为本企业以及产品在市场上树立鲜明形象，显示一定特色，并争取目标顾客的认同。

一、市场定位的概念

市场定位就是树立企业产品在目标市场即目标顾客心目中的形象，使企业所提供的产品具有一定特色，适应一定顾客的需要和偏好，并与竞争者的产品有所区别。市场定位的实质就是体现特色，如江苏森达集团开发的“好人缘”牌皮鞋就定位为面向大众的质优价廉产品；科龙公司高技术、高起点的产品定位；海尔集团的质量争先、技术领先产品定位。

在同一市场上，有许多同类产品存在，品牌繁多，各有特色，广大顾客都有着自己的价值取向和认同标准，企业要想在目标市场上取得竞争优势和更大效益，就必须在了解购买者和竞争者两方面情况下，确定本企业的市场位置，即为企业市场定位问题。当然，这种形象和特色可以是实物方面的，也可以是心理方面的，或二者兼而有之，如质优、价廉、豪华、名牌、服务周到、技术超群等都可以作为定位观念。一个企业在不同的目标市场上可以有不同的定位。但不管哪一种定位，对企业来说，都要建立符合其长远发展目标的、对于细分市场内大量顾客有吸引力的竞争优势。相应目标市场定位的过程如图 7.4 所示。

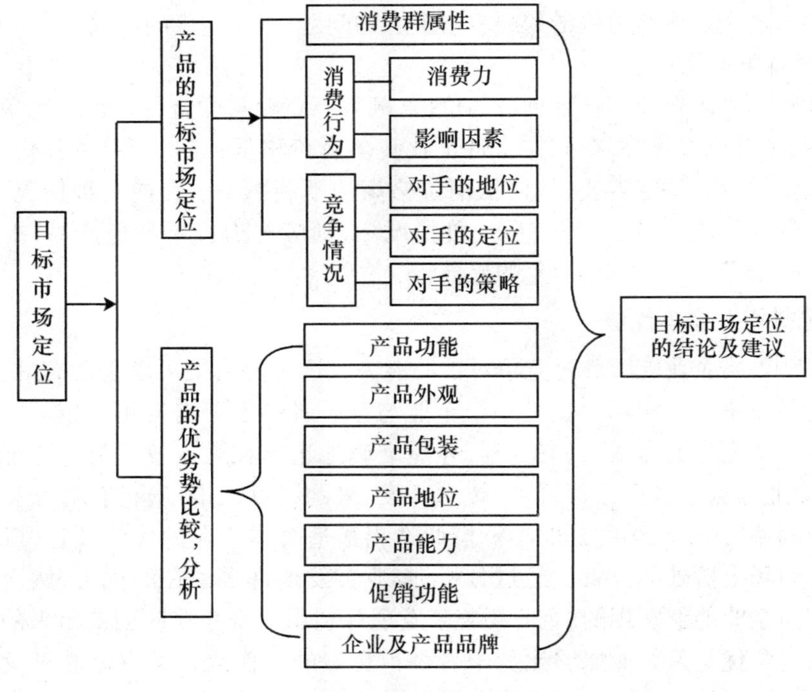

图 7.4　目标市场定位的过程

二、市场定位的步骤

企业的市场定位工作一般包括三个步骤:一是在调查研究的基础上,明确潜在的竞争优势;二是选择本企业的竞争优势和定位策略;三是显示独特的竞争优势。

(一)明确潜在竞争优势

竞争优势表明企业能够胜过竞争对手的能力。这种能力既可以是现有的,也可以是潜在的。选择竞争优势实际上就是一个企业与竞争者各方面实力相比较的过程。比较的指标应是一个完整的体系,只有这样,才能准确地选择相对竞争优势。通常的方法是分析、比较企业与竞争者在经营管理、技术开发、采购、生产、市场营销、财务和产品等七个方面究竟哪些是强项,哪些是弱项。借此选出最适合本企业的优势项目,以初步确定企业在目标市场上所处的位置。明确潜在竞争优势,要通过市场调查明确以下几方面问题:

1. 竞争者的定位状况

在市场上顾客最关心的是产品的属性和价格,因此,企业一方面要确认竞争者在目标市场上的定位,即要了解竞争者提供的产品在顾客心目中的形象如何,并估测其产品成本和经营情况;另一方面要正确衡量竞争者的潜力,判断其有无潜在竞争优势,据此进行本企业的市场定位。

2. 目标顾客对产品的评价标准

要了解顾客对其购买的产品的最大偏好和愿望以及他们对产品优劣的评价标准。例如:对服装目标顾客关心的是式样、颜色,还是质地、价格;对饮料,是重视口味、价格,还是营养疗效。企业应努力搞清楚顾客最关心的问题,作为定位的依据。

3. 明确竞争的优势

竞争优势产生于企业为顾客创造的价值,顾客愿意购买的就是价值。竞争优势有两种基本类型:一是成本优势,在同样条件下比竞争者价格低;二是产品差异化,能提供更多特色以满足顾客的特定需要,从而抵消价格高的不利影响。在前一种情况下,应千方百计寻求降低单位成本的途径;在后一种情况下,则应努力发展特色产品,提供特色服务,实行产品、服务、工作人员、形象的差异化。

(二)选择相对竞争优势

竞争优势表明企业能够胜过竞争对手的能力。这种能力既可以是现有的,也可以是潜在的。选择竞争优势实际上就是一个企业与竞争者各方面实力相比较的过程。比较的指标应是一个完整的体系,只有这样,才能准确地选择相对竞争优势。通常的方法是分析、比较企业与竞争者在经营管理、技术开发、采购、生产、市场营销、财务和产品等七个方面究竟哪些是强项,哪些是弱项。借此选出最适合本企业的优势项目,以初步确定企业在目标市场上所处的位置。经过分析,企业会发现许多潜在的优势,然而并不是每一种优势都是企业能够利用的,企业要善于发现并利用自身存在或创造出来的相对竞争优势。相对竞争优势是企业能够比竞争者做得更好的工作或在某方面胜过竞争者的能力,它可以是现有的,也可以是经过努力创造的。

选择相对竞争优势可以采用比较方法。通常,企业通过与竞争者在产品技术、成本、质量和服务等方面,逐项进行对比分析,发现自己的长处和短处,从而选择自己的竞争优势,或创造自己的竞争优势,据此进行本企业的市场定位。例如,以生产中低档手表为主的丹东手表工业公司,认识到自己无力与大企业名牌手表相抗衡,因而避开大城市而选择乡镇市场为目标市场,提出"走下铁路上公路,离开城市到农村"的营销战略,树立起适合农村消费者偏好的产品形象,选择了自己的竞争优势,确立了自己的市场定位,因而获得三年利税有较大幅度增长的好成绩。

(三)显示独特的竞争优势

这一步骤的主要任务是企业要通过一系列的宣传促销活动,将其独特的竞争优势准确传播给潜在顾客,并在顾客心目中留下深刻印象。为此,企业首先应使目标顾客了解、知道、熟悉、认同、喜欢和偏爱本企业的市场定位,在顾客心目中建立与该定位相一致的形象。其次,企业通过各种努力强化目标顾客形象,保持目标顾客的了解,稳定目标顾客的态度和加深目标顾客的感情来巩固与市场相一致的形象。最后,企业应注意目标顾客对其市场定位理解出现的偏差或由于企业市场定位宣传上的失误而造成的目标顾客模糊、混乱和误会,及时纠正与市场定位不一致的形象。选定的竞争优势不会自动地在市场上显示出来,企业要进行一系列活动,使其独特的竞争优势进入目标顾客的脑海。企业应通过自己的一言一行,表明自己的市场定位。

1. 建立与市场定位相一致的形象

(1)让目标顾客知道、了解和熟悉企业的市场定位。一个企业树立形象,首先必须积极、主动而又巧妙、经常地与顾客沟通,以期引起顾客的注意和兴趣,并保持不断的联系。

(2)使目标顾客对企业的市场定位认同、喜欢和偏爱。认同是目标市场对企业有关市场定位的信息的接受和认可,是顾客对这一市场定位的意义和合理性的承认。喜欢则是一种更为积极的情绪,是在认同的基础上产生的一种心理上的愉悦感。偏爱则是建立在喜欢的基础之上的一种特别的感情。

2. 巩固与市场定位相一致的形象

(1)强化目标顾客的印象。印象来源于认识,顾客对企业的市场定位及其形象的认识,是一个持续的过程,即是一个不断地由浅入深、由表及里和由偏到全的深化过程,有明显的阶段性。这就使得增进顾客认识,强化其对企业的印象,显得十分必要。

(2)保持对目标顾客的了解。一个企业必须有较强的应变能力,始终保持与相关环境之间的动态平衡。在这个过程中,纵然企业的市场定位毋需调整,构成其市场定位的相对优势在内容、形式上,也可能发生变动。只有促使顾客的认识与这些变化同步发展,始终保持他们对企业及其市场定位的了解,其形象才能巩固。

(3)稳定目标顾客的态度。态度反映人们对某种事物所持的评价与行为倾向,并使一个人的行为表现出某种规律性。态度的形成要有一个过程,一旦形成则将持续相当长的时间而不轻易改变。所以,树立形象之后,还应不断向顾客提供新论据、新观点,证实其原有的认识和看法的正确性,支持企业的市场定位,防止顾客的态度向中间或反方向转化。

(4)加深目标顾客的感情。顾客对一个企业及其市场定位的认识,不会是一个冷漠无情、无动于衷的过程,必然充满鲜明的态度体验和感情色彩。在认识的同时,顾客会作出自己的价值判断,并据以确定其反应倾向。因此,引导顾客的感情倾向,增加其感情的浓度,并提高顾客感情的效能,无疑会大大有利于企业市场定位及相应形象的巩固。

3. 矫正与市场定位不一致的形象

许多时候,目标市场对企业及其市场定位的理解会出现偏差,如定位过低或过高,定位模糊与混乱,易造成误会。企业在显示其独特的竞争优势的过程中,必须对这种与市场定位不一致的形象加以矫正。

三、市场定位策略

在市场上树立起本企业产品形象并非轻而易举,企业必须采用恰当市场定位策略。通常,可供选择的定位策略有以下几种类型:

1. 针锋相对定位

把本企业的产品定位在与竞争者相似或相近的位置上,同竞争者争夺同一细分市场。实行这种定位策略的企业,必须具备以下几个条件:①能比竞争者生产出更好的产品;②该市场容量足以吸纳两个以上竞争者的产品;③有比竞争者更多的资源和更强的实力。

2. 填空补缺定位

寻找新的尚未被占领的,但为许多消费者所重视的位置进行定位。即填补市场上的空白。例如:“金利来”进入中国大陆市场时,就是填补了男士高档衣物的空位。

通常在两种情况下适用这种策略:一是这部分潜在市场即营销机会没有被发现,在这种情况下,企业容易取得成功;二是许多企业发现了这部分潜在市场,但无力去占领,这就需要有足够的实力才能取得成功。

3. 另辟蹊径定位

当企业意识到自己无力与同行强大的竞争者相抗衡,从而获得绝对优势地位时,可根据自己的条件取得相对优势,即突出宣传自己与众不同的特色,在某些有价值的产品属性上取得领先地位,如美国“七喜”汽水突出宣传其不含咖啡因的特点,成为非可乐型饮料的领先者。

4. 产品特色定位

一件赝品皮衣和一件真正的水貂皮上衣如果定位相同,是很难有人相信的。同样,不锈钢餐具要与纯银制品定位相同,也是不现实的。豪华歌舞厅可以突出其“高档”的特点,普通的餐馆则应宣传其大众化的特色。“质量”与“价格”两者可以创立不同的市场位置。在有些情况下,质量取决于制作产品的原材料,或者制作工艺的精湛与否。价格则往往反映其定位。

5. 特殊用途定位

为老产品找到一种新用途,是为该产品创造新的市场定位的好方法。小苏打一度被广泛用做家庭的刷牙剂、除臭剂和烘烤配料等,现在却有不少新产品代替了上述一些功能。国外有一家厂商,开始把它作为冰箱除臭剂、阴沟和垃圾污物的防臭剂出售。另一家企业出售的羹汤,把小苏打作为调味汁和肉卤的配料。还有一家公司,原本把小苏打

作为夏令饮料的原料之一介绍给顾客，以后又试图把其定位为冬季流行性感冒患者的饮料。

6. 属性利益定位

产品本身的属性及由此获得的利益、解决问题的方法及需求满足的程度，能使顾客感受到它的定位。例如在汽车市场，德国的“大众”享有“货币的价值”之美誉，日本的“丰田”侧重于“经济可靠”，瑞典的“沃尔沃”讲究“耐用”。在有些情况下，新产品更应强调某一种属性。如果这种属性是竞争者无暇顾及的，这种策略就越容易见效。

7. 使用者类型定位

企业常常试图把其产品指导给适当的使用者即某个细分市场，以便根据该细分市场的看法塑造恰当的形象。我国康佳集团针对农村市场的“福临门系列彩电”，充分考虑农民消费者的需求特殊性，定位为质量过硬，功能简单，价位偏低，同时了解到农村电压不稳，研制了宽频带稳压器等配件产品。又如啤酒，国外一家公司先是定位为“瓶装啤酒中的香槟”，以针对较高收入阶层和广大的职业妇女，后又重新定位于饮用量颇大的劳动者组成的分市场。各种品牌的香水，在定位上也往往不同。有的定位于雅致的、富有的、时髦的妇女，有的定位于生活方式活跃的青年人。

8. 竞争需要定位

(1)对比定位。

定位于与其相似的另一种类型的竞争者或产品的档次，以便与之对比。例如，有一种冰淇淋，该企业广告称其与奶油的味道一样。或者，通过强调与同档次的产品并不相同进行定位，特别是当这些产品是新产品或独特产品时。例如，不含阿斯匹林的某种感冒药片，不含铅的某种汽油等，都是新类型的老产品，定位时应突出与其他同档次产品的不同特点。

(2)比附定位。

定位于与竞争直接有关的不同属性或利益。例如，美国的阿维斯公司将自己定位于汽车出租业的第二位，强调“我们是老二，我们将更加努力”，暗示要比第一位的企业提供更好的服务。生产“七喜”汽水的公司做广告说，“七喜”汽水是“非可乐”，强调它不是可乐型饮料，意在响应美国当时的反咖啡因运动，暗示可乐饮料中含咖啡因，对消费者健康不利，从而突出自己的竞争优势。

复 习 题

一、单项选择题

1. 按消费者所在国籍进行市场细分属于(　　)。

A. 地理细分　　B. 人口细分　　C. 心理细分　　D. 行为细分

2. 对于同质产品或需求共性较大的产品，一般应实行(　　)。

A. 集中营销策略　　B. 差异营销策略

C. 无差异营销策略　　　　　　　　D. 维持性营销策略

3. 按消费数量来细分市场属于(　　)。

A. 地理细分　　B. 人口细分　　C. 心理细分　　D. 行为细分

4. 对于成熟期的产品,企业宜采用(　　)。

A. 集中营销策略　　　　　　　　B. 差异营销策略

C. 无差异营销策略　　　　　　　D. 大量市场营销

5. 按照消费着购买或使用某中产品的时机、使用者的情况及所追求的利益不同来细分市场称为(　　)。

A. 地理细分　　B. 人口细分　　C. 心理细分　　D. 行为细分

6. 企业准备为之提供产品和服务的顾客群构成企业的(　　)。

A. 市场机会　　B. 营销机会　　C. 生产者市场　　D. 目标市场

7. 企业为了使自己生产或销售的产品获得稳定的销路,要从各个方面为产品培养一定的特色,树立一定的市场形象,以求在顾客心目中形成一种特殊的偏好。这就是(　　)。

A. 市场细分　　B. 营销组合　　C. 目标市场选择　　D. 市场定位

8. 麦当劳集中力量开拓快餐市场,占有了较大的市场份额,这种目标市场涵盖战略的主要不足是(　　)。

A. 细分市场范围小　　　　　　　B. 潜伏的风险大

C. 企业资源有限　　　　　　　　D. 成本费用高

9. 某跨国集团将其目标市场划分为中国、东盟、韩国等其划分的依据属于(　　)。

A. 地理细分　　B. 人口细分　　C. 心理细分　　D. 行为细分

10. 企业针对潜在顾客的心理进行营销设计,创立产品、品牌或企业在顾客心目中的某种形象或使某种个性特征给顾客保留深刻的印象和独特的位置,从而取得竞争优势,这是(　　)。

A. 市场细分　　B. 市场定位　　C. 市场选择　　D. 市场优势

二、简答题

1. 目标市场管理营销的主要步骤有哪些?

2. 企业为何要进行市场细分?

3. 什么目标市场?目标市场应具备的基本条件有哪些?

4. 目标市场策略有哪些?

5. 市场定位的步骤是什么?

6 消费者市场和产业市场细分标准有哪些?

7. 在产品寿命周期各阶段各采用什么样的目标市场营销战略?

本章小结

1. 目标市场营销是关系企业生存和发展的重大战略决策，也是实施各项具体营销策略的基本前提，本章介绍了目标市场营销的三项主要步骤：市场细分——目标市场——市场定位。

2. 市场细分是在市场调查的基础上，根据消费者需求、购买习惯和购买行为的差异性，把整体市场划分为若干个子市场的过程。

3. 目标市场是在市场细分基础上，为企业选定准备提供相应产品和服务的市场。

4. 市场定位就是树立企业产品在目标市场即目标顾客心目中的形象，以区别于竞争对手。

案例分析

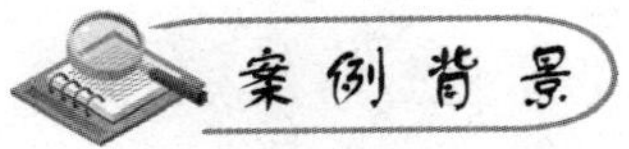

“黄山”香烟目标市场战略

黄山香烟上市二十多年。20世纪90年代，云南烟在中国市场上是如日中天，红塔集团的“红塔山”、“阿诗玛”等品牌香烟在内地市场更是作为高端烟草代表受到消费者广泛追捧。这样一个几乎绝对垄断的烟草品牌，对于当时的安徽蚌埠卷烟厂可以说高不可攀。1993年6月，安徽蚌埠卷烟厂研发了一种无论是口感还是包装均可以与“红塔山”相媲美的新产品——“黄山”烟，怎样打破“红塔山”在当时安徽市场上高端产品封锁成为企业考虑的关键。当时，蚌埠卷烟厂无论是行业知名度还是传播资源，跟亚洲最大的烟草企业——红塔集团都不是一个重量级的，在激烈的竞争中突破包围圈需要的是善于借力借势，当时，蚌埠卷烟厂在安徽省会城书合肥搞了一个不记名卷烟品牌品吸活动，将新品“黄山”、“红塔山”、“阿诗玛”、“中华”等著名品牌放在一起，进行品评，结果是，“黄山”烟排名第一，“红塔山”第二，“中华”第三。随即，公司迅速在市场上发布资讯：香烟品吸，“黄山”第一，“红塔山”第二。并且连篇累牍的软文迅速在全国主流媒体上进行传播，“红塔山”被打了一个措手不及，“黄山”烟，就是几个巧妙的公关计谋很好地化解了强势品牌“红塔山”在安徽、华东乃至于全国市场的竞争势头，利用很少资源便完成了全国崛起的梦想，创造了弱势品牌巧妙挑战强势品牌，最终实现新产品上市的经典范例，以“天高云淡，一品黄山”为突破口，主打中式烤烟的品牌，“中国相，中国味”，使得“黄山”烟赢得眼球的同时赢得了市场。综观“黄山”烟的成功，关键在于比附定位，巧借品评名烟，与其绑缚在一起，然后迅速传播，奠定了市场基础。起初，“黄山”烟将本身与主流的高端品牌放在一起让消费者与专业人士去品吸，本身就意味着其产品定位是面向高端市场的竞争性产品,即使是产品品吸本身已经使得“黄山”拥有了足够档次,在品吸结束的第一时间,将品吸结果的省会城市合肥快速传播。香烟品吸,“黄山”第一,“红塔山”第二的广告铺天盖地,使信息第一到达,吸引了省内媒体的高度关注;很显然,“黄山”烟战略企图不仅仅是省内市场,它还要将产品与品牌“蛋糕”做大。所以,“黄山”在全国性媒体上很巧妙传播了这样一个主题,主题内部实质意义已经从品吸走向了越发广阔:中国烟草:“黄山”第一,“红塔山”第二,这时,黄山品牌战略企图基本上被发挥到最大。

思考:

1. 试评黄山的成功经验。
2. 黄山是如何进行市场细分,选择目标市场的?
3. 从这个案例中,你得到哪些有益的启示?

第八章　市场营销策略组合

教学目标

通过本章学习，使学生掌握市场营销组合的概念、基本构架以及特征；了解市场营销组合理论在企业实践中的意义，掌握企业竞争战略，学会运用市场营销组合对企业市场活动进行分析、决策。

学习任务

通过本章的学习：

1. 了解市场营销组合的概念和特点。
2. 掌握4Ps营销组合策略理论的内容。
3. 掌握4Cs营销组合策略理论的内容。
4. 掌握4Rs营销组合策略理论的内容。
5. 理解营销组合的实践意义和作用。

案例导入

运用营销组合策略，应对国际市场竞争

东方物流公司是一家以海上运输为主的综合物流服务商，为了应对国际航运市场的激烈竞争，在进行准确的市场细分后，公司根据自身条件和市场需求，把目标顾客定位于直接客户和大客户，重点是跨国公司。根据市场细分，公司对目标顾客进行了营销组合设计。在产品策略上，公司为了有效地满足顾客的需要，将核心产品（为货主提供符合其需要的位移）、有形产品（舱位体积、位置、货物定位等）、附加产品（如咨询、报关、报价等）综合考虑，提供整体产品服务。在运用整体产品理念的基础上，不断提高产品质量和调整产品组合策略（如在三大东西主干航线——太平洋航线、欧洲航线、大西洋航线扩充产品线深度）。在价格策略上，实行随行就市定价法，采取客户不同、运价不同，季节不同、运价不同的策略。分销渠道采取在全球设立自己的办事处的办法，大力拓展直销渠道。在促销策略上，以人员推销为主，注重公共关系的开展。公司通过近三年的运作，赢得了竞争优势，在一些主要航线上市场份额全面提升，总体经济效益明显好转。

（http://zhidao.baidu.com/question/132674470.html）

第一节 市场营销组合概述

营销组合是企业市场营销战略的一个重要组成部分，是指企业将可控的营销手段组合成一个整体综合运用，以实现企业的经营目标，提高经济效益的活动。企业在探索消费者需求的过程中，他们的探索主要在4P、6P、7P、10P和11P及4Cs的理论框架内活动。市场营销的主要目的是满足消费者的需要，而消费者的需要很多，要满足消费者需要所应采取的手段也很多。因此，企业在开展市场营销活动时，就必须把握住那些基本性手段，合理组合，并充分发挥整体优势和效果。

一、市场营销组合的概念

20世纪60年代，是市场营销学的兴旺发达时期，突出标志是市场态势和企业经营观念的变化，即市场态势完成了卖方市场向买方市场的转变，企业经营观念实现了由传统经营观念向新型经营观念的转变。与此相适应，营销手段也多种多样，且十分复杂。1960年，美国市场营销专家麦卡锡(E. J. Macarthy)教授在营销实践的基础上，提出了著名的4P营销策略组合理论，即产品(Product)、定价(Price)、地点(Place)、促销(Promotion)。"4Ps"是营销策略组合通俗经典的简称，奠定了营销策略组合在市场营销理论中的重要地位，它为企业实现营销目标提供了最优手段营销组合指的是企业在选定的目标市场上，综合考虑环境、能力、竞争状况对企业自身可以控制的因素，加以最佳组合和运用，以完成企业的目的与任务。

20世纪80年代以来，世界经济走向滞缓发展，市场竞争日益激烈，政治和社会因素对市场营销的影响和制约越来越大。这就是说，一般营销策略组合的4Ps不仅要受到企业本身资源及目标的影响，而且更受企业外部不可控因素的影响和制约。一般市场营销理论只看到外部环境对市场营销活动的影响和制约，而忽视了企业经营活动也可以影响外部环境，另一个方面，克服一般营销观念的局限，大市场营销策略应运而生。1986年美国著名市场营销学家菲利浦·科特勒教授提出了大市场营销策略，在原4P组合的基础上增加两个P，即权力(Power)和公共关系(Public Relations)，简称6Ps。

1986年6月，美国著名市场营销学家菲利浦·科特勒教授又提出了11P营销理念，即在大营销6P之外加上探查(Probing)、分割(Partitioning)、优先(Prioritizing)、定位(Positioning)和人(People)，并将产品、定价、渠道、促销称为"战术4P"，将探查、分割、优先、定位称为"战略4P"。该理论认为，企业在"战术4P"和"战略4P"的支撑下，运用"权力"和"公共关系"这2P，可以排除通往目标市场的各种障碍。

二、市场营销组合的特点

市场营销组合是制定企业营销战略的基础，做好市场营销组合工作可以保证企业从整体上满足消费者的需求。市场营销组合是企业对付竞争者强有力的手段，是合理分配企业营销预算费用的依据。市场营销组合作为企业一个非常重要的营销管理方法，具有以下特点：

1. 市场营销组合是一个变量组合

构成营销组合的各个自变量，是最终影响和决定市场营销效益的决定性要素，而营销组合的最终结果就是这些变量的函数，即因变量。从这个关系看，市场营销组合是一个动态组合。

2. 市场营销组合的整体协调作用

企业必须在准确地分析、判断特定的市场营销环境、企业资源及目标市场需求特点的基础上，才能制定出最佳的营销组合。所以，最佳的市场营销组合的作用，绝不是营销要素的简单数字相加，而是使他们产生一种整体协同作用。就像中医开出的重要处方，各种草药各有不同的效力，治疗效果不同，所治疗的病症也相异，而且这各种中药配合在一起的治疗，其作用大于原来每一种药物的作用之和。市场营销组合也是如此，只有它们最佳组合，才能产生一种整体协同作用。正是从这个意义上讲，市场营销组合又是一种经营的艺术和技巧。

3. 市场营销策略组合必须具有充分的应变能力

市场营销组合作为企业营销管理的可控要素，一般来说，企业对其具有充分的决策权。例如，企业可以根据市场需求来选择确定产品结构，制定具有竞争力的价格，选择最恰当的销售渠道和促销媒体。但是，企业并不是在真空中制定市场营销组合。随着市场竞争和顾客需求特点及外界环境的变化，企业必须对营销组合随时纠正、调整，使其保持竞争力。总之市场营销组合对外界环境必须具有充分的适应力和灵敏的应变能力。

4. 营销组合层次

市场营销组合由许多层次组成，就整体而言，营销组合是一个大集合，其中每一个要素又包括若干层次的小要素。这样，企业在确定营销组合时，不仅更为具体和实用，而且相当灵活；不但可以选择要素之间的最佳组合，而且可以恰当安排每个要素内部的组合。只要改变其中的一个要素，就会出现一个新的组合，产生不同的营销效果。

三、营销组合应用的约束条件

1. 企业营销战略

在运用市场营销因素组合时，应首先通过市场分析，选择最有利的目标市场，确定目标市场和市场发展策略，在这个基础上，再对营销因素组合策略进行综合运用。

2. 企业的营销环境

企业在市场营销因素组合活动中面临的困难和所处的环境是不同的。自 20 世纪 70 年代以来，世界各国政府加强了对经济的干预，宏观环境对企业的市场营销活动的影响越来越大，有时起到了直接的制约作用。企业选择市场营销组合时，应把环境看作是一个主要要素，时刻重视对宏观环境各因素的研究与分析，并对这些不可控制因素做出营销组合方面的必要反应。

3. 目标市场的特点

目标市场的需要决定了市场营销组合的性质。企业要规划合理的市场营销组合，首先要分析目标市场各个方面的条件。根据目标市场的消费者状况、目标市场消费者选购商品的意愿、目标市场竞争状况，可以分析它们对各个基本策略的影响，从而判断哪种营销组合更切实可行、更具有吸引力和更有利可图。

4. 企业的资源状况

企业资源状况包括企业公众形象、员工技能、企业管理水平、原材料储备、物质技术设施、专利、销售网、财务实力，等等。这就决定了选择合适的市场营销组合必须与企业实际相符合。企业不可能超出自己的实际能力去满足所有消费者与用户的需要。

为更好地发挥市场营销组合的上述作用，在具体运用时须遵循下列原则：

(1)目标性。营销组合首先要有目标性，即制定市场营销组合时，要有明确的目标市场，同时要求市场营销组合中的各个因素都围绕着这个目标市场进行最优组合。

(2)协调性。指协调市场营销组合中各个因素，使其有机地联系起来，同步配套地组合起来，以最佳的匹配状态，为实现整体营销目标服务。

在组合方案中，也可以重点选择几个因素进行组合搭配，如产品质量和价格的关系直接关系到市场营销组合整体策略的优劣，将二者进行多方案选优，可以组成各种不同的组合策略方案，企业可据此进行知己知彼的分析，包括竞争对手组合策略分析，本企业资源、技术、设备等情况分析，切实推行价值工程，进而达到预期营销目标。

(3)经济性。即组合的杠杆作用原则。主要考虑组合的要素对销售的促进作用，这是优化组合的特点。

(4)反馈性。从营销环境的变化到企业营销组合的变化，要依靠及时反馈市场信息。信息反馈及时，反馈效应好，就可随营销环境变化，及时重新对原市场营销组合进行反思、调整，进而确定新的适应市场和消费者需求的组合模式。

第二节 营销组合的形式及演变

一、4Ps 营销组合策略

1953 年，尼尔·博登(Neil Borden)在美国市场营销学会的就职演说中创造了“市场营销组合”(Marketing Mix)这一术语，其意是指市场需求或多或少在某种程度上受到所谓“营销变量”或“营销要素”的影响，为了寻求一定的市场反应，企业要对这些要素进行有效的组合，从而满足市场需求，获得最大利润。营销组合实际上有几十个要素，博登提出的市场营销组合包括 12 个要素，称为 12 因素“营销组合”策略，即“产品计划、定价、厂牌、供销路线、人员销售、广告、促销、包装、陈列、扶持、实体分配和市场调研”。这一组合策略使人们在从事市场营销运作时可以较为清晰地从这些方面入手，并对市场营销的研究范围做了较好的界定。

4Ps 是随着营销组合理论的提出而出现的。美国密西根大学教授杰罗姆·麦卡锡(Jerome Mc Carthy)于 1960 年在其《基础营销》(*Basic Marketing*)一书中将这些要素一般地概括为 4 类：产品(Product)、价格(Price)、渠道(Place)、促销(Promotion)，即著名的 4Ps。1967 年，菲利普·科特勒在其畅销书《营销管理：分析、规划与控制》(第 1 版)进一步确认了以4Ps为核心的营销组合方法。4Ps营销策略自提出以来,对市场营销理论和实践产生了深刻的影响,被营销经理们奉为营销理论中的经典。而且,如何在4Ps理论指导下实现营销组合,实际上也是公司市场营销的基本运营方法。即使在今天,几乎每份营销计划书都是以4Ps的理论框架为基础拟订的,几乎每本营销教科书和每门营销课程都把4Ps作为教学的基本内容,而且几乎每位营销经理在策划营销活动时,都自觉、不自觉地从4Ps理论出发考虑问题。

麦卡锡认为,企业从事市场营销活动,一方面要考虑企业的各种外部环境,另一方面要制订市场营销组合策略,通过策略的实施,适应环境,满足目标市场的需要,实现企业的目标。麦卡锡绘制了一幅市场营销组合模式图,图的中心是某个消费群,即目标市场,中间一圈是四个可控要素:产品(Product)、地点(Place)、价格(Price)、促销(Promotion),即4Ps组合。在这里,产品就是考虑为目标市场开发适当的产品,选择产品线、品牌和包装等;价格就是考虑制订适当的价格;地点就是讲要通过适当的渠道安排运输储藏等把产品送到目标市场;促销就是考虑如何将适当的产品,按适当的价格,在适当的地点通知目标市场,包括销售推广、广告、培养推销员等。图的外圈表示企业外部环境,它包括各种不可控因素,包括经济环境、社会文化环境、政治法律环境等。麦卡锡指出,4Ps组合的各要素将要受到这些外部环境的影响和制约。其营销组合战略如表8.1所示。

表8.1 4Ps营销组合战略

阶段 组合因素	引入期	成长期	成熟期	衰退期
产品	取得用户对产品的了解	保证质量,加强服务	改进质量,扩大用途,力创名牌	改造产品或淘汰产品
价格	按新产品定价	适当调价	充分考虑竞争价格	削价
渠道	寻找合适的中间商	逐步扩大销售渠道	充分利用各种渠道	充分利用中间商
促销	介绍产品	宣传产品厂牌	宣传用户好评	保持用户对产品的信誉

4Ps的提出奠定了管理营销的基础理论框架,该理论以单个企业作为分析单位,认为影响企业营销活动效果的因素有两种:一种是企业不能够控制的,如政治、法律、经济、人文、地理等环境因素,称之为不可控因素,这也是企业所面临的外部环境;一种是企业可以控制的,如产品、价格、渠道、促销等营销因素,称之为企业可控因素。

企业营销活动的实质是一个利用内部可控因素适应外部不可控环境的过程,即通过对产品、价格、渠道、促销的计划和实施,对外部不可控因素做出积极动态的反应,从而促成交易的实现和满足个人与组织的目标,用科特勒的话说就是"如果公司生产出适当的产品,定出适当的价格,利用适当的分销渠道,并辅之以适当的促销活动,那么该公司就会获得成功”（科特勒，2001）。所以市场营销活动的核心就在于制定并实施有效的市场营销组合。

深刻地理解4Ps理论应该是一个广义的概念。产品不单单是产品本身，它是一个产品体系，从产品层次来讲，包括核心产品、形式产品、延伸产品三个层次；从产品系列组合来讲，包括产品的广度、长度、深度和相关性等要素；具体地讲，还包括品牌、特色、质量状况，甚至包括产品的售后服务。

价格也不单单是价格本身，而是一个价格体系，它应该包括出厂价格、经销商出货价格、零售价格，还包括企业的价格政策里面的折扣、返利等指标，这样的要素才构成了整个的价格体系。

渠道也不单单是渠道本身，它包括了公司的渠道战略，是自己建设渠道还是通过总经销建设渠道，是总经销还是小区域独家代理，还是密集分销。产品要占领哪些终端，终端的策略怎样、渠道链的规划、客户的选择怎样客户的管理和维护、渠道的把握、渠道客户的切换等等方面的问题。

促销也不单单是促销活动本身，而是广义上面的对消费者、对员工、对终端、对经销商的一个促销组合，这样的促销才是完善的。

4Ps理论诞生于饱和经济时代，它强调以企业为中心，对当时的营销理论与实践起到了不可磨灭的作用，对今天的企业营销管理也有重要的指导意义。

二、4Cs营销组合策略

20世纪80年代末、90年代初，人类社会发生了更为巨大的变化，首先是信息技术革命所带来的对企业生产经营以及社会文化方面的冲击，从而导致产品的生命周期缩短，技术创新不断，生产工艺更加现代化，单位产品的生产成本大幅下降，人们的消费理念和消费行为日益感性化和个性化等，经济也由短缺转向饱和，在这种环境条件下，市场营销出现了新的变化，不能仅仅站在企业的角度来思考问题，而要站在客户的角度来思考问题。

在这种情况下，美国北卡罗林纳大学的罗伯特·劳特朋（Lauteborn）教授提出了与传统营销的4Ps相对应的4Cs理论，即Customer Needs and Wants（顾客的需求和欲望）、Cost（顾客的成本和费用）、Convenience（顾客购买的便利性）、Communication（企业与顾客的沟通）。4Cs理论的提出引起了营销传播界及工商界的极大反响，从而也成为整合营销传播理论（IMC：Integrated Marketing Communications）的核心，4Cs和4Ps一一对应，其具体内涵如下：

在生产产品之前，要进行深入的市场调查与研究，了解顾客的需求和欲望，不要再卖你能生产的产品，而要卖顾客确定想要买的产品。不满足顾客需求的产品必定被淘汰。

在出台定价策略之前，要先了解顾客要满足其需求与欲望愿意支付的成本与费用，考虑顾客对价格的敏感度，还要考虑顾客的交易成本和企业的生产经营成本，不创新、没有成本优势的产品必定被淘汰。

在建立销售渠道的时候，一定要考虑到顾客购买商品的便利性。这就要加强销售网络建设，提供优质服务，如果销售渠道不创新、不提供购买便利，则销路不会畅通。

不加强沟通,不采取顾客乐于接受的方式促销,必定无效。因此,要加强与顾客的沟通,寻找顾客更易接受的促销方式,脱去促销所体现的“卖”的外衣,增加顾客“买”的情愿系数,真正关心顾客。企业与那些主要顾客加强沟通,提供资讯,建立感情,是保持老顾客、开拓新顾客的有效手段。

从以上可以看出,4Cs 营销理论注重以市场(顾客)为导向,与以产品(企业)为导向的 4Ps 相比,更加符合市场经济条件下“以顾客为关注焦点”的理念。

当然,在营销实践中,4Cs 与 4Ps 并没有优劣之分,如同营销没有真正的捷径一样。真正的捷径在于对顾客和市场的透彻分析,对产品品质的把握,对市场价格的准确预定,对渠道关系的良好维系,对传播的概念与卖点的精准提炼,等等。这些,从 4Ps 可以做到,从 4Cs 也可以做到,只是操作的人对其领悟程度不同而已。

如果实在要有所区别,则 4Ps 更强调产品,4Cs 更关注顾客,如果企业不管顾客只是一味地强调产品,那就有可能是在闭门造车,从而制订出可笑的销售政策、可笑的促销计划;如果企业只是一味地站在顾客的角度进行思考,来满足顾客的需求,企业的成本将可能会没有必要地增大,企业得不偿失,很可能设计出过度超前的产品或使企业亏损的促销计划。所以企业在考虑产品定位、价格方案、渠道策略、促销活动的时候要有 4Cs 的观念,在执行计划或者方案的时候,要按照 4Ps 营销组合策略进行调整。也就是企业要用 4Cs 来思考,用 4Ps 来行动。

三、4Rs 营销组合策略

综观营销理论的发展,20 世纪 60 年代偏重于产业营销,70 年代偏重于服务营销,80 年代开始偏重于关系营销(Relationship Marketing)。格隆罗斯(Gronroos)是这样定义关系营销的:“营销就是在一种利益之下建立、维持、巩固与消费者及其他参与者的关系,只有这样,各方面的目标才能实现。这要通过相互的交换和承诺去达到”“这种关系哲学重在强调与顾客(及其他利益相关者、网络合作者)建立合作、信任的关系,而不是与顾客持对立态度;重在强调公司内部的合作而不是劳动分工职能专业化;认为营销是一种遍及组织内部的兼职营销人员以市场导向的管理活动,而不是一部分营销专家的独立职能活动。”(Gronroos,1990)

20 世纪 90 年代,美国学者舒尔茨(Don E. Schultz)根据关系营销思想提出了 4Rs(Relevancy－关联、Respond－反应、Relation－关系、Return－回报)营销新理论,阐述了一个全新的营销四要素:

1. Relevancy(与顾客建立关联)

在竞争性市场中,顾客具有动态性。顾客忠诚度是变化的,他们会转移到其他企业。要提高顾客的忠诚度,赢得长期而稳定的市场,重要的营销策略是把企业与顾客看作是一个命运共同体,在经济利益上是相关的、联系在一起的,建立保持并发展与顾客之间的长期关系是企业经营中的核心理念和最重要的内容。

因此,企业应当同顾客在平等的基础上建立互惠互利的伙伴关系,保持与顾客的密切联系,认真听取他们提出的各种建议,关心他们的命运,了解他们存在的问题和面临的机会,通过提高顾客在购买和消费中的产品价值、服务价值、人员价值及形象价值,降低顾客的货币成本、时间成本、精力成本及体力成本,从而更大程度地满足顾客的价值需求,让顾客在购买和消费中得到更多的享受和满意。

把顾客与企业联系在一起,这样就大大减少了顾客流失的可能性。特别是企业对企业的营销与消费市场营销完全不同,更需要靠关联、关系来维持。

2. Respond(提高市场反应速度)

在今天的相互影响的市场中,对经营者来说最现实的问题不在于如何控制、制订和实施计划,而在于如何站在顾客的角度及时地倾听顾客的希望、渴望和需求,并及时答复和迅速作出反应,满足顾客的需求。如果只是说给顾客听,而不是听顾客说,反应迟钝,是不利于市场发展的。

当代先进企业已从过去推测性商业模式,转移成高度回应需求的商业模式。面对迅速变化的市场,要满足顾客的需求,建立关联关系,企业必须建立快速反应机制,提高反应速度和回应力。这样可最大限度地减少抱怨,稳定客户群,减少客户转移的概率。网络的神奇在于迅速,企业必须把网络作为快速反应的重要工具和手段。

3. Relation(关系营销日益重要)

在企业与客户的关系发生了本质性变化的市场环境中,抢占市场的关键已转变为与顾客建立长期而稳固的关系,与此相适应产生 7 个转向:

①从交易营销转向关系营销:不仅强调赢得用户,而且强调建立友好合作关系,长期地拥有用户;

②从着眼于短期利益转向重视长期利益;

③从顾客被动地适应企业单一销售转向顾客主动参与到生产过程中来;

④从相互的利益冲突转变成共同的和谐的发展;

⑤从以产品性能为核心转向以产品或服务给客户带来的利益为核心;

⑥从不重视客户服务转向高度承诺;

⑦从管理营销组合变成管理企业与顾客的互动关系。

所有这一切其核心是处理好与顾客的关系,把服务、质量和营销有机地结合起来,通过与顾客建立长期稳定的关系实现长期拥有客户的目标。那种认为对顾客需求作出反应、为顾客解答问题、平息顾客的不满,就尽到了责任的意识已经落后了。

必须优先与创造企业 80% 利润的 20% 的那部分重要顾客建立牢固关系。否则把大部分的营销预算花在那些只创造公司 20% 利润的 80% 的顾客身上,不但效率低,而且是一种浪费。

同时,因为任何一个企业都不可能独自提供运营过程中所必需的资源,所以企业必须和与经营相关的成员建立起适当的合作伙伴关系,通过纵向一体化、横向一体化形成航空母舰式企业集团。

4. Return(回报是营销的源泉)

任何交易与合作关系的巩固和发展,对于双方主体而言,都是一个经济利益问题,因此,一定的合理回报既是正确处理营销活动中各种矛盾的出发点,也是营销的落脚点。对企业来说,市场营销的真正价值在于其为企业带来短期或长期的收入和利润的能力。一方面,追求回报是营销发展的动力;另一方面,回报是维持市场关系的必要条件。企业

要满足客户需求,为客户提供价值,顾客必然予以货币、信任、支持、赞誉、忠诚与合作等物质和精神的回报,而最终又必然会归结到企业利润上。因此,营销目标必须注重产出,注重企业在营销活动中的回报。一切营销活动都必须以为顾客及股东创造价值为目的,这是不可回避的,也是要为顾客创造价值不可缺少的。

从企业的营销实践和市场发展的趋势看,4Rs 理论相对于 4Cs 理论有一定的优越性:

(1)4Rs 营销理论的最大特点是以竞争为导向,在新的层次上概括了营销的新框架。4Rs 根据市场不断成熟和竞争日趋激烈的形势,着眼于企业与顾客互动、双赢,不仅积极地适应顾客的需求,而且主动地创造需求,运用优化和系统的思想去整合营销,通过关联、关系、反应等形式与客户形成独特的关系,把企业与客户联系在一起,形成竞争优势。可以说 4Rs 是新世纪营销理论的创新与发展,必将对营销实践产生积极而重要的影响。

(2)4Rs 体现并落实了关系营销的思想。通过关联、关系和反应,提出了如何建立关系、长期拥有客户、保证长期利益的具体的操作方式,这是一个很大的进步。

(3)反应机制为互动与双赢、建立关联提供了基础和保证,同时也延伸和升华了便利性。

(4)"回报"兼容了成本和双赢两方面的内容。追求回报,企业必然实施低成本战略,充分考虑顾客愿意付出的成本,实现成本的最小化,并在此基础上获得更多的顾客份额,形成规模效益。这样,企业为顾客提供价值和追求回报相辅相成,相互促进,客观上达到的是一种双赢的效果。

(5)4Rs 将企业的营销活动提高到宏观和社会层面来考虑,更进一步提出企业是整个社会大系统中不可分割的一部分,企业与顾客及其他的利益相关者之间是一种互相依存、互相支持、互惠互利的互动关系,企业的营销活动应该是以人类生活水平的提高、以整个社会的发展和进步为目的,企业利润的获得只是结果而不是目的,更不是唯一目的。因此,该理论提出企业与顾客及其他利益相关者应建立起事业和命运共同体,建立、巩固和发展长期的合作协调关系,强调关系管理而不是市场交易。菲利普·科特勒在其《营销管理》(第 8 版)中也写道:"精明的营销者都会试图同顾客、分销商和供应商建立长期的、信任的和互利的关系,而这些关系是靠不断承诺和给予对方高质量的产品、优良的服务和公平的价格来实现的,也是靠双方组织成员之间加强经济的、技术的和社会的联系来实现的。双方也会在互相帮助中更加信任、了解和关心"。(科特勒,1997)

当然,4Rs 同任何理论一样,也有其不足和缺陷。如与顾客建立关联、关系,需要实力基础或某些特殊条件,并不是任何企业可以轻易做到的。其实,4Ps、4Cs、4Rs 都从不同的角度提供了很好的思路,不能简单地说哪个理论好,哪个理论差,它们只是适用的场合不同罢了,都是经营者和营销人员应该了解和掌握的。这三大理论总结如表 8.2 所示。

表 8.2 4Ps、4Cs、4Rs 三大营销组合策略比较

类别	4Ps		4Cs		4Rs	
关注	企业、产品		市场、顾客		双赢、关系、竞争对手	
阐释	Product（产品）	产品体系，包括产品线宽度、广度、产品定位等	Customer（顾客）	生产产品之前，先研究顾客的需求和欲望	Relevancy（关联）	与顾客建立关联，以提高其忠诚度
	Price（价格）	价格体系，包括各个环节的价格策略	Cost（成本）	出台定价策略之前，先了解顾客愿意支付的成本与费用	Respond（反应）	提高市场反应速度，以适度瞬息万变的市场
	Place（渠道）	渠道销售策略	Conven－ience（便利）	建立销售渠道时，要考虑顾客购买的便利性	Relation（关系）	与顾客建立关系，实现长期拥有顾客
	Promotion（促销）	促销组合，包括产品流通过程中的每个对象	Connun－ication（沟通）	加强沟通，采取顾客乐于接受的方式促销	Return（回报）	为顾客和股东创造价值，回报是源泉
时间	20 世纪 60 年代（麦卡锡）		20 世纪 90 年代（劳特朋）		20 世纪 90 年代（舒尔茨）	

四、4Ps 营销战略计划

前面谈的 4Ps、4Cs、4Rs 都是营销组合策略，从战略战术角度来分，都是营销战术方面的问题，实际上制定一套完整的营销计划，策划一项周密的营销方案，首先要进行内外环境的分析，从全局和长远的角度考虑，进行市场调研、市场细分、市场选择、市场定位，这就是营销战略计划。在具体营销实战中，营销战略计划过程一般优先于营销战术组合的制定，营销战略计划也可以用 4Ps 来表示。

1. Probing（市场探查）

Probing（探查或研究）是一个医学用语，本意是指医生对病人进行深入细致的彻底的检查。在营销学上，Probing 实际上就是市场营销调研（Marketing Research），其含义是在市场营销观念的指导下，以满足顾客需要为中心，用科学的方法，系统地收集、记录、整理与分析有关市场营销的情报资料，比如市场由哪些人组成，市场是如何细分的，都需要些什么，竞争对手是谁以及怎样才能使竞争更有效等，从而提出解决问题的建议，确保营销活动顺利地进行。市场营销调研是市场营销的出发点。“真正的市场营销人员所采取的第一个步骤，总是要进行市场营销调研”（科特勒，1986）。

2. Partitioning（市场分割）

实际上就是市场细分（Marketing Segmentation），其含义就是根据顾客需要的差异性，运用系统的方法，把整体市场划分为若干个顾客群的过程。每一个细分市场都是具有类似需求倾向的顾客构成的群体，因此，分属不同细分市场的顾客对同一产品的需求有着明显的差异，而属于同一细分市场的顾客的需求具有相似性。

3. Prioritizing(市场优化)

实际上就是对目标市场的选择(Marketing Targeting),即在市场细分的基础上,企业要进入的那部分市场,或要优先最大限度地满足的那部分顾客。企业资源的有限性和顾客需求的多样性决定了企业不能经营所有的产品并满足所有顾客的需求。任何企业只能根据自己的资源优势和顾客的需求,经营一定的产品,满足顾客的部分需要。

4. Positioning(市场定位)

其含义是根据竞争者在市场上所处的位置,针对消费者对产品的重视程度,强有力地塑造出本企业产品与众不同的、给人印象鲜明的个性或形象,从而使产品在市场上、企业在行业中确定适当的位置。

五、7Ps 服务营销(Service - Marketing)

在20世纪70年代,服务业迅速发展起来。布姆斯和比特纳(Booms and Bitner)于1981年在原来4Ps的基础上增加了三个"服务性的P":参与者(Participants,有的学者也称之为人——People,即作为服务提供者的员工和参与到服务过程中的顾客),物质展示(Physical Evidence,服务组织的环境以及所有用于服务生产过程及与顾客沟通过程的有形物质),过程(Process,构成服务生产的程序、机制、活动流程和顾客之间的相互作用与接触沟通),从而形成了服务营销的7Ps。服务营销过程如图8.1所示。

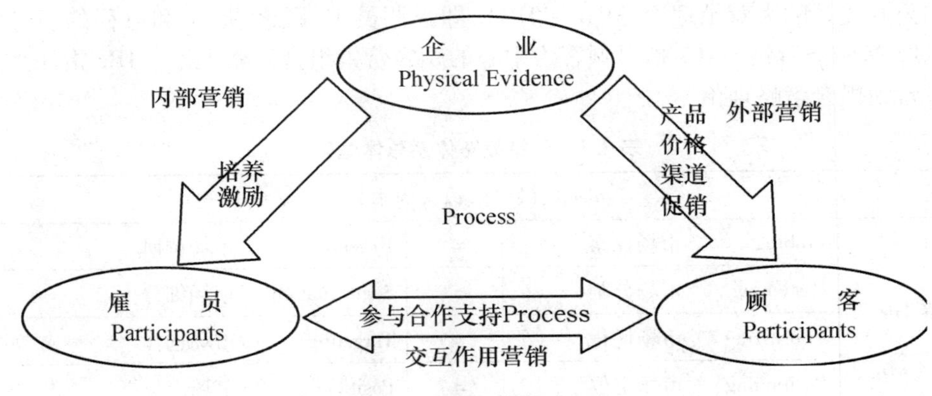

图8.1 服务营销过程

7Ps 的意义在于:

①提出了员工的参与对整个营销活动实现的重要意义,在一定程度上体现了"人本管理"的思想,即企业员工是企业组织的主体,员工在企业里对企业有各种各样的要求,企业只有不断满足员工的需要,员工才有积极性,企业才能成长。

②重视营销活动中顾客的参与与配合,体现了关系营销的思想。

③对展示的重视,体现了沟通与传播的思想。

④对过程的重视,这不仅重视企业针对顾客的外部营销活动的过程,而且启示我们,企业营销也应重视内部各部门之间分工与合作过程的管理,因为营销是一个由各部门执行的全员参与的活动,而部门之间的有效分工与合作是营销活动实现的根本保证。

六、6Ps 大营销(Mega－Marketing)

考虑到企业之外的公众的影响,科特勒于1986年在4Ps的基础上提出了两个附加且一般的P:政治权力(Political Power)和公共关系(Public Relation),认为除了给顾客和中间商(如代理商、分销商和经纪人)提供利益外,同样应包括政府、工会和可以阻碍企业进入某市场以获利的其他利益集团。政治权力是指为了进入和在目标市场上经营,向产业官员、立法人员和政府官僚们提出自己的主张,为了获得其他利益集团的预期反应和关注,运用审慎的外事活动和谈判技巧;公共关系则在于影响公众的观念,在公众心目中树立良好的产品和企业形象,这主要是通过大众性的沟通技术来实现。他进一步将加入此两个要素的营销称之为"大营销"(Mega Marketing),意思是说营销是在市场特征之上的,即不仅仅是要考虑市场环境因素,还要考虑政治和社会因素。营销者必须借助政治技巧和公共关系技巧,以便在全球市场上有效地开展工作,这就是我们所说的6Ps。

七、营销战略体系总结

由以上的分析总结出营销战略体系总体框架如表8.3所示,营销战略体系可以总结为"14Ps＋1S＋4Cs＋4Rs",14Ps包括1P,即以顾客为核心、以人为本;4Ps,即营销战略计划过程;另一个4Ps,即以企业为中心的产品营销组合策略理论;2Ps(＋4Ps),即强调政治权利和公共关系的大营销理论;3Ps(＋4Ps),即强调员工、顾客、展示和过程的服务营销理论。1S指服务营销。4Cs指以顾客为中心的顾客营销组合策略理论。4Rs指注重双赢的关系营销组合策略理论。

表8.3　营销战略体系总体框架

<table>
<tr><td colspan="7">People(顾客、以人为本)</td></tr>
<tr><td rowspan="4">战略4Ps</td><td>Probing</td><td>市场探察</td><td>=?</td><td>Research</td><td colspan="2">市场调研</td></tr>
<tr><td>Partioning</td><td>市场分割</td><td>=?</td><td>Segmentation</td><td colspan="2">市场细分</td></tr>
<tr><td>Prioritizing</td><td>市场优化</td><td>=?</td><td>Targeting</td><td colspan="2">市场选择</td></tr>
<tr><td>Positioning</td><td>市场定位</td><td>=?</td><td>Positioning</td><td colspan="2">市场定位</td></tr>
<tr><td rowspan="2">大营销6Ps</td><td>Political Power</td><td colspan="5">政治权力</td></tr>
<tr><td>Public Relations</td><td colspan="5">公共关系</td></tr>
<tr><td rowspan="4">产品营销4Ps</td><td>Product</td><td>产品</td><td>—</td><td colspan="2">Customer Needs and Wants
顾客需求和欲望</td><td rowspan="4">顾客营销4Cs</td></tr>
<tr><td>Price</td><td>价格</td><td>—</td><td>Cost</td><td>费用</td></tr>
<tr><td>Place</td><td>渠道</td><td>—</td><td>Convenie nce</td><td>方便</td></tr>
<tr><td>Promotion</td><td>促销</td><td>—</td><td>Communication</td><td>沟通</td></tr>
</table>

续表 8.3

People(顾客、以人为本)						
服务营销 7P1s	Participants	员工、顾客		Relevancy	关联	关系营销 4Rs
	Physical Evidence	展示		Respond	反应	
	Process	过程		Relation	关系	
	Service	服务		Return	回报	
营销战略体系 = 核心 1P + 战略 4Ps + 大营销 2Ps(+4Ps) + 产品营销 4Ps + 服务营销 3Ps1S(+4Ps) + 顾客关系 4Cs + 关系营销 4Rs						
营销战略体系 = 14Ps + 1S + 4Cs + 4Rs						

营销，从理论上说，其实就这么简单，“14Ps + 1S + 4Cs + 4Rs”几乎囊括全部。在营销实战中，首先根据外部环境、内部资源，进行市场调研、市场细分、市场选择、市场定位，然后综合采取以生产为中心的4Ps 营销组合策略，以顾客为关注焦点的4Cs 营销组合策略，以竞争为导向、注重双赢关系的4Rs 营销组合策略。同时要注意外事活动、谈判技巧及社会公众的影响，由于市场竞争日益激烈，产品同质化势不可挡，因此服务营销往往成为制胜的关键，在营销活动过程中，还要始终坚持以人为本，为顾客创造价值，为员工创造机会，为社会创造效益，为股东创造利益。

第三节 营销组合的意义与作用

一、营销组合的理论意义

市场营销组合的出现，意味着市场经营观念完成了新旧观念的转变，即发展到了新观念——市场营销观念。市场营销观念的核心是以目标顾客的需要为中心，实行市场营销组合，着眼于总体市场，从而取得利润，实现企业营销目标。在这里，市场营销组合作为营销手段至关重要。

市场营销组合体现了现代市场营销学一个重要特点，那就是具有鲜明的“管理导向”，即着重从市场营销管理决策的角度，着眼于买方行为，重点研究企业市场营销管理工作中的各项战略和策略，从而使决策研究法在诸多研究方法中显示出其概括性强、适应面广的优点，并成为研究市场营销问题普遍采用的重要方法。

市场营销组合的理论基础是系统理论。它以系统理论为指导，向企业决策者提供了为达到企业营销整体效果而科学地分析和应用各种营销手段的思路和方法。

运用系统论的观点，对系统进行结构分析。可以从系统的开放与闭合、系统的层次结构、系统的构成要素等方面深入分析。

运用系统论的观点，对系统与外部环境联系方式分析，根据系统具有处理和转换功能，系统与外部环境是通过物质、能量、信息输入系统—转换—再将物质、能量、信息输出系统的方式进行联系的。企业作为一个开放系统，一方面，企业从外部环境输入信息、能源、原材料，这是企业开展营销活动的基础，体现了外部环境对企业营销活动的制约性，企业须对此表示出较强的适应性，并随时依据其变化，制订调整营销战略和策略。另一方面，企业通过主动性和创造性营销，向外部环境提供产品或劳务，传播信息，来影响外部环境，从而使外部环境朝着有利于企业营销目标的方向发展。

系统论的整体观强调整体的功能大于各要素功能之和，且具有各要素都不具备的新的属性和特点。这对于理解一个系统的性质特别重要，而研究系统内务要素的交互作用和整体功能比注意个别要素的功能更重要。根据这一原理，市场营销组合意味着将各种手段进行最佳组合，使其相互协调，综合地发挥尽可能大的作用。因此，企业营销之成败，在很大程度上取决于上述四方面策略的选择和它们的综合运用效果，市场营销组合的神奇魅力即在于此。

二、营销组合的实践意义

对于企业来说，营销因素组合在企业实际工作中的实践意义表现在以下几个方面：

1. 制定营销战略的基础

营销战略本质上就是企业经营管理的战略，而营销战略主要是由企业目标和营销因素协调组成的。由于制定市场营销战略的出发点是完成企业的任务与目标，以投资收益率、市场占有率或其他目标为比较选择的依据来进行营销组合是比较符合实际的。作为企业营销的战略基础，营销因素组合既可以四个因素综合运用，也可以根据产品与市场的特点，分别重点使用其中某一个或某两个因素，设计成相应的销售策略，这是一个细致复杂的工作。

2. 应付竞争的有力手段

企业在运用营销因素组合时，必须分析自己的优势和劣势是什么，以便扬长避短。在使用营销因素组合作为竞争手段时，要特别注意两个问题：第一，不同行业不同产品，侧重使用的营销因素应当不同；第二，企业在重点使用某一营销因素时，要重视其他因素的配合作用，才能取得理想的效果。

3. 为企业提供系统管理思路

在实践中，人们认识到，如果以市场营销组合为核心进行企业的战略计划和工作安排，可以形成一种比较系统的、从点到面、简明扼要的经营管理思路。许多企业根据市场营销组合的各个策略方向去设置职能部门和经理岗位，明确部门之间的分工关系，划分市场调研的重点项目，确定企业内部和外部的信息流程，等等。企业的财务部门也会在完成财务报表的同时，按照4Ps数据列表，为企业分析资金运用、固定成本与变动成本支出等情况提供信息。运用营销因素组合，可以较好地协调各部门工作。

三、营销组合的重要作用

企业营销管理者正确安排营销组合对企业营销的成败有重要作用：

①可扬长避短，充分发挥企业的竞争优势，实现企业战略决策的要求。

②可加强企业的竞争能力和应变能力，使企业力于不败之地。

③可使企业内部各部门紧密配合，分工协作，成为协调的营销系统（整体营销），灵活地、有效地适应营销环境的变化。

复 习 题

一、填空题

1. 4Ps 理论的四个要素是（　　）、（　　）、（　　）、（　　）。
2. 4Cs 理论的四个要素是（　　）、（　　）、（　　）、（　　）。
3. 4Rs 理论的四个要素是（　　）、（　　）、（　　）、（　　）。
4. 6Ps 理论是在 4Ps 理论基础上增加了（　　）、（　　）。
5. 营销组合应用的约束条件主要包括：（　　）、（　　）、（　　）、（　　）。

二、简答题

1. 市场营销组合有什么特点？
2. 4Ps 策略和 4Cs 策略有什么差异？
3. 营销组合在实践中有哪些意义？

本 章 小 结

营销组合指的是企业在选定的目标市场上，综合考虑环境、能力、竞争状况对企业自身可以控制的因素，加以最佳组合和运用，以完成企业的目的与任务。

本章介绍了市场营销组合的概念，营销组合的发展过程。阐述了 4Ps、4Cs、4Rs、6Ps、7Ps 等营销组合策略的演变。讲述了市场营销组合因素的特点、意义、约束条件。市场营销组合的理论意义，市场营销组合的实践意义以及在企业中的作用。

案 例 分 析

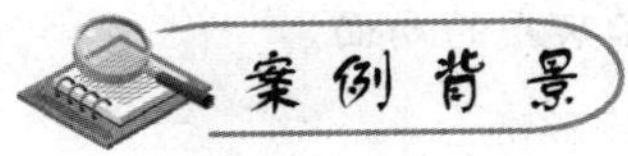

康佳市场营销战略

1998 年 7 月—11 月的零售量统计来看，康佳市场占有率连续五个月雄踞第一，且 1—11 月累计零售占有率也一举跃居榜首。

康佳的产品开发贯穿着两种思路：每年以销售额的 5% 用于技术投入，以 30% 的速度更新设备,开发全新产品和变更产品工艺技术。一方面开发了等离子平板显示电视(PDPTV)、倍场电视(100Hz 双倍扫描)、多媒体电视(MULTIMEDIA)、画中画电视(PIP)、丽音电视(NICAM)、阔屏电视(16: 9)等极品彩电;另一方面自主开发和生产工艺设备,已有多项成果在国内外获奖。结合自身产品开发,康佳集团未雨绸缪,不断推出新产品,以引导和顺应消费潮流,实现科技、产品和市场的统一。

康佳除了在产品、技术上下足工夫外,同时还双眼盯着市场,双手做着促销,不断开拓农村市场和城市市场。在城市,康佳运用了大量新的媒体,新的媒体、新的意境,让人处处感受到康佳的存在和魅力;在农村,对市场进行细分,精耕细作。首先启动创建"康佳彩电县"计划,促使市场占有率达 50% 以上。在顺利创建康佳彩电县后,康佳提出"消灭彩电空白县"的号召,各分公司在县级以上城镇全部设立专卖店或专柜,很快就在农村市场建立了广泛的通路。

康佳在强化国内市场的同时,也开始挑战国际市场,采取境外投资办厂、建立分公司以及委托经销商等灵活多样的方式,稳扎稳打,抢占了一个又一个国际市场。

在价格策略上,康佳不同系列彩电往往采用不同的定价方法:"福临门"彩电用成本导向定价法,"小画仙"系列用需求导向定价法,"超平一族"则采用竞争导向定价法。100Hz 倍场彩电 T3498 高档精品,采取高价策略,零售价超过 9000 元,比国内一般 34 寸彩电价格高出 30%,而对于像"福临门"这样面向大众的产品,其 21 寸的市场价才 1400 元上下,十分适合普通消费者水平。采用不同的定价方法面对具有不同特性的目标顾客群体,从而更好地满足其需求。

康佳为了使顾客更满意,建立了星罗密布的服务网络,售后特约维修站遍布城乡,其大拇指服务工程及快速反应部队更是深得顾客赞誉。康佳以追求百分之百的用户满意为目标,将产品经营与服务经营有机结合,通过建立全套高效有序的电脑管理系统,组建起遍及全国各地的完善服务网络,推出五星服务。快速反应部队向用户提供及时快速、热情周到的服务。同时,总部开通售后服务监督热线,专人跟踪,将服务承诺落在实处。通过这些扎扎实实的服务措施,解除消费者的后顾之忧,提高企业及产品的美誉度,树立起完美的企业形象。

面对国内彩电领域激烈的竞争态势,康佳在营销战术也就是营销组合上进行了一系列的创新和重新组合。在新产品开发上,不仅注重对原有产品的更新,同时也注重对开发费用的投入,不断开发具有技术先进性的新的产品;根据不同目标顾客群体的特征,有针对性地设计产品组合和促销方案;避开竞争激烈的国内城市市场,采取灵活多变的方法开拓农村市场和国际市场;加强售后服务体系的建设,提高服务质量,增加顾客满意度。所有这些营销战术的合理组合和运用,形成了康佳和其顾客双赢的局面。

案例思考:

1. 康佳在营销中采取了哪些的营销组合策略?

2. 该案例对其他家电企业有哪些可借鉴的经验?

第九章 产品策略

教学目标

通过本章学习使学生基本理解掌握产品的整体概念和学科定位,对产品差异化的内容和实现差异化的途径有全面了解,同时对产品组合的意义和方法有理性认识。在了解产品生命周期理论的基础上,领会品牌管理的目的、意义。

学习任务

通过本章的学习:

1. 理解产品整体概念的内涵,理解对实际工作的重要意义。
2. 掌握产品差异化的内容和实现产品差异化的途径。
3. 了解产品组合的含义以及产品组合的方法。
4. 描述产品生命周期的概念及四个阶段的特征,论述企业在产品生命周期各个阶段的策略。
5. 正确理解新产品的含义以及新产品推广的策略。
6. 掌握品牌决策的内容。
7. 说明包装的作用和企业的包装策略。

案例导入

美国吉列公司生产的"蓝吉利"刮胡刀片已享誉世界几十年之久,它的成功离不开吉列公司出色的产品决策。

吉列公司在芝加哥物色了一家代销机构,并规定其安全刮胡刀套件(一支刀架和20片刀片)的售价为每套5美元,刀片每20片为一包,每包1美元。吉列公司首次广告提供30天退款保证,在"系统"杂志上登刊,至1903年底的两年期间共售出51万套安全刀架和168万片刀片。

公司在1906年首次发放股票。在以后的十年中继续以每年30至40万套的销量出售安全刮胡刀,刀片的销售从45万包增加到7亿包。至1911年,公司的南波士顿厂雇用了1 500个员工,三年后,由于尼克逊发明了全自动刃磨机,使其生产能力迅速增加。这些新设备比起尼克逊以前发明的机器,大大地降低了生产成本又提高了刀片的质量。

1934年,吉列公司又推出第一种单面安全刮胡刀和"ProbakJunior"刀片,售价为4片10美分或10片25美分,至1936年公司推出安全刀系列以外的产品:吉列无刷刮胡膏、售价为98美分。

1938年秋，公司又推出吉列薄刀片，吉列电动刮胡刀也于当年圣诞节问世。电动刮胡刀发明时间虽早，但直至20世纪30年代后期才被接受，对公司来说，这一年的最重要发展是史攀(Joseph Spang)出任公司的总经理。在他的领导下，开始了许多新的管理政策。公司仍然保持低价策略，但十分强调产品质量，以保持产品的信誉。公司采用了本企业研究人员发展的新制造工艺，以便在制造过程中严格检查刀片的数量。在1939至1945年间，公司没有推出新产品，这时由于战争的缘故。尽管如此，公司的研究开发人员仍研制成了第一台双刃刀片分配机，从而改进了过去的包装工作。1946年公司的经营状况很好，其年销售额约为52000万美元，这时，吉列的名字已晓誉全世界。

第二次世界大战后，吉列公司开始实行对外兼并和内部创新以便成为世界性的多样化经营企业。经过认真分析之后，公司于1948年决定扩大市场。同年购进托尼家用烫发器制造公司，1955年兼并在加利福尼亚生产圆珠笔和刮胡膏的梅特公司。

1960年，公司又推出超级"兰吉利"刀片，即全世界第一种涂层刀片。1964年公司重新调整了产品组合，形成两大类产品并由两个事业部分管：吉列产品组合——负责刮胡刀产品和男用品；多样化产品组合——负责其他所有产品。自吉列产品组负责人吉格勒(VincentZiegler)升任公司总经理后的十年里，是公司销售和产品发展最迅速的年代。在他领导下的前几年，公司连续推出盒式刮胡刀组、多笔尖圆珠笔、Hot - One刮胡膏、可调盒式刮胡刀、超级不锈钢刀片、增塑刀片、微孔笔和几种止汗剂，这些产品的市场投放都取得了成功。

这样，公司在20世纪70年代初期开发和营销了许多新产品。1974年以前公司一半以上的销售额来自近五年内的新产品。安全刮胡刀部在推出"Trac Ⅱ"型刮胡刀系列之后，迅速成为市场上的最畅销品，继而又推出女用Daisy削发刀及男用Good News刮胡刀。保健用品部也营销了多种新产品，如柠檬洗发精、无碱洗发精。公司于1972年进入个人用具市场，如开发和营销Max手提式烘发机。

自1971年吉列公司购进一家服务行业公司后，便正式开始了服务的社会营销。公司的兼并虽然涉及了范围广泛的行业，但强调高质量和具有好的消费形象却是其共同之点。至此吉列已成为名副其实的多样化跨国公司。

第一节　产品与产品组合

一、产品整体概念

传统观念认为，产品是指具有特定物质形态和用途的实体商品，如服装、汽车、食品等，但从市场营销观念来看，当消费者购买一种产品时，他所期望得到的不仅仅是该产品的物质实体本身，而是要通过这种产品的使用获得某种利益的满足。而顾客的需要是多方面的，有物质方面的，也有心理和精神方面的。例如，人们购买电脑，并不是为了电脑这种产品本身，而是通过电脑可以学习、娱乐和快速地获取信息。因此，西方营销学家从市场营销角度对产品解释为：凡是能够提供于市场、给购买者带来有形的和无形的消费利益，可以满足消费需要和欲望的任何事物，包括各种实物、服务、场所、组织、思想、主意等，都称为产品。现代市场营销理论所理解的产品，应当是有形物质属性和无形消费者利益的统一体。它是一个包括多层次内容的整体概念，一般认为产品整体概念包括三部分：核心产品、实体产品、延伸产品。

1. 核心产品

这是产品整体概念中最基本和最实质的层次，它是指产品给顾客提供的基本效用和利益，是顾客需求的核心内容。顾客购买某种产品，并不是为了达到某种产品实体本身，而是为了满足某种特定的需求。比如人们购买电视机，并不是为了得到大木箱，而是为了利用电视机观看节目，方便日常生活。因此，合格的营销人员应当具有善于发现购买者购买产品时所追求的真正的实际利益的本领，作为企业新产品的"创意"，发掘有利的市场机会。

2. 形式产品

它是核心产品的物质载体，是指企业直接提供给购买者，购买者通过自己的眼、耳、鼻、舌、身等感觉器官可以接触到、感觉到的产品形式。实体产品也叫有形产品，包括产品的形态、形状、式样、商标、质量、包装、设计、风格、色调等。在企业营销活动中，必须认识到产品的质量是一个包括产品实体内、外部多方面因素的综合概念。

3. 延伸产品

延伸产品是指消费者购买某种产品时延伸得到的全部附加服务和利益，包括提供贷款、免费送货、安装、维修、技术指导、售后服务等。美国著名市场营销学家李维特教授断言："未来竞争的关键，不在于工厂能生产什么产品，而在于其产品所提供的附加价值：包装、服务、广告、用户咨询、消费信贷、及时交货和人们以价值来衡量的一切东西。"因此，在现代市场上，面对有形产品的日益同质化、雷同化趋势，企业间竞争胜负的关键在于善打"服务仗"，即竞争力的大小更多地体现在附加产品价值的高低。

二、产品组合策略

(一) 产品组合

在现代社会化大生产和市场经济条件下，大多数企业都生产和销售多种产品。所谓产品组合，是指一个企业生产或经营的全部产品的有机构成方式，或者说，它是某一企业所生产或销售的全部产品大类（产品线）、产品项目的组合。产品线，也称产品系列或产品大类，是指具有相同使用功能，但型号规格不同的一组类似产品，如图 9.1 宝洁公司洗化产品组合有 4 条产品线。

产品项目，是指某一品牌或产品大类内由尺码、价格、外观及其他属性来区别的具体产品，如图 9.1 宝洁公司洗化产品组合有 14 个产品项目。产品组合一般由若干条产品线组成，每条产品线又是由若干产品项目构成。

产品组合有一定的宽度、长度、深度、关联度。所谓产品组合的宽度，是指一个企业有多少产品大类，即产品线的数目；产品组合的长度，是指一个企业的产品组合中所包含的产品项目的总数；所谓产品组合的深度，是指一条产品线内各种产品不同品牌下不同规格、尺码、型号、功能、配方、装潢等的数目的多少。产品组合内所有不同规格、尺码、型

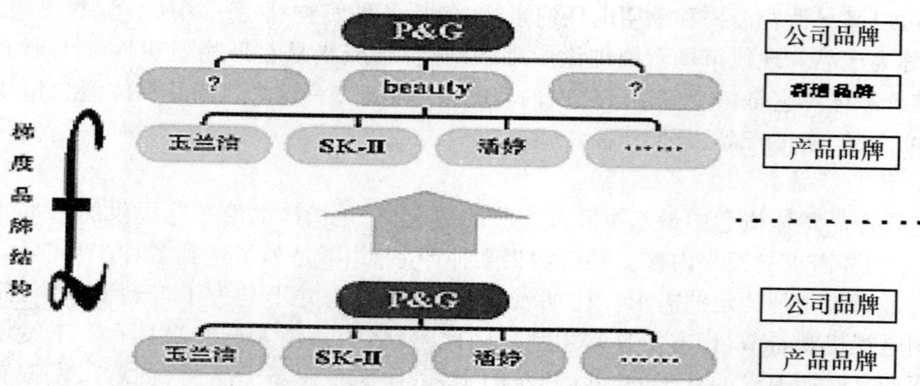

图 9.1　宝洁公司洗化产品组合的产品线

号、功能、配方、装潢等的总数除以不同品种中不同品牌的总数，为平均深度；所谓产品组合关联度，是指一个企业的各个产品大类在最终用途、生产条件、分销渠道等方面的密切相关程度。

（二）产品组合策略

企业对其产品系列的宽度、深度和关联度的决策有多种选择。常见的产品组合策略有以下几种：

1. 扩大产品组合策略

该策略包括拓展产品组合的宽度和加强产品组合的深度。前者是在原产品组合中增加一条或几条产品大类，扩大经营产品范围；后者是在原有产品大类内增加新的产品项目。当企业预测到现有产品经营范围的销售额和利润额在未来一段时间内有可能下降时，就应考虑在现行产品组合中增加新的产品大类，或加强其中有发展潜力的产品大类。当企业打算增加产品特色，或为更多的子市场提供产品时，则可选择在原有产品大类内增加新的产品项目。

2. 缩减产品组合策略

缩减产品组合有三种方式：一是保持原有产品宽度或深度，即不增加产品系列和产品项目，只增加产品产量，降低成本；二是缩减产品系列企业根据本身特长和市场的特殊需要，只生产经营某一个或少数几个产品系列；三是缩减产品项目，即在一个产品系列内取消有些低利产品，尽量生产利润较高的少数品种规模的产品。如美国西屋电器公司将其电冰箱品种由 40 个减少至 30 个，撤销了 10 个品种，反而增强了企业竞争力；1988 年，松下也曾将其产品种类由 5 000 个缩减至 1 200 个。

3. 产品线延伸策略

产品线延伸策略是指全部或部分改变企业原有产品的市场定位。它包括三种延伸：一是向下延伸，即企业原来生产高档产品，后来增加低档产品；二是向上延伸，即由低档产品向高档产品延伸；三是双向延伸，即原来定位中档产品，现向高档、低档产品发展。

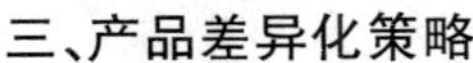

三、产品差异化策略

1. 产品差异化的含义

产品差异化,就是企业为使自己的产品有别于竞争者而突出产品的一种或数种特征,使其与竞争者的同质产品有明显差异,用以增强产品对消费者的吸引力,巩固其产品的市场地位的一种策略。

正如菲利普·科特勒教授所说,要确保一种产品处于保护地位的最好办法就是使这一产品具有与竞争者不同的特色。

2. 产品差异化的重要内容

产品差异化的内容可以概括为两个方面:一是产品因素的差异化,即产品差异化反映在产品的不同层次上,可以是核心产品的差异化,也可以是实体商品的差异化,还可以是延伸产品的差异化;二是市场营销组合因素的差异化,如反映在定价、分销渠道及促销因素组合形态的变化,也叫做产品外在因素差异化。

3. 产品差异化的基本方法

(1)通过产品质量形象化来实现产品差异化。由于消费者的购买基本上都属于非行家购买,因此,产品质量形象化是显示产品质量的一个重要方法。

质量形象化的具体方法有:高价显示优质,高级包装显示优质。

(2)通过信息传递来实现产品差异化。它通过声音、图像等各种传播手段,将有关产品特征的信息传递到市场,让顾客感到产品的差异,从而在顾客心目中树立此产品与众不同的形象。

(3)利用商标来实现产品的差异化。商标是一种产品的质量、特性及其效用的象征,产品的质量与商标的信誉通常是联系在一起的。

(4)通过分销渠道实现产品差异化。选择哪些分销商来经销商品,也是树立产品形象的一个重要方面。经销商规模大小、声誉好坏,不仅会造成产品质量形象的差异,也会给消费者带来产品整体形象的差别。

(5)通过向消费者提供良好的服务来实现产品差异化。良好的服务、免费送货、分期付款等,都可以形成整体产品的差异化。

第二节　产品生命周期理论

一、产品生命周期的概念

产品生命周期是指产品从进入市场到被市场淘汰为止的全过程。典型的产品生命周期可分为引入期、成长期、成熟期、衰退期四个阶段。产品生命周期的四个阶段只是典型化的描述,可以表示为一条S型曲线(如图9.2所示)。

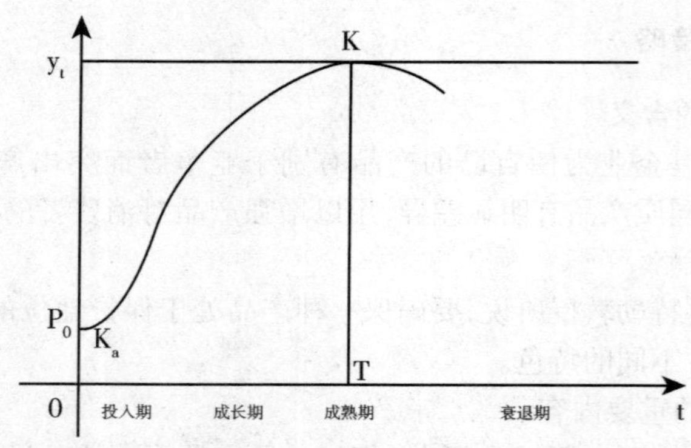

图 9.2　产品生命周期曲线图

在现实经济生活中，由于各种行业经营产品的不同，产品的生命周期及其经历各阶段的时间长短也不同，有些产品如时装，整个生命周期可能只有几个月，而有些产品的生命周期可以长达几十年甚至数百年，如茅台酒、北京烤鸭等都久负盛名、长盛不衰。并且每种产品经历生命周期各阶段的时间也不尽相同。此外，各种产品也不一定都经历市场生命周期的四个阶段。有的产品可能刚进入市场不久就夭折；有些产品上市伊始就迅速成长，可能跳过销售额缓慢增长的引入期；另一些产品又可能持续缓慢增长，即由引入期直接进入成熟期；还有些产品经过成熟期以后，再次进入迅速增长期。但一般说来，大多数产品都将“衰老”，直到退出市场。

理解产品生命周期的概念，要区分产品生命周期与产品的使用寿命是两个截然不同的概念。产品使用寿命是指产品实体的消耗磨损。产品生命周期是指产品的市场寿命，它是从产品的市场销售额和利润额的变化来进行分析判断的。

另须注意的是，产品生命周期泛指“产品”，而实际上在产品的种类、品种和具体的品牌的生命周期分析起来大不相同。产品种类的生命周期最长，甚至在相当长的时间内显示不出其阶段的变化，其次为产品品种，周期最短的是具体品牌的产品。在实际经营中，应用产品生命周期理论分析产品种类的情况较少，而更多的是分析产品品种或具体品牌。

二、产品生命周期各阶段的特点及营销策略

处于产品生命周期不同阶段的产品各有其特点，企业应该采取不同的营销对策，根据产品市场生命周期理论，总的要求是：第一，使企业的产品尽可能迅速地为目标市场所接受，从而缩短产品的引入期；第二，使企业的产品尽可能保持畅销的势头，延长产品的成熟期；第三，使企业的产品尽可能缓慢地被市场淘汰，推迟产品的衰退期。

（一）引入期

新产品上市后的最初时期，为产品的引入期。在这一阶段，顾客对产品还不了解，尚未建立起理想高效的营销渠道，由于技术方面的原因，产品不能大批量生产，成本高、销售额增长缓慢。因此，产品处于引入期，突出表现为生产批量小、成本高、竞争者少、知名度低、微利或没有利润等特点。此时产品的生命力脆弱，企业承担的市场风险最大。产

品引入期常用的策略有以下几种：

1．快速掠取策略

这种策略采用高价格、高促销的双高策略，“高格调先声夺人”。高价格是为了在每一单位销售额中获取最大的利润；高促销费用是为了使消费者尽快熟悉和了解产品，快速打开销路，占领市场。成功实施这一策略，可以赚取较高的利润，以尽快收回投资成本。但是采用这种策略必须具备一定的条件，即市场需求潜力大，目标顾客求新心理强，急于购买新产品并愿意为此支付高价。同时，产品在性能和质量上要优于同类产品或者在某些方面有独到之处。

2．缓慢掠取策略

缓慢掠取策略又称“选择性渗透”策略，是以高价格、低促销费用相结合推出新产品，以求获得更多的利润。采取这种策略的条件是：目标市场的潜力和规模有限，竞争威胁不大，大多数用户了解这种产品，适当的高价能为顾客接受。如德国拜尔药厂生产的阿司匹林自投入市场以后，价格虽然很高，但因药效好，在世界各地行销几十年。

3．快速渗透策略

快速渗透策略又称“密集性渗透”策略，通过实行低价格、高促销费用的结合推出新产品。该策略可以给企业带来最快的最高的市场占有率，它适用于以下情况：产品市场容量很大，潜在消费者对产品不了解，且对价格非常敏感，潜在竞争比较激烈，产品的单位成本可随着生产规模和销售量的扩大迅速下降。

4．缓慢渗透策略

缓慢渗透策略也叫双低策略，即企业是以低价格、低促销费用来推出新产品，又称“低格调以低廉取胜”策略。该策略使产品能够比较容易渗入市场，打开销路，在取得规模经济效益的同时树立起“物美价廉”的良好印象。这种策略适用于市场容量大，产品适用面广，消费者熟悉这种产品，促销作用不明显，但对价格反应敏感，并且潜在竞争激烈的情况。

以上策略总的原则是：要在市场引入期努力取得产品的市场占有率。

（二）成长期

当产品在市场上打开销路时，该产品即进入成长期。在成长期阶段，由于消费者逐渐熟悉该产品，商品销售额迅速上升，生产批量加大，生产、销售成本大幅度下降，企业利润很快增加，同时竞争者也可能加入。针对这一阶段销售量上升、成本下降、利润增加的特点，企业市场营销的目的主要是扩大市场占有率，掌握竞争的主动权。营销策略的重点应该突出一个“好”字，即在进行扩大生产能力的同时，进一步改进和提高产品质量，可采取下面几种营销策略：

1．改善产品品质

通过增加新的功能，改变产品款式等方式，对产品进行改进，可以提高产品的竞争能力，满足顾客更广泛的需求，吸引更多的顾客。

2．寻找新的子市场

通过市场细分，找到新的尚未满足的子市场，根据其需要组织生产，迅速进入这一新的市场。

3. 改变广告宣传的重点

把广告宣传的重心从介绍产品转到建立产品形象上来,树立产品名牌,维系老顾客,吸引新顾客,使产品形象深入顾客心中。

4. 适当降价策略

在大量生产的基础上,选择适当的时机,采取适当降价策略,以激发那些对价格比较敏感的消费者产生购买动机,采取购买行动。

以上策略总的原则是:要在市场成长期努力扩大产品的市场占有率。

(三)成熟期

产品经过一段时间以后,销售量的增长会缓慢下来,这表明产品已经走向成熟期。这一时期在整个产品生命周期中持续时间最长,其特点是:销售量达到顶峰,但增长速度缓慢,随之市场需求逐渐饱和,销售增长率甚至呈现下降趋势;生产量大,生产成本低,利润总额高但增长率降低;由于产品普及率高,市场需求减少,行业内生产能力出现过剩,市场竞争激烈。

针对成熟期的产品特点,企业应千方百计维持甚至扩大原有的市场份额,其市场策略突出一个"改"字,即对原有的市场营销组合进行改进,具体有三种策略可以选择:

1. 产品改良策略

产品改良策略也称为"产品再推出"。实现产品改良的具体策略有四种:

①品质改进策略,主要侧重于增加产品的功能;②特性改进策略,主要侧重于增加产品的新特性,尤其是扩大产品的高效性、安全性或方便性;③式样改进策略;④服务改进策略。

2. 市场改良策略

市场改良策略即开发新市场,寻求新用户。市场改良可以通过下述几种方式实现:①开发产品的新用途,寻求新的细分市场;②刺激现有顾客,增加使用频率;③寻找新的使用者,重新为产品定位,寻求新的买主。

3. 营销组合改良策略

营销组合改良策略是指通过改变定价、销售渠道及促销方式来延长产品的市场成熟期。一般是通过改变一个因素或几个因素的配套关系来刺激或扩大消费者的购买。

以上策略总的原则是:确保产品的市场占有率。

(四)衰退期

这一时期的主要特征是产品老化,陷入被市场淘汰的境地;产品销售额和利润率急剧下降,企业获得的利润很低甚至为零;企业生产能力过剩日益突出;市场上以价格竞争作为主要手段;大量的竞争者纷纷退出市场。在这一阶段,企业应该及时实现产品的更新换代。因此,这一阶段企业的策略重点应抓好一个"转"字,即转向研制开发或转入新市场,通常有以下几种策略可供选择:

1. 继续策略

继续延用过去的策略,仍按照原来的子市场,使用相同的分销渠道、定价及促销方式,直到这种产品完全退出市场为止。

2. 集中策略

把企业能力和资源集中在最有利的子市场和分销渠道上，从中获取利润，这样有利于缩短产品退出市场的时间，同时又能为企业创造更多的利润。

3. 收缩策略

大幅度降低促销水平，尽量降低促销费用，以增加目前的利润。这样可能导致产品在市场上的衰退加速，但也能从忠实于这种产品的顾客中得到利润。

4. 放弃策略

对于衰退比较迅速的产品，应该当机立断，放弃经营。可以采取完全放弃的形式，如把产品完全转移出去或立即停止生产；也可采取逐步放弃的方式，使其所占用的资源逐步转向其他的产品。

以上策略总的原则是：要在市场衰退期力争维持局面，一方面积极发展新产品，另一方面有步骤地撤退老产品，使新老产品顺利地接替，最大限度地减少企业的损失。

第三节　新产品开发

产品生命周期理论为我们提供了一个重要的启示：在当代科学技术水平迅速提高、消费需求变化加快、市场竞争激烈的情况下，不断开发新产品是企业活力的所在，是企业有力的竞争武器，也是企业不可推卸的使命。美国著名管理学者德鲁克说，任何工商企业具有两个，也仅有两个基本的功能：市场营销与创新。

一、新产品概念

从市场营销角度看，凡是企业首次向市场提供的、能满足消费者某种新的需求的产品，都称为新产品。产品整体概念中任何一部分的创新、变革和改良，都可视为新产品。据此，新产品可分为：

1. 全新产品

全新产品是指应用科技新成果，运用新原理、新技术、新工艺和新材料制造的在市场上前所未有的产品。

2. 换代产品

换代产品也称为革新产品。是指适合新用途、满足新需要，在原有产品的基础上采用新技术而生产的产品。

3. 改进型新产品

改进型新产是指对现有产品的结构、功能、品质、花色、款式及包装进行全部或局部改进的产品。

4. 新品牌产品

新品牌产品是指企业对国内外市场上已有的产品进行模仿生产，使用新品牌后提供给市场，也称模仿型新产品。

二、新产品的开发程序

新产品开发过程由八个阶段构成，即寻求创意、甄别创意、形成产品概念、制定市场营销战略、营业分析、产品开发、市场试销、批量上市。

1. 寻求创意

新产品开发过程是从寻求创意开始的。所谓创意，就是开发新产品的设想。新产品创意的主要来源有：顾客、竞争对手、企业推销、研发和高层管理人员、中间商、市场调研公司、广告中介公司等，此外，企业还可以从大学、咨询公司、同行业的团体协会、有关报刊媒体那里寻求有用的新产品创意。

2. 甄别创意

取得足够创意以后，要对这些创意加以评估，研究其可行性，并挑选出可行性较强的创意，这就是创意甄别。创意甄别的目的就是淘汰那些不可行或可行性较低的创意，使公司有限的资源集中于成功机会极大的创意上。

甄别创意时，一般要考虑两个因素：一是该创意是否与企业的战略目标相适应，表现为利润目标、销售目标、销售增长目标、形象目标等几个方面；二是企业有无足够的能力开发这种创意，这些能力表现为资金能力、技术能力、人力资源、销售能力等。

3. 形成产品概念

经过甄别后保留下来的产品创意还要进一步发展成为产品概念。

所谓产品概念，是指企业从消费者的角度对这种创意所做的详尽地描述。企业必须根据消费者的要求把产品创意发展成为产品概念。确定最佳产品概念，进行产品和品牌的市场定位后，就应当对产品概念进行试验。

所谓产品试验，就是用文字、图画描述或者用实物将产品概念展示于一群目标顾客面前，观察他们的反应。

阅读资料

1956 年，美国安培公司研制成世界上第一台磁带录像机。作为一种图像播放设备，录像机虽然存在很多欠缺，但在几十年里，它的替代品一直都没有出现。1993 年，抓住国外企业的疏忽，万燕利用成型技术组合出第一台 VCD 产品。

与录像机相比，VCD 具有很多优势：一是画面质量更好，满足了人们的视听欲望；二是与录像带相比，碟片更小、更轻、更便宜，同时碟片可以随时复制，而质量却始终如一，不存在多次复制后质量下降的问题。在中国市场上，不论是录像带还是碟片，都是盗版的天下，而碟片的特点让它可以被大量低成本复制，于是市场上就出现了大量廉价的碟片，而各大 VCD 机生产企业都在拼命改进 VCD 机的纠错功能，以保证消费者能欣赏到高质量的画面。所以 VCD 成为流行产品而代替录像机，也就顺理成章了。

推出产品后，万燕投入了数千万元广告费营造市场，同时向 11 家音像出版社购买版权，推出碟片。几年的呕心沥血，终于开创了一个市场，但万燕的财源也已经濒临枯竭。1996 年，最悲惨的事情终于发生了——这一年全国 VCD 销量 600 万台，而“万燕”已萎缩到无货可销。结果步步高、爱多等企业乘虚而入，迅速占领市场，万燕因此成为“革命先

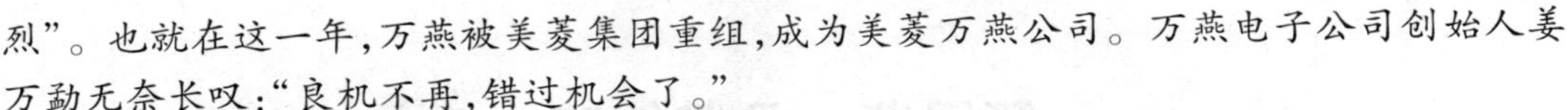

烈”。也就在这一年,万燕被美菱集团重组,成为美菱万燕公司。万燕电子公司创始人姜万勐无奈长叹:“良机不再,错过机会了。”

这个案例告诉我们,企业推出新产品必须讲究市场进入的时机与防止竞争者模仿跟随的策略。

4. 制定市场营销战略

形成产品概念之后,企业的有关人员要拟定一个将新产品投放市场的初步的市场营销计划书。计划书由三个部分组成:

(1)描述目标市场的规模、结构、行为;新产品在目标市场上的定位;头几年的销售额、市场占有率、利润目标等。

(2)简述新产品的计划价格、分销战略以及第一年的市场营销预算。

(3)简述计划长期销售额和目标利润以及不同时间的市场营销组合。

5. 营业分析

在这一阶段,企业市场营销管理者要从经济的角度分析新产品预测的销售额、成本和利润是否符合企业的目标。如果符合,就可以进行新产品开发。

6. 产品开发

如果产品概念通过了营业分析,研究和开发部门及工程技术部门就可以把这种概念转变为产品,进入试制阶段。在这一阶段,以文字、图表及模型等描述的产品设计变为实体产品。

7. 市场试销

市场试销的规模决定于两个方面:一是投资费用和风险大小,二是市场试销费用和时间。投资费用和风险越高的新产品,试销的规模应大一些。从市场试销费用和时间来讲,所需市场费用越多、时间越长的新产品,市场试销规模应小一些;反之,则可大一些。

8. 批量上市

在这一阶段,企业高层管理者应当作出以下决策:

(1)何时推出新产品。指企业高层管理者要决定在什么时间将新产品投放市场最适宜。

(2)何地推出新产品。指企业高层管理者要决定在什么地方(某一地区、某些地区、全国市场或国际市场)推出新产品最适宜。

(3)向谁推出新产品。指企业高层管理者要把分销和促销目标面向最优秀的顾客群。

(4)如何推出新产品。企业管理部门要制定投放市场的市场营销战略。这里,首先要对各项市场营销活动分配预算,然后规定各项活动的先后顺序,从而有计划地开展市场营销管理。

第四节　品牌策略

在产品趋于同质化的今天,激烈的市场竞争使越来越多的企业认识到品牌的重要性。品牌是整体产品的重要的组成部分,也是一个企业重要的无形资产。著名的品牌不仅可以提高产品的身价和企业的知名度,而且可以获得稳定的市场份额,增强企业的竞争力。

一、品牌的概念

所谓品牌,也就是产品的牌子,它是销售者给自己的产品规定的商业名称,通常由文字、标记、符号、图案、颜色、设计等要素或这些要素的组合构成,借以辨认某个销售者或某群销售者的产品及服务,并使之与竞争对手的产品和服务区别开来。品牌是一个集合概念,通常包括品牌名称、品牌标志、商标等要素。品牌名称是指品牌中能够发音、可被读出的部分,如"可口可乐"、"娃哈哈"等;品牌标志是指品牌中可以通过视觉识别、能用语言描述、但不能用语言直接称呼的部分,如一些符号、图像、图案、色彩等,"海尔"品牌中那两个相互拥抱的儿童形象就是其品牌标志。

商标是指品牌或品牌中的一部分,包括产品文字名称、图案记号、或两者相结合的一种设计,向有关部门注册登记后,经批准享有其专用权的标志。在我国,国务院工商行政管理部门商标局主管全国商标注册和管理工作,商标一经商标局核准即为注册商标,商标注册人享有商标专用权,受法律保护。但在习惯上,我们对一切品牌不论其注册与否,统称为商标,而另有"注册商标"和"非注册商标"之分。在西方国家,商标是一个专门的法律术语,是一项重要的工业产权和知识产权。企业的商标可在多个国家注册并受各国法律的保护。

商标与品牌都是无形资产。两者区别主要在于,商标是区别不同产品的一个标记,是一个法律术语,具有专门的使用权,具有排他性。而品牌是一个商业用语,品牌比商标更具内涵,品牌代表一定的文化与价值,有一定个性。所有的商标都是品牌,但并非所有的品牌都是商标。

与品牌相关的一个概念是名牌。名牌并无准确的概念,但名牌一定是有一定知名度和美誉度的品牌。名牌代表着优良品质,但名牌并不代表高价位,它可以是高质高价,高质中价,甚至高质低价。"茅台"是高质高价,"大宝"化妆品则高质中价,"格兰仕"则高质低价。另外,名牌是有时效性的,今日的名牌明天未必是名牌。

在营销活动中,品牌并非是符号、标记等的简单组合,而是产品的一个复杂的识别系统。品牌实质上代表着卖者对交付给买者的一系列产品的特征、利益和服务的一贯性的承诺,最佳品牌就是质量的保证。

二、品牌的特征

1. 品牌是企业的一种无形资产

品牌的拥有者凭借其优势品牌能够不断地获取利润，但品牌价值是无形的，其收益具有不确定性。

2. 品牌具有一定的个性

在创造品牌过程中，一定要注意品牌个性的塑造，赋予品牌一定文化内涵，满足广大消费者对品牌文化品位的需求。

3. 品牌具有专有性

一件具体的产品可以被竞争者模仿，但品牌却是独一无二的，一经消费者认可，形成品牌忠诚，也就强化了品牌的专有性。

4. 品牌是以消费者为中心的

没有消费者，就没有品牌，品牌具有一定的知名度和美誉度是因为它能够给消费者带来利益，只有市场才是品牌的试金石，只有消费者和用户才是评判品牌优劣的权威。

5. 品牌是企业竞争的一种重要工具

品牌可以向消费者传递信息，提供价值。在信息爆炸的时代，消费者需要品牌，也愿意为他们崇拜的品牌支付溢价。因此，品牌策略备受关注，未来的营销将是品牌的战争。

三、品牌决策

品牌决策的内容通常包括以下几个方面：

1. 品牌化决策

企业决定是否给产品起名字、设计标志的活动就是企业的品牌化决策。

今天，品牌化迅猛发展，像大豆、水果、蔬菜、大米和肉制品等过去从不使用品牌的商品，现在也被放在有特色的包装袋内，冠以品牌出售，这是因为使用品牌有如下好处：便于企业订单处理和存货管理；有助于市场细分；有助于吸引更多的品牌忠诚者；注册商标可使企业的产品得到法律保护，防止竞争者模仿；有助于树立良好的产品和企业形象。

但是，为了节省在包装和广告上的开支，降低价格，扩大销售，一般来说，对于那些在加工过程中无法形成一定特色，产品同质性很高，消费者在购买时不会过多地注意其品牌的产品，或者对于那些消费者只看重产品的式样和价格而忽视品牌的产品，企业可以实行非品牌化决策。

2. 品牌命名决策

一个好的品牌名称是品牌被消费者认知、接受、满意乃至忠诚的前提，品牌的名称在很大程度上会影响品牌联想，并对产品的销售产生直接的影响。因此企业在一开始就要确定一个有利于传达品牌定位方向、且有利于传播的名称。从国内外知名品牌的成败得失中可总结出品牌命名的一些基本原则：

(1)易读、易记原则。在商品品牌的汪洋大海中，品牌名称只有易读、易记，才有高效地发挥它的识别和传播功能，品牌命名应努力做到：简洁、独特、新颖、响亮、有气魄。

(2)暗示产品属性原则。品牌名称还可以暗示产品某种性能和用途。例如“999 胃泰”，暗示该产品在医治胃病上的专长。类似的还有“捷达”轿车、“洁银”牙膏、“美尔雅”服装等。

(3)启发品牌联想原则。品牌名称应包含与产品或企业相关的寓意，让消费者能从中得到有关企业或产品的愉快联想,进而产生对品牌的认知或偏好。比如:“孔府家酒”——悠久的历史,灿烂的文化,中国的儒文化——能引发消费者积极的品牌联想。

(4)与标识物相配原则。品牌标识物是指品牌中无法用语言表达但可被识别的部分,当品牌名称与标识物相得益彰、相映生辉时,品牌的整体效果会更加突出。如今,有些还在牙牙学语的幼儿只要看到麦当劳醒目的黄色“M”时,便要想到要吃汉堡包。

(5)适应市场环境原则。品牌名称要适应目标市场的文化价值观念。企业应特别注意目标市场的文化、宗教、风俗习惯及语言文字等特征,以免因品牌名称在消费者中产生不利的联想。

(6)受法律保护原则。品牌名称的选定首先要考虑该品牌名称是否有侵权行为,其次,要注意该品牌名称是否在允许注册的范围以内。有的品牌名称虽然不构成侵权行为,但仍无法注册,难以得到法律的有效保护。我国商标法规定地名是不能作为商标名称进行注册的,当然也就不会受到法律的保护。

(7)当地化与全球化相统一原则。在品牌命名上,首先要考虑如何使品牌名称适合当地。一种办法是为当地营销的产品取个独立的品牌名,也可把原有的品牌名翻译成适应当地的做法,如 NIKE 在中国翻译成“耐克”而不是“奈姬”、“娜基”之类,就在于它显示了一个清楚的含义,经久耐用、克敌制胜,与原意“胜利女神”不谋而合;另一种办法是从一开始就选择一个全球通用的名称,在这方面,“索尼”、“金利来”、“宏基”堪称楷模。

3. 品牌使用者决策

企业有三种可供选择的策略,即企业可以决定使用本企业(制造商)的品牌,这种品牌叫做企业品牌、生产者品牌、全国性品牌;企业也可以决定将其产品大批量地卖给中间商,中间商再用自己的品牌将商品转卖出去,这种品牌叫做中间商品牌、私人品牌、经销商品牌;企业还可以决定有些产品使用自己的品牌,有些产品使用中间商品牌。

在现代市场经济条件下,制造商品牌和经销商品牌之间经常展开激烈的竞争,也就是所谓品牌战,实质是制造商与经销商之间实力的较量。在这种对抗中,中间商有许多优势。这些优势表现在:

第一,零售商业的营业面积有限,许多企业特别是新企业难以用其品牌打入零售市场。

第二,以私人品牌出售的商品大都是大企业的产品,中间商特别注意保持其私人品牌的质量,赢得了消费者的信任。

第三,中间商品牌的价格通常定得比制造商品牌低,能迎合许多计较价格的顾客,特别是在通货膨胀时期更是如此。

第四,大零售商把自己的品牌陈列在商店醒目的地方,而且妥善储备。

由于这些原因,制造商品牌昔日的优势正在削弱。

4. 品牌统分决策

企业决定所有的产品使用一个或几个品牌,还是不同产品分别使用不同的品牌,这就是品牌统分决策。大致有以下三种决策模式:

(1)个别品牌策略。个别是指策略企业决定每个产品分别使用不同的品牌。采用个别品牌名称,为每种产品寻求不同的市场定位,有利于增加销售额和对抗竞争对手,还可以分散风险，使企业的整个声誉不致因某种产品表现不佳而受到影响。如"宝洁"公司的洗衣粉使用了"汰渍"、"碧浪"；肥皂使用了"舒肤佳"；牙膏使用了"佳洁士"。

个别品牌策略的最大缺点是加大产品的促销费用，使企业有限的资源分散，在竞争中处于不利地位；此外，企业品牌过多，也不利于企业创立名牌。

(2)统一品牌策略。统一品牌策略也称家族品牌，是指企业的所有产品都使用同一品牌。如美国通用电气公司的所有产品都用"GE"作为品牌名称。

这种品牌策略的主要优点是：企业可以运用多种媒体集中宣传一个品牌，充分利用其名牌效应，使其相关产品畅销。同时，还有助于新产品快速进入目标市场，而不必为建立新品牌的认识和偏好花费大量的广告费。但是，采用统一品牌的各种产品应注意具有相同的质量水平，否则会影响品牌信誉，特别是有损于较高质量产品的信誉。

(3)个别品牌名称与企业名称并用。个别品牌名称与企业名称并用是指企业对不同类别的产品分别采取不同的品牌名称，且在各种产品的品牌名称前还冠以企业的名称。

采用这种品牌策略的出发点是企图兼有以上两种策略的优点，既可以使新产品合法化，能够享受企业的声誉，节省广告费用，又可以使各品牌保持自己的特点和相对独立性。海尔集团就推出了"大力神"冷柜、"小神童"洗衣机。

5. 品牌延伸决策

品牌延伸亦称品牌扩展，是指企业利用已具有市场影响力的成功品牌来推出改良产品或新产品。例如以雀巢咖啡成名的"雀巢"商标，被扩展使用到奶粉、巧克力、饼干等产品上。

采用品牌延伸策略具有的显著优点是，一个受人注意的好品牌能使产品立刻被市场认识和较容易地被接受，如果品牌扩展成功，还可进一步扩大原品牌的影响和企业声誉。

但是，实施品牌延伸策略，如果延伸不当，则会冒一定的风险，企业应根据具体情况谨慎行事。

6. 多品牌策略

多品牌策略是指企业在同一种产品上同时使用两个或两个以上相互竞争的品牌，这种策略由宝洁公司首创。

一般说来，企业采用多种品牌策略的主要原因是：

(1)多种不同的品牌只要被零售商接受，就可占用更大的货架面积，而竞争者所占用的货架面积当然就会相应减少。上海家化的"美加净"、"百爱神"、"六神"等品牌的洗发水，在抢占货架面积方面就取得了理想的效果。

(2)多种不同的品牌可吸引更多顾客，提高市场占有率。这是因为，一贯忠诚于某一品牌而不考虑其他品牌的消费者是很少的，大多数消费者都是品牌转换者。发展多种不同的品牌，才能赢得这些品牌转换者。

(3)发展多种不同的品牌有助于在企业内部各个产品部门、产品经理之间展开竞争，提高企业生产经营效率。

(4)发展多种不同的品牌可使企业深入到多个不同的细分市场，占领更广大的市场。

采用多品牌策略的主要风险就是使用的品牌数量过多，以致每种品牌产品只有一个较小的市场份额。解决的办法就是对品牌进行筛选，剔除那些比较疲软的品牌。

第五节　包装策略

一、包装的含义和功能

1. 包装的含义

所谓包装，就是企业对某种产品的容器或包装物的设计、装饰和制造活动。包装也被看作是生产的结束和流通的开始。

市场营销学认为产品包装可以包括三个层次：一是首要包装，指直接接近产品的容器，如牙膏的软管、啤酒的瓶子等；二是中层包装，即保护首要包装的包装物，其作用是保护和促进销售，如牙膏的外包装纸盒；三是储运包装，主要是为了方便大量产品的储运和辨认，如装运牙膏的纸板箱。

此外，标签也是包装的一个组成部分，在标签上一般都印有包装内容和产品所包含的主要成分、品牌标志、产品质量等级、生产厂家、生产日期和有效期、使用方法等，有些标签上还印有彩色图案或实物照片，以促进销售。

2. 包装的功能

作为整体产品的组成部分，包装的意义已经远远超越了作为容器保护商品的作用，而逐步成为树立企业形象、促进扩大商品销售的重要因素之一。设计良好的包装能为消费者创造方便价值，为生产者创造促销价值，其功能主要体现在：

(1)保护商品。有效的产品包装可以起到防潮、防热、防冷、防挥发、防污染、保鲜、防易碎、防变形等系列保护产品的作用，这是包装的最初的、也是最基本的功能。

(2)提供便利。良好的包装既便于卖方对产品的运输、储存和管理，也便于消费者对产品的识别、购买、携带和使用，便利了整个交易活动。

(3)促进销售。“包装是立在货架上的广告”，它不仅能够保护商品便于出售使用，而且能够传递有关商品的信息，具有识别、传递信息、诱发购买的功能。

(4)增加价值。除了通过促进销售、增大企业的利润之外，包装不仅降低了产品在流通中的损耗率，而且其本身也能够提高产品的附加值，顾客因此而愿意支付的价格远远高于包装的附加成本，从而大幅度提高企业的利润水平。

苏州的檀香扇在香港市场上的售价原为65元，由于改用成本仅为5元的锦盒包装，售价提高到165元，且销量大增。

近20年来，尽管我国的包装水平已有了显著地提高，但与经济发达国家相比，我国的包装还存在不小的差距。据外贸部门估计，我国出口商品由于包装欠佳，每年至少损失10%的外汇收入。很多外商认为我国的出口商品是一等商品、二等包装、三等价格。由于包装落后，不仅影响了出口商品的销路和利润，而且严重损害了我国在国际市场上的形象和声誉。企业界应该在产品包装方面，作出进一步的努力。

二、包装策略

为了充分发挥包装在营销方面的作用，除了要对包装进行精心的设计外，还要正确

决策和灵活运用以下包装策略:

1. 类似包装策略

类似包装策略指企业对其生产的产品采用相同的图案、近似的色彩。相同的包装材料和相同的造型进行包装,便于顾客识别出本企业产品。对于忠实于本企业的顾客,类似包装无疑具有促销的作用,企业还可因此而节省包装的设计、制作费用。但类似包装策略只适宜于质量相同的产品,对于品种差异大、质量水平悬殊的产品则不宜采用。

2. 配套包装策略

配套包装策略指企业根据消费者的购买和消费习惯,将多种使用上关联的产品配套包装在一起成套供应,如女士化妆盒、家用工具箱等,不仅便于消费者购买、使用和携带,而且还可带动多种产品的销售,特别有利于新产品的推广。但在实践中,需防止不顾市场需求的具体特点、消费者的购买力水平和产品本身关联度大小任意组合搭配的错误做法,以免消费者产生抵触情绪。

3. 再使用包装

再使用包装指包装内的产品使用完后,包装物还有其他的用途。如各种形状的香水瓶可作装饰物,精美的食品盒也可被再利用等。这种包装策略可使消费者感到一物多用而引起其购买欲望,而且包装物的重复使用也起到了对产品的广告宣传作用。不过,要谨慎使用该策略,避免因成本加大引起商品价格过高而影响产品的销售。

4. 等级包装

等级包装指企业为不同质量等级的产品分别设计和使用不同的包装。显然这种策略的实施成本较高,但它可以适应不同的购买力水平或不同顾客的购买心理,从而扩大销售。如礼品和自己用的产品可分别使用不同档次的包装。

5. 附赠包装策略

附赠包装策略即在商品包装物内附赠奖券或实物,或包装本身可以换取礼品,吸引顾客的惠顾。我国出口的"芭蕾珍珠膏",每个包装盒附赠珍珠别针一枚,使珍珠膏在国际市场十分畅销。

6. 改变包装策略

改变包装策略即改变和放弃原有的产品包装,改用新的包装。由于包装技术、包装材料的不断更新,消费者的偏好不断变化,采用新的包装以弥补原包装的不足,企业在改变包装的同时必须配合好宣传工作,以消除消费者以为产品质量下降的错误认知或其他的误解。

复 习 题

一、填空题

1. 整体产品包含三个层次,其中最基本的层次是(　　)。

2. 若企业的目标是要在某个行业中占据主导地位,并要求较高的市场占有率和市场增长率,其产品线就应(　　)。

3. 典型的产品生命周期包括四个阶段,即(　　)、(　　)、(　　)、(　　)。

4. 市场营销学定义的新产品包括四类,即(　　)、(　　)、(　　)、(　　)。

二、单项选择题

1. 企业所拥有的不同产品线的数目是产品组合的(　　)。

A. 深度　B. 长度　C. 宽度　D. 相关性

2. 用料与设计精美的酒瓶,在酒消费之后可用作花瓶或凉水瓶,这种包装策略是(　　)。

A. 配套包装　B. 附赠品包装　C. 分档包装　D. 再使用包装

3. 在产品生命周期中,丰厚的利润一般在(　　)阶段开始出现。

A. 引入期　B. 成长　C. 成熟期　D. 衰退期

4. 企业提高竞争力的源泉是(　　)。

A. 质量　B. 价格　C. 促销　D. 新产品开发

5. 品牌是指(　　)。

A. 商标　B. 包括名称、标记、等多层次含义

C. 产品标识　D. 产品价值

三、判断题

1. 产品组合的深度是指产品组合中所有产品项目的数量。(　　)

2. 产品差异化主要是指形式产品的差异化。(　　)

3. 品牌与商标的区别主要在于是否已在商标管理部门注册。(　　)

4. 包装就是为了保护商品。(　　)

5. 产品的生命周期是指产品的市场寿命。(　　)

四、简答题

1. 简述产品组合的三种策略。

2. 开发新产品的程序包含哪几个阶段?

3. 简述企业品牌策略的主要内容。

4. 品牌设计的注意事项有哪些?

5. 分别举例说明包装策略有哪些。

6. 简述产品差异化的途径主要有哪些。

本章小结

1. 产品策略是市场营销组合的首要决策,是市场营销组合的基础。

2. 现代市场营销理论认为,产品应当是能够被消费者理解的、并能满足其需求的、来

自企业营销人员所提供的一切东西。整体产品概念包括三个层次:产品的核心层、实体层和延伸层。

3. 产品的生命周期,可将其分为引入期、成长期、成熟期和衰退期四个阶段。

4. 一般开发新产品的过程可分为:寻求创意、甄别创意、形成产品概念、制定市场营销战略、营业分析、产品开发、市场试销、批量上市等阶段。

5. 品牌是产品不可分割的组成部分,包括品牌名称、品牌标志。商标是品牌的法律术语,常用的品牌决策有:品牌有无策略、品牌命名策略、品牌使用者策略、品牌统分策略、品牌延伸策略、多品牌策略等。

6. 在现代市场营销活动中,包装的功能和作用越来越大,主要体现在:保护产品、方便使用与促进销售等。

案例分析

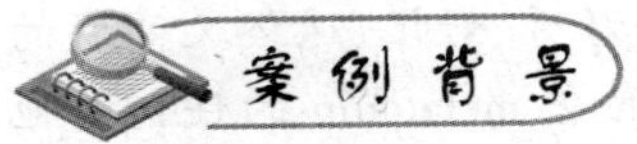

"脑白金"的商机谋略

曾被某些商界权威媒体和专业评论人士判定为商战失败范例的原巨人集团老总史玉柱重现商海,并以两个大手笔的动作令商界瞠目:一是向公众宣布已偿还四年前欠众多个人购楼者的一笔巨额的"巨人大厦"购楼款;二是通过对"ST 青岛百货"的股权收购,成功实现了借壳上市,并将其更名为"ST 青健"。

在这个富有戏剧性的商战传奇故事面前,人们十分感兴趣于"脑白金"究竟是怎样开发出来的?它成功的秘诀是什么?其他企业应该如何借鉴其经验?

(1)"脑白金"的创新战略。

早在 1995 年末,一种叫 melatonin(即人脑松果腺体素,也叫"褪黑素")的安眠食品在美国市场上引起了一股不小的热潮,而此时的史玉柱一方面开始陷入"巨人大厦"的困境,一方面其保健品"巨人脑黄金"仍在市场上流行。因此,对于与脑保健有关的产品的市场信息自然是史玉柱的巨人集团所密切关注和收集的商业情报。他发现 melatonin 在国外市场上的热烈反响,并产生在国内市场做这个产品的念头,对史玉柱来说是顺理成章的事。实际上,借国外的产品在国内搞代理营销,或借国外品牌包装自己的产品在国内打市场,这类赚钱的手法在国内民营企业中已运用得非常普遍。像哈磁集团代理美国的"V26 减肥沙琪晶",沈阳飞龙公司搞的"美国蚕龙脆宝"等都是这方面的例子。

然而,不等史玉柱动手,国内就有几家公司开始引进销售 melatonin。如一家公司以 melatonin 的音译成中文的名称"美乐托宁"在央视上打广告促销,还有一家公司采取不打广告,以低价促销的方法,将 melatonin 取名为"眠纳尔通"进行销售。其他如直接取名"松果腺体素"、"褪黑素"等名称销售的公司也不在少数。但几年过去,这些公司有的已退出市场,没有在这个产品上赚到钱。有的虽还在市场销售,却销得并不怎么好。真正大获成功的只有史玉柱在幕后操控的“健特”公司(“健特”即英文 giant 的中文音译,意思仍然是“巨人”)及其产品“脑白金”。

史玉柱的成功,首先是他意识到,如果在一个外国产品销售中没有自己的知识产权,仅靠简单的代理营销,即使自己冒着风险把市场开发出来了,也难成气候,赚不到大钱。因为打开一个陌生产品的市场销路,需要投入巨额的广告费用。一旦产品走俏了,消费者认同了,跟进者就可无需广告投入采取低价策略来侵蚀开拓者的市场。这时开拓者由于背负着巨大的广告投入成本,将无法与跟进者展开价格战来将跟进者逐出市场。

于是史玉柱就采取了一个组合创新策略,在 melatonin 的基础上开发拥有自有知识产权的新产品。

首先,史玉柱发现 melatonin 作为保健食品其功能比较单一,它主要是解决了让睡眠不好的人能够睡好,且又不像其他安眠药那样存在第二天头脑昏沉,长期服用会导致药物依赖性等副作用。但是,一个健康有问题的人要迅速恢复健康,除了要能够睡好之外,还应该有一个好的胃口。能吃、能睡再加上排泄顺畅,才等于拥有健康的身体。于是,他们搞了一种由化积消食通便的山楂与利尿除湿的茯苓等天然植物药成分组成的中药口服液。由“口服液 + melatonin”构成一个新的产品,并取了一个好听、好记、通俗又高贵的名字“脑白金”,并加以商标注册。同时宣称没有这种口服液的含 melatonin 的任何其他产品均非“脑白金”。这样“脑白金”就成了史玉柱所操纵的“健特公司”的独享产品,为其后续的市场品牌开发与广告投入提供了保护性壁垒,解除了后顾之忧。当时,由于“巨人大厦”上的惨败,史玉柱负债累累,面临破产。能投入“脑白金”的资金据说只有区区十几万元。这与其日后获得的丰厚回报相比,不能不说是一个奇迹。也再次证明了史玉柱是当今商界战场上的一位拿破仑式的人物,即使遭受惨败,但只要被抓住机会,就能重新崛起。

(2)“脑白金”的营销特色。

“脑白金”产品开发出来后,怎样把它营销好又是一个关键问题。此前,“美乐托宁”、“眠纳尔通”等的营销者都走药店这样一个渠道,取名也都像药名,因此可视为一种“类药品”。这样做的原因是由于药品通常具有较大的利润空间。但药品也有营销上的难点:一是在广告上受到比较严格的限制;二是销量上难以做大。为避免这些缺陷,“脑白金”不再往药品上靠,而是把自己定位为保健食品中的“健康礼品”。这样定位,好处有以下四点:

第一,既然是健康食品,仍然可以走药店的销售渠道,但同时也可以在超市等渠道上卖,销售通路更为广泛,有利于做大销量。

第二,便于广告促销,不必像“类药品”那样做广告要受药监、工商等部门的审批、审查的严格限制。

第三,利润空间更为广阔、自由。“美乐托宁”、“眠纳尔通”的市场定位类似于安眠药,尽管他们比传统的安眠药在性能上优越,但价格上却不能不受传统安眠药的牵制。但“脑白金”的市场定位是礼品,既然是礼品,价格高一些更符合作为礼品所要求的“档次”,高价是合理的,也是购买者心理上乐于接受的。同时,也摆脱了其他具有相同或相似功能的药品或保健品的价格牵制。

第四,可以借势造势,顺势而为地夺取由烟、酒等传统的高利润但有害人们健康的商

品所占据的礼品市场份额。香烟和白酒是我国社会长期以来在社交场合习惯使用的高价格、高利润商品。但随着社会的文明和进步,吸烟、喝酒对人体器官的损害大量见于各种媒体的报道中,禁烟、禁酒的公益广告遍布各类公共场所。此时“脑白金”以健康礼品的身份登场,自然如摧枯拉朽一般将一大块原属于烟、酒的礼品市场夺为己有。

此外,“脑白金”的广告策略也颇有特色。一盒“脑白金”的日常消费周期为10天,这个消费水平只有较高收入者才能承受。但高收入者对入口的保健食品在不知情的情况下轻易不会贸然尝试。这使得当时作为一个新产品投放市场的“脑白金”在获得市场认同方面存在不小的难度。脑白金解决这个问题时设计了这样的一种独特的广告:

(1)“脑白金”把广告的主攻对象放在送礼者身上,送礼者的特点是购买的礼品并非是自己享用,只要求能“拿得出手”就行,所以不会存在太大的能不能吃、敢不敢吃、吃是不吃的心理障碍。

(2)为了解除收礼者对享用“脑白金”的心理障碍,史玉柱的健特公司在“脑白金”的产品中又放入了一个构成要件:一本名为“脑白金席卷全球”的书。它图文并茂地大肆向读者讲解“脑白金”在国外如何风靡,如何火爆;国外的名人、政要如何在大吃特吃“脑白金”;各国的媒体如何在热烈报道脑白金的神奇。这本书实际上是一个装扮得像科普读物的“火力”猛烈的广告。当收礼者收到别人送的脑白金,他至少会打开看一看,当看了这本书中从国外媒体上摘录的美国总统克林顿、美国国会议员、罗马教皇等都在服用“脑白金”以及“脑白金”的种种好处,还有什么顾忌不敢吃吃试试的呢?这种广告激起的消费冲击波,是“脑白金”迅速火爆热销的原因之一。

案例思考:

1.“脑白金”是怎样开发出来的?分析说明“脑白金”的营销策略。

2.该案例给了我们哪些可借鉴经验?

第十章 定价策略

教学目标

通过本章学习使学生基本理解影响定价的因素,掌握价格策略的基本概念和学科定位,对企业的定价目标有全面了解,同时对企业定价方法有理性认识,能够根据具体产品进行定价。在了解定价方法的基础上,领会学习定价策略和价格调整策略。

学习任务

通过本章的学习:

1. 理解影响定价的因素。
2. 明确企业定价目标。
3. 掌握企业定价方法。
4. 正确理解和掌握定价策略。
5. 理解企业的价格调整策略与企业面对竞争者调价时的应对措施。

案例导入

在比利时的一间画廊里,一位美国画商正和一位印度画家讨价还价,争辩得很激烈。其实,印度画家的每幅画底价仅在10~100美元之间。但当印度画家看出美国画商购画心切时,对其所看中的3幅画非要单价250美元不可。美国画商对印度画家敲竹杠的“宰客”行为很不满意,吹胡子瞪眼地要求降价成交。印度画家也毫不示弱,竟将其中的一幅画用火柴点燃,烧掉了。美国画商亲眼看着自己喜爱的画被焚烧,很是惋惜,随即又问剩下的两幅画卖多少钱。印度画家仍然坚持每幅画要卖250元。从对方的表情中,印度画家看出美国画商还不愿意接受这个价格。这时,印度画家气愤地点燃了火柴,竟然又烧了另一幅画。至此,酷爱收藏字画的美国画商再也沉不住气了,态度和蔼多了,乞求说:“请不要再烧最后这幅画了,我愿意出高价买下!”最后,竟以800美元的价格成交。

第一节 影响定价的因素

价格作为营销组合中最活跃的因素,受多方面的影响,这些因素主要包括成本、市场需求、竞争状况、消费者心理及政策法规,等等。

一、成本因素

成本是商品价格构成中最基本、最重要的因素，也是商品价格的最低经济界限。公司制定的价格除了应包括所有生产、销售、储运该产品的成本，还应考虑公司所承担的风险。这里对通常涉及的几个成本概念稍作分析。

1．固定成本

固定成本是指不随产量变化而变化的成本，如固定资产折旧、月房租租金、行政人员的薪水、利息等。

2．变动成本

变动成本是指随产量变化而变化的成本，如原材料、生产工人工资等。

3．总成本

总成本是一定水平的生产所需的固定成本和变动成本的总和。

4．平均固定成本

平均固定成本等于总固定成本除以产量。虽然固定成本不随产量的增减而变动，但是平均固定成本将随着产量的增加或减少而相应地下降或上升。

5．平均变动成本

平均变动成本等于总变动成本除以产量。变动成本随产量的增减而同向增减，但平均变动成本不随产量变动而发生变动，其数额通常保持在某一特定水平上。

6．平均总成本

平均总成本是给定的生产水平的单位成本，简称平均成本，它等于总成本除以产量，一般随产量的增加而减少。企业所制定的价格至少应该包括该单位成本。

7．边际成本

边际成本是每增减一单位产量所增加或减少的总成本。

8．机会成本

机会成本是企业从事某一项经营活动而放弃另一项经营活动的机会，即另一项经营活动本应取得的收益。

二、需求因素

成本为公司制定其产品的价格确定了底数，而市场需求则是价格的上限。价格受商品供给与需求的相互关系的影响，当商品的市场需求大于供给时，价格应高一些；当商品的市场需求小于供给时，价格应低一些。反过来，价格变动影响市场需求总量，从而影响销售量，进而影响企业目标的实现。因此，企业制定价格就必须了解价格变动对市场需求的影响程度。反映这种影响程度的一个指标就是商品需求的价格弹性。所谓需求的价格弹性（Price Elasticity of Demand），通常简称“需求弹性”，是指一种物品需求量对其价格变动反应程度的衡量，用需求量变动的百分比除以价格变动的百分比来计算。其公式为：

$$E_p = \frac{\text{需求量变动百分比}}{\text{价格变动百分比}}$$

$$= \frac{\frac{\Delta Q}{Q}}{\frac{\Delta P}{P}} = \frac{\frac{Q_2 - Q_1}{Q_1}}{\frac{P_2 - P_1}{P_1}} \tag{10-1}$$

公式中：Ed 代表需求的价格弹性，即弹性系数，ΔQ 代表需求量的变动，Q 代表需求量，ΔP 代表价格的变动，P 代表价格。

不同物品的需求弹性存在着差异，特别是在消费品的需求弹性方面。造成不同物品需求弹性差异的主要因素有：

1. 产品对人们生活的重要性

通常情况下，米、盐等生活必需品弹性小，奢侈品的需求弹性大。

2. 商品的替代性

如果一种商品替代品的数目越多，则其需求弹性越大。因为价格上升时，消费者会转而购买其他替代品；价格下降，消费者会购买这种商品来取代其他替代品。

3. 消费者对商品的需求程度

需求程度大，弹性小。如当医药价格上升时，尽管人们会比平常看病的次数少一些，但不会大幅度地改变他们看病的次数。与此相比，当汽车的价格上升时，汽车的需求量会大幅度减少。

4. 商品的耐用程度

一般而言，使用寿命长的耐用消费品需求弹性大。

5. 产品用途的广泛性

用途单一的需求弹性小，用途广泛的需求弹性大。在美国，电力的需求弹性是 1.2，这就与其用途广泛相关，而小麦的需求弹性仅为 0.08，就与其用途单一有关。

6. 产品价格的高低

价格昂贵的商品需求弹性较大。

由于商品的需求弹性会因时期、消费者收入水平和地区而不同，所以我们在考虑商品的需求弹性到底有多大时，往往不能只考虑其中的一种因素，而要全面考虑多种因素的综合作用。在我国，彩电、音响、冰箱等商品刚出现时，需求弹性相当大，但随居民收入水平的提高和这些商品的普及，其需求弹性逐渐变小了。

三、竞争因素

成本因素和需求因素决定了价格的下限和上限，然而在上下限之间确定具体价格时，很大程度上要考虑市场的竞争状况。竞争性定价在当今市场上越来越普遍，价格战也越打越激烈，没有人不受竞争影响，起码在长期里是如此。在缺乏竞争的情况下，企业几乎可完全依照消费者对价格变化的敏感性来预期价格变化的效果，然而由于有了竞争，对手的反应甚至可完全破坏企业的价格预期。因此，市场竞争是影响价格制定的一个非常重要的因素。一般说来，竞争越激烈，对价格的影响也越大。

四、心理因素

消费者的心理是影响企业定价的一个重要因素。无论哪种消费者，在消费过程中，

必然会产生复杂的心理活动来指导自己的消费行为。面对不太熟悉的商品,消费者常常从价格上判断商品的好坏,认为高价高质。在大多数情况下,市场需求与价格呈反向关系,即价格升高,市场需求降低;价格降低,市场需求增加。但在某些情况下,由于受消费者心理的影响,会出现完全相反的反应。如"非典"初发期,白醋、板蓝根等商品的大幅涨价反而引起了人们的抢购。

因此,企业在制定商品价格时,不仅应迎合不同消费者的心理,还应影响消费者的心理,使其消费行为向有利于自己营销的方向转化。同时,要主动积极地考虑消费者的长远利益和社会整体利益。

五、政策法规因素

政府为了维护经济秩序,或为了其他目的,可能通过立法或者其他途径对企业的价格策略进行干预。政府的干预包括规定毛利率,规定最高、最低限价,限制价格的浮动幅度或者规定价格变动的审批手续,实行价格补贴等。因此企业制定价格时还必须考虑是否符合政府有关部门的政策和法令的规定。

六、其他因素

除以上因素外,还有其他许多因素也会影响企业价格的制定。如有时企业根据企业理念和企业形象设计的要求,需要对产品价格做出限制。例如,企业为了树立热心公益事业的形象,会将某些有关公益事业的产品价格定得较低;为了形成高贵的企业形象,将某些产品价格定得较高,等等。

第二节 定价目标

为了在竞争激烈的市场中求得生存,企业需要有明确的定价目标。企业的定价目标取决于企业的经营目标。不同企业、不同产品、不同时期、不同市场条件有着不同的定价目标。一般有五种定价目标可供企业选择:

一、以获取利润为定价目标

利润是企业从事经营活动的主要目标,也是企业生存和发展的源泉,不少企业直接以获取利润为定价目标。

1. 以利润最大化为定价目标

当目前利润最大化不会影响长远利润时,企业就会追求目前利润的最大化。利润最大化指确定的价格使总收入尽可能大于总成本。具体是指企业在综合分析市场竞争、产品专利、消费需求量、各种费用开支等因素后,以总收入减去总成本的差额最大化的定价基点,确定单位商品价格,争取最大利润。当然也可以直接为产品定一个较高的价格。追求当期利润最大化必须具备一定条件,即产品声誉卓著,在目标市场上占有竞争优势。

价格高低固然是影响企业利润的重要因素,但它不是决定利润大小的唯一因素,诸如固定资产利用率的变化、替代品的盛行、竞争者数量的扩大以及政府政策的干预等,都对企业实现利润的多少有很大影响。追求利润最大化应以长期的最大利润为目标。有远见卓识的企业领导人,为了追求长期最大利润,可以在短期内采取低价策略甚至亏本的方法先占领市场后,再逐步提高价格,从而获取最大利润。

2. 以合理利润为定价目标

它是指企业在激烈的市场竞争压力下,为了保全自己,减少风险,以及限于力量不足,只能在补偿正常情况下的社会平均成本的基础上,加上适度利润作为商品价格。这被称为合理利润定价目标。这一定价目标能够使消费者愿意接受,企业也能获利,又避免了竞争。

二、以争取产品质量领先为定价目标

采用这种定价目标的企业,一般是在消费者中已享有一定声誉的企业,为了维护和提高企业产品的质量和信誉,企业的产品必须有一个较高价格,这样一方面可以通过高价格带来较高的利润,弥补高质量和研究开发的高成本,保持产品质量的领先地位;另一方面,高价格本身就是产品质量、信誉的一种表现。这种定价目标利用了消费者的求名心理,制定一个较高的价格,有利于保持产品内在质量和外部形象的统一。

三、以提高市场占有率为定价目标

市场占有率是一个企业经营状况和企业产品在市场上竞争能力的直接反映,关系到企业的兴衰存亡。尤其当企业的某种产品处于市场成长阶段时,更应把保持和增加市场占有率作为定价目标。实力雄厚的企业往往以低价策略,来扩充其市场占有率。企业确信赢得最高的市场占有率之后将享有最低的成本和最高的长期利润。

美国近年来的营销研究表明,市场占有率与利润率之间存在着很高的内在关联度。市场营销战略影响利润系统(Profit Impact of Market Strategy ,缩写为 PIMS)的分析指出:当市场占有率在 10% 以下时,投资收益率大约为 8%;市场占有率在 10% ~20% 时,投资收益率在 14% 以上;市场占有率在 20% ~30% 时,投资收益率约为 22%;市场占有率在 30% ~40% 时,投资收益率约为 24%;市场占有率在 40% 以上时,投资收益率约为 29%。因此,以市场占有率为定价目标具有获取长期较好利润的可能性。

四、以应付和防止竞争为定价目标

随着市场竞争的加剧,应付或避免竞争作为一种定价目标已被越来越多的企业所采用。在此,有两种情况:一是实力雄厚的大企业,为防止竞争者进入自己的目标市场,故意把价格定得很低,抢先占领市场;二是中小企业在市场竞争激烈的情况下,以市场领导者的价格作为基础,并与自己的产品进行谨慎比较、权衡,然后根据企业自身的经营能力制定企业的产品价格,从而缓和竞争,稳定市场。

五、以维持生存为定价目标

当企业由于经营管理不善,或由于市场竞争激烈,顾客需求偏好突然发生变化,造成产品销路不畅，大量积压，资金难以周转时，企业被迫以维持生存为定价目标，以求渡过难关。这时企业为产品的定价，只要能收回变动成本或部分固定成本即可，以求迅速出售存货，收回资金。当然，这只是一种权宜之计，从长远看，由于固定资产的耗费不能在价格中得到补偿，企业将在固定资产寿命结束时难以为继。

第三节 定价的一般方法

企业产品价格的高低要受成本费用、市场需求和竞争情况的影响和制约，企业定价方法的确定，要在特定定价目标指导下全面考虑这些因素。但在实践工作中一般侧重某一方面的因素具体计算，下面分别按照这三个因素介绍价格的确定方法。

一、成本导向定价法

成本导向定价法是主要以产品的成本为依据，分别从不同的角度制定对企业最有利的价格策略的定价方法。成本导向定价法由于较为简便，是企业最基本、最普遍和最常用的定价方法。它可以分为以下几种：

1. 成本加成定价法

成本加成定价法是以成本为基础，按照单位成本加上一定百分比的加成来制定产品销售价格，加成的含义就是一定比率的利润。

成本加成定价法的公式为：

$$P = C(1 + R) \tag{10-2}$$

式中：P——单位产品售价；

C——单位产品成本；

R——成本加成率。

此法的优点是：简单易行，在市场环境诸因素基本稳定的情况下，可保证各行业获得预期的利润率，从而可保障生产经营的正常进行。缺点是：忽视市场竞争和市场需求情况，因而是典型的生产者导向观念的产物；由于对产品销售量很难预知，因此成本和价格的计算缺乏科学性。

2. 盈亏平衡定价法

盈亏平衡定价法是指在预测商品销售量和已知固定成本、变动成本的前提下，通过求解商品盈亏平衡点来制定商品价格的方法。盈亏平衡点的计算公式为：

$$Q = F/(P - V) \text{ 或 } P = F/Q + V \tag{10-3}$$

式中：Q——盈亏平衡点的销售量；

F——固定成本；

P——盈亏平衡点单位商品的价格；

V——单位商品的变动成本。

但是，企业从事生产经营活动的目的不仅仅是为了保本，而是要获得目标利润。因此，制定价格时还必须加上目标利润。其公式为：

$$P = F/Q + V + E \tag{10-4}$$

式中：E——单位产品目标利润。

3. 边际贡献定价法

边际贡献定价法也称变动成本定价法。这种方法只计算变动成本，暂不计算固定成本，而以预期的边际贡献补偿固定成本并获得利润。所谓边际贡献，是指企业每多出售一单位商品而使总收益增加的数量，可用总销售收入减去变动成本后的余额来计算。这种定价法，其价格的计算公式为：

价格 = 单位变动成本 + 单位产品边际贡献

边际贡献定价法，一般是在卖主竞争激烈时，企业为迅速开拓市场，而采用的较灵活的定价方法。必须注意的是，售价必须高于变动成本，否则生产越多，亏损越大。

二、需求导向定价法

市场经济条件下，判断定价是否合理，最终取决于消费者，从这种意义上讲，价格是消费者的一种选择。需求导向定价法是指企业主要根据市场需求的强度和消费者对商品价值的认识程度，分别确定商品价格的定价方法。需求导向定价法，主要有以下几种：

1. 认知价值定价法

所谓“认知价值”指消费者对某种商品价值的主观评判，它与产品的实际价值常发生偏离。认知价值定价法是指企业根据消费者对商品的认知价值来制定价格的方法，即企业根据商品在消费者心目中可接受的价格为基础制定价格。采用这种定价方法，显然需要企业能比较自己的产品与竞争者的产品在市场上被消费者理解认识的程度，从而作出恰如其分的估计。为此，先要做营销调研，反向推出零售商及各中间商的销售价格和厂商的出厂价。认知价值定价与现代市场定位观念是一致的。

2. 需求差异定价法

需求差异定价法是指根据不同的市场需求制定不同的商品价格，是定价中极为普遍的一种定价法。这种定价的基础是：不同的购买心理、不同的购买力、不同的购买时间和地点等。通常采取以下几种形式：

(1)以顾客为基础的差别定价。同样的产品和服务，对不同的顾客可制定不同的价格。如同样的建筑材料，卖给经常采购的建筑单位要比卖给一般用户的价格低一些。

(2)以产品式样为基础的差别定价。同等质量和规格的产品，式样老的可定低价，式样新的可定高价；高档产品和低档产品，价格也可拉开差距。

(3)根据地理位置和时间差别定价。如商品在旺季时价格可定高一些，在淡季时可适当降低价格；有些商品和劳务甚至根据不同的时间规定不同的价格，如电报、电话等公用事业，在白天、夜晚、节假日等都有不同的收费标准。又如同一幢楼中，每套面积相同的房间因楼层不同其价格是不同的。

采用需求差异定价法的条件是：市场要能够细分，而且不同的细分市场要能看出需求程度的差别；差别价格不会引起消费者的反感。

三、竞争导向定价法

在市场经济条件下，竞争是不可避免的，竞争对手的价格对企业定价有直接影响，竞争导向定价法是指通过研究竞争对手的商品的价格、生产条件、服务状况等,以竞争对手的价格为基础,确定同类商品的价格。竞争导向定价法主要有以下几种形式:

1. 随行就市定价法

随行就市定价法是以本行业竞争者的价格,按照行业平均现行价格水平作为企业定价的基础。这种方法在实践中运用比较普遍。随行就市定价,既充分利用了行业的集体智慧和反映市场供求情况,又能保证适当的收益,还有利于协调与同行业其他企业的关系,促进行业成长。在定价实践中,一般由某个大企业带头,根据生产成本和市场状况调整现行价格,随后其他企业仿效。在以下几种情况下往往采取这种定价法:①难以估算成本;②企业打算与同行和平共处;③另行定价难以了解购买者和竞争者对本企业的价格反映。

2. 投标定价法

投标定价法是买方引导卖方通过竞争择优成交取得最低商品价格的定价方法。一般适用于建筑工程、大型设备制造、政府的大宗采购等。买方密封递价(又称标的),公开招标,卖方则竞争投标。买方按物美价廉的原则择优选取,到期公布"中标"名单。中标的企业与买方签约成交。投标递价,主要以竞争者可能的递价为转移。递价低于竞争者,可增加中标机会,但不能低于边际成本,否则难以保证合理的收益。

3. 竞争差异定价法

竞争差异定价法通过研究竞争对手产品的有关情况,如质量、性能、价格、生产条件和服务等,对照本企业产品的情况,制定出高于或低于竞争者的价格。若产品在质量、性能、服务等方面不占优势,企业又想迅速扩大其产品销售额,则竞争对手的价格就是本企业产品价格的上限,本企业产品定价要低于它;如果企业产品自身具有很高的信誉,质量优于竞争者的产品,则应实行优质优价,定价可高于竞争对手的价格。

4. 拍卖定价法

拍卖定价法由卖方预先发表公告,展出拍卖物品,买方预先看货,在规定时间公开拍卖,卖方通过拍卖市场公开叫价和买方竞争,将商品售予出价最高者的一种定价方法,这是西方国家一种古老的买卖方式。我国从19世纪70年代开始也出现这种买卖形式,至1958年拍卖行全部关闭,改革开放后又重新出现这种形式。

阅读资料

四种最基本的拍卖形态

1. 英式拍卖(English Auction)

也称增价拍卖。这是最常用的一种拍卖方式。拍卖时,由拍卖人提出一批货物,宣布预定的最低价格,然后由竞买者相继叫价,竞相加价,有时规定每次加价的金额额度,直到无人再出更高的价格时,则用击槌动作表示竞卖结束,将这批商品卖给最后出价最高的人。在拍卖出槌前,竞买者可以撤销出价。如果竞买者的出价都低于拍卖人宣布的最低价格,或称价格极限,卖方有权撤回商品,拒绝出售。购物者彼此竞标,由出价最高者获得物品。当前的拍卖网站所开展的拍卖方式以"英式拍卖"为主。二手设备、汽车、不动产、艺术品和古董等商品常以这种方式进行拍卖。

2. 荷兰式拍卖(Dutch Auction)

也叫降价式拍卖。这种方法先由拍卖人喊出最高价格,然后逐渐减低叫价,直到有某一竞买者认为已经低到可以接受的价格,表示买进为止。这种拍卖方式使得商品成交迅速,经常用于拍卖鲜活商品和水果、蔬菜、花卉等。荷兰阿姆斯特丹的花市所采用的便是这种运作方式,通用电器公司的"交易过程网络"(Trading Process Network)也是如此。

3. 标单密封式拍卖(Sealed – bid Auction)

这是一种招标方式,在这种拍卖方式中,买方会邀请供应商前来进行标单密封式投标,最后,由买方选择价格合理的供应商来成交。目前,这种方式在建筑市场、大型设备市场及药品的成批买卖中较为普遍。

4. 复式拍卖(Double Auction)

在这种方式中,买卖方的数量均较多。众多买方和卖方事先提交他们愿意购买或出售某项物品的价格,然后通过电脑迅速进行处理,并且就各方出价予以配对。复式拍卖的典型例子是股票市场,在该市场上,许多买方和卖方聚集在一起进行股票的买卖,价格也会随时发生变化。

第四节 定价的基本策略

在市场竞争中,企业不仅需要确定价格的具体方法,来确定产品的基础价格,还要善于根据市场环境和企业内部条件,运用灵活多变的定价策略修正或调整产品的基础价格。定价策略是为实现企业定价目标在特定的经营环境下采取的定价方针和价格竞争方式。

一、新产品定价策略

新产品定价,就是指企业为处于介绍期的产品制定价格。新产品的定价是否合理,关系到新产品的开发与推广。在确定新产品的价格时,最重要的是充分考虑到用户愿意支付的价格。在较多的情况下,企业可能没有利润,甚至发生亏损。只有当产品打开市场销路,不断扩大生产批量,使成本显著下降时,才能取得利润。目前,国内外关于新产品的定价策略主要有以下几种:

1. 撇脂定价策略

撇脂定价策略又称"取脂定价策略"。"撇脂"原意是指把牛奶表面的那层奶油撇出来,含有提取精华之意。撇脂定价策略是指新产品上市之初,将新产品的价格定得较高,在短期内获取高额利润,尽快收回投资。以后,随着销量的扩大,成本的降低,再逐步降低价格。而每次降价前,企业都已从具有不同层次的顾客身上取得了超额利润。所以,撇脂定价策略向我们提供了价格先高后低,逐步推进获取高额利润的思路。雷诺公司是成功运用撇脂定价策略的典型案例。

1945 年的圣诞节即将到来时,为了欢度战后的第一个圣诞节,美国居民急切希望能买到新颖别致的商品作为圣诞礼物。美国的雷诺公司看准了这个时机,不惜资金和人力从阿根廷引进了当时美国人根本没有见过的原子笔(即圆珠笔),并在短时间内把它生产了出来。当时公司研制和生产出来的"原子笔"每支成本0.50美元,但专家们认为,这种产品在美国市场是第一次出现,奇货可居,尚无竞争者,最好是采用新产品的"撇脂定价策略",即把产品的价格定得大大高于产品的成本,利用战后市场物资缺乏的状况和消费者的求新求好心理以及要求礼物商品新奇高贵的特点,用高价格来刺激顾客购买。这样,不仅能很快收回从阿根廷引进和生产该商品的投资,而且能把推出这种新产品的市场销售利润尽可能多地捞到手。同时,由于"原子笔"的生产技术并不复杂,如果竞争者蜂拥而上,公司再降价也主动。于是,雷诺公司以每支"原子笔"10美元的价格卖给零售商,零售商又以每支20美元的价格卖给消费者。尽管价格如此高昂,"原子笔"却在一时间由于其新颖、奇特和高贵而风靡美国,在市场上十分畅销。后来,其他厂家见利眼红,蜂拥而上,产品成本下降到0.10美元一支,市场零售价也仅卖到0.70美元,但此时雷诺公司已经是大捞了一把了。

撇指定价的适用条件是:新产品上市初期,在市场上奇货可居而又有大量的消费者;需求价格弹性较小,短期内没有类似的代用品;高价刺激竞争者出现的可能性不大。

撇脂定价策略的优点是:能够尽快收回投资,赚取利润,在策略上有较大的主动性,待需求减少或遇到竞争时,价格可逐渐下降,增强企业竞争力;由于价格是由高到低,因此还可获得较好的消费者心理效果;高价格高利润,还有利于企业筹集资金,扩大生产规模。其缺点是:定价较高,对消费者不利,也不利于企业的长期发展;新产品的市场形象未树立之前,定价过高,可能影响市场开拓;如果高价投放而销路旺盛,厚利将引来激烈的竞争,仿制品大量出现,会使价格惨跌。

2. 渗透定价策略

渗透定价策略在新产品上市之初将价格定得低于预期价格,甚至可能低于产品成本,利用价廉迅速吸引大量购买者占领市场,取得较高的市场占有率。实质上,它是一种薄利多销的策略。美国的维克萨斯仪器公司是这种渗透定价的首先运用者,该公司借助所建的大工厂尽量把价格定得很低,从而赢得很大市场份额,成本也随之下降,然后又随成本下降进一步降低价格。

这种定价策略的适用条件是:新产品的需求价格弹性较大;生产和分销成本随产量和销量的扩大而降低;产品市场规模较大,存在着普遍的竞争。

采用渗透定价有许多优点,产品能迅速渗入市场,打开销路,增加产量,使成本随着生产的发展而下降;低价薄利,使竞争者望而却步,从而获得一定的市场优势。其不足是定价太低,不利于企业尽快回收投资成本,甚至产生亏损;有时容易在消费者心目中造成低档产品的印象。

3. 满意定价策略

满意定价策略又称"温和定价策略"或"君子定价策略"。在新产品上市之机,把价格定在高价与低价之间,在产品成本的基础上加适当利润,采取买卖双方都有利的温和策略。

由于撇脂定价策略定价较高,对顾客不利,既容易引起消费者的不满和抵制,又容易引起市场竞争,具有一定的风险;渗透定价策略定价过低,虽然对消费者有利,但企业在新产品上市初期收入甚微,投资周期长。满意定价策略居于两者之间,既可避免撇脂定价策略因价高而具有的市场风险,又可以避免渗透定价策略因价低带来的困难,因而既有利于企业自身的利益,又有利于消费者。

满意定价策略适用于那些产销比较稳定的产品。其不足是有可能出现高不成、低不就的情况,对购买者缺少吸引力,也难于短期内打开销路。

二、产品组合定价策略

当某种产品只是产品组合中的一个部分时,企业需制定一系列的价格,从而使整个产品组合取得整体的最大利润。在此有以下策略可供选择:

1. 单一价格定价

企业销售品种较多而成本差距不大的商品时,为了方便顾客挑选和内部管理的需要,企业所销售的全部产品实行单一的价格。如一些自助餐厅,每位顾客进店用餐,不管你吃多少,只有一个价格。一价服装店,这种商店经营裤子、衬衫、休闲衫、运动服等,还专门为青少年准备小号的服装,为身体高胖的妇女准备大号服装,这种商店重视商品质量并且每件价格一样。

2. 产品线定价

当企业生产的系列产品存在需求和成本的内在关联性时,为了充分发挥这种内在关联性的积极效应,采用产品线定价策略。即企业按一定距离的价格点来给系列产品定价。

在定价时,首先确定某种产品的最低价格,它在产品线中充当领袖价格,吸引消费者购买产品线中的其他产品;其次,确定产品线中某种产品的最高价格,它在产品线中充当品牌质量和收回投资的角色;再者,产品线中的其他产品也分别依据其在产品线中的角色不同而制定不同的价格。

在西方许多行业中,常常利用顾客对产品线系列产品的形成的理解来定价。如在服装商店可将男衬衣分三个档次,分别定价为15美元、18.5美元和24美元。顾客自然就会把这三种价格的衬衣分为低、中、高档,即使这三种价格都有所变化,顾客仍会按他们的习惯去购买某一档次的产品。

3. 选择产品定价

选择产品定价就是顾客购买相关商品时,提供多种价格方案以供顾客选择。各种选择的定价方案是鼓励顾客多买商品。如计算机与打印机的出售,可以有三种组合方式及其相应的价格供顾客选择:

(1)只买计算机每台4 000元。

(2)只买打印机每台2 000元。

(3)计算机与打印机一起买,每套5 000元。

可见,这种组合方式及其定价是鼓励顾客成套购进计算机和打印机。

4. 俘虏产品定价

俘虏产品定价是指把相关产品中的主要产品的价格定得较低,以吸引顾客,这种商品称为“引诱品”。而把与主要产品一起使用的连带产品价格定得较高以赚取利润，这种商品称为“俘虏品”。当顾客以低价买了引诱品以后不得不以高价来买俘虏品。一般地，引诱品应当使用寿命较长，而俘虏品则是易耗品。如把剃须刀的价格定得较低，而把配套的刀片价格定得较高。采用这种策略的条件是俘虏品具有不可替代性。如某种型号的剃须刀片是其他刀片不能替代的。

例如美国的一个彩照实验室1988年推出了一个“俘虏”消费者的新招。它首先在各大学普遍散发宣传其彩色胶卷新产品的广告，除了说明新彩卷性能优越外，还说明由于是新产品，故定价不高，每卷只要1美元（柯达胶卷价格为每卷2美元多），以便让消费者有机会试一试。经济拮据的大学生们纷纷寄钱去购买。几天后，他们收到了胶卷以及一张“说明书”，其上写道：这种胶卷由于材料特殊，性能优良，因此，一般彩扩中心无法冲印，必须将拍摄后的胶卷寄回该实验室才行。说明书上还列出了冲印的价格，这些价格比一般的彩照扩印店的价格贵一倍。但是，每冲印一卷，该实验室将无偿赠送一卷新胶卷。精明的大学生仔细一算，发现损益相抵后，胶卷、冲洗、印片三者的总价格仍高于一般水平，无奈已先花费了1美元的“投资”，只得忍气吞声做了“俘虏”。

三、地理定价策略

地理定价策略是解决企业如何为其产品向分布在国内或世界不同地区的顾客定价的问题，特别是运费在变动成本中占较大比例时，更不可忽视。主要的地区定价策略有以下五种：

1. 产地定价

产地定价是以产地价格或出厂价格为标准，从产地到目的地的运费和运输损失等费用全部由买方承担。这对于卖主是最省事、最方便的定价。一般适用于市场供应较为紧张的商品和产地地区的买主，对于路途较远、运费和风险较大的买主是不利的，有可能失去路途较远的顾客。

2. 统一运送定价

统一运送定价也称邮票定价法，就是对所有的买主，不论路程远近，由卖主将货物运往买主所在地，都取同样的运费。这种定价策略适用于商品价值高、而运杂费占成本比重小的商品，使买主感觉运送是免费的附加服务，有利于扩大和巩固买主，开拓市场。

3. 基点定价

基点定价是指卖方选定一些中心城市为定价基点，按基点到客户所在地的距离收取运费，采用这一定价策略对中小客户具有很大的吸引力，能够迅速提高市场占有率、扩大销售。这种定价策略适用于产品笨重、运费成本比例较高、生产分布较广、需求弹性小的产品。

4. 地带定价

地带定价是指卖方把销售市场划分为多个区域或地带，不同的区域或地带实行不同的价格，同区域内或同一地带实行统一价格，地带距离越远价格越低。这种做法有时会引起同一地带内靠近产地的顾客的抱怨，认为自己给远地的顾客补助了运费；其好处是便于管理和全地区统一价格的广告。

5. 免收运费价

免收运费价是当企业急于同某个顾客或某个地区做成生意,企业自己负担部分或全部运费,而不向买方收取,这样可以增加销售额,使平均成本降低而足以补偿这部分运费开支,从而达到市场渗透的目的。

四、心理定价策略

心理定价策略是企业根据顾客购买商品时的心理动机相应采取的定价策略。具体又可分为以下几种策略:

1. 尾数定价

这是利用消费者的求准心理。根据经济学家的调查证明:价格尾数的微小差别,往往会产生不同的效果。宁取9.9元不定10元,使人有便宜的感觉。尾数定价还能使消费者产生定价认真的感觉,认为有尾数的价格是经过准确的成本核算才产生的价格,使消费者对定价产生信任感。尾数定价多用于需求价格弹性大的中低档商品,不适合于名牌高档商品的定价,由于价格尾数的存在,也会给计价收款增加许多不便。

2. 整数定价

这是利用顾客的求真心理,价格不仅是商品的价值符号,也是商品质量的"指示器"。对价格较高的产品,如高档商品、耐用品或礼品,或者是消费者不大了解的商品,则可采取整数定价策略,以迎合消费者,货真价实"一分价钱一分货"、"便宜无好货、好货不便宜"的心理,激励消费者购买。例如对古董或艺术品等高档商品,宁标1 000元而不标999元,以提高商品形象。

3. 声望定价

这是利用顾客的求名心理。声望定价往往把价格定得较高,这种定价策略适用于两种情况:

第一,企业和产品声誉高。在消费者心中有声望的名牌企业、名牌商店、名牌商品,即使在市场上有同质同类的商品,用户也会愿意支付较高的价格购买他们的商品。认为高价代表高质量。

第二种情况,通过产品价格体现使用者的地位。为了适应某些消费者,特别是高收入阶层的虚荣心理,把某些实际价值不大的商品价格定得很高。如首饰、化妆品和古玩等,定价太低有失使用者的身份,反而卖不出去。

4. 招徕定价

这是零售商利用部分顾客求廉的心理,特意将某几种商品的价格定得较低以吸引顾客。其目的主要在于希望顾客到商店后连带购买正常价格的商品。某些商店随机推出降价商品,每天、每时都有一至两种商品降价出售,吸引顾客经常来采购廉价商品,同时也选购了其他正常价格的商品。有的零售商则利用节假日或换季时机举行"节日大酬宾"、"换季大减价"等活动,把部分商品降价出售吸引顾客。

五、折扣与让利定价策略

企业为了调动对各类中间商和消费者购买商品的积极性,对基本价格实行折扣和让

利价格，以鼓励购买者的积极性，或争取顾客长期购买。折扣与让利定价策略的具体形式很多，常用的有以下几种：

1. 现金折扣

企业对现金交易的顾客或按约定日期提前以现金支付货款的顾客，给予一定折扣。在分期供货的交易中常采用这种折扣方式，目的在于鼓励顾客提前付款，以加速企业资金周转。现金折扣的大小，一般应比银行存款利息率稍高一些，比贷款利率稍低一些，这样对企业和顾客双方都有好处。

2. 数量折扣

它指按购买数量的多少，分别给予不同的折扣，购买数量越多，折扣越大。鼓励大量购买，或集中购买。数量折扣实质上是将大量购买时所节约费用的一部分返回给购买者。数量折扣分为累计折扣和非累计折扣。

(1)非累计数量折扣。规定一次购买中产品达到一定数量或购买多种产品达到一定金额，给予折扣优惠。这种折扣不仅能够鼓励顾客大量购买，而且也能节省销售费用。

(2)累计数量折扣。规定顾客在一定时间内，购买商品达到一定数量或金额时，按总量的大小给予不同的折扣。这可以鼓励顾客经常向本企业购买，成为可依赖的长期客户。

3. 功能折扣

功能折扣又称交易折扣。制造商根据各类中间商在市场营销中发挥的作用和执行营销功能差异，分别给予不同的折扣。折扣的大小，主要依据中间商所承担工作的风险而定。一般给予批发商的折扣较大，零售商的折扣较小，通常的做法是先定好零售价格，然后按不同的差价率顺序相加，依次制定各种批发价和零售价。例如，某商品的零售价为200元，对批发商、零售商的折扣率分别为10%和5%，这样，给予批发商和零售商的折扣价格分别为180元和190元。

4. 季节折扣

经营季节性商品的企业，对销售淡季来采购的买主，给予折扣优惠，鼓励中间商及用户提前购买，减轻企业的仓储压力，加速资金周转，调节淡旺季之间的销售不均衡。这种定价策略主要适用于季节性较强的商品，包括常年生产季节消费或季节生产常年消费的商品。

5. 价格折让

它是指生产企业为了鼓励中间商开展各种促销活动，给予某种程度的报酬，或以津贴形式或以让价形式推广。让价主要有以下几种形式：

(1)促销折让。当中间商为产品提供各种促销活动时，如刊登广告、设置样品陈列窗等，生产者乐意给予津贴，或降低价格作为补偿。

(2)以旧换新折让。进入成熟期的耐用品，部分企业采用以旧换新的让价策略，刺激消费需求，促进产品的更新换代，扩大新一代产品的销售。

企业在市场营销过程中，由于竞争加剧，企业可同时采用多种折扣策略以渡过危机。

六、价格调整策略

当企业的内部环境或外部环境发生变化时，企业必须调整价格，以适应激烈的市场竞争。

1．主动降价策略

当企业遇到下列情况就要考虑降价：一是产量过多，库存积压严重，其他营销策略无效；二是在激烈的价格竞争中，市场占有率下降等，企业为了扩大销售或稳住市场占有率，只有降低销售价格。但降价要谨慎行事，降价容易引起价格竞争。在降价之前，卖方应向自己的代理商、经销商保证，降价后对他们原来的进货或存货，按新价退补降价损失，使长期客户以及该商品分销渠道的各个环节的利益得到保证，也保住了企业的市场。

2．主动提价策略

企业在下列情况下可以考虑提价：一是严重的供不应求；二是资源供应短缺，生产成本上升。提价必然会引起顾客和中间商的不满，市场营销中应采用不同的措施，来平抑提价引起的不满。主要措施有：在供货合同中注明随时调价的条款；对商品的附加服务收费或取消附加服务；减少或取消折扣或津贴；改动产品的型号或增加某种功能等，并配合其他营销手段，消除提价的负面影响。

3．竞争者提价后的价格调整策略

竞争者的产品提价，一般不会对企业造成严重威胁。对此，企业要采取两种策略：一是保持价格不变，从而扩大自己的市场份额；二是适当提价，但提价幅度低于竞争者的提价幅度，这样，既可以适当增加利润又能在市场竞争中占据有利地位。

4．竞争者降价后的价格调整策略

一般地说，竞争者降价总是经过充分准备的，而企业则在事先毫无准备，面对竞争对手降价，往往难以作出适当的抉择。所以，对企业来说，竞争者降价是最难应付的情况。根据西方企业的经验，企业面对竞争者降价，有以下策略可供选择：一是维持原价不变；二是维持原价，同时改进产品质量或增加服务项目，加强广告宣传等；三是降价，同时努力保持产品质量和服务水平稳定不变；四是提价，同时推出某些新品牌，以围攻竞争对手的降价品牌；五是推出更廉价的产品进行反击。休柏林公司面对竞争对手的价格进攻，成功地运用了价格策略。

美国的休柏林公司生产一种名叫斯美诺的酒，已占有23%的美国市场。后来，另一家公司推出了一种叫沃夫斯密特的酒。这家公司声称，沃夫斯密特的质量与斯美诺相仿，但是，每瓶酒便宜1美元。面对竞争者的低价攻势，休柏林公司有三种选择：

(1)斯美诺酒降价1美元。

(2)斯美诺酒价格不变，但增加广告促销费用。

(3)斯美诺酒价格不变，广告促销费用也不变，一切听其自然。

无论采取哪一种选择，休柏林公司的利润都将下降。因此，它似乎面临着一场打不赢的战争。

就在这时，一个奇特的主意在休柏林公司的市场营销者的头脑中产生了——休柏林公司把斯美诺酒的价格提高1美元。同时，该公司推出了一种“新产品”——莱斯卡牌酒，与竞争者的沃夫斯密特牌酒相抗衡(两者价格相同)。另外，休柏林公司还推出了另一个牌号的酒——波波夫牌酒，以低于沃夫斯密特牌酒的价格出售。这样，沃夫斯密特牌酒受到斯美诺、莱斯卡、波波夫三种牌号的酒的上下夹击，元气大伤。而对休柏林公司来说,虽然斯美诺酒的利润比以前下降了,但三种酒的口感大同小异,制造工艺类似,制造成本也不相上下。休柏林公司只不过是聪明地利用消费者的不同需求层次和不同心理,成功地使用了牌号夹击战术罢了。

复 习 题

一、思考题

1. 试述不同定价目标的适用情况。

2. 常用的定价策略有哪些?试对你熟悉的运用价格策略成功或失败的企业进行简要分析。

3. 如何看待价格战?

二、练习题

1. 简述定价的一般方法。

2. 大商场中,下列哪些商品不适合产品线定价?为什么?

A. 领带　　B. 皮鞋　　C. 服装　　D. 白糖

3. 判断下列观点是否正确,为什么?

①以利润为定价目标一定要定高价。

②按照边际贡献定价法,企业定价必须高于变动成本。

③面对竞争对手的低价进攻,企业必须以降价来回敬。

4. 试举出适合选择产品定价策略的某种产品,并说明如何定价。

5. 试举出适合采用俘虏定价策略的某种产品,并说明如何定价。

6. 试举出适合心理定价策略的某种产品,并说明如何定价。

本章小结

企业的价格策略,关系到企业的利润、产品的销售、促销等一系列问题,是市场营销组合的重要内容之一。

本章介绍了价格策略的主要内容,企业定价必须首先明确定价目标。五种定价目标:①以获取利润为定价目标,包括利润最大化定价目标和合理利润目标。②以争取产品质量领先为定价目标。③以提高市场占有率为定价目标。④应付和防止竞争为定价目标。⑤以维持生存为定价目标。

企业定价还要选择定价的方法,定价的一般方法有三类:①成本导向定价法,包括成本加成定价法、盈亏平衡定价法、边际贡献定价法。②需求导向定价法。包括认知价值定价法、需求差异定价法。③竞争导向定价法,包括随行就市定价法、投标定价法、竞争差异定价法、拍卖定价法。在市场竞争中,企业不仅需要运用定价方法确定产品的基础价格,还要运用定价策略修正、调整产品的基础价格。

常用的价格策略有:①新产品定价策略。②产品组合定价策略。③地理定价策略。④心理定价策略。⑤折扣与让利定价策略。⑥价格调整策略。

案例分析

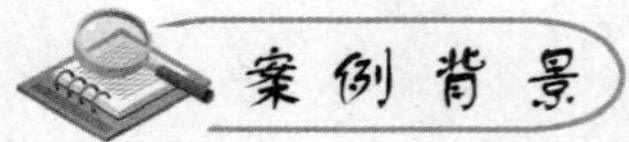

"格兰仕"的价格策略

格兰仕自进入微波炉行业以来,咬定青山不放松,坚持成本低于竞争对手,掀起格兰仕的价格烽火,特别是从1997年初"买一赠二"、"买二赠三"的各种促销活动开始,到1997年10月18日宣布其全部产品价格平均下调40%,其降价范围之广,幅度之大,震动了商界。

中国的微波炉行业起于20世纪90年代初,在格兰仕进入微波炉行业的1993年,整个中国的市场容量仅为20多万台,此时的龙头老大靓华内销规模为1万台,且大半市场集中在上海,连许多城市的居民也不知微波炉为何物,更不习惯用微波炉来烹饪。此时行业未充分发育,主要对手也很弱,只要倾全力投入,就很容易在规模上把对手远远甩在后面,单机成本亦会随之远远低于竞争品牌。这导致了格兰仕的迅速崛起,1993年销量为1万台,1994年10万台,1995年销量达25万台,市场占有率为25.1%,超过靓华成为全国第一(靓华为24.8%),1996年销量为60万台,市场占有率达34.7%,1997年125万台,市场占有率达49.6%,1998年总产量315万台,内销213万台,市场占有率为61.43%,

而原来的老大靓华当时年内销规模已不到15万台。要打赢价格战,选定总成本领先战略并坚持始终。为了实现总成本绝对领先于竞争者,格兰仕"壮士断腕",先后卖掉年盈利上千万元的"金牛"型产业——羽绒厂、毛纺厂,把资金全部集中到微波炉上,以扩大产销规模,提高装备档次和管理水平,降低费用和负债率,杜绝采购回扣,加强自我配套能力。

格兰仕的价格战目标设计明确,据了解,格兰仕的降价目的是最大限度地扩大市场份额。而格兰仕价格战打得比一般企业出色,规模每上一个台阶,就下调一个幅度的价格。格兰仕降价的特点之一是消灭散兵游勇的目标十分明确。当自己的规模达到125万台时,就把出厂价定在规模为80万台的企业成本以下。此时,格兰仕还有利润,而规模低于80万台的企业若也以此价格来出售产品,那就会多卖出一台多亏一台,除非对手能形成显著的品质技术差异。当规模达到300万台时,格兰仕又把出厂价调到规模为200万台的企业的成本线以下,结果规模低于200万台的且技术无明显差异的企业陷入亏本的泥潭,使对手缺乏追赶上其规模的机会,在家电业创造了市场占有率61.43%的

了全员销售，除销售总公司的直属门点之外，又陆续办了大批销售门点。这些销售门点有四种类型：

一是厂里投资在各中心城市办的销售处或公司。

二是各分厂、车间办的集体性质的销售门点，解决部分富余人员就业问题，厂里给予优惠条件。

三是本厂职工合伙或个人办的销售门点，人员停薪留职或是业余时间销售。

四是各地其他单位或个人挂A厂的牌子办的门点，每年向A厂交管理费。

这些销售公司和门点销售形式各异，或是厂里下达任务，或是承包，或是代销，还有的做中间人牵线。一般是先交一部分定金，由厂里按出厂价供货，货售完后，货款返回厂里，高出出厂价部分(费用加利润)归个人或单位。

彻底失控

经过几年的运营，A厂的销售门点几乎失去控制，总厂、分厂、各部门、三产、个人和其他单位在各地办的大大小小的门点近1 000个，具体多少谁也说不清，这些销售环节出现了严重问题：

——各销售门点普遍拖欠货款，每年有上亿元收不回来，到1998年底，账面反映有162户门点欠A厂货款共达1.5亿元。

——厂里投资的销售公司有的大量占用货款挪做他用。其中本厂所属的南方一家销售公司，1992~1998年，销售A厂产品4亿元，其中1.6亿元货款没有直接返回厂里，而是无偿地占用这笔货款与他人共向投资兴办了一个股份公司，还打时间差，不间断地用货款做流动资金，发展起了一个3亿多元净资产的企业。

——由于推销组织没有统一规划，分散、重复设置，出现各销售门点争夺市场，破坏了统一的价格体系，使客户有机可乘，压低产品价格。

——本厂职工或三产办的门点公开赖账，有钱不还。

——外单位和个人以A厂名义办的门点，拿到货款后，人走点空，无处追寻。有的根本不卖A厂的货，而卖其他厂家的。

厂领导针对这种情况，曾绞尽脑汁想了一些对策。比如，简单地要求各户先交款后提货，但这样做又赶走了一些大的客户；再有就是让中间商直接带客户到厂里签合同，返给一定的利，结果有些有推销手段和固定客户的门点感到利少而不愿做。两种方法都影响了产品的销售。更致命的是有些门点已控制了A厂的部分销售渠道，使A厂处于想清理这些门点又不能清理的境地。

难咽的苦果

由于A厂销售环节管理出现的问题，使A厂的整个营销活动受到了严重的影响。

——滞留在销售中间环节的货款不能及时回收，使A厂流动资金原本不足的困难情况更加严重，不得不增加贷款。90年代中期银行利率较高时期，贷款的增加使A厂财务费用激增，加剧了活动的困难。

——由于财务费用和原材料价格上升以及其他原因，A厂的产品成本在同行业中处于较高水平，失去了市场竞争优势，又使困境中的A厂雪上加霜。

——由于许多销售门点以A厂名义注册或挂靠A厂，当这些门点发生民事纠纷后，由A厂承担连带责任，又造成一部分损失。

第一节　分销渠道及类型

市场营销的一个重要课题就是如何适时、适地、适量地提供商品给消费者或用户，从而满足消费者的需求和欲望，为此，企业就必须建立畅通的销售渠道，降低销售成本，增强竞争实力，提供优质服务，促进和便利顾客购买。

一、分销渠道的概念和特点

1. 分销渠道的概念

分销渠道，也叫销售渠道或营销渠道，是指商品从生产领域向消费者或用户转移过程中所经过的途径或路线。因此，我们可以形象地把分销渠道比喻为连接生产和消费之间的“桥梁”和“纽带”。它是由位于起点的生产者和位于终点的消费者或用户以及位于两者之间的中间商构成。一般地说，商品从生产厂家转移到消费者大多需要通过批发、零售等环节，投入其中的主要力量是批发商、零售商、代理商以及储运商等。

2. 分销渠道的特点

分销渠道具有以下特点：

(1)分销渠道反映某一特定商品价值实现的全过程所经由的通道。其一端连接生产，另一端连接消费，是从生产领域到消费领域的完整的商品流通过程。在这个流通过程中，主要包含着两种转移：一是商品所有权的转移，二是商品实体的转移。这两种转移，既相互联系又相互区别。商品实体的转移是以商品所有权的转移为前提的，它也是实现商品所有权转移的保证，两者的起点和终点是结合的。但在现代化大生产的条件下，中间往往是分离的。

(2)分销渠道的主体是参与商品流通过程的各类市场营销中介机构。主要有买卖中间商、代理中间商和辅助商(运输公司、独立仓库、银行和广告代理商)。这些组织与个人共同为解决产品实现问题而执行各自不同的功能，因共同的经济与社会利益结成共生伙伴关系，同时，他们也有各自独立的经济利益，有时也会发生各种矛盾和冲突，需要管理和协调。

(3)商品从生产者流向消费者(用户)的过程中，商品所有权至少转移一次。在特定条件下，商品生产者可以将其产品直接销售给消费者(用户)，这时，销售渠道最短。但在绝大多数情况下，生产者必须经过一系列中介机构转卖或代理转卖产品，在较长的销售渠道中多次转移商品所有权，这样，商品的分销渠道就较长。分销渠道长短的选择，通常取决于比较利益。

(4)在分销渠道中，与商品所有权转移直接或间接相关的还有一系列流通辅助形式。物流、信息流、货币流、促销流等，它们围绕商流相继发生，在时间、空间上并不一定与商流一致，其功能发挥与协调效果也不尽相同，因此，渠道的分销效率，不仅仅取决于其主导成员（中间商），也取决于其相关支持系统，即辅助商系统，如商业服务机构（运输公司、仓库、银行、保险公司等），销售服务机构（广告公司、销售调研公司、咨询公司等）。

二、分销渠道的作用

1．分销渠道是实现产品销售的重要途径

企业的营销目的是满足消费者需求从而实现企业利润。这一目标能否实现，不仅取决于企业能否生产出符合消费者需要的产品，也取决于这些商品能否及时到达消费者的手中，这就需要选择合适的分销渠道。分销渠道选择是否得当将直接影响企业营销目标的实现程度。

2．分销渠道是了解和掌握市场信息的重要来源

分销渠道是产品转移的途径和通道，又是企业收集市场信息的重要来源。渠道成员在销售产品的过程中，能得到许多市场及产品方面的信息。例如，消费者喜欢什么，市场容量大致有多大，产品需要做哪些改进等。生产企业可通过他们得到有关信息，及时调整产品结构，不断满足市场需求。

3．分销渠道是加速商品流转、节约销售费用、提高企业经济效益的重要手段

分销渠道不畅通，将会造成资金和产品的严重积压，导致企业经济效益下降。反之，若能正确选择分销渠道，合理安排购销运存，则能加速商品流通，加快资金周转，同时也能节省销售费用，从而提高企业经济效益。

因此，分销渠道策略同产品、价格、促销策略一样，也是企业营销策略的重要组成部分。不仅如此，分销渠道还对其他三方面起着非常重要的影响作用：

首先，有了符合需要的产品，如果没有适当的分销渠道，市场需求也得不到充分满足。

其次，分销渠道又是影响商品价格的重要因素。因为制定价格要以成本为基础，流通费用是其中的一部分。分销渠道选择得当，就必然费用省、成本低，价格就可以相对便宜一些。反之，分销渠道若选择不当，就会增加费用、提高成本，这种情况下，提价会影响商品竞争力，不提价又会发生亏损。

再次，分销渠道与促销也有密切联系。各种促销方式的实施，都必须通过分销渠道，尤其是批发商和零售商的配合，否则就不能取得好的促销效果。

三、分销渠道的类型

分销渠道可以按照不同的标准，从不同的角度进行划分。不同的渠道类型，其渠道模式也不同。

1．直接渠道和间接渠道

直接渠道与间接渠道是按商品在流通过程中经过的流通环节的多少进行划分的。

（1）直接渠道。直接渠道是指没有中间商参与，产品由生产者（制造商）直接销售给消费者（用户）的渠道类型。

近年来，直接销售渠道在世界范围内得到迅速发展，主要包括生产者直接销售产品，派人员上门推销、邮寄、电话、电视直销及网上销售。如雅芳公司的推销代表基本上通过

上门向妇女推销化妆品,某些运动器材制造商通过电视直销传递信息,佐丹奴通过自己的连锁店销售服装等。直接渠道是工业品销售的主要方式。大型机器设备、专用工具以及技术复杂、需要提供专门服务的产品,几乎都采用直接渠道销售。

在消费品市场,直接渠道也有扩大的趋势,鲜活商品和部分手工业品、特制品,有着长期传统的直销习惯。随着计算机的普及和网络技术的发展,网上直销方式得到迅速发展。

直接渠道的优点是:

①对于用途单一、技术复杂的产品,可以有针对性地安排生产。生产厂家可以根据用户的特殊需要组织加工,更好地满足需求。

②生产者直接向消费者介绍产品,便于消费者更好地掌握产品性能、特点及使用方法。

③由于直接渠道不经过中间环节,可以减少产品损耗、变质的损失,降低流通费用,掌握价格的主动权。

但是这种方法也存在不足:生产者在产品销售上需要花费一定的人力、物力、财力,使销售范围受到较大限制,从而会影响销售量。

(2)间接渠道。指有一级或多级中间商参与,产品经由一个或多个商业环节销售给消费者(用户)的渠道类型。同直接渠道相比,间接渠道是较长的销售渠道,也是消费品销售的主要方式,许多工业品也采用间接渠道。

间接渠道的优点是:

①中间商的介入,使交易次数减少,节约流通领域的人力、物力、财力和流通时间,降低了销售费用和产品价格。

②中间商的介入,不仅使生产者可以集中精力搞好生产,而且可以扩大流通范围和产品销售,有利于整个社会生产者和消费者。

但是这种方法也存在不足:由于中间商的介入,生产者和消费者不能直接沟通信息,生产者不易准确地掌握消费者的需求,消费者也不易掌握生产者的产品供应情况和产品的性能特点,生产者难以为消费者提供完美的服务。

2. 长渠道和短渠道

长渠道与短渠道是根据产品从生产者到最终消费者(用户)的转移过程中所经历的中间环节的多少来划分的,即经过环节、层次越多,销售渠道越长;反之,销售渠道越短。

(1)长渠道。长渠道是指经过两个或两个以上的中间环节把产品销售给消费者的分销渠道。

长渠道的优点是:

①生产者不用承担流通过程的商业职能,因而可以抽出精力组织生产,缩短生产周期。

②生产者把产品大量销售给批发商,减少了资金占用,从而节约了费用开支。

③容易打开产品销售,开拓新市场。

这种方法也存在不足:从生产者来看,渠道层次越多,控制和向最终用户传递信息就越成问题。

因此,长渠道适用于销售量大、销售范围广的产品。

(2)短渠道。短渠道是指没有或只经过一个中间环节的销售渠道。

其优点是:

①由于流通环节减少,产品可迅速到达消费者手中,生产者能够及时、全面地了解消费者的需求变化,调整生产经营决策。

②由于环节少,费用开支节省,产品价格低,便于开展售后服务,提高产品的竞争力。

这种方法也存在不足:流通环节少,销售范围受到限制,不利于产品的大量销售。

3. 宽渠道与窄渠道

宽渠道与窄渠道是根据生产者在渠道的每一个层次利用多少同种类型中间商来销售某种产品,即根据分销渠道中每一中间环节上使用的同种类型中间商数目的多少来划分的。

(1)宽渠道。宽渠道是指生产者在同一层次上通过较多的中间商来销售自己的产品。

宽渠道的优点是:

①通过多家中间商,分销广泛,可以迅速地把产品推入流通领域,使消费者随时随地买到需要的产品。

②促使中间商展开竞争,使生产者有一定的选择余地,提高产品的销售效率。

不足之处在于:由于每个层次的同类中间商较多,各个中间商推销某一种产品不专一,不愿意花更多的时间、精力推销某一产品;同时,生产者与各中间商之间的关系比较松散,在遇到某些情况时关系容易僵化,不利于合作。

(2)窄渠道。窄渠道是指生产者在同一层次上选用较少的中间商来销售自己的产品。

其优点是:

①由于每一层次中同类中间商较少,生产者与中间商的关系非常密切,生产者可以指导和支持中间商开展销售业务,有利于相互协作。

②销售、运货、结算手续大为简化,便于新产品上市、试销,迅速取得信息反馈。

不足之处在于:生产者对某一中间商的依赖性太强,情况一旦发生变化(如中间商不想再与生产者合作),容易使生产者失掉所占领的市场;若只限于使用一个中间商销售,容易使中间商垄断产品营销,或因销售力量不足而失掉消费者;产品销售渠道范围较窄,市场占有率低,不便于消费者购买。

因此,窄渠道适用于专业技术性较强,生产批量小的产品销售。

四、中间商

中间商是指处于生产者和消费者之间,参与商品营销业务,促使买卖行为发生和实现的具有法人资格的经济组织和个人。

中间商作为分销渠道的重要成员,有两种基本形式:零售商和批发商。这是根据它们在商品流通过程中地位和作用的不同来划分的。

1. 零售商与批发商的性质及其区别

以经营零售业务为主要收入来源的组织或个人,称为零售商。专门从事批发交易的组织或个人,称为批发商。零售商和批发商虽然都是中间商,但许多方面性质不同,两者之间的区别包括以下几点:

(1)服务对象不同。零售商以最终消费者为服务对象,批发商以转卖者和生产者为服务对象。

(2)营业网点的选择不同。零售商面对广大消费者,考虑到消费者购买的便利性和需求的多样性,对店址、商店布置、促销都非常在意,一般选择在繁华地区和居民区;批发网点少,但市场覆盖面宽,一般设在租金低廉的地段。

(3)在流通过程中所处地位不同。零售商处于商品流通过程的最后一个环节,商品售出后就离开流通领域而进入消费领域;批发商处于流通过程的起点或中间环节,批发交易结束,商品流通过程并未结束。

(4)交易数量和频率不同。零售商一般是零售交易,频率很高,基本属于劳动密集型企业;而批发业务一般交易数量大,频率低,属资金密集型企业。

(5)国家对批发和零售的法律政策和税收政策不同。

2. 批发商

批发商的种类很复杂,由于它们的职能、经营方式、经营范围和规模都不相同,很难分类。在西方国家按所有权关系和基本经营方式的不同,可将批发商分为以下几类:

(1)商人批发商。商人批发商是独立经营者,对所经营的商品拥有产权,是批发商中最主要的部分,在美国约占60%以上。它又可分为完全服务批发商(执行全部批发职能)和有限服务批发商(执行部分批发职能)。

(2)经纪人和代理商。经纪人和代理商与独立批发商的主要区别在于:他们没有商品所有权,只是在买卖双方之间起媒介作用,促成交易,从中赚取佣金。经纪人和代理商一般都是专业化的,专门经营某一方面的业务。经纪人多见于房地产业、证券交易以及保险业务、广告业务等;代理商有制造业代理商、销售代理商、采购代理商和佣金商等。

通过代理商推销产品、开拓市场是现代市场营销的一种通用的办法,在经济发达国家十分普遍,目前在我国也开始出现,且发展速度极快。销售代理是委托人授予独立的代理商"销售代理权",代理商在销售代理权限内连续地代表委托人收集订单、销售商品及办理其他与销售有关的事务(例如:市场调研、广告、售后服务、仓储等),代理商在销售完成后领取一定的佣金。如江苏无锡生产的著名服装品牌"红豆"(包括西装、衬衣、夹克、T恤、休闲装、女装、西裤等),截止到2002年在全国共有3 000多家代理商。

(3)制造商与零售商的分销部和办事处。分销部有一定的商品储存,其形式如同商人批发商,只不过隶属关系不同,它是属于制造商的;办事处没有存货,是企业驻外的业务代办机构。制造商自己设立分销部和办事处,有利于掌握当地市场动态和加强促销活动。有些零售商也在中心城市及商品集散地设立采购办事处,其职能与代理商和经纪人类似。

(4)其他批发商。除上述几种批发商外,还有农产品采购批发商、石油产品装运站、拍卖行等。

由于有些批发商专事投机倒把,非法贩卖,从中牟取暴利,对社会造成危害,因而在国内外都曾有过要求取消批发商的观点。但事实证明，批发商毕竟有其存在的必要，在大多数情况下，产品从生产到零售之间的流通是必须经过批发环节的，因此从整体来看批发商是必不可少的环节，应当精简的只是那些多余的、不必要的中间环节。

3. 零售商

从发达国家情况看，最主要的零售商店类型有：

(1)百货商店。一般销售几条产品线的产品，尤其是服装、家具和家庭用品等。每一条产品线都作为一个独立的部门由专门的采购员和营业员管理。此外，还有一些专门销售服装、鞋子、美容化妆品、礼品和皮箱的专用品百货商店。

由于百货商店之间竞争激烈，还有来自其他的零售商，特别是来自折扣商店、专用品连锁商店、仓储零售商店的激烈竞争，加上交通拥挤、停车困难和中心商业区的衰落，百货商店正逐渐失去往日魅力。

(2)超级市场。指规模巨大、成本低廉、薄利多销、自我服务的经营机构，主要经营各种食品、洗涤剂和家庭日常用品等。超级市场的主要竞争对手是方便食品店、折扣食品店和超级商店。

(3)仓储商。是一种以大批量、低成本、低售价和微利多销的方式经营的连锁式零售企业。

仓储商店一般具有以下特点：

①以工薪阶层和机关团体为主要服务对象，旨在满足一般性居民的日常性消费需求，同时也满足机关、企业的办公性和福利性消费的需要。

②价格低廉。通过从厂家直接进货，省略了中间销售环节，尽可能降低经营成本。

③精选正牌畅销产品。从所有产品门类中挑选最畅销的产品大类，然后再从中精选出最畅销的产品品牌，并在经营中不断筛选，根据销售季节等具体情况随时调整，以使仓储式连锁商场内销售的产品有较高的市场占有率，同时保证产品的调整流转。

④会员制。仓储式商场注意发展会员和会员服务，加强与会员之间的联谊，以会员为基本的销售和服务方式。

⑤低经营成本。运用各种可能的手段降低经营成本，如仓储式货架陈设产品，选址在次商业区或居民住宅区，产品以大包装形式供货和销售，不做一般性商业广告，仓店合一。

(4)专业店。经营一条窄产品线，而该产品线所含的花色品种却较多。专业零售的例子有服饰商店、体育用品商店、家具店、花店及书店等。

专业商店可按其产品线的窄度再进一步分类。一家服装店可以是单线商店；一家男子服装店就是一家有限生产线商店；而一家男子定制衬衣商店也许就是一家超级专业商店。一些分析家认为，在未来，超级专业商店的成长将最快，它在市场细分、市场目标的制定和产品专业化方面将获得很多机会。在一些大城市，专业店的发展异常迅猛，这些专业店以专业服务、连锁经营等优势，迅速分割了原有大型百货商店的市场份额，逐渐成为与综合百货商场、超市并驾齐驱的一种新型商业业态。相对价格较低，但其发展中同样面临人才缺乏、经营管理水平落后、经营规模限制等问题。

(5)便利店。商店相对较小，位于住宅区附近，营业时间长，每天开门，并且经营周转快的方便商品，但是其种类有限，这类商店营业时间长，主要满足顾客的不时之需，而商品的价格则相对高些。然而，他们却满足了一种重要的消费需要。以上海为代表，便利店发展迅速，看来人们是愿意购买方便品的。便利店适应了我国现阶段的经济发展水平和消费需要，是我国零售业中较有发展潜力的一种，预计今后的发展速度将会更快。

(6)折扣商店。真正的折扣商店具有下列特点：

①商店经常以低价销售产品。

②商店突出销售全国性品牌，因此价格低廉并不说明产品的质量低下。

③商店在自助式、设备最少的基础上经营。

④店址趋向于在租金低的地区，要能吸引较远处的顾客。

(7)超级商店。平均面积3 300平方米，主要满足消费者在日常购买的商品和非食品类商品方面的全部需要，它们通常提供诸如洗衣、修鞋、支票兑换和付账等服务。近年来，这种实际上的巨级专业商店比超市有更多的优点，所以称为“类目杀手”，它拥有特定产品线门类繁多的商品和知识型的职员。这种形式的种类有综合商店和巨型超级市场。

(8)大型综合超市。一般在74 000～204 000平方米。其产品品种超过一般例行采购之物，而包括家具、重轻型器具、各类服装和许多其他物件。它的基本方法就是大面积陈列商品，用最少的商店人员，向那些愿意把重型器具和家具自行运送出店的顾客给予一定的价格折扣。

此外，除了上述几种主要业态，零售业已突破了原有的业态形式，大范围地增加了大型专业超市、折扣店、网上商店等新业态。以无店铺经营为特征、以网络技术为基础的e－shop在我国获得了一定的发展。目前流行于美日的家具反斗城、DIY连锁店、电脑零售与装配中心等也陆续进入中国。

4. 选择中间商的标准

由于中间商在组织商品流通过程中可以发挥很大的作用，因此具体选择时还要依据一定的标准以保证销售渠道的质量。具体标准如下：

(1)中间商的信誉。企业所使用的中间商的信誉如何，直接关系到企业产品的销量，那些信誉好的中间商总是有众多的顾客。所以企业应该选择信誉高的中间商来销售自己的产品。

(2)中间商的财力。中间商的财力雄厚，其销售成功的概率就相对大些，毫无疑问，所有的生产者都希望中间商能及时结清货款，甚至有些财力薄弱的生产者，还希望能预收货款。

(3)中间商的管理水平。中间商决策者的才能、经营本领、组织机构和人员配备，对经营成败关系极大，所以，在其他条件相同的情况下，生产者应尽可能选择管理水平较高的中间商来销售自己的产品。

(4)中间商对本企业产品的熟悉程度。一个对某种产品非常熟悉，即对产品的性能、用途等了解很深的中间商，经营起这种产品来，就会得心应手。因而生产者应尽可能选择那些熟悉本企业产品的中间商来销售自己的产品。

(5)中间商对消费者或用户提供的服务。现代企业经营非常重视对消费者(或用户)提供各种服务，生产者往往把中间商能否提供各种服务，如送货上门、技术指导、维修保养、换零配件等,作为选择具体中间商时考虑的因素之一。

总之,选择中间商总的原则标准就是:能以最大效率的方式和最低的费用销售本企业的产品。

第二节 分销渠道策略

一、分销渠道策略

企业为了使自己的产品能在较短的时间内、以较快的速度、较少的费用从生产领域流转到消费领域,需要制定一系列营销渠道策略,其主要内容有:渠道长度策略、渠道宽度策略、中间商类型策略、渠道类型的数量策略、渠道成员间的相互支援策略、地区中间商选择策略。

1. 渠道长度策略

渠道长度是以渠道层次(或称中间环节)的数量来衡量的,在产品从生产领域流转到消费领域的过程中,每经过一个中间商就构成一个渠道层次。从生产者的角度看,虽然生产者只同最接近的中间商发生关系,但控制渠道的难度会随着渠道层次的增加而增加。因此,每个生产企业都要对渠道层次的数量制定策略,即制定渠道长度策略。对一个具体企业或一种具体产品而言,应采用短渠道还是采用长渠道取决于多种因素,我们可把影响渠道长度策略的诸多因素归纳为三大类,即产品因素、市场因素和企业自身因素。

(1)产品因素。产品因素主要包括6个方面:

①产品的单价。一般地说,产品的单价越低,分销环节就越多。许多价格低廉的日用品(如肥皂、针线、毛巾等)一般都由生产者卖给批发商,由批发商再转卖给零售商,零售商卖给消费者。反之,价格较高的产品一般采取短渠道流通。

②产品的体积和重量。对于体积大、重量大的产品,要尽量使用少环节的短渠道,以减少装卸搬运费用;而对于体积小、重量轻的产品则可根据需要用长渠道流通。

③产品的技术性和复杂性。对于技术性强、使用复杂的产品(如机器设备等),往往要求生产企业提供较多的服务,宜用短渠道的流通,以便生产企业向顾客提供一系列的服务。而对于使用简单、无需多少技术的产品则可考虑用长渠道流通。

④产品的耐久性。对于易腐性和易毁性较强的产品(如鱼、蔬菜等鲜活产品和玻璃制品等)应尽量用短渠道,尽快地将产品从生产领域转入消费领域,对于耐久性强的产品可用长渠道流通。

⑤产品的款式或式样的稳定性。款式或式样经常变化的产品(如流行服装)宜采用短渠道流通,而款式和式样相对稳定的产品则可用长渠道。

⑥产品的生命周期阶段。对处于投入期的产品,因为生产企业要收集大量的信息,以进一步改进产品的质量和性能,所以宜采用短渠道流通,生产企业可把新产品在自己的门市部销售或由几家零售商店经销,以快速地收集信息,改进产品;而成熟期的产品由

于质量、性能都已稳定,企业可根据需要采用长渠道流通。

(2)市场因素。市场因素主要包括5个方面:

①目标市场的地理分布状况。如果企业的产品卖给广大地区的消费者,这就要求企业通过长渠道流通,生产企业将产品卖给批发商,再由批发商转卖给分布较广的零售商,然后再卖给消费者;如果企业的目标市场比较集中,企业就可考虑使用短渠道。

②潜在顾客的数量。如果企业的潜在顾客较少,企业就可采用短渠道;反之,就宜采用长渠道,由批发商和零售商把产品卖给众多的顾客。

③顾客的购买数量。数量大的顾客(如生产资料用户),生产企业可以上门推销,直接供货;对于购买数量小的顾客就宜用长渠道,通过中间商满足顾客的需要。

④消费者的购买习惯。对于便利品,消费者要求购买方便、服务迅速,这就需要有众多的中间商经销,通过大量的商业网点适应消费者的这种购买习惯;而对于选购品,尤其是特殊品,消费者愿意花较多的时间购买,所以,企业可用短渠道流通。

⑤消费的季节性。季节性较强的产品(如电扇、汗衫等),需要批发商提供储存功能,调节产品生产和消费由于时间的背离而引起的矛盾,宜使用长渠道;反之,则可使用短渠道。

(3)企业自身因素。企业自身因素主要包括3个方面:

①企业资源。资源丰富的生产企业有条件自己雇佣推销人员,自设门市部销售产品,不使用中间商,实行产销一体化。如日本丰田汽车公司在国内自设许多销售机构推销汽车,这样,营销渠道就较短;而那些资源较少的企业,因无力经销自己的产品,只能依靠中间商,以长渠道销售其产品。

②企业对营销渠道的管理能力和经验。如果企业对营销渠道具有丰富的经验和较强的管理能力,又有足够的资源,企业就可考虑自设机构,用短渠道推销产品;反之,企业只能依赖中间商以长渠道经销产品。

③企业控制渠道的愿望。一些企业为了控制产品的零售价格,有效地进行推销活动,以建立市场信誉,扩大销售额,它们往往愿意花费较多的直接销售费用,自设门市部推销产品,实行短渠道流通。

在市场营销实践中往往会遇到这种现象:就某些因素看应选择长渠道,就另一些因素看应选择短渠道,这时,企业应以最关键的因素为依据制定渠道长度策略。

2. 渠道宽度策略

渠道宽度策略亦称中间商数量策略。企业制定了渠道长度策略后,还必须对每个渠道层次所用中间商的数量制定策略。企业在制定渠道宽度策略时有以下三种模式可供选择。

(1)广泛经销。它也称密集经销,即在某一市场范围内,生产者运用尽可能多的同层次中间商推销产品,通过众多的分销渠道将产品转移到消费者手中。消费品中的便利品最适用这种策略,因为消费者对便利品一般不花较多的时间去挑选,主要追求购买方便、服务迅速,这就要求有众多的商业网点,通过大量的中间商把产品卖给消费者。

(2)独家经销。即在一定的市场范围内(如某一个城市),生产者只选择一家中间商经销自己的产品。生产者授予中间商经销产品的特权,但要求中间商不得经营竞争者的同类产品。这种策略一般只适用于一些购买者较少、单价较高或技术较为复杂的产品。

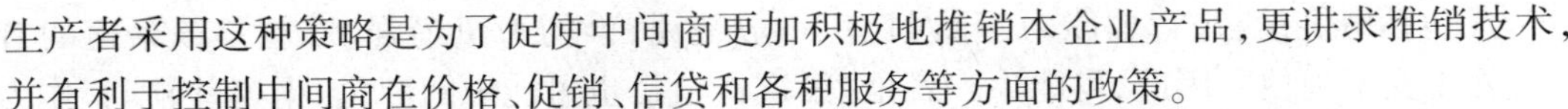

生产者采用这种策略是为了促使中间商更加积极地推销本企业产品，更讲求推销技术，并有利于控制中间商在价格、促销、信贷和各种服务等方面的政策。

(3)选择经销。它也叫特约经销，这种策略介于广泛经销和独家经销之间。即在某一市场范围内生产者精选几个最合适的中间商经销自己的产品。它最适用于消费品中选购产品。这种策略既能避免企业采用广泛经销时精力过于分散的现象，能同被选择的有限几家中间商保持良好的关系，掌握一定的渠道控制权，又能避免企业采用独家经销时渠道太窄的弊端，使企业能有足够的市场覆盖面。因而，这是多数生产者所采用的策略。

3. 中间商类型策略

如果生产企业决定通过中间商销售其产品，就必须制定中间商类型策略，即生产企业首先将产品卖给什么类型的中间商。中间商主要有三种类型，即批发商、代理商和零售商，生产企业要制定出合理的中间商类型策略，就首先需要分析中间商的功能，再分析企业所需要的功能，在此基础上选择合适的中间商。

批发商的特点是通过采购活动取得产品所有权，通过买卖活动从进销差价中取得利润。批发商能提供较为全面的销售功能，它们拥有一定面积的仓库、运输工具、相当数量的固定资金和流动资金，有能力大批量地向生产者进货，同零售商具有广泛的联系，有一定的经营管理经验。

零售商也像批发商一样具有通过采购过程取得产品所有权，从批零差价中获得利润的特点，但因多数零售商规模较小，它们一般不可能像批发商那样提供较多的销售功能，多数零售商仓库面积较小，运输能力薄弱，流动资金较少，只能采用批量采购、勤进快销的方式，但零售商同消费者有着广泛的接触，能比较客观地了解消费者对特定产品的需求情况。

代理商在西方国家非常普遍，近几年来，我国也出现了一批代理商。我国代理商的主要特点是不拥有产品的所有权，它本身不从事产品购销活动，只为生产企业代销产品或为中间商代购商品，并按成交额的大小收取一定比例的佣金作为报酬。代理商的功能单一，主要是为供需双方沟通信息，达成交易。但代理商擅长于市场调研，对市场的供需情况比较了解，能为被代理企业提供许多有价值的产销信息。

4. 渠道类型的数量策略

渠道类型的数量策略是企业决定同时使用哪几种类型的渠道销售其产品。生产企业虽可以只通过某一种类型的渠道销售产品，但多数生产企业往往根据实际情况，采用两种或两种以上的渠道分销产品，以增加产品分销的灵活性。如杭州西湖电视机厂即自设门市部，采用“生产者→消费者”这种零层次的渠道销售产品，也通过某些零售商店，采用“生产者→零售商→消费者”这种一层次的渠道分销产品，还将电视机卖给批发商，采用“生产者→批发商→零售商→消费者”这种二层次的渠道营销产品。

5. 渠道成员的相互支援策略

要使产品以较快的速度、较少的费用在较短的时间内从生产领域转移到消费领域，这要求生产者和中间商相互支援和合作。渠道成员的相互支援策略就是生产者对于如何支援中间商，或中间商如何支援生产者制定策略。在每一种类型的渠道中占主导地位的渠道成员，通常是该渠道的组织者和领导者，谁是某渠道的首领，取决于渠道成员间的实力(包括资金信誉、管理能力等)对比。一般地说,谁的力量最强,谁就是该渠道的首领,处于支配地位。因此,可能生产者是"渠道首领",也可能中间商是"渠道首领"。作为"渠道首领"的企业,要通过制定价格、融通资金、承担风险等业务活动,使所有的渠道成员都有利可图。渠道成员的相互支援策略的内容主要有两个方面:一是对支援的方式作出决策,支援的方式包括资金信贷、承担运输费用、广告促销费用,合理分割工商利润等;二是对支援的幅度作出决策,即对支援方式的水平作出决策,如某生产者决定向批发商提供贷款后,还要决定贷款的数额和利率的水平。

目前,我国仍存在渠道成员间缺乏相互支援的情况,渠道成员各自打各自的算盘,相互扯皮,从而使流通渠道不畅,影响社会再生产的顺利进行。

6. 地区中间商选择策略

如果生产企业的产品数量有限,只能满足某些地区消费者的需要,同时,企业决定通过中间商经销产品,那么,生产企业就必须制定地区中间商选择策略,即通过那些地区的中间商,将产品卖给当地的消费者,满足其需要。企业在制定这一策略时应考虑各地区对某种产品的需求量、购买力、运输和业务联系的方便性、各地中间商愿意接受的价格和合作精神等因素。

二、分销渠道管理

在每条产品营销渠道中都存在着渠道成员间不同程度的合作和矛盾。在一般情况下,渠道成员间的合作往往占主导地位,生产者、批发商和零售商为了相互的利益而组成一条营销渠道,它们通过一系列的业务活动相互满足对方的需要。同单个企业的单独活动相比,渠道成员合作能为企业各方带来更大的经济效益。可是,在每条产品营销渠道中也经常存在着某些矛盾,如"工商矛盾"(生产者和中间商之间的矛盾)和"商商矛盾"(中间商之间的矛盾)。所以,分销渠道建立以后,企业还必须对其进行管理,目的是加强渠道成员间的合作,调解渠道成员间的矛盾,从而提高整体的分销效率。对分销渠道的管理主要是对中间商进行管理,内容有选择、激励与评估三个方面。

1. 选择渠道成员

生产企业为了选择分销渠道必须物色合格的中间商。不论生产企业发现其招募中间商困难与否,他们至少应当明确好的中间商应具备的特点。企业必须对中间商从年限、经营业绩、能力、偿付能力和外在形象等各方面进行综合评估,如果中间商是销售代理商,企业必须评估其经营的其他产品种类的性质,以及销售人员的规模和素质,如果中间商是一家要求独家配销的百货公司,企业必须评估该店的位置、将来发展的潜力和顾客的类型。

一般来说,那些知名度高、享有盛誉、产品利润大的生产者,较容易地选择到合适的中间商。而那些知名度低,或其产品利润不大的生产者,则必须费尽心机,方能找到合适的中间商。不管是容易还是困难,生产者挑选中间商时应注意的基本条件有:①能否接近企业的目标市场。②地理位置是否有利。③市场覆盖有多大。④中间商对产品的销售对象或使用对象是否熟悉。⑤中间商经营的商品大类中,是否有相互促进的产品或竞争产品。⑥资金大小,信誉高低,营业历史的长短及经验是否丰富。⑦拥有的业务设施。

⑧从业人员的数量多少，素质的高低。⑨销售能力和售后服务能力的强弱。⑩管理能力和信息反馈能力的强弱。

2. 激励渠道成员

生产者不仅要选择中间商，而且还要经常激励中间商，使之尽职。对中间商进入渠道的要求和条件已构成部分的激励因素，但仍需生产者不断地监督、指导与鼓励。生产者不仅把商品销售给中间商，而且利用中间商销售商品，这就使得激励中间商这一工作不仅十分必要，而且非常复杂。

激励渠道成员，使其具有良好的表现，必须了解各个中间商的经营状况。许多中间商常受到如下批评：①不能重视某些特定品牌的销售。②缺乏产品知识。③不认真使用供应商的广告资料。④忽略了某些顾客。⑤不能准确地保存销售记录，甚至有时遗漏品牌名称。

针对中间商的不同情况，在采取激励措施时，生产者尽量避免激励过分和激励不足两种情况。当生产者给予中间商的优惠条件超过它努力销售所需条件时，就会出现激励过分的情况，其结果是销售量提高，而利润下降。当生产者给予中间商的条件过于苛刻，以致不能激励中间商的努力时，则会出现激励不足的情况，其结果是销售量下降，利润减少。所以，生产者必须确定应花费多少力量以及花费何种力量，来激励中间商。生产者在处理它与经销商关系时，常依不同情况而采取三种方法：合作、合伙和分销规划。

(1)合作：激励的目的是设法取得中间商的合作。生产者常用高利润、奖赏、津贴、销售比等积极手段激励中间商。如果这些不能奏效，它们就采取一些消极的惩罚手段，例如，威胁减少中间商的利润，减少为它们所提供的服务，甚至终止双方关系等。这些方法的根本问题是生产者从未认真研究过经销商的需要、困难及优缺点。

(2)合伙：一些老于世故的企业往往试图与经销商建立长期合伙关系。这就要求制造商必须深入了解它能从经销商那里得到些什么以及经销商可从制造商那里获得些什么。这些都可用市场涵盖程度、产品可得性、市场开发、寻找顾客、技术方法与服务、市场信息等各种因素来衡量。制造商希望经销商能同意上述有关政策，并根据其遵守程度的具体情况确定付酬办法。例如某企业不直接付给经销商25%的销售佣金，而是按下列标准支付：①如支持适当的存货，则付5%；②如能达到销售配额，则再付给5%；③如能有效地为顾客服务，付5%；④如能及时报告最终顾客的购买水平，则再付5%；⑤如能对应收账款进行适当管理，则再付5%。

(3)分销规划：建立一个有计划的、实行专业化管理的垂直市场营销系统，把制造商的需要与经销商的需要结合起来。制造商可在市场营销部门下专设一个分销关系规划处，负责确认经销商的需要，制定交易计划及其他各种方案，以帮助经销商以最佳方式经营。该部门和经销商合作确定交易目标、存货水平、商品陈列计划、销售训练要求、广告与销售促进计划。借助该部门的上述活动，可以转变经销商对制造商的某些不利看法。如过去经销商可能认为它之所以能赚钱，是与他与购买者站在一起共同对抗制造商的结果。现在，他可能转变这种看法，认为他之所以赚钱，是由于它与销售商站在一起，成为销售商精密规划的市场营销的一个组成部分的缘故。

3. 评估渠道成员

生产者除了选择和激励渠道成员外,还必须评估他们的绩效。如果某一渠道成员的绩效过于低于既定标准,则需找出主要原因,同时还应考虑可能的补救方法。绩效评估的具体措施有:

(1)生产者与中间商签订有关绩效标准与奖惩条件的契约,在契约中应明确经销商的责任,如销售强度、绩效与覆盖率、平均存货水平、送货时间、次品与遗失品的处理方法、对企业促销与训练方案的合作程度、中间商对顾客需提供的服务等。

(2)除针对中间商绩效责任签订契约外,生产者还需定期发布销售配额,以确定目前的预期绩效。生产者可以在一定时期内列出各中间商的销售额,并依据销售额大小排出先后名次。这样可促使后进中间商为了自己的荣誉而奋力上进,也可促进先进中间商努力保持已有的荣誉。

需要注意的是,在排名次时,不仅要看各中间商销售水平的绝对值,而且还需考虑到他们各自面临的各种不同可控制程度的变化环境,考虑到生产者的产品大类在各中间商的全部产品组合中的相对重要程度。

测量中间商的绩效,主要有以下两种办法:①将每一个中间商销售绩效与上期的绩效进行比较,并以整个群体的升降百分比作为评价标准。对低于该群体平均水平以下的中间商,必须加强评估与激励措施。但对后进中间商中因当地经济衰退,主力推销员的丧失或退休等因素造成绩效降低的,制造商就不应对其采取任何惩罚措施。②将各中间商的绩效与该地区的销售潜量分析所设立的配额相比较,即在销售期过后,根据中间商的实际销售额与其潜在销售额的比率,将各中间商按先后名次进行排列。这样,企业的调查与激励措施可以集中于那些未达到既定比率的中间商。

三、调整销售渠道

企业的分销渠道在经过一段时间的运作后,往往需要加以修改和调整。原因主要有消费者购买方式的变化、市场的扩大或缩小、新的分销渠道的出现、产品生命周期更替等。另外,现有渠道结构通常不可能总在既定的成本下带来最高效的产出,随着渠道成本的递增,也需要对渠道结构加以调整。渠道的调整主要有以下三种方式:

阅读资料

LG 电子公司的渠道策略

LG 电子公司从 1994 年开始进军中国家电业,目前其产品包括彩电、空调、洗衣机、微波炉、显示器等种类。把营销渠道作为一种重要资产来经营。通过把握渠道机会、设计和管理营销渠道拥有了一个高效率、低成本的销售系统,提高了其产品的知名度、市场占有率和竞争力。

一、准确进行产品市场定位和选择恰当的营销渠道。

LG 家电产品系列、种类较齐全,其产品规格、质量主要集中在中高端。与其他国内外品牌相比,最大的优势在于其产品性价比很高,消费者能以略高于国内产品的价格购买到不逊色于国际著名品牌的产品。因此,LG 将市场定位在那些既对产品性能和质量要求较高,又对价格比较敏感的客户。LG 选择大型商场和家电连锁超市作为主要营销渠道。因为大型商场是我国家电产品销售的主渠道，具有客流量大、信誉度高的特点，便于扩大LG品牌的知名度。

二、正确理解营销渠道与自身的相互要求。

LG对渠道商的要求包括：渠道商要保持很高的忠诚度，不能因渠道反水而导致客户流失；渠道商要贯彻其经营理念、管理方式、工作方法和业务模式，以便彼此的沟通与互动；渠道商应该提供优质的售前、售中、售后服务，使LG品牌获得客户的认同；渠道商还应及时反馈客户对LG产品及潜在产品的需求反应，以便把握产品及市场走向。

三、为渠道商提供全方位的支持和进行有效的管理。

LG认为企业与渠道商之间是互相依存、互利互惠的合作伙伴关系，而非仅仅是商业伙伴。在相互的位置关系方面，自身居于优势地位。无论从企业实力、经营管理水平，还是对产品和整个市场的了解上，厂商都强于其渠道经销商。所以在渠道政策和具体的措施方面，LG都给予经销商大力支持。这些支持表现在两个方面：利润分配和经营管理。在利润分配方面，LG给予经销商非常大的收益空间，为其制定了非常合理、详细的利润反馈机制。在经营管理方面，LG为经销商提供全面的支持，包括：信息支持、培训支持、服务支持、广告支持等。尤其具有特色的是LG充分利用网络对经销商提供支持。在其网站中专门设立了经销商GLUB频道，不仅包括LG全部产品的技术指示、性能特点、功能应用等方面的详尽资料，还传授一般性的企业经营管理知识和非常具体的操作方法。采用这种方式，既降低了成本又提高了效率。

四、细化营销渠道，提高其效率。

LG依据产品的种类和特点对营销渠道进行细化，将其分为LT产品、空调与制冷产品、影音设备等营销渠道。这样，每个经销商所需要掌握的产品信息、市场信息范围缩小了，可以有更多的精力向深度方向发展，更好地认识产品、把握市场、了解客户，最终提高销售质量和业绩。

1. 增减渠道成员

增减渠道成员即对现有销售渠道里的中间商进行增、减变动。做这种调整，企业要分析增加或减少某个中间商，会对产品分销、企业利润带来什么影响，影响的程度如何。如企业决定在某一目标市场增加一家批发商，不仅要考虑这么做会给企业带来的直接收益（销售量增加），而且还要考虑到对其他中间商的需求、成本和情绪的影响等问题。

2. 增减销售渠道

当在同一渠道增减个别成员不解决问题时，企业可以考虑增减销售渠道。这么做需要对可能带来的直接、间接反应及效益做广泛地分析。有时候，撤销一条原有的效率不高的渠道，比开辟一条新的渠道难度更大。

例如，某生产者发现本企业的货源不需要通过现有的众多渠道销售，就可以减少原来的渠道数量。相反，如某生产者由于扩大了生产规模，原有的渠道不能经销本企业的全部产品，这就需要增加商业网点，增加渠道数量。企业也可以在增加一些渠道的同时减少某些渠道，如目前小屏幕电视机在城市销路不好，生产企业就可以减少在城市的小屏幕彩电销售渠道，而增加在农村的小屏幕彩电销售渠道。

3．调整整个渠道类型

这是幅度最大的一种渠道调整措施，它不仅要求完全改变企业的整个渠道战略，而且要求企业大幅度地调整其市场营销组合，因此，这会对企业产生深远的影响。例如，某一生产者原来通过自设的门市部推销产品，但随着企业规模的扩大，生产批量的增加，该生产者必须通过中间商才能把产品推销出去，这就要求该生产企业调整原来的渠道类型，增加渠道层次。这种调整要求该生产者相应地调整售价，使中间商有利可图，也要求调整广告促销内容，使消费者了解哪些中间商经营该生产企业的产品。

第三节　分销渠道发展

一、营销渠道由长窄向短宽化发展，渠道趋向扁平化

以往的“生产者——大批发商——中批发商——小批发商——零售商——消费者”的长渠道，已逐渐演化为“生产者——批发商——零售商——消费者”或“生产者——零售商——消费者”或“生产者——消费者”。这种“短化”渠道，缩短了物流，降低了销售成本。它的市场运作更直接、更有效。

在渠道的“宽化”方面，许多企业也一改过去“生产者——全国独家总代理”。“生产者——地区独家总经销”的分销模式，演化为“生产者——全国代理网络”，“生产者——地区经销网络”的模式。这种“宽化”渠道，解放了生产企业，使代理商与代理商竞争，企业更全面、更主动。

众所周知的“李宁牌”运动服装，就是采用“专卖店”之“短化分销”策略，缩短了批发环节，直接和消费者接触。同时，又采用“一地多家”专卖店之“宽化分销”策略，扩大品牌势态和服务范围。1994 年李宁在全国组建了一个“短宽一体化”的销售网络，结果两年内就使“李宁牌”成为中国第一运动服装。

营销渠道扁平化是2002 年企业界的“流行舞步”。在传统模式下，企业的营销渠道就是由一级经销商、二级经销商、专卖店等组成的立体状物流网，但现在企业家们越来越明白，渠道的最终目的还是与终端用户沟通，过多的中间环节降低了效率，增加了纠纷，不符合“速度时代”的要求。于是，进入 2000 年来，压缩中间环节、增强物流及信息流的效率，将营销渠道进行“扁平化革命”的企业越来越多。

二、营销渠道的立体化与一体化

渠道的扁平化是必要的，但渠道仅仅实现扁平化，其深度是不够的。真正的渠道建设应该包括两部分：物流和增值服务，忽视任何一部分都是不完整的。目前，大部分厂商在“扁平化”渠道建设中，都注重于减少流通的中间环节，提高物流的通畅程度，从根本意义上说，这仅仅是“物流”的扁平化。企业在快捷高效地向用户提供产品的同时，还应该能够同步提供全面整套的产品增值服务，如本地化、维护、升级、构建方案等，即实现完整渠道建设的一体化。从扁平化到一体化，才是真正扁平化概念在未来渠道建设发展中的

必然“升级”。

2002年8月中下旬，长城计算机公司与佳都（国际）签约，佳都（国际）成为长城集团最大分销商之一，这一点正与渠道“立体化”概念相吻合。纵观长城渠道建设，在立体化建设中，其渠道架构由超级分销商、中等的增值服务商、本地的服务商3个立体的层次构成。根据自身的规模和实力，他们有着不同的属性和目标：超级分销商主要以物流的吞吐为主，相当于产品的一个大港口，集中在中心城市，向周边辐射；中等增值服务商的资金和规模相对较小，主要是在一级城市或者二级城市做产品的增值应用，并为下一级的本地服务商提供技术支持；而在每个点上的本地服务商则专注于做当地长城产品的本地服务。渠道的每个层次都有目的地定位，把自己的优势发挥在应该发挥的方面和最有价值的方面。

在渠道的一体化建设方面，长城集团在原有专卖店的基础上，提出金长城“特许”专卖店概念，它不仅是将厂商的产品卖给用户的直接中介，还利用它向当地的用户提供全面的、一体化的服务，即它不仅扮演了传统渠道销售中心的角色，同时还是一个展示中心、推广中心、培训中心、服务中心，在整个渠道体系中全面贴近消费者终端，贴近客户。

渠道建设的一体化和立体化“两条腿走路”，必将在激烈的市场变换中走出一条稳健、高效的道路。

三、营销渠道的逆向

通常产品的营销渠道都是向一级批发商推销产品，再由一级批发商向二级批发商推销产品，最终到达零售商和最终消费者手中。而有的企业是先在零售商和消费者身上下工夫，当产品达到一定销量时，二级批发商就会闻风而动，要求经销该产品；当二级批发商的销量达到一定规模时，一级批发商就会争相要求经销该产品。于是，该企业开始在一级经销商之间进行招标，条件优惠者获得经销权。依靠“倒着做渠道”这一奇招，企业居然无往不胜，令人刮目相看。

这种逆向思维，即“倒着做渠道”，已经成为新企业、新产品进入市场的重要手段。

新企业、新产品进入市场之初，由于其知名度和信用较低，与经销商谈判的地位也很低，如果按传统的营销渠道从高级别的经销商做起，可能不得不接受经销商苛刻的“市场准入”条件，如赊销（或货物铺底）、大规模的宣传促销、降价、退货等，答应这些条件无异于自杀，不答应又难于进入市场，很多新企业、新产品经营失败就在于此。

“倒着做渠道”绕过了经销商，直接对传统上不受重视的最终消费者和终端经销商销售，他们容易认同新产品，他们的“市场准入”条件很低，如给以优惠的政策，他们的经销热情会非常高，对企业的新产品尽快推向市场极为有利。

四、借用别人的渠道捆绑销售

要企业自己去建立一个有规模有效率的渠道体系过程旷日持久，维护渠道和保证渠道的灵活畅通，也需要人力物力的大量持续投入。借用别人的渠道立竿见影的短期成效恰好弥补了这方面的不足。一个成功的合作，可以轻易获得另外一个产品经销渠道，渠道投入几乎是零。因此，从根本上说，捆绑是借船出海。让一家企业的产品借用的另一家企业产品的经销渠道,达到扩大销售的目的。

2002 年 8 月 22 日飞利浦与 TCL 集团在上海共同宣布:两大品牌公司即日起在中国五地的市场进行彩电销售渠道的合作。根据双方协议,TCL 将利用其销售渠道及网络优势在国内 5 地的市场独家销售飞利浦彩电。

这是继海尔与三洋、TCL 与松下、海信与住友之后,国内家电企业又一次与跨国公司达成销售渠道上的合作。一方面,跨国公司对中国市场日益重视,开始借助中国家电企业的渠道优势进一步渗透;另一方面,中国企业已经进入需要加速向国际市场扩张,以稳固自身竞争力的阶段。

复 习 题

一、简答题

1. 什么是分销渠道?它有哪些特点和作用?
2. 简述宽渠道的优缺点。
3. 零售商和批发商的主要区别有哪些?
4. 影响渠道长度策略的主要因素有哪些?
5. 简述分销渠道的发展。

二、填空题

1. 生产者市场多采用(　　)渠道,消费者市场多采用(　　)渠道。
2. (　　)渠道与(　　)渠道是按生产者在渠道的每一个层次利用多少同种类型中间商数目的多少来划分的。
3. 中间商作为分销渠道的重要成员,有(　　)和(　　)两种基本形式。
4. 企业在制定渠道宽度策略时有广泛经销、(　　)和(　　)三种模式可供选择。

三、单项选择题

1. 经纪人和代理商属于(　　)。

A. 批发商　　B. 零售商　　C. 供应商　　D. 实体分配者

2. 下列情况下的(　　)类产品宜采用最短的分销渠道。

A. 单价低、体积小的日常用品　　B. 处在成熟期的产品

C. 技术性强、价格昂贵的产品　　D. 生产集中、消费分散的产品

3. 当顾客人数多时,生产者倾向于利用(　　)渠道。

A. 长　　B. 短　　C. 直接渠道　　D. 窄

4. 生产者、消费者直接发生联系,把商品销售给最终消费者,没有任何中间商的介入,这种渠道(　　)。

A. 最长　　B. 最短　　C. 最宽　　D. 最窄

四、判断题

1. 生产者只要提高对中间商的激励水平,销售量就会上升。(　　)
2. 在较大的市场上,企业应用较长的营销渠道。(　　)

本章小结

1. 分销渠道是指商品从生产领域向消费者或用户转移过程中所经过的途径或路线。

2. 分销渠道可以按照不同的标准、从不同的角度进行划分,一般分为直接渠道与间接渠道、长渠道和短渠道、宽渠道与窄渠道。不同的渠道类型,其渠道模式也不同。

3. 营销渠道策略,其主要内容有:渠道长度策略、渠道宽度策略、中间商类型策略、渠道类型的数量策略、渠道成员间的相互支援策略、地区中间商选择策略。

5. 营销渠道的发展是:由长窄向短宽化发展,渠道趋向扁平化;营销渠道的立体化与一体化;营销渠道的逆向;借用别人的渠道捆绑销售;营销渠道的"e化"和"优化"。

案例分析

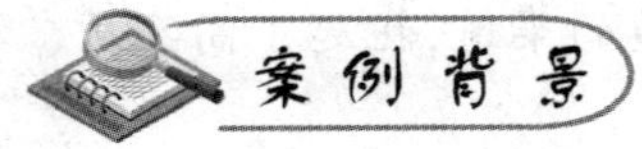

渠道托起"高"形象

对于许多爱美的女士来说,"欧珀莱"这个化妆品品牌并不陌生。尽管她在中国问世只有短短数年时间,却取得了惊人的发展速度。1994年,刚刚诞生的资生堂丽源化妆品有限公司只有几百万元的产值,而现在,它的销售额目标是数亿元,它已跻身中国化妆品行业的前列。

"资生堂"在日本有着141年的历史,是世界著名化妆品品牌。所以,资生堂丽源一成立,就把自己定位在高品质上。为了保证产品的高质量,至今他们还有80%的原料从日本进口;包装瓶的瓶底厚薄不匀,也会被作为次品处理掉。

至于"高形象"和"高服务"更是他们与众不同之处。

一般的企业销售产品有一种传统的销售方式,就是企业将产品卖给批发商,批发商再将产品卖给零售商,最后再由零售商卖给消费者。这种方法,企业省力,产品又销得快。可资生堂丽源绝不使用这种方法。资生堂丽源日方总经理原良一先生说:这种方法看似省事,其实它很容易把你的产品给毁了,尤其是高档产品。因为,产品在零售商手里卖得很随便,他们只重销售额,很难保证以高形象、高服务的方式销售。

资生堂丽源的销售方法是,自己去找零售商,而且对零售商的要求极为苛刻:商场的规模、档次、环境、经营理念、服务都要够水平。我们常听说商场挑产品,没听说产品挑商场的。所以,1994 年资生堂的销售人员亲自跑商场、提要求的时候,很多商场对此不理解:爱来不来,还不知谁求谁呢!尽管举步维艰,资生堂丽源一直坚持他们的原则。

商场挑好了,资生堂丽源还要商场按日本方面的统一设计布置柜台,有的还要自己施工,以树立自己的高形象。

资生堂丽源的产品由商场进货经销,但资生堂丽源要求站柜台的销售人员必须是本公司的“美容顾问”。化妆品有一个重要特点就是因人而异,“欧珀莱”也不例外。什么皮肤该用哪种化妆品,怎么使用,一般售货员是很难掌握的。所以资生堂丽源在全国各地培训了数百名专业销售人员。她们除了严格的服务礼仪之外,还要掌握皮肤知识、产品知识、美容理论、化妆技巧等,销售中要有针对性地帮助每一位顾客选择商品,并尽可能多地给她们讲解美容化妆知识,使顾客不仅得到了产品还得到了使用产品所必需的知识。所以,他们的销售人员不叫“售货员”,而叫“美容顾问”。此外,资生堂丽源还在很多地方开设了免费美容讲座和对贵宾顾客的免费皮肤护理。

资生堂丽源为自己的高形象、高服务真是下了大工夫。但这样一个一个地跑、一点一点地讲,这样干起来的确很苦,但它的好处是市场做得很扎实,发展后劲足。因为顾客认你了。

1994 年“欧珀莱”刚投产时,公司只有二十几个生产工人,还要经常停工待销。现在,公司有很多员工,每天不停地干还供不应求。几十年来,他们的发展速度一直保持高水平。

如今,资生堂丽源在全国 40 多个城市的 150 多个商场有了销售专柜,而要求他们去开专柜的商场是这个数字的几倍。资生堂丽源公司用他们创造的渠道,托起了高品质、高服务的形象,换来了高速的发展。

案例思考:

1. 试分析资生堂丽源的分销渠道?这种分销渠道对资生堂丽源来说有何利弊?

2. 资生堂丽源的做法对我们有什么启示?

第十二章 促销策略

教学目标

通过本章学习使学生基本理解掌握促销策略的基本概念和学科定位,对促销和促销组合的基本构成有全面了解;同时对人员推销的特点和职能有理性认识?

掌握营业推广的形式及制订营业推广方案;领会学习公共关系与广告、营业推广等促销手段;深入理解商业性广告的类型。

学习任务

通过本章的学习:

1. 理解和掌握如何有效地进行促销管理。
2. 了解促销组合四大要素的特点和作用。
3. 了解怎样才能充分发挥促销组合四大要素的促销功能。

案例导入

成也标王,败也标王

今日沉默的秦池在怎样讲述着昨日辉煌的故事?秦池酒厂的前身是1940年成立的山东临朐县酒厂,地处沂蒙山区。

至80年代,秦池酒厂一直为年产量万吨左右的县级小型国有企业。1992年,秦池酒厂亏损额已达几百万元,濒临倒闭。

当年年底,王卓胜临危受命,入主秦池。1993年,秦池酒厂采取避实击虚战略,在白酒品牌竞争尚存空隙的东北,运用广告战成功地打开沈阳市场。

1994年,进入整个东北市场。1995年,进入西安、兰州、长沙等重点市场,销售额连年翻番。

1994年年底组建以秦池酒厂为核心的秦池集团,注册资金1.4亿元,员工5 600人。

1995年,中国已有酿酒企业37 000家,年产白酒约700万吨。随着买方市场的形成,白酒行业一声空前惨烈的品牌大战即将来临,结果必将是形成名酒大厂垄断的格局。在与历史悠久,品牌牢固的大型酿酒企业的竞争中,实力弱小的秦池酒厂很可能被市场吞噬。为了生存的发展,秦池必须在大战来者前找到一条品牌知名度迅速提高,企业规模迅速扩大的途径。在反复权衡之后,秦池人选择了一条令人望而生畏却充满希望的险道——争夺1996年CCTV广告标王。

根据测算,1996 年标王额在 6 500 万元左右,相当于秦池集团 1995 年全部利税的两倍。这意味着如果达不到预期目的,将遭灭顶之灾。

1995 年 11 月 8 日,秦池以 6 666 万元的天价击败众多竞争对手,以黑马的惊人之举夺取标王。

勇夺标王,是秦池迈出的决定性一步,给秦池带来难以估量的影响。夺标,使秦池的产品知名度大大增强,使秦池在白酒如林的中国战场上成为名牌。在原有市场基础上,秦池迅速形成了全国市场的宏大格局。

大风险为秦池带来大发展,秦池人形象地将广告支出与销售收入比喻为:"每天开出一辆桑塔纳,赚回一辆奥迪。"1996 年,秦池销售额增长 500%,利税增长 600%。秦池从一个默默无闻的小酒厂一跃成为全国闻名的大企业。

在经历了 1996 年的辉煌之后,秦池人面临着两种选择:

一是继续争夺标王。据测算,1997 年的 CCTV 标王额为 3 亿元左右。这意味着将秦池又一次置身于更大的风险中。

二是将精力主要用于调整产品结构,进行技术改造。但由于秦池是靠广告在群众心中打出的品牌,如果不以连续不断的广告来支持,一段时间后,消费者心目中的品牌形象就会为竞争对手所取代。

首夺标王带来的巨大的品牌效应与经济效益使秦池人放松了对经营风险的防范心理,出于对市场形势过于乐观的估计以及对不夺标王市场萎缩的担心,秦池人终于决定二度争夺标王。王卓胜带领着秦池人走上了一条不成功便成仁的不归路。

1996 年 11 月 8 日,秦池集团以 3.2 亿元的天价卫冕标王。秦池人将此举解释为:秦池每天给中央电视台送去一辆奔驰,秦池则每天开进一辆加长林肯。但很快秦池人就发现,奔驰开出去了,但林肯没有开进,甚至连奥迪也不常开进了。

二夺标王后,舆论界对秦池更多的是质疑:秦池准备如何消化巨额广告成本?秦池到底有多大的生产能力?广告费会不会转嫁到消费者身上?

敢上九天揽月的秦池显然轻视了新闻媒体的作用,而这恰恰是秦池兵败九七的主要原因之一。

为了消化 3.2 亿元的广告开支,秦池 1997 年至少要实现 15 亿元的销售收入,这大约需要生产 6.5 万吨秦池酒,而这些酒需要 4 万多吨原酒来勾兑。但秦池每年的固态发酵生产能力仅为 3 000 吨。因此秦池采取了大量收购四川散酒,再加上本厂的原酒、酒精进行勾兑的做法。

和传统的固态发酵相比,勾兑是一种较为先进的工艺,它不仅不影响酒的质量,而且具有出酒快、产量大、粮耗低、产品工艺指标易于控制等优点。

早在 80 年代,为了解决白酒生产耗粮过大的问题,白酒行业就已经开始推广"液体发酵",即用少量经传统酿造法酿制的"固态酒"加入食用酒精勾兑。几个著名的鲁酒品牌如孔府家、孔府宴等也都普遍采用了勾兑的工艺。

遗憾的是,秦池人到今天都没有向消费者解释清楚什么是勾兑!以至于报端时常有"秦池把别人的散酒拉回家包装包装就往外卖"等等对秦池不利的文字。

1997 年初,某报编发了一组三篇通讯,披露了秦池的实际生产能力以及收购川酒进

行勾兑的事实。这组报道被广为转载,引起了舆论界与消费者的极大关注。由于秦池没有采取及时的公关措施,过分依赖于广告效应,因此,在新闻媒体的一片批评声中,消费者迅速表示出对秦池的不信任。秦池的市场形势开始全面恶化。

1997 年,尽管秦池的广告仍旧铺天盖地,但销售收入比上年锐减了 3 亿元,实现利税下降了 6 000 万元。

1998 年 1 月至 4 月,秦池酒厂的销售收入比去年同期减少了 5 000 万元。1996 年底和 1997 年初加大马力生产的白酒积压了 200 车皮,1997 年全年只卖出了一半,全厂 20 多条生产线现在也只开了 4. 5 条,全年亏损已成定局。

曾经辉煌一时的秦池模式成为转瞬即逝的泡沫。

思考题:

1. 试分析秦池的广告策略,其广告预算的方法是什么?

2. 通过此案例,你怎样看待广告在促销中的作用。

3. 试分析秦池在 1997 年二度中标以后却最终全面亏损的主要原因。

第一节 促销组合策略

一、促销及促销组合的概念

1. 促销概念及其内涵

促销,即促进销售,是指通过人员及非人员的方式传播商品及服务信息,帮助消费者熟悉该商品和服务,并促使消费者产生好感,最后产生购买行为的一切活动。这一定义包含以下几层含义:

(1)促销的实质是沟通信息。尽管促销的方式多种多样,但促销活动从本质上看,是消费者和供给者之间的信息沟通活动。通过信息沟通,供给者向消费者传递了商品及服务的存在、性能和特征等一系列信息,消费者则向供给者传递了商品及服务购前、购中和购后使用等信息。双方认识趋于一致有效地保持良好的关系,即有助于消费者产生购买行为,有助于供给者调整产品结构等营销策略,更好地满足消费者的要求。

(2)促销的目的是推动产品和服务的销售。促销活动是一种信息沟通过程,但信息沟通的根本目的是吸引消费者对企业或其产品和服务的兴趣和偏好,激发消费者的购买欲望,推动产品和服务从供给者向消费者的转移,实现产品销售。

(3)促销的方式主要有人员促销和非人员促销。人员促销又称人员推销。非人员促销包括广告、营业推广和公共关系等形式。

2. 促销的作用

促销是市场营销组合策略的重要组成部分,绝非可有可无之举。其实,促销投入并不是一种单纯的“费用”,而应当把它看成是一项“生产投资”,因为它同销售额、利润息息相关,在一定意义上就像购买机器设备一样,是营销者必不可少的开支。促销的作用可归纳为以下几点:

(1)传递信息,沟通渠道。现代营销过程是商流、物流、资金流和信息流的有机结合过程。信息流是商流、物流和资金流的先导。促销活动的本质就是消费者、生产者和中间商之间的信息流动。

(2)诱导激发需求。根据对消费者购买行为的分析,消费者的需求具有可诱导性。成功的促销活动不仅可以诱发需求,在一定条件下还可以创造新的需求,从而使消费者需求朝对企业有利的方向发展。

(3)突出产品特点,提高竞争力。同类产品竞争中,只存在很细微的差别,普通消费者往往很难察觉,企业通过促销活动,可突出地宣传本企业产品有别于其他竞争产品的独特之处,强调给消费者带来独特的利益等,促使消费者偏爱本企业产品,从而也就提高了企业和产品的竞争力。

(4)树立企业形象,巩固市场地位。企业形象是公众对企业的整体印象和评价,良好的企业形象是企业重要的无形资产。通过促销活动,可以树立良好的企业形象,尤其是通过对名、优、特产品的宣传,更能促使消费者对企业产品及企业本身产生好感,从而培养和提高"品牌忠诚度",巩固和扩大市场占有率。

3. 促销组合策略

促销组合策略就是有目的、有计划地将多种促销手段,合理有效地配合起来综合使用形成一个整体策略。促销组合策略的内容包括选择促销方式、分配促销预算和人力等。促销组合策略可以分成人员促销和非人员促销,有时也可分成推动式和拉动式。下面分别加以讨论:

(1)促销手段的分类及其特点。促销手段的主要分类如表12.1所示。

人员促销是企业通过推销员或委托其他销售代理机构直接向消费者推销产品和服务的活动。

非人员促销可以采用广告、营业推广或公关宣传等方式。广告是以广告主的名义,利用大众传播媒体向消费者传递有关商品和服务信息的活动。营业推广是指利用折扣、展示、有奖销售等多种方式,促使消费者采取立即购买行为的促销活动。公共关系则指企业在经营活动中,妥善处理企业与内外公众的关系,以树立企业良好形象的促销活动。

表12.1　促销方式分类及优缺点比较

促销方式	优点	缺点
人员推销	直接面对顾客,有利于交流与沟通,便于解答顾客提出的各种问题,促成及时成交	成本高,对推销人员的素质要求高
广告	辐射面广,可根据产品特点和消费情况灵活地选择推广媒体,并可多次重复宣传	信息量有限,说服力较小,消费对产品的反馈情况不易掌握,购买行为滞后
营业推广	刺激强烈迅速,吸引力大,能起到改变消费者购买习惯的作用	刺激时间较短,有时会导致消费者的顾虑和不信任,产生逆反心理

续表 12.1

促销方式	优点	缺点
公共关系	易获得公众信任,建立企业和产品的形象和信誉	见效缓慢,需经常推动
服务促销	有利于解除用户的后顾之忧,及时反馈产品使用信息	需等到用户购买,使用后,才能见到效果

(2)影响促销组合策略制定的因素。促销组合策略的制定,即选择什么促销手段并分配相应的促销力量,要受到许多因素的影响:

①产品和服务的性质。各种促销方式对消费品和产业用品的促销效果不同(见表12.1)。

一般来说,从事消费品营销的企业,最重要的促销方式是广告,其次是营业推广,然后是人员推销,最后是公共关系。与此不同,从事产业用品营销的企业分配促销经费的次序则是:首先是人员推销,然后是营业推广,再是广告,最后是公共关系。总之,广告比较适用于价格较低、技术性较弱、买主多而分散的消费品。面对消费者市场,人员推销比较适用于价格较昂贵、技术性强,买主少而集中的产业用品;面对产业市场和中间商市场,营业推广和公共关系是相对次要的促销方式,在对两类产品的适用性方面差异不大。在产业用品营销中,广告的促销作用虽然不如人员推销的作用大,但也是一种不容忽视的促销方式。广告的信息传播范围广,可扩大产品的知名度,增强用户的信心。同样,人员推销在消费品的推销过程中也可起很大作用,特别是向经销商和代理商推销产品时,更需要良好的人员推销技巧。

②产品生命周期。产品处于不同生命周期阶段,促销的重点目标不同,所采用的促销方式也有所区别,如表12.1。当产品处于投入期时,需要进行广泛的宣传,以提高知名度,因而广告的效果最佳。人员推销也有一定作用,可鼓励顾客试用。在成长期,广告和人员推销仍需加强,营业推广则可减少。到了成熟期,应增加营业推广,削弱广告,因为此时大多数人已经了解这一产品,如果产品没有什么新的特点,只保留提示性的广告即可。对产业用品来说,在此阶段应大力实行人员推销,与竞争对手争夺客户。进入衰退期,某些营业推广措施仍可适当保持,广告仅仅是提示而已,至于宣传报道可完全停止。

③产品价格。产品价格不同,促销组合也应有所不同。

④促销费用。促销费用多少直接影响促销的效果。企业在选择促销组合时,要综合考虑促销目标、产品特性、企业财力及市场竞争状况等因素,在可能的预算情况下估计必要的促销费用;然后综合分析比较各种促销手段的成本和效果,以尽可能低的促销费用取得尽可能高的促销效益。

⑤购买准备过程的阶段。消费者的购买准备过程一般分为6个阶段,即知晓、认识、喜欢、偏好、确信和购买。对处于不同阶段的产品,企业应采取不同的促销组合策略。在知晓阶段,广告和公共关系的作用较大;在认识和喜欢阶段,广告作用较大,其次是人员推销;在偏好和确信阶段,人员推销的作用较大,广告的作用略小于人员推销;在购买阶

段，则主要是人员推销在发挥作用。

(3)推动和拉动策略。促销组合策略也可分成推动和拉动策略。

①拉动策略，就是企业首先通过广告等促销手段对最终消费者进行促销攻势，使他们对产品或服务产生强烈的兴趣和购买欲望，然后反过来“拉动”中间商纷纷要求经销该产品的促销策略。企业在推出某些新的产品或服务时，中间商出于种种顾虑，往往不愿意经销，这种情况下，企业多采用拉动促销策略。

②推动策略，则是企业以人员推销为主，辅之以折扣等营业推广手段，为中间商进行促销使之产生兴趣和购买欲望，并利用他们的力量将产品或服务推销至最终消费者。在企业和中间商对市场前后看法较一致时，多采用此策略。如果同时使用推动和拉动促销策略时，促销效果当然更为明显。

显然，企业若采取“推动”策略，则人员推销的作用最大；企业若采用“拉动”策略，则广告的作用更大些。

二、促销活动中的信息沟通

1. 信息沟通模式

促销活动实质上是生产企业和中间商、消费者及其他公众的沟通过程。一切促销手段都是在直接、间接地沟通信息的基础上进行的。

为恰当地发展促销组合，有效地与消费者沟通，公司必须了解信息沟通模式。这一沟通模式是信息发送者将信息发送给接收者的途径。它涉及九个要素。

(1)发送者——信息发出方、信息源。沟通的发送者为公司、独立的机构或想要把一个信息介绍给受众的民意领袖。公司的沟通一般通过公司发言人、名人、角色演员、有代表性的消费者和推销人员来执行。这些信息发送者必须把有关理念、感情或看法用受众能够理解的文字或符号译成密码，并将这些信息传送给受众。

(2)编码——把信息编成可以经媒体传播，且关键是接受者能够解码的形式。这是信息发送者将一个思想和理念转换成信息的过程。发送者为了把信息有效地传达给接受者，必须改变信息，使之成为媒体可以传播的形式。改变信息形式的目的是使该信息更能吸引接受者的注意，且使接受者能通过恰当的信息还原，得到对信息正确的理解。比如使用人员推销，传达信息主要是推销员的语言表达和适当的样品示范，如果通过广告形式，这一过程难度就大大增加。比如接受者文化水平较低，促销广告就要多用照片、图片、声音甚至卡通画等易被接受的方式。又比如，一个公司想要着重要表达其产品的威望，那么在信息中就应表达其地位标志、独家拥有、出色特点等，而不应强调价格比竞争者便宜，在廉价商店可随时买到，已成为千千万万个的消费者所购买。

(3)信息——传播的内容。这是由发送者传递给受众使之理解的理念感情或看法。信息的中心内容主要取决于公司想要向其受众所通报、游说或提醒的东西是什么。

此外，公司有时在沟通过程中也会提供易于买到和价格的信息。

(4)媒体——发送者向接受者传播信息所通过的沟通途径。这是用来传递信息的人员或非人员渠道。人员媒体有公司的推销人员和其他代表及民意领袖；非人员媒体包括报纸、电视、广播、邮递广告、广告牌、杂志、车船体及因特网。人员媒体与受众进行一对一的接触，它们比较灵活，可因人制宜地传递适应个人所需的信息，并能回答受众所提出的问题。

非人员（大众）媒体，则能以较低的接触消费者成本，面向广大的受众，它们的灵活性较差，没有一对一介绍的那样机动，但对分散的目标市场却很有效、可取。

这两种类型的媒体还可结合起来使用，并能产生更好的效果，因为非人员媒体引起消费者的兴趣后，人员媒体则可促成交易。

（5）解码——接受者将传播符号还原成信息的过程。这是受众解释、理解发送者所发送信息的过程。广大受众往往根据自己的背景及信息内容的明晰度来解释所接收的信息，即对同样的信息，不同受众之间的感觉往往会受到名人的经验、态度、信念、生活方式以及一系列所获技术和期望所影响。例如，一个人可能将蓝色理解为清凉、和平和舒适，而另一个人则可能将其看做是旧式和刻板。至于信息内容的明晰度对解码的影响也是很大的，通常随着象征符号的增加，信息的明晰度也随之增加。专家认为，接受者和发送者的经验阅历，知识范围等共同部分越多，正确解码的概率越大。

国际营销中信息沟通的难度之所以较大，就是因为营销者（即发送者）与国外的信息接受者之间，在社会文化等多方面存在的差异性远远大于共同性。

（6）接受者——即受众，接受信息的人，信息传播的终点。这是发送者所发信息的目标，在大多数市场营销情境下，接受者就是目标市场。但发送者也可能会对股东、消费者团体、独立媒体和政府官员通报某种理念、企业形象和信息。

公司运用的沟通模式类型，主要取决于接受者范围的大小和分散状况、接受的人口统计和生活方式的特点以及可利用媒体是否与接受者相适应，总体沟通过程必须与受众和谐一致。

（7）反应——接受者接受信息作出的一系列反应。反馈——接受者向发送者送回去的部分反应。

作为信息发送者来说，了解接受者对信息作出的反应和反馈，对于采取进一步的营销措施、改进今后的促销方式等起着十分重要的作用。

反应不外乎三种形式，即购买、改变态度和不购买。公司必须了解这些反应中任何一种可能发生的情况，并采取一定方法加以监控。

最理想的反馈是沟通后消费者从公司购买了产品或服务，表明所传信息是可有效地促成交易。

其次一种反馈是受公司促销努力的诱使，消费者改变了对别的公司或供应品偏爱的态度转而偏爱本公司。这些消费者所产生的惠顾态度还可能影响到未来很长时期的购买。

最不理想的反馈是，消费者既不购买商品，也不产生惠顾态度。这可能是由多种原因所造成，如没有记住该信息，对原有产品感到满足，该信息不可信或没有显示出有什么差异化优点。这就需要采用某些技术来监控或取得理想的反馈。

（8）噪音——沟通过程中非正常的干扰使接受者接受了与发送者所传递出的信息有所不同的信息。这是在沟通过程中任何阶段所产生的干扰。由于有噪音，有时会造成沟通障碍，使信息不能正确地译码或解码，或造成反应微弱。下面就是造成沟通障碍的一些因素:①选择了不恰当的语言;②沟通渠道不恰当;③信息不恰当;④接受者不注意;⑤发送者或接受者缺乏亲情;⑥非语言沟通没有配合支持语言沟通;⑦拙劣的版面编排和介绍;⑧不恰当的时机;⑨直邮广告为了相干的人所接收。

2. 建立沟通和促销方案的主要步骤

有效的沟通和促销方案通常由下列八个步骤组成:

(1)确定目标信息接受者。明确促销信息的目标接受者,才能决定传播什么信息及如何传播。目标接受者通常是产品的使用者或潜在购买者,因此要研究这些人的需求和编码等营销特征。但首先要分析他们对现有产品、公司和竞争者总体印象,如对产品的熟悉程度,编码程度等。

(2)确定信息传播目标。当明确了谁是目标信息接受者及其特点后,营销信息传播者就必须确定信息传播的目标。尽管信息传播的最终目的是希望信息的接受者即消费者购买该商品或服务,但需要通过较长的时间的决策过程。按照"AIDA 模式",消费者要经过知晓、兴趣、欲望和行动这四个步骤。促销信息传播的目的,是把目标接受者从当前所处的阶段推向更高的层次,为消费者最终采取购买行动做好准备。

(3)决定信息的内容、形式和信息源。当接受者的期望反应确定后,还须进一步确定传播信息的内容、形式以及信息源。

所谓信息内容,常被称为诉求或独特的推销主题(USP),是消费者应该考虑或应该做某些事情的理由。它通常包括理性诉求、感性诉求和道义诉求。信息形式的选择则是为了使信息内容更具吸引力,如决定平面广告的标题、文稿、插图和色彩等。信息源即信息发送者对消费者接受信息程度的影响也很明显。

(4)选择信息渠道。有效的信息沟通渠道包括人员和非人员两大类。前者是两个或两个以上的人相互之间直接进行信息沟通,消费者可能会与推销人员或亲戚、朋友等其他相关群体成员进行信息沟通。另外一大类是由印刷媒体、电子媒体和展示媒体组成的非人员信息沟通渠道。

(5)建立促销预算。促销信息沟通必须以足够的促销预算作保证。但是确定总的促销费用并不是件很容易的事。在广告预算中常用的四种方法有:尽力而为法、销售比例法、竞争对等法和广告目标法,它们也同样适用于其他促销形式。总的来说,促销预算大小因产品寿命周期的不同阶段、产品的性质等因素不同而不同。

(6)决定促销组合。选择使用广告、营业推广、公共关系和人员促销等四种主要促销手段的关键是给他们分配总的促销预算。由于每种促销手段都有其各自的特性和成本结构,选择促销组合时必须加以分别考虑。

(7)衡量促销效果。促销计划执行后,信息传播者必须衡量它对目标接受者的影响程度,以便改进完善今后的促销计划。通常有必要了解他们是否识别该信息、看到几次、记住了什么、对信息的感觉和对公司的反应。当然,最重要的是有多少人最后购买了该产品。

(8)管理营销信息沟通。对多种多样的信息沟通手段、信息内容和形式等必须加以管理和协调,保证公司形象的一致性,提高信息沟通的效率。

第二节 人员推销策略

销售人员可说是成本最高昂的行销沟通工具之一，特别是用于外地出差、开发潜在客户上的花费，与维系现有客户满意度上所需的大量时间。一般认为，业务人员平均花费在顾客身上的时间只有20%而已，其余的时间则用于了解产品与推销技巧、填写报表、出席销售会议、出差等。很明显，这一资源需要谨慎管理的高度技巧。

比一系列的广告或直接邮件的效果好得多，是业务人员的优势。业务人员可与顾客见面、和客户共进午餐、衡量顾客对产品的兴趣、回答顾客的疑问与反对意见，并且达成销售任务。产品或服务的复杂性愈高，愈需运用业务人员。当众多产品与价格十分相似时，业务人员可能是顾客做最后取舍的唯一因素。

一、人员推销的概念和作用

1. 人员推销的概念

人员推销，就是为了达成交易，通过交谈，用口头介绍的方式，向一个或多个潜在顾客执行面对面的市场营销通报。这种面对面的通报，适用于每一个商业经营层次。

(1)生产企业的推销员拜访零售企业和批发企业以及个人消费者。

(2)批发企业的推销员拜访零售企业。

(3)零售企业的销售人员通过售货现场或上门推销商品给消费者。

不过，即使从零售企业的人员推销来说，也主要是指由企业派出推销员到店外向顾客挨户推销。

2. 人员推销的作用

人员推销的目的与其他促销方式并无差别，就是为了通告、说服、提醒消费者。不过在作用上，人员推销具有如下独特的优点：

(1)业务活动机动灵活。推销员可根据不同顾客的购买动机和行为采取相应的通报，所说言词及推荐不同的商品，以适应他们的不同需要。同时，顾客如提出相反意见，可及时给予答复。

(2)可以取得较高的推销效率。人员推销可以对潜在顾客进行事先的研究，以便于实际推销时易于获得成功。而非人员销售如广告活动，哪怕花费不少时间和金钱大做广告，但看到或听到该广告的人，不一定都是该项产品的顾客，而正需购买该项产品的顾客则不一定就能接触到该项广告。

(3)在多数情况下可以促成即时的购买行动。广告虽然能一时引起人们的注目，激起购买欲望，但通常无法立即使顾客采取购买行动。

(4)推销员除了推销工作外，还可兼做市场调查研究甚至维修服务工作。当然，人员推销也有其缺点：首先是费用开支较大；其次公司的产品如果是市场广大而分散时，不仅销售费用开支更大，而且也无力建立有效的推销队伍分散到广大的地区去推销。因此，人员推销并不是在任何情况下都是最有效的，是否采用此种促销方式，应视产品及市场情况而定。

从产品情况来看，是否采用人员推销方式，要视下列情况而定：①产品的单价是否较高；②产品由于技术性方面的原因是否需要操作表演；③是否需要适应个别顾客的需要；④是否属不常购买的产品。从市场情况来看，影响采用人员推销方式的是，地理越集中的市场，公司采用人员推销越有利，尤其是一些费用开支预算不多，资金不足，不能承担大规模广告活动开支的公司，采用人员推销方式可以更经济、更有效地执行市场营销通报的职能。

二、人员推销的特点和职能

1．人员推销的特点

人员推销是企业通过推销员或委托其他销售代理机构直接向消费者推销产品和服务的活动。它是自商品交换出现后的一种最古老的推销方法。在现代市场经济条件下，人员推销在多种推销方法中仍具有十分重要的地位，与其他推销手段相比，人员推销具有以下特点：

（1）推销的针对性强。推销人员对商品比较熟悉，在推销前对客户、产品及市场等都作了充足的准备。对消费者的疑虑能及时解释并澄清，所以较能促成及时的购买行为。

（2）有利于加强服务。现代科学技术的发展，使商品的结构、性能、使用和保养日益复杂化。采用人员推销方法，可以让推销人员在推销商品的同时做好一系列售前、售中和售后服务，这样方便了消费者，提高了消费者的满意程度，从而可以创造更多的销售机会。

（3）买卖双方关系密切。成功的推销人员在推销产品和服务的同时，通常与消费者建立了较为密切的友谊关系。这种稳定的个人友谊关系有助于长期业务的取得。

2．人员推销的职能

推销人员在推销产品和服务的同时，还兼有沟通信息、提供服务、协调分配等其他的职能。

（1）提供服务。为顾客提供最满意的服务是推销人员的首要职能。它包括了解消费者的需求；向消费者提供产品信息；协助办理提货、运输、保险手续，帮助他们选择最合适的商品和服务等。此外，作为公司一员，推销人员还须在销售商品的同时，协助企业收回货款；向企业提供必要的业务报告，积极参加各种展览、销售会议等，扩大企业的影响和树立企业良好的声誉。

（2）沟通信息。推销人员是买卖双方信息的主要渠道之一。一方面，推销人员将所推销产品的性能、特点、价格、使用保养等信息以及企业信息传递给消费者；另一方面，又将消费者的意见和要求及时传达给企业，以便于企业及时掌握市场发展动态，制定或修订营销计划，调整营销策略。

同时，推销人员在供求不平衡时，还要承担协调供求、巩固促进买卖双方关系的任务；有时还需接受部分送货、安装维修、培训客户等工作。

三、人员推销的程序和策略

人员推销是买卖双方互相沟通信息，实现买卖交易的过程。虽然没有两个完全相似

的推销情境,也没有两个推销员按完全相同的方法去完成自己的推销任务,但大多数推销员是按七步推销程序去执行推销任务的:

1. 推销准备

为了顺利地完成销售任务,推销人员首先必须做好知识和思想两个方面的准备工作。

(1)知识准备工作。主要有下列四个方面:

①企业知识。推销人员必须熟悉本企业的历史、规模、组织、人力、财务及销售政策等,以便能顺利地回答消费者可能提出的有关问题,熟悉企业并对企业充满信心的推销人员很自然地给消费者一种值得信赖的感觉。

②商品知识。推销人员必须熟悉所推销商品的构造原理、制造过程、使用方法、保养维护等,便于向消费者充分地展示产品的特点,取得消费者的认同。

③竞争知识。知己知彼,方能百战百胜。推销人员要尽可能多掌握一些竞争对手的情况,以便在推销过程中掌握主动权。一般来说,要了解竞争对手在产品、价格、分销渠道和促销等方面有哪些特点。

④市场知识。主动性知识通常包括消费者需求、购买模式、购买能力、潜在顾客以及消费者对本企业的态度。此外,还包括政治、法律、经济、社会文化等市场环境方面的知识。推销人员掌握的知识越多,就越能在推销过程中随机应变,进行创造性地推销。

(2)思想准备工作。推销是一项极具魅力、极富创造性、极有吸引力的工作。但推销也是一项十分艰苦的工作,因此,必须做好充分的思想准备:

——全力以赴,撇开家庭等因素的干扰,确保全身心地投入。

——明确目标,拟订适当的推销目标,激励推销努力的奋发。

——坚忍不拔,发扬不屈不挠的精神,承受推销工作时碰到的巨大压力。

——高度自信,对自己的能力,对推销的产品,充满自信。

2. 寻找顾客

寻找具备有一定购买欲望和购买能力及掌握购买决策权、有接近可能性的潜在消费者,是有效促销活动的基础。寻找的方法有多种,主要包括:

(1)逐户访问。首先要选择适宜的销售地区,其次要决定逐门逐户访问还是预先作出估计有所选择。这种方法可以在较短时间内访问较多的顾客,同时也是锻炼自己推销技术的有效途径。不过,这种访问遭拒绝可能性大,成交概率小。

(2)电话访问。从电话号码簿上挑选最适宜的销售范围,然后逐一通过电话询问。运用这种方法效率高,但成功的概率较小。

(3)根据名录寻找。根据电话簿、社团名录等各种名录来寻找潜在的顾客,这是一种效率较高、成功概率很大的方法。但实际上一些重要的名录往往很难收集到,同时名录的资料也常过于陈旧。

(4)他人介绍。经过他人,特别是一些与自己关系密切、身份地位较高、有一定权威的人士介绍,访问成功的概率较大。但要得到这些人的推荐本身并不是件容易的事情。

通过广告、展销会或出差等其他公开场合寻找潜在顾客在实际中也常运用。

3. 访问顾客

(1)拟订访问计划。为了顺利地完成推销任务,必须在顾客充分了解的基础上,针对顾客的不同特点，拟订周密详细的访问计划，包括确定拟向顾客推销何种商品及其能充分满足顾客什么需求；拟好洽谈内容或发言提纲；准备好洽谈中需要的企业产品等方面的资料、样品、照片等。

(2)约会面谈。约会的方式有：电话约会法、信函约会法和访问约会法。三种方法各有长短，应就具体情况、具体问题作出不同的选择。

(3)开场的方法。推销人员常常碰到潜在顾客的冷淡态度，打破这种冷淡气氛是进一步切入推销主要内容的前提。开场的方法有：提出问题法、趣事导入法、名片自荐法、熟人引入法、礼品赠送法、展示商品法等多种。

4. 介绍产品

开场以后，推销人员应尽快进入推销问题，介绍推荐自己的产品和服务。在介绍过程中，要着重讲清以下问题：

——为什么。包括你为什么来访问，顾客为什么要买你的产品。

——是什么。介绍产品的特点，能给顾客带来的利益和好处。

——谁说的。充分地让顾客了解你公司的经验、信用和声誉。

——谁做了。推销员过去的顾客有哪些，他们因使用该产品得到了什么益处。

——将得到什么。顾客使用了该产品后，将得到哪些好处。反之，将失去些什么。

在具体向顾客介绍上述问题时，还须注意要多从顾客的角度考虑问题，多用顾客熟悉的语言介绍产品，多聆听顾客的意见，多利用样品或其他手段来展示商品。最后，要注意多用一些态度坚定的措词。

5. 处理异议

顾客异议指顾客对推销人员推销的商品和服务提出的反面的观点和意见。处理异议是推销面谈的重要内容，也是最能显示推销人员推销技巧和水平的方面。异议内容常见的有价格偏高、质量不佳、对现有供应商已很满意、产品购自友人、预算用完、资金紧张等方面。

妥善处理各种异议，要事先对各种可能的异议作出估计，设计好相应的对策。在推销过程中，面对反对意见，推销人员要镇定，冷静表示出真诚、温和的态度。对意见涉及的问题运用有关事实、数据、资料或证明，作出诚恳的、实事求是的解释，从而消除顾客的疑虑。如果顾客仍不能改变其观点，推销员也要保持友善的态度，为今后继续谈留下足够的余地。

6. 达成交易

推销员在排除顾客的主要异议后，要抓住适当的时机，最后促成顾客达成购买交易。其中，时机掌握最为重要。如果推销员过早提出成交，很可能激起潜在顾客的抗拒心态，两者的关系便会出现某种程度的倒退。如果推销员错过这一机会，消费者的兴趣也许很快就会淡化了，促成交易的常用方法主要有：

(1)优惠成交法。在顾客犹豫彷徨之际，宜给予进一步的优惠条件，促使顾客立即购买。

(2)假定成交法。在假定顾客已经决定购买后，突然询问一些包装、运输或是商品如何保养、使用的问题，以此促成成交。

（3）惜失成交法。利用顾客担心不立即购买会失去些什么的惜失心理，促成顾客购买。

促成成交的方法有多种，要点在于准确把握消费者的购买心理，采取相应的措施。

7. 购后活动

为了更方便地满足消费者的要求，成交以后，推销人员还须进行售后服务与一系列的购后活动。

（1）加强售后服务。售后服务工作是整个推销工作的重要组成部分，其内容包括：安排生产、组织包装、发货、运输和安装调试，重要设备操作人员的培训。在产品正常使用后，要定期与顾客联系，了解产品使用情况，提供零配件供应等。消费者在使用过程中的问题和建议要及时妥善地处理。

（2）保存记录，总结分析推销工作。特别是一些大型设备等合同签订后，推销人中要认真做好推销工作审计、客户卡片和销售总结报告，保存好推销过程的原始资料，为售后服务提供信息和资料，为今后顾客重复购买做好准备。

第三节 营业推广策略

大部分的广告都无法立即对销售产生影响，广告的作用大部分是在心理层面，而不是在行为层面，对行为能产生影响作用的是营业推广，即所谓的促销。顾客在打听到打折、买一送一的优惠、赠品或抽奖等信息时，往往才会促使他们采取行动。

一、营业推广的概念及发展

1. 营业推广的概念

营业推广，又称销售促进或称狭义促销，它是指利用折扣、展示、有奖销售等多种方式，促使消费者采取立即购买行为的促销活动。由于它是直接围绕着营业额而进行的促销活动，故称为营业推广。

2. 营业推广的迅猛成长

绝大多数组织都运用销售促进工具，这些组织包括制造商、分销商、零售商、贸易协会及一些非营利机构。后者的例子有教会赞助的纸牌游戏、戏院聚会、纪念性宴会和抽奖等。

十年前，广告与营业推广的比例大约为60∶40，如今，在许多消费包装品行业中，营业推广占总预算的65%～75%。营业推广的开支近二十年来逐年增长，且速度在加快。

有若干因素使营业推广迅速发展，特别是在消费者市场。内部因素包括下列几方面：作为一个有效的推销工具，现在促销更多地为高层管理人员所接受；更多的产品经理有条件使用各种促销工具，且产品经理们受到了要他们增加销售额的更大的压力。外部因素包括：品牌数量的增加；竞争对手频繁地使用营业推广手段；许多产品处在相类似的状态；消费者更看重交易中的优惠；经销商要求制造商给以更多的优惠；由于成本的提高，媒体的庞杂和法律的约束，广告效率已下降。

营业推广的工具具有各种特定的目标。免费样品会刺激消费者的试用,而免费的管理咨询服务则可巩固与零售商的长期关系。

销售者利用刺激型的促销方式来吸引新的试用和奖励忠诚的顾客,提高偶然性用户的复购买率。新的试用者有三种:同一产品类型中其他品牌使用者,其他产品类型使用者,经常转换品牌者。营业推广主要是吸引那些品牌转换者,因为其他品牌的使用者不会时常注意促销或按促销的意图而行动。而品牌转换者首先寻找的是低价格或赠券,但营业推广未必能促使他们成为忠诚的品牌使用者。在那些品牌相似性高的市场上使用营业推广,从短期看能产生高的销售反应,但几乎没有持久的效益。在那些品牌相似性不高的市场中,销售促进可更持久地改变市场份额。

这里的关键是,许多公司感到,它们使用较多的营业推广是出于不得已。凯洛格、卡夫一些市场领先企业宣称,它们将更强调企业的拉动力量,增加广告预算。它们声称,大量使用营业推广会降低品牌忠诚度,增加顾客对价格的敏感度,淡化品牌质量概念,偏重短期行为。

但是,范里斯和奎尔克不同意上述看法。他们提出,营业推广提供了一系列对制造商和消费者至关重要的利益。营业推广使制造商得以调整短期内供求的不平衡。它们使制造商能制定一个较高的牌价以测试什么样的价格水平才是上限。它们促使消费者去试

用新产品,而不是墨守成规。它们促进了许多不同的零售形式,如天天低价商店、促销价格商店等,为消费者提供了更多的选择。它们使制造商的商品销售达到可以获得规模经济的程度,从而降低了每单位产品的成本。它们提高了消费者对价格的敏感度。它们有助于制造商更好地适应不同消费群体的需要。消费者本人则在享受优惠价的同时,体会了作为一个精明购买者的满意感。

二、营业推广的特点和目的

1. 营业推广的特点

营业推广有如下特点:

(1)营业推广是一种激励最终消费者购买和中间商经营积极性为主要目标的短暂性的促销活动。

(2)营业推广方式是协助人员推销和广告促销,使二者发挥更好效果的辅助性促销活动。

(3)营业推广具有强烈的吸引力,效果迅速明显,许多营业推广形式,如有奖销售等颇具诱惑力。因此,可以改变消费者原有的购买习惯。

(4)营业推广若使用不当或使用过滥会有损于企业和产品的形象,使顾客对商品质量产生怀疑,影响产品持久的生命力。

2. 营业推广的目的

营业推广的各项活动可以单独运用,也可结合起来运用,可以是进攻性的,也可是防御性的。营销者利用各种营业推广活动和物质奖励来达到许多方面的目的:

(1)吸引新顾客。

(2)鼓励试用新产品。

(3)介绍新产品或改进品质的产品。

(4)鼓励现有使用者重复使用或更大量的使用本企业的产品。

(5)吸引更多的顾客来店。

(6)增加某一项现有产品的总使用者。

(7)抵消竞争者的促销努力。

(8)激励销售队伍。

(9)教育销售人员改善产品。

(10)促使摇摆不定的销售状况趋于稳定。

(11)促使再销售商增加存货。

(12)获得产品的展示和其他支持。

(13)改善产品的配销工作。

(14)获得更多、更好的货位。

上述这些目的,有的着重针对消费者,有的针对销售商,有的针对自身的销售队伍。不管其针对性如何,任何一种营业推广的目的都须与机构的总目标、营销目标相一致。

三、营业推广的形式

根据市场的类型、销售目标、竞争状况和促销预算等因素选择不同的营业推广形式。归纳起来主要有三大类,即消费者促销、交易促销和营业促销。

1. 消费者促销形式

(1)赠送样品。它是指免费提供给消费者试用的产品。常用来介绍新产品的性能、特点,以刺激消费者购买。样品可以挨家挨户地送上门,邮寄发送,在商店内提供,附在其他产品上赠送,或作为起重要作用的广告品。赠送样品是最有效也是最昂贵的介绍新产品的方式。如海飞丝、飘柔、潘婷等。正因为如此,在运用这种促销形式时,要注意一些事项才能收到预期的效果。

①本产品品质较其他竞争品有优势,否则徒增费用,对促销不起作用。

②要确定适当的赠品标准量。赠品标准量的确定,既需要接受者品评其质量,又要力求不致过分破费。因此,有的可采用原产品作样品,有的则可分制成小型和小包装的样品,如只要够一次或两次试用即可。

③要掌握赠送样品的时机。有些企业选择在试销期或新产品引入期赠送样品,实践证明这往往会造成失误,因为这时的生产量并不大,经销部门不多,赠品支出不仅比重大,而且作用范围有限,效果也不会太理想。因此,一般应选择在产品的发展期,或在本产品在市场占有率较高的时候才开始赠送,可收到较好效果。

④样品的包装必须与市面上出售的产品包装一致,两者不一致时,也需保持相同的形态只是大小不同而已,否则试用满意的消费者不易发现所需的这种产品,其促销效果就会大打折扣。

(2)优惠券。就是一纸证明,持有者用它来购买某特定产品时可少付些钱。优惠券可以邮寄、包进其他产品内或附在其他产品上,也可刊登在杂志和报纸广告上,其回收率随分送的方式不同而不同:用报纸刊登优惠券的回收率约为2%,直接邮寄分送优惠券的回收率约为8%,附在包装内分送的约为17%。

优惠券可以有效地刺激成熟期产品的销售,诱导对新产品早期的使用。专家们认为,优惠券必须提供15% ~20%的价格减让才有效果。

(3)退款。它与上述促销形式不同,不是由零售企业执行,而是在购物后,将一张特定的“购物证明”寄给生产商,由生产商用邮寄的方式“退还”部分购物款项,这主要应用在如汽车等重要产品的购买上。

(4)特价包装。这是指以低于正常价格向消费者提供产品。这种价格通常在标签或包装上标明。有多种形式:如减价包装——减价供应的单个包装(如买一送一),或组合包装——把两件相关的产品合包在一起(如牙膏牙刷)。特价包装对刺激短期销售效果较好,甚至超过了优惠券。

(5)赠品。这是指以较低的代价或免费向消费者提供某一物品,以刺激其购买某一特定产品,有三种形式:

①附包装赠品,即将赠品附在产品内,或附在包装上。

②免费邮寄赠品,即消费者交还诸如盒盖之类的购物证据就可获得一份邮寄赠品,如:UPC 编码的盒子。

③自我清偿性赠品,即从低于一般零售价的价格向需要此种商品的消费者出售的商品。

例如,桂格麦片公司举行了一次促销活动,它在健尔·拉森牌狗食品的包装内放入了价值500万美元的金币和银币。

(6)售货现场陈列。这种促销方式比广告宣传有一大优点,就是通过现场陈列的是看得见的出售的代表。因它可见、可闻、可触,能使顾客较确切地了解产品的实用性而对产品发生好感。因此长期以来,零售企业一直把售货现场陈列(包括柜台、橱窗)当做“沉默的推销员”来看待,都在尽力发挥它们这方面的积极作用,尤其是随着自选商店在城乡的日益推广,现在这种售货现场陈列促销方式越来越发挥着重要的作用。

要充分发挥这种方式的促销作用,除了要注意商品陈列的技术外,还要注意处理一些具体细节问题。如:

①陈列的商品应标明价格、产地、生产者,甚至出售场地。

②陈列的商品必须是有货供应的商品,而且陈列品必须与出售品质价相符,切忌只有陈列而无实际商品出售的做法。这样做不仅会引起消费者的不满,而且还会在人们心目中留下“陈列品是摆着看,没得卖”的印象,会葬送商品陈列促销的作用。

除上述这些方式外,还有实地表演、服装表演、免费试用和产品保证等。其作用也是很明显的。

2. 交易促销形式

在国外,生产企业用于交易促销的资金比用于消费者促销的还要多,生产商在交易中耗资主要是为了实现三个目标:

(1)交易促销可以说服零售商和批发商经销自己的品牌。由于货架空间位置很难取得,生产商只能经常靠提供减价商品、折扣、退货保证或免费商品来获得货架,一旦上了货架,就能保住这个位置了。

(2)交易促销可以说服零售商和批发商比平时经销更多的商品。生产商可用数量折扣的办法,使中间商在其商店和货栈中经销更多的商品。生产商认为,当中间商“满载”自己的商品时,他们会更加努力地推销。

(3)交易促销可以刺激零售商和推销人员更积极的推销商品,即生产商可通过提供促销资金、销售帮助、表扬项目、奖品和销售竞赛来提高零售商的推销积极性。

至于具体的交易促销形式,归纳起来主要有下列几种:

(1)价格折扣,又叫发票折扣或价目单折扣,就是在某段指定的时期内,每次购货都给予低于价目单定价的直接折扣。这一优待鼓励了经销商去购买一般情况下不愿意买的数量或新产品。

(2)折让,是作为零售商同意以某种方式突出宣传厂商产品的报答。其中的广告折让用以补偿为生产商的产品做广告宣传的零售商。陈列折让则用以补偿对产品进行特别陈列的零售商。

(3)免费商品,是提供给购买一定数量的中间商几箱额外的货品。另外也可提供推动资金如现金或礼品,给予推销自己产品的经销商或其销售人员。同时,他们也可向零售商提供免费的印有公司名称的专门广告品,如钢笔、铅笔、年历、便笺本、烟灰缸、手袋、帽子等。

3. 营业促销形式

(1)商品展览和集会。外国的各种行业协会,一般都每年组织年度集会,同时还有代表性地举行商品展览会。那些打算向该种行业推销产品的公司,可在展览会中租用场地或货摊,陈列和实地表演他们的产品。

(2)销售竞赛。这是一种组织销售人员或批发商、零售商参加的竞赛,目的在于鼓励他们增加一定时期的销售效果,给那些有成绩的人颁奖。

(3)还可通过抽彩和各种博弈这些工具为消费者、企业客户、经销商和推销人员提供由于运气或额外努力而赢得某些东西的机会,如现金、旅游或产品。

四、营业推广策略

营业推广策略是企业对营业推广活动及其有关因素进行的分析决策过程。这一过程包括确定营业推广目标,选择适当的营业推广形式,制定营业推广方案等。

1. 确定营业推广目标

促销组合目标决定了营业推广的目标,而促销组合目标又源自于企业营销的总体目标。具体地说,营业推广目标就是要明确营业推广的对象、推广什么内容以及达到什么目的。

针对最终消费者的营业推广,或是鼓励大量购买,或是争取新产品试用,或是吸引品牌转换者放弃使用其他竞争品牌的产品。

对零售商而言,目标往往是诱导他们拥有更多的库存,鼓励他们在淡季购买,抵消竞争者的促销活动,增强品牌忠诚度和争取新的零售商加入。

营业推广的目标对象要明确,推广目的要具体,尽可能多使用数字说明。

2. 选择适当的营业推广方式

如上所述,营业推广的方式很多,企业在选择各种方式时,应该结合考虑企业营销和促销目标、市场类型及竞争状况、各种推广方案的成本和效果等因素。

3. 制订营业推广方案

营业推广方案一般包括以下内容:

(1)诱因大小。要估计营业推广方案中诱因的吸引程度。吸引程度与促销效果成正比关系,但事实上也存在着逆减规律。掌握了这种关系和规律,就可以根据营业推广目标来确定诱因大小。

(2)营业推广的对象。要根据消费者和中间商的具体特点,选择能产生最佳推广效果的推广对象。

(3)推广的分发载体。要决定通过什么载体来宣传和分发推广方案。例如优惠券可放在商品包装内由商店分发,也可通过广告媒体分发。分发方法不同,将会影响推广的范围、成本和效果。

(4)推广持续时间。持续时间过短,部分消费者尚未尝到甜头;持续时间过长,会失去刺激购买的某些作用,使消费者对该产品或企业产生怀疑。

(5)推广时机。时机选择得当,可起到事半功倍的效果。应综合考虑产品寿命周期、消费者收入及购买心理、市场竞争状况等因素,不失时机地推出营业推广方案。

(6)推广预算。进行预算的目的是比较推广的成本和效益。成本开支包括:诱因费用,如赠品、奖品、奖金及减价损失等;管理费用,如印刷品费、邮寄费和对中间商的促销费用等;广告宣传费用,如各种广告费用、发布会招待费等。

第四节　广告宣传

一、广告的概念及基本功能

1. 广告的含义

广告是商品经济与商品交换发展的产物,广告的含义也是随市场经济的发展而不断有所变化的。从广义上讲,凡是以说服的方式,有助于商品服务销售的公开宣传,都可以称为作广告。在市场营销活动中,广告是指广告主付出一定的费用,通过特定的媒体传播商品或劳务的信息,以促进销售为主要目的的大众传播手段。该定义包括下列几层含义:

(1)广告对象是广大消费者,有“广而告之”的意思。因此,它既区别于人员推销方式只向有限的消费者传播信息的形式,也区别于公共关系以所有的社会公众为对象的促销形式。

(2)广告的内容是有关商品和服务方面的信息。所以,这里所讲的广告排除了刊登寻人启事、征婚等社会广告和刊登捐赠资助,倡导公益事业的公益广告。

(3)广告的手段是利用大众传播媒体来进行的,对租用的媒体要支付一定的费用。

因此,这里所讲的广告区别于一般的新闻报道,不过事实上,一些“软广告”或有偿新闻混淆了这两者的区别。

(4)广告的目的是为了促进商品和服务销售的促销活动。

2. 广告的类型

商业性广告通常可分三种类型:

(1)以宣传商品为目的的广告。主要有:

①报导式广告。即以教育性和知识性的文字或图像向消费者介绍商品性质、用途、价格等情况,促使消费者对商品产生初步需求,而不是劝导购买,属于开拓性广告。

②劝导性广告。即以说服为目标的广告,通过产品间的比较,突出本企业产品的特点和给消费者带来的好处,使消费者对产品的品牌加深印象,刺激选择性需求。此类广告属竞争性广告。

③提示式广告。即以刺激消费者重复购买,强化习惯性消费的广告。主要适用于一些消费者比较熟悉,已有使用习惯和购买习惯的日常用品。

(2)以建立企业商誉为目的的广告。此类广告不直接介绍商品和宣传商品的优点,而是宣传企业的一贯宗旨与信誉、企业的历史与成就,其目的是为了加强企业自身的形象,增强消费者对企业的信心,沟通企业与消费者的公共关系,为长期的销售目标服务,着眼于未来,故又称之为战略性广告。

(3)以建立观念为目的的广告。此类广告不直接介绍商品,也不直接宣传企业的信誉,而是通过宣传,建立或改变一种消费观念,以强化消费者对一个企业、一种产品在心目中的形象。这种观念的建立客观上是有利于广告主的。如:“忠告市民,过量饮酒有害健康。”

3. 广告活动的基本要素

广告是一种动态活动过程,它不是孤立地指某一种信息。广告活动的构成必须具备6个方面的基本要素:

(1)广告主体,即发布广告的主体。任何广告都有发布者。

(2)信息,即广告的内容,它包括企业信息、商品信息、劳务信息和观念信息。

(3)广告中介,即代理广告主进行广告策划、设计和媒体选择的中间机构,如广告公司。

(4)广告媒体,即把广告表现出来的媒介物,如报纸、电视、杂志、广播等,它是广告传播的物质技术条件。

(5)广告费,即广告主向广告中介或广告媒体所有者支付的费用。支付广告费是广告的重要特征,也是广告和新闻报道等不用支付费用的信息传播手段相互区别的重要方面。

(6)广告对象,即广告阅听者。他们是广告信息的接收者,只有当预期中的广告对象能接触到媒体传送出的信息,才能形成完整的信息沟通。

4. 广告的基本功能

广告的基本功能,是利用媒体将有关商品劳务的信息,向潜在的购买者大众传播,其目的是改变消费者的态度、印象或行为,使他们对广告产品(服务)或企业能产生良好的印象和态度，进而采取购买行动。

具体地说，广告的基本功能主要有：

(1)宣传产品或企业。宣传的内容可以是商品或服务，也可以是企业本身。前者的目的是让消费者知晓商品或服务的存在；后者的目的是宣传提供产品和服务的企业。特别是对服务企业，由于服务本身的特点决定了直观地显示服务的困难性，广告对企业本身的宣传，对于提高企业形象，促进服务产品的销售具有关键作用。

(2)影响消费者的意识。事实上，消费者内心深处往往存在着某种未被满足的欲望，但尚未转换成现实的需求。广告可以影响这种潜在的意识，促使其成为对某种商品或服务的现实需求。

(3)改变消费者的态度。广告的功能之一就是要改变消费者不利于企业的对某种商品或服务的态度，其中，可能是消费者根本不喜欢这类商品，也可能是不喜欢这种品牌的商品。广告就是要针对消费者的不同特点和不同心理，用商品和服务的利益来说服他们转变否定或中立态度为喜欢甚至偏爱的态度。

(4)提醒消费者注意。有些商品或服务曾经为消费者所喜爱，但随着时间的推移，竞争产品的出现，消费者对该商品或服务失去了往日的热情。适时出现的广告可以重新唤起消费者的注意和兴趣，促使其购买。

(5)肯定消费者的购买行为。消费者心理分析结果表明，消费者对于某商品和服务的不满意感，不仅来源于消费者使用以后发现了产品或服务的缺陷，而更多地来源于消费者看到了同类产品的介绍广告以后，产生的一种失落感。企业广告的功能之一就是要使已购买产品的消费者排除那种怀疑心理，肯定自己的购买行为，从而获得真正的心理满足。

二、广告策略

广告促销策略是指在企业广告促销活动过程中，为实现预定的企业目标和解决新遇到的重大问题，根据对广告促销活动客观规律性的认识和企业内外有关因素的分析，确定具体广告目标和实施广告目标的具体方案。主要包括以下内容：

1. 广告调查

在广告促销活动尚未展开之前，先对市场现状进行调查研究，将分析研究的结果作为制定广告决策的基准点和出发点，根据需要与可能，理顺各种影响因素，兴利除弊，决定必须达到的广告目标。

(1)广告调查的内容。广告调查是广告促销决策的依据，它主要包括以下内容：

①广告目标市场调查。广告目标市场是指广告传播的对象。广告目标市场客观上受企业目标市场的约束，广告目标市场是依据企业目标市场确定的广告受众。调查广告目标市场，主要是了解这些消费者的需求、动机、购买习惯和接受外界信息的习惯、程度、速度以及与此相关的消费者年龄、性别文化程度、家庭状况、种族、民族、国籍、收入水平、职业、宗教信仰等情况。综合调查分析出消费者为什么购买、购买什么、由谁购买、在什么时候、什么地方购买；购买频率如何及购买后由谁使用、使用后的评价等，以便进一步分析出目标市场对广告的态度。

②广告代理调查。根据经济核算的原则,许多企业都将广告促销活动委托给广告经营企业代理。为了使企业的广告活动与广告经营企业的工作更好地协作,有必要开展广告代理调查。调查广告经营企业,主要集中在以下四个方面:广告经营企业的资信情况;广告经营企业的历史;广告经营企业的能力;广告经营企业与广告主的关系,即调查广告经营企业之间能否配合协调、默契支持,能否对维持广告主在竞争中的地位有所助益。这是广告代理调查中最重要的内容。

③广告媒体调查。广告媒体调查,是指对广告信息借以传播的物质、技术手段的性能、效果等所作的调查。如对印刷媒体(报纸、杂志)的销售份数、读者对象、阅读率、发行频率、每千人成本费的调查;对电波媒体(广播、电视)的传播区域、视听率、视听者层的调查;对报纸、杂志、广播电视等四大媒体以外的媒体特性和效果的调查,这些媒体包括户外橱窗广告、交通广告等。通过大量的媒体调查,使广告主以最少的媒体费用、最适当的媒体来传播广告信息。

④广告制作与表现调查。企业任何一项新的广告决策都是在调查以往自己及其他企业的广告活动的经验和教训的基础上进行的。调查以往的广告创作与表现的内容、方式及其效果,可以改进企业今后的广告决策。广告创作与表现调查的内容,主要包括:商品功用调查,即调查广告如何表现商品的功用和突出商品特性;创作构思调查,即调查广告的构思过程和构思方法,看有无借鉴之处;广告作品调查,即调查广告作品的整体安排和操作,并分析其效果。

(2)广告调查方法常用的广告调查方法有如下几种:

①个别访问法。个别访问是个别征询调查对象对企业的广告有何看法以及对企业做广告有何建议的方法。一般是预先确定样本家庭或个人,广告调查人员携带广告样本或录音录像设备,按照预先设计的调查文稿提出问题,详细记录谈话内容,同时仔细观察访问对象的气氛,设法使调查对象讲真话,然后把各种看法逐一分类整理出来,以改进今后的广告工作。访问之后要向调查对象赠送纪念品或支付一定的报酬。

②电话调查法。电话调查法是通过电话询问的形式,调查样本对企业广告及如何做广告的意见。电话调查法的优点是:可以在短期调查较多的对象,成本较低,可以调查许多无法对其进行个别访问的人;可以听到被调查者对所提出问题作出的反应。其缺点是:因为受通话时间的限制,不能询问复杂内容;不能与被调查者直接见面,不易得到对方的使用情况。

③回函反应法。回函反应法是在四大媒体商品广告中附有样品、奖品、赠券等,要求有意购买者回函索求样本,测验消费者反应以求广告效果的调查方法。

运用此法探求广告效果,要对回函认真加以统计整理。对于回函索取样本、产品性能说明书和直接订货者,要迅速复函、发货;对于广告内容进行指责和提出建议者,要严肃对待,视其合理程序逐一加以改进。对提出合理建议者,应赠送一定奖品,以示鼓励。

④意见反映法。意见反映法是邀请消费者团体评价广告作品内容的调查方法。

这一方法是选出一定数量的消费者作为评审团评价广告作品与内容,以决定广告样品的取舍。具体有两种方式:一种是一次列出几幅广告原稿,依次询问代表们对各个广告样品内容的看法，评价孰优孰劣，集中意见后排定各广告原稿的次序，由此确定它们存在的价值。删除代表们不感兴趣的样品，修改不完善的文稿，最后确定推出的广告脚本。另一种是一次提出两幅广告样品，请评审团全面审查。其中不仅要评价文字内容的优劣，特别应注意图案、标题和中心文句是否有感召力与说服力，以决定最后的取舍。

⑤记忆法。记忆法就是探求读者读过什么，能记忆多少的测验方法。若读者对于读过的东西记忆清晰完整，自然说明广告的感召力强，若有关读物能吸引住读者，也就有引起他们的兴趣，激发购买行为。记忆法一般分为再确认法、回想法和记忆鼓测验。

再确认法是在广告刊载后，向读者提供最近的报纸杂志广告，询问其是否读过，如果读过，可进一步探询其记忆程度。

回想法是询问调查对象最近看过什么广告，记得多少广告内容的测验方法。询问时不提示刊载的广告，凭调查对象个人的印象回答。不给任何线索者，称为纯粹回想法；提供部分记忆线索者，称为辅助回想法。

记忆鼓测验是一种在实验室进行的测验方法。记忆鼓由一个马达、一个定时装置、一个可以活动的纸卷和一个显示窗组成，测验时，把广告文稿写在纸卷上，开动马达，使纸卷上的字一行一行在显示窗口定时显示出来。调查对象由显示窗口看见部分或全部广告文稿内容之后，调查员就可利用回想法，测验调查对象对于广告文稿内容的记忆程度。

⑥监看制。监看制是广告主、广告公司或广告媒体公司把消费者、零售店和专家等组织起来，对自己的商品、广告、促销活动等进行监督，定期反馈信息而形成的一种制度。

如监看广告，从消费者中选出一部分代表，让其对刊载播映的广告内容加以评论，提出批评意见并定期反馈。广告主或广告公司对这些资料加以整理，进行统计分析，把分析结果作为改进广告内容或广告表现手法的依据，从而形成一种长期调查制度。

这里应注意的是，对委托监看者要定期更换，以免受委托者影响，离开一般消费者的立场，只图报酬而敷衍了事。

⑦节目分析法。节目分析法是为了测定广告节目或电视广告的视听者对该节目的反应情况，在播映前实施的一种测验。

节目分析法，是在被测验者座椅两旁，各设置“正”、“负”两电钮，随节目或广告画面的转换，按“正”表有趣，按“负”表无趣，若感到无所适从，则不按电钮。测验人员根据此变化，绘制趣味反应曲线，以此来检验节目吸引人的程度。

这种方法带有强制感，而且由于时间脱节会给测定兴趣反应带来阻力。

2. 广告目标

毫无疑问，广告的最终目标是通过宣传在消费者之中提高广告商品的知名度，促使消费者在购买同类商品时，能指名购买，达到扩大市场占有率的目的，从而使企业赢利。

通常，广告目标可归纳为以下三种：

(1)创牌广告目标。此类广告的目的在于介绍新产品和开拓新市场。它通过对产品性能、特点和用途的宣传介绍，提高消费者对产品的认识程度，其中着重要求提高消费者对新产品的知名度、理解度和厂牌商标的记忆度。

(2)保牌广告目标。此类广告的目的在于巩固已有市场阵地，并在此基础上深入开发潜在市场和刺激购买需求。它主要通过连续广告的形式,加深对已有商品的认识,使现实消费者养成消费习惯,潜在消费者发生兴趣和购买欲望。广告诉求的重点着重保持消费者对广告产品的好感、偏爱和信心。

(3)竞争广告目标。此类广告的目的在于加强产品的宣传竞争,提高市场竞争能力。广告诉求重点是宣传本产品较同类其他产品的优异之处,使消费者认识本产品能给他们带来什么好处,以增强偏爱度并指名选购。

3. 广告媒体

广告媒体是广告主与广告对象之间信息沟通的载体和媒介物。广告使用的媒介物的不同,也是广告分类的主要依据之一。根据其不同的物质属性可进行如下分类:

——印刷媒介。如报纸、杂志、电话号码簿、画册、商品目录、挂历等。

——电子媒介。如广播、电视、电影、霓虹灯、电子显示屏等。

——邮寄媒介。如函件、订购单等。

——交通工具媒介。如火车、汽车、轮船等交通工具的内外表现。

——店堂媒介,即POP媒介。即以商店营业现场为布置广告的媒介,如橱窗、柜台、模特儿、悬挂旗帜、招贴等。

——户外媒介。如路牌、招贴、灯箱、气球、汽艇、充气物等,其他如包装袋、样本等也都是广告媒体。随计算机通讯网络的使用越来越普及,电子邮件广告等新型媒介不断涌现。

在以上各媒介中,报纸、杂志、电视和广播由于使用较广,故被称为四大媒介。

(1)报纸。报纸的发行量大,覆盖面广,读者层较稳定;迅速、及时、灵活;制作简单、成本较低;可信度较强。但报纸也有很大局限性,如持续时间短、形象表达不如杂志和电视等。

(2)杂志。杂志的优点是广告对象明确,针对性强;持续时间长、便于保存查阅;印刷效果好、视觉集中。其缺点是灵活性差、传播速度慢、不及时、接触对象不够广泛。

(3)电视。电视集声、形、色于一体,形象生动,吸引力强;信息传播迅速,范围较广;表现手法多样,诉求力强。其缺点是成本高、时间短不易记忆、针对性较差。

(4)广播。广播的优点是传播迅速及时;传播空间大,范围广、不受条件限制;制作成本较低。但是广播受条件限制,形象性差,听众印象不深,选择性也较差。

在我国,报纸和电视两大媒介要占整个媒介使用量的三分之二左右。

广告媒介的选择,就是依据广告目标的要求,选用广告费用合理,而广告效果最好的广告媒介来发布广告。正确地选择广告媒介应考虑下列因素:

(1)广告目标要求。广告主发布广告,都有特定的目标要求,这些目标是由企业的营销目标决定的,如开拓市场,参加竞争,提高市场份额等。选择广告媒介要与广告目标相一致,这就是说,广告媒介对于特定的广告目标的实现是有利的。

(2)广告商品特性。不同类型的商品和服务,有不同的销售特点,不同的消费者及不同的广告表现形式,因而应选择不同适应性的广告媒介。

(3)广告对象与媒介的关系。广告对象与媒介愈是接近或比较一致,广告的针对性效果就愈强。如医疗器械的广告则应登在专供医生阅读的医疗杂志上。

(4)媒体自身的性质。不同的广告媒体,有不同的质与量的价值,如各类不同的媒体的影响力、传播覆盖范围、服务对象等都有较大的区别。

(5)市场竞争状况。广告不仅是一种促销工具,也是一种竞争工具。广告竞争,是市场竞争的重要方面。为了配合市场竞争,选择广告媒介则应考虑竞争的因素。

(6)广告费用支出。广告活动需要有较高的费用,缺乏一定经济实力的企业,需要慎重行事,应从自身的实际出发,精打细算,量力而行。

通过对上述各因素的分析,可使我们正确地选择媒介。但在实际的广告活动中,广告主还常常对不同媒介进行交替使用,或者适当组合,使其相互配合,其效果更佳。

4. 广告费用预算

广告费用预算,就是企业根据营销目标和广告目标,经过详细周密的策划,规划出来一定时间内(通常一年)开展广告促销活动的总费用和分类费用。

广告费用,指广告活动中所用的总费用。一般情况下,广告费用由两部分组成:一是直接为开展活动而付出的费用,如广告调查费用、广告设计制作和广告媒介使用费用等,其中,购买媒介费用是主体,要占80%左右;二是间接广告费用,包括企业广告人员的工资、办公费、管理费等。

进行广告费用预算,可以避免企业广告费用的随意使用,使广告决策更科学,增加企业的经济效益。由于广告费用预算与企业营销策略、广告目标及市场环境等密切相关,因此确定广告费用预算时,要综合考虑到产品寿命周期、竞争对手、销售及利润目标、市场范围、广告媒介和企业财力等因素。

确定广告费用预算中总费用的常用方法有如下几种:

(1)广告目标法,又称任务法。它是企业管理中目标管理理论盛行时提出来的。这种方法就是先确定销售目标和范围,据此估算出广告费用预算。采用这种方法的前提是必须清楚地知道各种媒介广告所能产生的效果,显然,这是很难的。

(2)销售比例法。根据往年销售额的实绩或销售额的预测值,从中提取一定比例作为广告总费用。使用这种方法有助于确定价格、利润和广告费用之间的比例关系,保证企业利润的实现。而且这种方法计算简单、实用,故采用此法的企业甚多。广告费用百分比的大小依行业不同而不同,相对而言,药品、化妆品、营养品等产品的制造业采用较高的广告费用百分比。有些品种少、单价高的产品制造企业,也有采用按销售数量提取若干广告费用的做法。

(3)竞争对抗法。就是根据竞争对手的广告费用预算,再决定本企业的广告预算,以保持企业有利的竞争地位。使用这种方法要考虑到企业的竞争性目标、竞争对手的广告费用和本企业的财力及销售能力等因素。这种方法对抗性强、风险性大,极易引发广告大战,往往造成两败俱伤的后果。

(4)尽力而为法。即根据企业的财务能力而决定广告预算的方法。这种有多少钱就做多少广告的方法最简单,但由于缺乏计划性,因而广告的活动很难作长期安排,广告效果也不会很好。

以上提到的几种方法各有利弊,企业宜根据不同的情况,选择采用。

广告费用总额确定以后,进一步的工作便是要在广告费用总额的范围之内,将其按

一定的目的，要求进行合理的分配。一般可以按广告活动的内容、广告媒介、广告的商品和服务、广告的地区、广告的时间和广告的对象等进行分配。

5. 广告效果评估

广告效果是指广告活动的结果，表明广告接受者的反应情况。由于广告接受者的反应是多方面的，有经济的，也有社会的；有直接的，也有间接的；有近期的，也有长远的。因此，广告效果可分为多种类型：

(1)广告销售效果。①销售额衡量法。这种方法就是实际调查广告活动前后的销售情况，以事前与事后的销售额之差作为衡量广告效果的指数。其计算公式为：

$$R = S_2 - S_1$$

式中：R——每天广告效益；

S_1——广告前的平均销售额；

S_2——广告后的平均销售额；

A——广告费用。

这种方法比较简便易行，但是如何除去广告效果以外的其他因素致使销售额增加的部分却相当困难。

为了弥补此法的缺陷，在实际销售效果测定中往往参照广告费比率和广告效率比率进行综合测定。

广告费比率 = 广告费/销售额 × 100%

广告效率比率 = 销售额增长率/广告费增加率 × 100%

②小组比较法。小组比较法是将同性质的被检测者分为三组，其中两组各看两种不同的广告，一组未看广告，然后比较看过广告的两组效果之差，并和未看过广告的一组加以比较。通常将检测的数字结果用频数分配技术来计算广告效果。其公式为：

$$AEI = 1/n \times [a - (a + c) \times b/(b + a)] \times 100\%$$

式中 a——看过广告又购买该产品人数；

b——看过广告但未购买该产品人数；

c——未看过广告但购买该产品人数；

n——被检测总人数；

AEI——广告效果指数(Advertising Effectiveness Index)。

假定共有100人进行了检测，对于产品的第一种广告，其数据分别为 a = 30，b = 20，c = 20；对于产品的第二种广告，其数据分别为 a = 32，b = 18，c = 15。

则第一种广告的效果指数为：

$$AEI = \frac{1}{100} \times [30 - (30 + 20) \times \frac{20}{3020}] \times 100\% = 10\%$$

第二种广告的效果指数为：

$$AEI = \frac{1}{100} \times [32 - (32 + 15) \times \frac{18}{3218}] \times 100\% = 15.08\%$$

表明第二种广告的效果比第一种广告的效果显著。

上述公式只适用于同一地区、同一媒介的不同广告效果比较，其他情况不能简单搬用。

(2)广告诉求认知效果。广告诉求认知效果测定的目的在于分析广告活动是否达到预期的信息沟通效果。测定广告诉求认识效果,主要有如下指标:

①接触率,即在广告媒体的受众之中,有多少百分比的人已接触到该广告。假设某杂志共有读者 50 万人,其中只有 30 万人看到了封三底部的商品广告,则其接触率为 60%。

②注目率,即在看过该广告的人之中,有多少百分比的人能辨认出先前已看过这一广告。

③阅读率,即在充分看过广告的人之中,有多少百分比的人不仅知道该商品和该企业,而且能够借助广告中企业的名称或商标而认得该广告的标题或插图。

④好感率,即在看过广告的人之中,看多少百分比的人对企业及其商品产生了好感。

⑤知名率,即在被调查的对象中,有多少百分比的人了解企业及其产品。知名率的考察往往是通过广告前后的对比而进行的。若广告企业的知名率大为提高,说明企业的广告效果很理想。

⑥综合评分,即由目标消费者的一组固定样本或广告专家来评价广告,并填写评分卷。评分卷中依广告的注意强度、认知强度、情绪强度等内容分别给出一定分数,所有分数汇总便得到综合评分。通常综合评分以百分制计,分数越高,则表明广告的诉求认知效果越好。

三、广告策划管理

广告策划水平如何直接影响到广告促销的效果,因此企业应重视广告策划管理。一般来说,具体的广告策划及其制作由专业广告公司即广告经营者来承担,但企业作为广告主也应该参与广告的策划与制作管理。事实上,现代许多好的广告作品是由广告主提出创意并协助完成的,广告主企业在参与广告策划的过程中,可以提出自己的广告创意,具体的广告定位及其策略、广告制作的要求等,并经常与广告制作经营者进行交流与沟通,以确保广告表现更加切合实际,更加充分而有效,达到预期的目的。同时,广告经营者也愿意听取广告主的意见和建议,因为他们认为广告主企业对自己的产品特色、市场和买主更加了解。这样他们能更好地为客户服务。所以,企业促销人员必须具备一定的广告策划知识与分析、判断、鉴别广告作品的能力。

阅读资料

世界经典广告语

雀巢咖啡:味道好极了

这是人们最熟悉的一句广告语,也是人们最喜欢的广告语。简单而又意味深远,朗朗上口。

M&M 巧克力:只溶在口,不溶在手

这是著名广告大师伯恩巴克的灵感之作,堪称经典,流传至今。它既反映了M&M巧克力糖衣包装的独特USP,又暗示M&M巧克力口味好,以至于我们不愿意使巧克力在手上停留片刻。

百事可乐:新一代的选择

在与可口可乐的竞争中,百事可乐终于找到突破口,它们从年轻人身上发现市场,把自己定位为新生代的可乐,邀请新生代喜欢的超级歌星作为自己的品牌代言人,终于赢得青年人的青睐。

大众甲壳虫汽车:想想还是小的好

1960年代的美国汽车市场是大型车的天下。伯恩巴克提出"think small"的主张了拯救大众的甲壳虫,运用广告的力量,改变了美国人的观念,使美国人认识到小型车的优点。

耐克:just do it

耐克通过以"just do it"为主题的系列广告,和篮球明星乔丹的明星效应,迅速成为体育用品的第一品牌。

1. 广告创意

广告创意就是表现广告内容的具有创造性的艺术构想。优良的广告创意能使平凡的广告要素升华为具有经济价值和社会价值的广告作品。广告创意的方法主要有以下几种:

(1)垂直思考法。垂直思考法是一种从已知的理论、知识和经验出发,按照一定的思考路线,垂直深入分析研究的一种方法。这种思考方法适于对既定问题作更加细致深入的研究。

垂直思考法可分为"顺向垂直思考法"和"逆向垂直思考法"。如有名的德国金龟汽车公司,推出"1970年型的金龟车一直是丑陋的"的创意方式,从而引起了人们的兴趣,将公众的注意力吸引到这方面来。这种逆向思考法较为成功,使消费者产生了虽外表丑陋功能却极佳的金龟车的印象。

(2)水平思考法。水平思考法是与垂直思考法相对而言的,是指尽量摆脱传统观念而从新的视角对某一事物新思考的一种方法。水平思考法强调思维的多向性,即善于从多方面、不同角度来考虑问题,它使垂直思考法的思维途径从单维发展到多维,因而具有较多的创新可能性。利用水平思考法,广告创意可以从一种观念出发,联想出特点与之相似、相关的事物。如对助听器的广告宣传:"奶奶您换上新耳朵了吗?"既形象,又有趣味性,效果甚佳。水平思考法,一般应具有以下特性:①要找出占主导地位的观念,如人们最常用的创意、表现方法等;②要全方位的思考,找出不同于一般思维方式的新特点。

对偶然一闪的构思,应抓住不放,深入发掘新的意念。

(3)头脑激荡法。即指不仅靠某一个人的思考,而是靠集体的智慧去展开讨论,使人们的创造性思维互相启发,互相补充,使大家的智慧形成一种更高智力型的组合。

这种方式的特点是:需要集体性创作,通常是通过“动脑会议”来产生创意,参加人员包括广告营业人员、创作人员等。在“动脑会议”上,每个人都想出自己的意见,利用思考的连锁反应,互相启发和补充。但这种讨论,切忌滥加批评、互相指责。而且创意以量多为佳,每个参加成员或畅所欲言。在“动脑会议”之后,由会议记录者将记录加以整理,成为最终创意成果的基础。

2. 广告风格

广告作品有一定的风格,广告风格取决于广告策划人的业务水平及一定文化氛围下的艺术表现手法。一般来说,我国广告作品的创作风格大体可归纳三种类型:规则式风格、感化式风格和论证式风格。

(1)规则式风格。这种广告风格有点近乎公式化,在格调上比较正规、刻板,缺少感情、艺术色彩。我国早些时候以及改革开放初这类广告居多,现在已越来越少了。

其优点是:内容全面,介绍比较具体,而且所提供的信息资料都有一定的科学依据。

缺点是:文体平铺直叙,显得平淡枯燥;这类广告如果反复出现,容易引起与广告内容无关的广大消费者的反感。一般来说,这类广告不宜在广播、电视中出现,而可选择有特定读者的专业报刊、杂志刊登。

(2)感化式风格。这种广告风格大都是从艺术形式的艺术表现力方面打动顾客的情感,通过理性的感情诉求去影响顾客的态度。这要求创作者发挥语言文字才能。巧妙地叙述,戏剧性地演示,绘声绘色地描写产品或劳务的特色与可能给人们带来的利益或好处,使市场潜在需求立即变为现实需求。感化式风格又可分为诱导式、同情式、设身处地式、幽默式和启发式五种。

①诱导式风格表现为一种许诺性诉求,直接从满足消费者心理、需求心理和购买心理的积极因素方面来付诸广告语言文字表达。为了使顾客感到称心如意,创作者专门以适合市场消费习惯、特点及其变化趋势的题材和信息作为广告创作的构思依据,希望消费者见到广告后产生一种能实现宿愿的心情,并迅速采取购买行动。

②同情式风格的做法是出于对消费者同情与体贴的心情,指出消费者的忧虑,然后再提供一种消除忧虑的许诺诉求。

③设身处地式风格往往是根据消费者或用户的口吻来表达广告诉求,正好抒发了消费者和用户发自内心的共同心声。这种创作风格通常广泛应用于中高档日用工业品的广告,广告文案一般具有知识性、戏剧性,充满生活情趣。

④幽默式风格目的在于引起读者的兴趣,提高注意率,加强信息的影响深度与广度。创作这种广告作品,创作者须有丰富的社会知识,综合性的写作才能,幽默的表达能力和熟练而多方面的心理学知识。这种广告多采用常识打趣、成语错用、一语双关、形象联想等手法,既使广告具有一定的中国特色和民族风格,又富于知识性和趣味性。

⑤启发式风格的广告大都从不同角度摆事实讲道理,而不从正面去讲产品如何好。这种广告充满对消费者和用户负责的情感,从深刻的道理、情理、事实来引起人们的关

注，指导消费的主题思想十分明确。通过启发式诉求，向人们宣传新的消费观念，推广新的生产或生活方式，从而促进产品的销售。

(3)论证式风格。此风格的广告一般采用一点论、两点论和比较法三种方法突出产品的信息重点。

①一点论。指广告文案只就产品或劳务本身固有的优点来叙述，引用的信息资料都是有利于证明产品如何的事实依据。

②两点论。指客观地向人们介绍产品，既讲产品的优点和消费利益，也毫不掩饰其缺点和使用时应避免出现的问题，而且还介绍解决问题的办法，指明如何防止或避免因不会使用产品可能发生的事故。这种广告有利于顾客按自己的消费水平、消费习惯和选购标准来决定购买与否，效果较好。

③比较法。指通过广告文案的创作来证明产品的外型、质量、价格、性能等在同类产品中确实是最好的。这种广告文案必须实事求是，不能言过其实或滥用“第一”骗取公众信任。目前我国广告创作运用这种风格时大都采用权威性鉴定、评比结果加以证实，使广告文案创作的论证式风格的运用建立在科学依据基础之上。

3. 广告定位

在人们越来越接受广告，而广告大战又愈演愈烈的今天，如何确定自己产品的广告定位，使其在众多广告中脱颖而出，稳固地建立起自己产品的良好形象，是企业面临的一个重要课题。下面介绍一些广告定位的方法。

(1)市场领导者的定位方法。市场领导者的广告定位方法主要有抢先定位和强化定位两种：

①抢先定位。指企业在进行广告定位时，力争使自己的产品品牌第一个进入消费者的心目中，抢占市场第一位的位置。经验证明，最先进入人们心目中的品牌，平均比第二的品牌在长期市场占有率方面要高一倍左右；而第二的品牌比第三的又会高出一倍左右。且此种关系是不易改变的。一般来说，第一个进入消费者心中的品牌，都是难以被驱逐出去的。如摄影的“柯达”、复印机的“施乐”、租车行业的“赫兹”、可乐中的“可口可乐”、电器中的“通用”、轮胎中的“回特异”、电脑中的 IBM，快餐中的“麦当劳”等。现代企业营销已进入一个定位策略为先的时代。在这个时代，只发明或发现了了不起的事物并不够，有时甚至还不一定需要。然而，一定要把占据潜在顾客心目中第一的位置作为首要目标。IBM 并没有发明电脑，电脑是兰德公司发明的。然而，IBM 是第一个在潜在顾客心目中建立电脑位置的公司。又如“皮尔·卡丹”在法国名牌服装中只能排在中间的位置，但它在中国大陆被认为法国最有名的服装的品牌，拥有广泛的品牌忠诚者。因为它是改革开放后第一个进入中国的法国服装品牌。

许多营销与广告专家忽视作为第一的巨大优势。他们错误地将柯达、IBM 及可口可乐的成功，归因于营销与广告人员的聪明才智，认为有能够丰厚的钞票及非常聪明的人，任何营销计划都能成功。柯达公司进军“立即显像”的相机行业，想要夺取宝丽来的生意，结果只夺得很小的市场占有率，并在传统相机上的市场遭受了相当大的损失。IBM 比施乐大得多，并拥有惊人的科技、人力及财力等资源，但当 IBM 公司上市一系列复印机与施乐竞争后，所获并不多，施乐拥有数倍 IBM 的复印机市场。

②强化定位。指企业一旦成为市场领导者,还应不断地加强产品在消费者心目中的印象,以确保第一的地位。实行强化定位应做到如下两点:

第一,不断加强消费者起初形成的观念。如可口可乐公司所用的强化广告调整是"只有可口可乐,才是真正可乐"。这个策略可适用于任何领导者。仿佛可口可乐是衡量其他一切可乐的标准,相比之下,其他任何一种可乐类饮料都是在模仿"真正的可乐"。"我们发明这个产品"这句话,是施乐复印机、宝丽来相机、奇宝打火机等品牌所运用的策略,与可口可乐所用策略有异曲同工之妙。

第二,决不给竞争者以可乘之机。领导者应密切注意可能威胁或取代自己的新产品。通用汽车公司曾花5 000万美元买断了回转式引擎这项技术,但并没用它,钱像是浪费掉了。但通用认为花5 000万美元买断这一技术可保障一年840亿美元的注意,很便宜。

如果领导者不能控制不利于自己的新产品,则可用多品牌策略压制竞争者的品牌。宝洁公司是这方面的典范。象牙牌过去是一肥皂品牌,当耐用的洗衣粉上市后,给象牙牌的压力就是要上市象牙牌洗衣粉,但这意味着改变象牙牌在顾客心目中的位置。一个较好的解决办法,就是推广一个新品牌——汰渍。此新品牌的推出,获得了巨大成功,并且也使象牙牌肥皂经久不衰。

(2)市场后来者的定位方法。①比附定位。例如,第一辆汽车问世后,称之为"不用马的马车",这就使人们能够比较汽车与马车的相同与不同,接受汽车的概念,此即是用"不用马的车"去比附"用马的车"而建立一个新的位置。不含铅汽油、无糖汽水等都是新概念相对于老观念的比附定位。

如果一家公司不是第一,则一定要尽早占据第二的位置,艾飞斯在租车业,汉堡王在快餐业,百事在可乐业,都是这样做的。艾飞斯广告策划运动被认为是定位时代初期成功、最典型的比附定位案例。艾飞斯是一个租车公司,在连续赔了13年后才公开宣传他们是第二位。其后艾飞斯打出的广告是:"在租车业中,艾飞斯不过是第二位,那么为什么还租用我们的车呢?我们更加努力呀!"此广告在时代周刊发布后,艾飞斯开始赚钱。第一年赚120万美元,第二年260万美元,第三年500万美元。艾飞斯之所以成功,是因为把自己与当时处于第一位的赫兹公司联系起来,同时也强化了人们同情弱者的心理。

②逆向定位。"七喜"是逆向定位的典范。在充分了解到"可口可乐"和"百事可乐"在人们心目中已占有重要位置,并敏锐洞察到消费者对可乐中含有咖啡因而萌发微小不安时,七喜公司激发出辉煌的定位思想:七喜是非可乐,因为不含咖啡因。把"七喜"与"可乐"进行反衬,使"七喜"成为可乐以外的另一种选择。从而确定其在饮料市场上的地位,抢占了非可乐类饮料的市场。

③补隙定位。指企业在进行广告设计时,根据自己产品的特点,寻找消费者心目中的空隙,力求在产品的大小、价位和功能等方面独树一帜。

企业可以在价位上寻空隙,有时在同类产品中最先占高价空隙是一种优势。有些品牌几乎完全以高贵观念作为其全部产品信息的核心。如"世界上最贵的香水只有快乐牌(Joy)";"为什么你应该投资于伯爵表(Piaget),它是世界上最贵的表。"企业也可在顾客性别年龄寻找空隙。

第五节 公共关系

与促销一样,公关也包含一组不同的工具,虽然在推广产品和服务时,似乎较少运用到公关,但它应该是一种相当有效的工具。较少运用到公关的其中一项理由,便是企业的公关通常分散于各个部门。除了营销公关之外,还有财务公关、员工公关以及政府公关等。因此,行销人员必须向公关部门索取资源,或是请外部的公关公司提供协助。

一、公共关系的概念和特点

公共关系是企业在经营活动中,妥善处理企业与内外部公众的关系,以树立良好企业形象的促销活动。与广告、营业推广等其他促销手段相比,公共关系具有以下几个方面特点:

1. 从公关对象看,着重双向沟通

公共关系的对象是企业内部和外部的公众,企业通过各种渠道和传播方式,建立与公众之间的信息交流和沟通,为企业构造一个良好的发展环境。

2. 从公关的目标看,带有战略性

公关的目标是树立企业良好形象,实现这一目标要较长时间。因此公关的费用开支是一种长期的、战略性投资。

3. 从公关手段看,注重间接促销

公关可起到促销作用。但它不像广告和营业推广等手段,直接介绍产品,而是通过积极参与各种社会活动,宣传企业,联络各方感情,扩大企业知名度,加深社会各界对企业的了解和信任,从而实现促进销售的目的。

二、公共关系的主要职能

1. 与消费者的关系

企业公关工作要树立一切以消费者为中心的思想,积极争取消费者的支持。为此,企业要开展如下两方面工作:

(1)重视市场调研,加强与消费者的沟通。

(2)重视消费者投诉。

2. 与中间商关系

企业产品大都经过中间商转售给最终消费者,中间商的合作对企业营销起很重要的作用。企业要重视:

(1)树立相互依存的思想观念。

(2)提供优质商品和服务。

(3)保持与中间商的信息交流。

3. 与供应商关系

企业正常生产须依靠供应商及时供应原料，向企业提供人才的大中专院校、咨询机构、银行等中间机构都是供应商。企业妥善处理此关系，以获得高质、高效、低成本的商品和服务。

4. 与政府关系

企业要及时了解国家方针、政策，服从政府有关部门的行政管理。必要时，运用合法的公关手段，说服有关部门改进不利于企业的政策。按时缴纳税款，主动与有关部门沟通，取得政府的信赖和支持。

5. 与社区的关系

即指与企业相邻的周围工厂、机关、医院公益事业单位和居民的关系。企业须满足社区的正当要求；在生产经营中搞好安全生产和环保；向社区提供必要公益赞助；积极承担社会责任，造福于社区。

6. 与新闻媒介的关系

报纸、杂志、电台、电视等新闻媒介是企业公关的重要渠道。在我国尤其明显。企业应同新闻界保持经常而广泛的联系，积极送稿，介绍企业发展，重大活动邀请他们出席、采访。

7. 与企业内部公众的关系

企业内部公众包括职工和股东等。可通过举办文娱体育活动、出版企业报刊等加强企业内部的信息交流，增进相互了解，协调各方利益，解决各种矛盾，倡导健康向上的企业文化，从而增强企业凝聚力。

企业还要增进投资者及股东的信心，妥善处理好股东、管理者、职工和社会公众之间的关系。

三、公共关系的活动形式

由于广告已失去部分建立品牌的力量，促销也已到了不可收拾的地步，企业也许认识到公关的更大潜力。公关包含由一组可以 PENCILS 的字首所分类的形式：

P 为出版品（Publications），是指企业杂志、年度报表、具有实用性的顾客手册等。

E 为事件（Events），包括赞助运动、艺术活动或商展。

N 为新闻（News），即对企业、员工与产品有正面助益的传说。

C 为社区参与活动（Community Involvement Activities），系指把时间和金钱奉献给当地社区所需的事物。

I 为身份媒介（Identity Media），包括印有公司名称与标志的文具用品、名片、企业的服装规范。

L 为游说活动（Lobbying Activities），即推动具正面影响，或劝阻具负面影响的立法与规范。

S 为社会责任活动（Social Responsibility Activities），系指企业的社会责任，建立起良好的名声。

复 习 题

一、思考题

1. 什么是促销和促销组合？促销组合包含哪些内容？
2. 人员推销有哪些特点和职能？
3. 营业推广的形式有哪些？如何制订营业推广方案？
4. 公共关系与广告、营业推广等促销手段相比有哪些主要特点？
5. 什么是广告？商业性广告的类型有哪几种？

二、选择题

1. 试分析下列两则广告：

(1)“今年二十，明年十八”(力士香皂一则长期配以不同女明星、女名模图片的广告求)。

(2)“使用两次年轻 10 岁”、“使用 8 次彻底换个样”(某换肤霜的广告诉求)。

它们属于哪种情况？(　　)

A. 两者都是用艺术夸张

B. 前者是适当的艺术夸张，后者是滥用艺术夸张

C. 前者是滥用艺术夸张，后者是适当的艺术夸张

D. 两者都是恰当的艺术夸张

2. 旨在鼓励购买的各种短期激励手段称为(　　)。

A. 广告　　B. 人员销售　　C. 营业推广　　D. 公共关系

3. 公司的促销组合包括下列除(　　)以外的所有主要工具。

A. 广告　　B. 人员推销　　C. 包装　　D. 营业推广　　E. 公共关系

本 章 小 结

促销是公司或机构用以向目标市场通报自己的产品、服务、形象和理念，说服和提醒他们对公司产品和机构本身信任、支持和注意的任何沟通形式。可见，促销与沟通有着密切的联系。

促销除了必须借助于沟通渠道来与消费者沟通以达到促销目的外，促销本身也包括多种方法，它们往往必须结合起来运用，构成促销组合。广告、人员推销、营业推广和公关关系是一个机构促销组合的四大要素。

案例分析

农夫山泉的成功之道

养生堂推出的农夫山泉,1997 年 6 月在上海、浙江的重点城市上市,1998 年在全国推广,掀起红色风暴,市场占有率跃升到全国第三,仅次于娃哈哈和乐百氏,1999 年至 2003 年,瓶装饮用水市场占有率排名第一,地位岿然不动;2002 年 3 月,AC 尼尔森市场研究公司发布的"中国消费市场调查"结果显示,在瓶装水行业,农夫山泉是最受消费者欢迎的品牌,是所调查类别洗发水、方便面、牙膏、手机中最受欢迎品牌中唯一的民族品牌。

农夫山泉品牌已是深入人心,品牌资产持续增值。在短短几年时间内,农夫山泉何以在日新月异、强手如林的"水战场"一路凯歌,迅速崛起?这主要得益于农夫山泉堪称经典的策划和独具一格的传播策略。

"养生堂"容易让人联想到老字号企业,"养生"二字则高度体现了行业的属性和价值取向。其实它只是一个成立时间不到 20 年的现代企业,赋予饮用水"农夫山泉"这样的品牌有着深刻的内涵。"农夫"二字给人以淳朴、敦厚、实在的感觉,"农"相对于"工",远离了工业污染,"山泉"给人以回归大自然的感觉。

1998 年初,养生堂公司采用"运动蓝"直接拉起的开瓶法,瓶标采用了显眼的红色,除了商品名称外,又印了一张千岛湖的风景照片,其产品的差异日益显著。农夫山泉的运动型包装出来以后,养生堂公司首先选择了中小学生这一消费群体作为一个市场切入点,以包装中的运动盖为重点去引导他们。中小学生天生好奇又好动,最容易接受新事物,养生堂公司在中央电视台最先播放的是农夫山泉"课堂篇"广告。一女生上课时因欲喝农夫山泉而拉动瓶盖引起"哆"声,受了惊,其表情十分丰富,老师的告诫更使一些上课爱搞小动作、恶作剧、具有逆反心理的调皮学生心情急切,跃跃欲试购买农夫山泉的欲望更加强烈。创意者用此小计,传递了产品包装上的吸引力,响声又起到了提醒和强化记忆的作用。

农夫山泉的广告语"农夫山泉有点甜",体现了农夫山泉味道甘甜的特点,其诉求角度也是独特的。天然水对水源的要求极为苛刻,必须是符合一定国际标准的地表水、泉水、矿泉水,取水区域内一般环境清幽,无任何工业污染,而农夫山泉来源于国家一级水资源保护区"千岛湖"水面下 70 米酸碱度最适宜的那一层。农夫山泉通过对"天然水"这一核心概念的诠释,将环境(水源)、绿色、环保、野趣等回归自然的理念统收在自己旗下,找到并确认了"有点甜"这一闪光点,水和广告的品位都随这一广告语而凸现出来。

1998 年正逢四年一度的世界杯足球赛,养生堂公司借世界杯东风,从 4 月中旬开始在中央电视台体育频道和中央台一套少儿节目“大风车”栏目播放广告。在体育频道播放频率较高，使许多足球迷和体育爱好者对农夫山泉印象深刻，特别是世界杯开幕后，养生堂公司又巧搭便车，出巨资买下中央电视台世界杯足球赛演播室，经过精心布置，极大地提高了产品的知名度。世界杯结束后，又正逢我国长江、松花江、嫩江流域发生大规模洪灾，养生堂公司又积极参加中央电视台“我们万众一心”义演捐助活动，并和中央电视台、未来广告公司一起联合推出“抗洪抢险紧急援助”的公益广告，在中央台二套节目中密集插播，树立了良好的企业形象。

1999年伊始，养生堂公司又采取了反季节宣传的策略，并抓住《雍正王朝》这条大鱼，在其片头播出“形象奖”广告，由于《雍正王朝》收视率极高，所以广告反响较好。通过这些活动的造势，广告达到了事半功倍的效果，养生堂公司的知名度急剧攀升。

紧接着，中国的“梦之队”——乒乓球队进入了农夫山泉的视线。1999年春夏之交，中国乒协和中国国家乒乓球队实地考察了农夫山泉的水源和生产基地，选择了农夫山泉为乒乓球“梦之队”的合作伙伴。当时正好是第45届世乒赛在荷兰举行，农夫山泉随着中国乒乓球队的完美表现再一次让人们留下了深刻的印象，提高了知名度，树立了优质饮用水的美好形象。自1999年起，农夫山泉连续四年成为中国乒乓球队的主要赞助商。农夫山泉还全力支持中国奥运代表团出征悉尼奥运会，凭借“天然、健康、安全”的优秀品质成为2000年悉尼奥运会中国代表团训练、比赛专用水。

2001年农夫山泉股份有限公司与北京奥申委联合主办了“一分钱一个心愿，一分钱一份力量”活动：“再小的力量也是一种支持。从现在起，你买一瓶农夫山泉，你就为申奥捐出一分钱。”公司从2001年1月1日至7月31日销售的每一瓶农夫山泉中提取一分钱代表消费者支持北京申奥事业，并请孔令辉、刘璇担任申奥的形象大使，到截止日，农夫山泉的销售量达4亿瓶。2002年3月28日，农夫山泉在北京召开新闻发布会，启动“阳光工程”，继续推出“买一瓶水，捐一分钱”活动，以支持贫困地区的体育教育事业。从4月1日到12月31日，每销售一瓶550mL装农夫山泉饮用天然水，公司就代表消费者捐出一分钱用于阳光工程，然后汇集所有的钱统一购置基础体育器材捐赠给贫困地区的中小学。从4月至9月，农夫山泉通过预提销售利润向24个省39个市、县的397所学校捐赠了价值501万元的体育器材。

2003年10月16日，“神舟五号”载人航天飞船的发射成功，中国航天基金会宣布了首批“中国载人航天工程赞助商”，农夫山泉赫然在列。10月17日，农夫山泉支持中国航天事业的红色海报占据了各类售点的醒目位置，招贴上醒目的标志：“农夫山泉——中国航天员专用饮用水”。细心的人会发现，在有关载人航天的电视报道中，农夫山泉的“红色身影”已无处不在了。

即使兵戎相见在商场中，自视很高的娃哈哈总裁宗庆后仍然高度评价说：“养生堂公司有它的成功之处，尤其在广告宣传上有值得借鉴和学习的地方，‘农夫山泉有点甜’这个广告的效应比较大。”农夫山泉的另一个竞争对手——乐百氏集团公司总裁何伯权也对其赞赏有加：“农夫山泉的确长于宣传炒作，它的广告语‘农夫山泉有点甜’，非常妙，在水类广告中是一句经典，这是一种心理暗示，消费者经过暗示之后，觉得这个产品真的是有点甜，在水市场竞争日趋激烈的时候，它成功了。”

案例思考:

1. 农夫山泉为什么能在激烈的瓶装水市场竞争中异军突起?
2. 农夫山泉使用了哪些促销手段,有什么特点?
3. 农夫山泉采用了什么样的广告表现策略?
4. 从农夫山泉的成功你得到了哪些启示?

第十三章 物流策略

教学目标

通过本章学习使学生基本理解掌握物流策略的基本概念和发展，对物流战略规划有全面了解，同时对第三方物流有所认识。在了解物流管理职能及存在价值的基础上，领会物流策略的目的、意义。

学习任务

通过本章的学习：

1. 了解物流发展过程、物流战略规划、物流技术。
2. 掌握物流及现代物流的概念、职能、物流管理的内容。
3. 充分认识物流策略在现代市场营销中的地位和作用。
4. 掌握现代物流管理的发展趋势。

案例导入

“大众包餐”是一家提供全方位包餐服务的公司，由上海某大饭店的下岗工人李杨夫妇于1994年创办，如今已经发展成为苏锡常和杭嘉湖地区小有名气的餐饮服务企业之一。“大众包餐”的服务分成两类：递送盒饭和套餐服务。盒饭主要由荤菜、素菜、卤菜、大众汤和普通水果组成。可供顾客选择的菜单：荤菜6种、素菜10种、卤菜4种、大众汤3种和普通水果3种，还可以订做饮料佐餐。尽管菜单的变化不大，但从年度报表上来看，这项服务的总体需求水平相当稳定，老顾客通常每天会打电话来订购。但由于设施设备的缘故，“大众包餐”会要求顾客们在上午10点前电话预订，以便确保当天递送到位。

在套餐服务方面，该公司的核心能力是为企事业单位提供冷餐会、大型聚会，以及一般家庭的家宴和喜庆宴会上。客户所需的各种菜肴和服务可以事先预约，但由于这项服务的季节性很强，又与各种社会节日和国定假日相关，需求量忽高忽低，有旺季和淡季之分，因此要求顾客提前几周甚至1个月前来预定。

大众包餐公司内的设施布局类似于一个加工车间。主要有五个工作区域：热制食品工作区，冷菜工作区，卤菜准备区，汤类与水果准备区，以及一个配餐工作区，专为装盒饭和预订的套菜装盒共享。此外，还有三间小冷库供储存冷冻食品，一间大型干货间供储藏不易变质的物料。由于设施设备的限制以及食品变质的风险制约着大众包餐公司的发展规模。虽然饮料和水果可以外购,有些店家愿意送货上门,但总体上限制了大众包餐公司提供柔性化服务。

李杨夫妇聘用了10名员工:两名厨师和8名食品准备工,旺季时另外雇佣一些兼职服务员。包餐行业的竞争是十分激烈的,高质量的食品、可靠的递送、灵活的服务以及低成本的运营等都是这一行求生存谋发展的根本。近来,大众包餐公司已经开始感觉到来自愈来愈挑剔的顾客和几位新来的专业包餐商的竞争压力。顾客们愈来愈需要菜单的多样化、服务的柔性化,以及响应的及时化。

李杨夫妇最近参加现代物流知识培训班,对准时化运作和第三方物流服务的概念印象很深,深思着这些理念正是大众包餐公司要保持其竞争能力所需要的东西。但是他们感到疑惑,大众包餐公司能否借助第三方的物流服务。

思考题:

1. 大众包餐公司的经营活动可否引入第三方物流服务,并请说明理由。
2. 大众包餐公司实施准时化服务有无困难,请加以解释。
3. 在引入第三方物流服务中,你会向大众包餐公司提出什么建议?

第一节　物流及其职能

随着物流产业和物流服务的发展,物流成为人们关注的重要领域。由于物流本身的复杂性,物流概念及其含义仍存在很大争议;而物流职能也随着物流而发展,传统物流职能主要集中在运输、保管、装卸等方面,现代物流的职能则要广泛得多。物流概念和职能变化反映了现代物流发展的重要趋向。

一、物流的概念

(一)物流的定义

"物流"一词源于美国。物流即"物的流通",包含"物"与"流"两个方面的内容,概括地说,"物"是指一切可以进行物理位置移动的物质资料。"流"是指物理性运动,有"移动、运动、流动"的含义。国际及国内物流专家关于物流的定义众说纷纭:

1. 美国物流管理协会的最新定义

物流是供应链流程的那个部分——以原产地到消费地的过程中,通过有效率和有力地计划、实施和控制商品的储存和流动、服务和相关信息,以满足消费的需要。

2. 日本工业标准的定义

物流将实物以供给者物理性移动到用户这一过程的活动,一般包括输送、保管、装卸以及其有关的情报等各种活动。

3. 欧洲物流协会的定义

物流是一个系统内对人员和商品的运输、安排及与此相关的支持活动进行计划、执行和控制,以达到特定的目的。

4. 我国对物流的定义

2001 年 8 月 1 日起正式实施的国家质检总局发布的《中华人民共和国国家质量标准物流术语》中规定:"物流是物品从供应地向接受地实体流动过程。根据实际需要,将运输、装卸、搬运、包装、加工、配送、信息处理等基本功能实施有机结合。"

以上是中外物流的经典定义,基本都包括以下内容:物流是克服时间间隔和空间间隔的经济性活动;物流包括物资流通和信息流通。准确地理解物流定义还需注意以下问题:

①物流定义中所指的物品不仅仅是指生产的商品,还包括为物品流通顺利进行而使用的包装容器、包装材料等废弃物在内。

②消费者也不是一般意义上的消费者,而是包括整个供应链环节的各类需求者,如制造商、批发商、零售商等。

③流通加工既可归为生产活动又可归为物流活动。一方面,流通加工可以产生物品的形态和性质效用,即形质功效;另一方面,从最终目的上看,流通加工是为了提高物流系统的效率。因此,可以认为:流通加工拓展了物流功能,应该属于流通中的物流活动。

(二)现代物流

社会生产力的发展推动着物流发展,第二次世界大战后,随着计算机技术、信息技术的飞速发展,供应链的思想、系统化的观念成为物流的新理念,发达国家企业掀起回归业主,集中力量于核心业务的高潮,专门从事第三方物流服务的企业成批涌现,标志着物流步入现代物流的新阶段。

1. 现代物流的含义

现代物流是在广泛采用计算机信息技术和现代化物流技术的基础上,实现物品从供应地向接受地的实体流动过程。根据实际需要,运用系统观念,将运输、储存、装卸、搬运、包装、流通加工、配送、信息处理、客户服务等基本功能实施有机结合。

与传统物流定义相比,现代物流的概念更强调了两点:

(1)现代化技术的广泛应用,尤其是信息技术、现代化设施和管理技术在物流领域的投入,为传统物流走向现代物流打造了新的平台。

(2)先进的技术、设施必须与先进的思想理念相结合,突出物流的系统化、社会化、网络化,这是现代物流与传统物流的根本区别。

2. 现代物流发展趋势

(1)物流的系统化趋势。所谓物流系统化是以物流过程整体为对象,对供应、制造、销售过程中的产品、服务及其相关信息的流动与储存进行规划、执行和控制。随着全球经济竞争的日益加剧,企业要想获得长远发展,必须要降低成本,更重要的是还要为顾客提供及时、准确、具有个性化的产品和服务。通过合理设计,建立和管理物流系统,可以达到提高企业竞争优势的目的。

(2)物流的信息化趋势。随着全球经济一体化进程,物流业迈向全球化、信息一体化方向发展。电子商务技术与国际互联网的应用,使物流效率的提高更多取决于信息管理技术。物流信息化包括:商品代码和数据库的建立、运输网络合理化、销售网络系统化、物流中心管理电子化及企业信息管理系统化等。

(3)物流的社会化趋势。为实现企业的小库存和零库存,物流中心、配送中心及代理中心应运而生。通过第三方物流的形成可以进行集约化物流管理,在一定范围内实现物流合理化,从而大量节约流通费用和流动资金。

(4)物流的现代化趋势。物流离不开仓储与运输。仓储现代化要求高度机械化、自动化、标准化,组织起高效的人、机、物系统。运输的现代化要求建立铁路、公路、水路、空运及管道的综合运输体系,这是物流现代化的必备条件。为了减少费用,大力改进运输方式与包装方式,如发展集装箱、托盘技术,提高粮食、水泥等物资的集装率,研制新型的搬运装卸机械等。

(5)三流一体化趋势。按照流通规律,商流、物流、信息流是三流分离的。但在现代社会,不同的产品形成不同的流通方式与营销状态,比如产品不仅有直接供货与经销制,还有代理制、配送制、连锁经营等,这就要求物流随之变化。物流中心、配送中心可以实现商流、物流、信息流的三大集成。

二、物流的职能

物流是若干领域经济活动连续的、集成的、一体化现代概念。从整体来看,物流是物的物理性流动,通过物流各个要素活动的有机结合实现最终为用户服务。从具体内容来看,构成物流整体的种种活动,实际上是物流所具有的具体职能。

(一)物流的整体职能

1. 组织"实物"进行物理性的流动

物流的物理性运动的动力来自五个方面:①生产活动和工作活动的要求;②生产活动和消费活动的要求;③流动活动的要求;④军事活动的要求;⑤社会活动、公益活动的要求。

2. 实现对用户的服务

虽然在物流的某些领域内存在着"利润中心"、"成本中心"等作用,但是所有的物流活动都无一例外地具有"服务"这一共有的职能。

客户服务同时也是一种增值服务,在物流业中贯穿于整个物流活动的始终,任何一个物流活动的环节中如果没有处理好客户服务活动,那么至少在该环节上不能使顾客的期望得到充分满足。因此,为了能使企业通过物流管理获得更大效益,必须在整个物流活动中做好客户服务。

(二)物流的具体职能

要顺利实现物流的整体职能,在现代物流过程中,还需通过运输、装卸搬运、仓储保管、配送、流通加工、包装、物流信息等具体活动去实现物流的具体职能。

1. 运输

运输是物流体系中最为重要也是核心的动态职能,是通过运输手段使货物在不同的范围内以改变"物"的空间位置为目的的活动,是社会物质生产的必备条件之一,是"第三个利润源"的主要源泉。运输方式主要包括供应及销售商品中所采用的车、船、飞机、管道等的运输。对运输活动的管理,主要是选择技术经济效果最好的运输方式及联运方式,合理确定运输路线,以实现安全、迅速、准时、价廉的要求。

2．仓储保管

仓储保管职能是物流体系中唯一静态环节，是指保管在社会总生产中暂时处于停滞状态的那部分物资。主要包括堆存、保管、养护等活动。通过仓储保管，物资实体在化解其供求之间的时间上的矛盾同时，也创造了新的时间上的效益，同时仓储还具有调整价格功能，防止产品过多导致价格的暴跌。因此，仓储保管具有以调整供需为目的的调整时间和价格的双重职能。

对仓储保管活动的管理，需要正确确定库存数量，明确仓库以流通为主还是以储备为主，合理确定保管制度，对库存物品采取有区别的管理方式，力求提高仓储保管效率，降低损耗，加速物资和资金周转。

3．装卸搬运

搬运是指在物流过程中，对货物进行装卸、搬运、堆垛、取货、理货分类等，或与之相关的作业，是应物流运输和保管的需要而进行的作业。搬运装卸本身不创造价值，但搬运的质量影响着物流成本和物流效率。

对装卸搬运活动的管理，主要是确定最恰当的装卸搬运方式，力求减少搬运装卸次数，合理配置及使用装卸搬运机具以做到节能、省力、减少损失、加快速度，获得较好的经济效果。

4．包装

包装是包装物及包装操作的总称，是物品在运输、保管、交易、使用时，为保持物品价值、形状而使用适当的材料容器进行保管的技术和被保护的状态，包装是生产的终点，同时又是物流的起点，具有保护性、单位集中性和便利性三大特性，同时又具有保护商品、方便物流、促进销售、方便消费等四大功能。

对包装活动的管理，需根据物流方式和销售要求来确定。以商业包装为主，还是以工业包装为主，要全面考虑包装对商品的作用、包拆装的便利性以及废包装的回收及处理等因素。包装管理还要根据整个物流过程的经济效果，具体决定包装材料、强度、尺寸及包装方式。

5．配送

配送是物流中一种特殊的、综合的活动形式，几乎包括了所有的物流职能要素。配送集包装、保管、运输、搬运、流通加工等于一身，是物流的一个缩影或在某小范围内物流全部活动的体现。从经济学角度来讲，配送是以现代送货形式实现资源的最终配置的经济活动；从配送的实施形态角度讲，配送是按用户订货要求，在配送中心或其他物流点进行货物配备，并以最合理方式交付用户的服务活动。

在现代物流中，配送环节的处理是否合理，对整个物流体系在现代经济生活中所起的作用有着越来越重要的影响。因此，在现代物流体系条件中，配送已成为同运输并列的一个物流独立职能。

6．流通加工

流通加工是流通中的一种特殊形式。它是指物品从生产领域向消费领域流动过程中，为促进销售、维护产品质量和提高物流效率，而对物品进行加工，使物品发生物理、化学或形态变化的活动。流通加工的主要作用是优化物流系统，表现为：增强物流系统服务职能;提高物流对象的附加价值,使物流系统可以成为"利润中心";降低物流系统成本等。

7. 物流信息

物流信息主要是物流数量、物流地区、物流费用等信息。与其他领域信息相比,物流信息具有特殊性,表现在:物流信息源点多,信息量大,信息缺乏通用性,这是由物流活动范围的广阔性及物流管理的统一化、标准化决定的;物流信息动态性能特别强,决定了信息的收集、加工、处理应及时、快速;物流信息种类繁多,不仅要收集处理本系统内部的各类信息,还要收集与之相关的生产、销售等系统的信息,这样物流信息的分类、研究、筛选难度加大。物流信息具有"中枢神经作用"和"支持保障作用"。

三、物流的分类

在社会领域中物流活动是普遍存在的,但是在不同领域和活动中,物流的表现形态、基本结构、技术特征和运作方式等有诸多差异,构建有效物流系统,加强物流管理,必须首先研究物流的构成,通过科学分类和研究,探讨物流的共同点和差异。按照物流系统的作用属性及作用空间范围,可以从不同角度对物流进行分类。

(一)按照物流活动空间范围大小分类

1. 国际物流

国际物流是指国与国之间、洲际之间开展的物流活动,包括多国之间或洲际之间开展的物流活动。国际物流是伴随国际贸易和国际经济分工合作而产生的。由于跨国公司的发展使得企业经济活动范围遍布世界各国,经济全球化、市场国际化进程随之加快,国际物流的重要性日益突出。

2. 国内物流

国内物流是指一个国家内发生的物流活动,物流活动的空间范围局限在一个国家领土、领空内。它所制定的各项计划、法规、政策应该是为自身的整体利益服务的。物流作为国民经济的一个重要方面,也是一个国家经济总体规划的重要内容之一。

3. 地区物流

地区物流可按行政区域、经济圈和所处地理位置划分。地区物流所形成的物流系统,如大型物流中心,对于提高该地区企业活动的效率,降低物流成本,以及保障当地居民生活福利,稳定物价等具有很大作用。但由于供应点集中,货车往来频繁,也会产生废气、噪音、交通事故等问题,还要同城市建设规划、地区开发计划协调一致。

(二)按照物流系统性质分类

1. 社会物流

社会物流是指流通领域发生的物流,是全社会物流的整体,也称为宏观物流。社会物流流通网络是国民经济的命脉,而流通网络分布是否合理,渠道是否畅通是关键。因此,必须进行科学管理和有效控制,采用先进物流技术手段,保证高效、节约、低成本运行,这样可以给物流企业和国家带来巨大经济效益和社会效益。

2. 行业物流

同一行业中的企业虽说在市场上是竞争对手，但是在物流领域中却常可以相互协作，共同促进行业物流系统的合理化，行业物流系统的结果使参与的所有企业都得到相应的利益。

3. 企业物流

在企业经营范围内由于生产或服务活动所形成的物流系统称为企业物流。

与企业物流相关的另外一个概念是物流企业，物流企业是指以盈利为目的，运用生产要素，为各类用户从事各种后勤保障活动，即流通和服务活动，依法独立经营、自负盈亏、自我发展，并具有独立法人资格的经济实体，如一个制造企业要购进原材料，经过若干道工序的加工、装配，形成产品销售出去。一个物流企业要按照客户要求将货物输送到指定地点。

（三）按照物流所起作用不同分类

1. 供应物流

为生产企业、流通企业或消费者提供原材料、零部件、燃料或商品时，物流在提供者与需求者之间的实体流动就是供应物流。供应物流的目标不仅要保证供应，而且还要以最少的消耗、最低的成本和最大保证度来组织好物品的供应活动。

2. 生产物流

从生产厂的原材料购进入库起，到工厂成品库的成品发送为止，这一全过程的物流活动称为生产物流。这种物流活动是与整个生产工艺流程同步的，原材料、半成品等按照工艺流程在各个加工点之间不停顿的移动流转形成了生产物流。生产物流均衡稳定，可以保证在制品顺畅流转，缩短生产周期，压缩库存，降低生产成本。

3. 销售物流

销售物流是指生产企业、流通企业售出产品或商品所有权转让给用户的物流活动。销售物流的特点是通过包装、配货、送货等一系列物流活动实现销售，因而要求企业认真研究送货方式、包装水平、运输线路等，并采取各种诸如少批量、多批次、定时、定量配送等特殊的物流方式达到目的。

4. 回收物流

回收物流是指不合格物品的返修、退货以及周转使用的包装容器从需方返回供方所形成的物品实体流动。企业在生产、供应和销售的过程中，总会产生各种边角余料和废料，这些边角余料和废料是伴随物流活动而产生的。在一些企业中，如果回收物处理不当，往往会影响整个生产环境，甚至影响产品质量，还会占用很大空间，造成浪费。

5. 废弃物流

废弃物流是指对企业排放的无用物（废水、废气、废渣等）进行运输、装卸、处理等的物流活动。废弃物流虽然没有经济效益，但也具有不可忽视的社会效益。

第二节 物流规划与管理

物流不是运输和保管等活动的简单叠加，而是以信息为中介构成的有机整体，是一个物流系统。物流规划是物流系统和物流战略的统一体，通过物流管理实现物流系统最优化和物流战略目标。

一、物流系统

(一)物流系统概念

物流系统是社会经济大系统的一个子系统，是由有机联系的物流各要素组成的并能使物流总体趋于合理化的综合体。

物流具有运输、储存、包装、装卸、搬运、流通加工以及与此有关的信息处理等职能，物流系统通过各种形式使这些职能配合起来，达到物流系统的目标。包括：①服务目标。②节约目标。③快速及时目标。④规模适当化目标。⑤库存调节目标。

(二)物流系统的组成

物流系统由物流作业系统和物流信息系统两个分系统组成。

物流作业系统包括包装系统、装卸系统、运输系统、储存系统、流通加工系统等子系统。各子系统又包括下一级的子系统，如运输系统又可分为铁路运输系统、公路运输系统、客运系统、水运系统以及管道运输系统等。物流作业系统在运输、保管、包装、搬运、流通加工中使用各种先进技术，使生产据点、物流据点、配送路线、运输手段等网络化，以提高物流活动的效率。

物流信息系统包括情报系统、营销系统等子系统。物流信息系统在保证订货、进货、库存、出货、配送等环节信息畅通的基础上，使通讯据点、通讯线路、通讯手段网络化，以提高物流作业系统的效率。

(三)物流系统的特点

1. 物流系统是一个动态系统

物流活动受到社会生产和社会需求的广泛制约，连接着多个生产企业和顾客、需求、供应、价格、渠道的变动，都随时随地影响着物流，所以物流系统是一个稳定性较差而动态性较强的系统。为使物流系统良好地运行以适应不断变化的社会环境，必须对系统进行不断完善和调整，有时甚至需要重新设计整个系统。

2. 物流系统具有可分性

在整个社会再生产中，物流系统是流通系统的一个子系统，受到流通系统、社会经济系统的制约；物流系统本身又可以分成若干相互联系的子系统，系统与子系统之间、各个子系统之间都存在着总的目标、总的费用、总的效果以及时间空间、资源利用等方面的相互联系。而所分子系统的多少，层次的阶数，是随着人们对物流系统的认识和研究的深入来不断扩充的。

3. 物流系统的复杂性

物流系统构成要素的复杂性带来了物流系统的复杂性。如物流系统的作用对象——物，品种繁多、数量庞大，遍及全部社会物质资源；再如物流体系的主体——人，需要数百万的庞大队伍以及物流系统要素间关系的复杂都增加了物流系统的复杂性。

4. 物流系统是一个大跨度的系统

大跨度表现为地域跨度大和时间跨度大。随着国际化的不断发展，国际间企业的交流越来越频繁，提供大时空跨度的物流活动也将会成为物流企业主要的任务。随着信息技术的发展，电子商务、网络的广泛运用，将逐步缩小物流系统的时空跨度。

5. 物流系统的效益背反现象

所谓背反现象是指对于同一资源的两个方面处于相互矛盾的关系当中，想要较多地达到其中一个方面的目的，必须使另一方面的目的受到损失。比如为了提高运输速度，将铁路运输改为航空运输，但必然会引起运输成本的增加。物流系统结构要素之间存在着效益背反，各要素之间存在着冲突，但物流系统是个整体，不能只完成某个要素的功能目标而不顾系统的整体利益，以成本为核心，调整各个分系统、各要素之间的矛盾，使之有机联系起来成为一个整体，实现物流系统的最佳效益。

二、物流战略规划

物流战略规划是通过对物流系统所处的宏观环境与微观环境、企业自身与竞争分析，找出自身的优势与劣势、环境的机会与威胁，进而制定系统的宗旨和目标，选择和实施适当的战略行动，并且不断对战略绩效评价和控制，保证正确的战略方向，最终实现物流系统目标的动态性、战略性物流管理运动。

（一）战略规划制定

物流企业战略规划的制定包括以下几个基本步骤：

步骤一，物流企业机构的设置和人员的配备。步骤二，开展物流调查和需求调查。物流调查和需求调查主要包括：企业外部资源和需求调查、企业内部资源和需求调查、第三方面物流资源调查。

步骤三，对物流资源进行分析。对物流资源的分析包括：资源优势和劣势，主要业绩与经验，核心竞争力，竞争与分析，环境分析与风险，未来发展预测等。

步骤四，物流战略规划决策咨询系统。步骤五，物流战略规划的内容。物流战略规划的内容主要包括：物流发展的任务，物流的总目标，物流目标的分解与构成，物流分阶段目标，物流战略措施。

步骤六，制定物流战略的方法。制定物流战略的方法一般有：企业内部组织力量制定；在外部专家指导下，由企业内部人员组织制定；邀请外部专家或咨询机构制定等方法。

（二）物流战略实施计划

物流战略实施计划是战略规划的具体执行计划。根据所考虑的期限长短不同，一般可分为三个层次：①战略层计划——长远计划，包括未来物流量及构成，未来运输、储存的发展规划，物流机械化、自动化发展水平，未来经济效益的分析等内容；②战术层计划——年度计划，即在一个年度内所要达到的物流目标，如对物流量的分析，物流设备的更新，维修的估计，物流成本的分析，物流效果的目标及达到这一目标的措施等；③作业层计划——季、月、旬生产计划，这是各物流部门对各自的物流业务规定的物流数量、物流质量方面的具体计划。

(三)物流战略控制

物流企业应将预定的战略目标或标准,同反馈回来的信息进行比较,以检测偏差的程度,以后采取行动进行纠正。物流战略控制的基本要素有:

1. 战略评价标准

这是指预定的战略目标或标准,是战略控制的依据,一般由定量和定性两个方面的评估标准所组成。定量评估标准一般有:物流效率、物流成本、投资收益、市场占有率、劳动生产率、利润、人均创利、物流设施利用率等。定性评价标准一般有:战略与环境一致性、战略中存在的风险性、战略与资源的配套性、战略执行的时间性、战略与物流组织机构的协调性、顾客服务水平等。

2. 实际成效

这是指战略在执行过程中实际达到目标水平的综合反映。为了使这些反映客观真实,必须建立管理信息系统,并采用科学控制方法和控制系统来控制。

3. 绩效评价

这是指将实际成效和预定的目标或标准进行比较分析。经过比较会出现三种情况:超过标准,出现正偏差,正好相等;没有偏差;实际成效低于标准,出现负偏差。

三、物流管理

物流管理是指对物品在企业内外流动的过程中进行的计划、组织、指挥、协调和控制活动,其管理内容主要是对物流活动的环节和物流系统要素的管理。在管理过程中,物流与市场营销关系密切,下面主要从市场营销角度谈物流管理。

(一)物流活动与市场营销

1. 市场营销对物流的影响

(1)产品线对物流的影响。产品线是使用功能相同,但型号规格不同的一组产品组成的。产品线的多少对物流产生相当大的影响,如果企业产品线非常多,那么与生产、订货处理、输送等相关物流问题就会十分复杂,因此产品线多少的确定,应考虑与物流的关系。

(2)顾客服务的要求对物流的影响。市场营销中,顾客服务的实现与物流活动有着密切关系。通常情况下,市场营销为了让顾客迅速有效地满足需求,促进产品附加价值的实现,这就要求物流活动具有以下能力:快速地向顾客提供服务;以平均速度提供服务的稳定性和信赖程度;拥有及时交易保有量。在这些要素中,商品传递速度及相应的制度建设直接受制于市场营销策略,并进一步决定了交易保有量以及相应的物流活动或服务。在通常情况下,商品交易保有量与速度成正比。所以,销售部门或零售业为了及时满足需求,并实现向客户的快速配送,常常拥有较大的商品交易库。

(3)销售策略对物流的影响。在特殊时期企业为了提高销售额或扩大市场的份额,常常采取促销策略,在一定时期内,促销可以提高企业效益。但是,同时应注意的是,在计算企业收益的时候,不能忽略销售策略对物流成本的影响。在特定商品促销和折扣活动的时候,有可能商品销售量在一定的时间内达到了顶峰,与这种促销活动相对应的是合理安排,确定商品的销售顶峰的制造、运送、管理、业务处理等各种活动,并使设备投资和在库投资有利于缓和销售顶峰期对商品运送所造成的压力。同时,促销的商品往往与平时促销的商品不太一样,在包装设计上突出了促销期售卖的特征,也会多出一定的费用。因此,在企业实施促销策略和促销战略的时候,应充分考虑它对物流因素产生的影响。

(4)市场预测对物流的影响。组织为了实现自身的营销目标和服务的信赖度,都必须对市场作出预测。当然,市场的实际需求是否与预测值相吻合,直接关系到物流活动的合理性。如果需求预测误差太大,为了维持一定的服务水准,需要保持相当数量的仓储,而且为了实施在库管理,还必须迅速进行各方面的沟通。所以,预测失误带来的必然结果是成本的增加。

(5)市场营销渠道对物流的影响。零售商或批发商这类流通渠道的传统作用之一,就是作为物流系统的构成要素而承担物流功能,随着物流技术变化和流通经济的发展,很多产品营销渠道成员(零售业者、批发业者、分销商)之间发生了冲突。目前,许多大型零售业或零售连锁业者,通过物流系统的重新组合来确保物流活动的经济性,也就是将物流系统的构筑与收集消费者需求信息和提高商品购买力紧密结合在一起,从而发挥零售业直接接触消费者,直接面向市场的优势。同时,从厂商的角度来看,为了更好地了解顾客需求,并保持物流的经济性,也在积极进行物流渠道各阶段的管理和重新组合,试图通过对销售渠道的控制,在消费者中确立厂商的品牌形象。所有这些销售渠道上的变革,都直接或间接地影响着物流格局和由此而产生的效率和效果。

2. 物流对市场营销的影响

(1)物流对市场营销的影响。物流系统对市场营销的影响主要反映在成本削减上,而成本的变动往往又是市场营销中的一个极为重要的问题。采用了高信赖度和经济性的输送方式,不仅可以降低成本,提高产品竞争力,而且由于物流系统绩效率度高,信息处理集中,也大大提高了营销服务的可信度。

物流系统投资的变动,对包括零售业在内的流通渠道的所有构成要素也具有很大影响。如搬动作业自动化的提高,必然带来设备投资的大幅度增加。因此,财力较弱、规模较小的流通作业就会被排除在流通作业之外。物流投资增加的另一个效应,是扩大运输范围,并通过信息技术的改善,使大量商品交换成为可能,从而间接地推动流通营销向纵深发展,有助于商业圈的扩大、产品线的扩展或营销组合的丰富化。从效率角度去看,现代物流实行集中化的作业管理,这不仅强化了产品在成本上的优势,也使整个流通过程的效率得到改善,其结果一方面使流通渠道实现了优化;另一方面随着利润分配和资金上的调整,流通营销的格局也必然会发生改变。

阅读资料

物流是目前发展网络营销最大的瓶颈所在。网络营销通过减少中间环节降低了成本,从而能提供更多的价格优惠。但若处理不好物流,可能会使节约的成本不足以弥补送货费用。对于无形商品(如软件、音乐、在线服务)的物流,可以直接通过因特网完成。物流问题表现在大多数有形商品的配送上。现在企业采用的物流策略主要有三种:

通过邮政系统

即采用EMS(邮政特快专递)或普通邮政寄送,是网站根据消费者网上购物清单和消费者家庭地址信息,亲自将商品包装并到网站附近的邮局办理邮政特快专递或普通邮政寄送,消费者收到邮局的领物通知,到所在地邮局领取所购商品的过程。通过中国邮政的快递和寄送业务,是目前网络营销企业解决外地客户订购业务的最重要方式之一。

自建配送体系

自建配送体系是指厂商网站或虚拟网站在其目标市场上设置送货点,换言之,即指网站在网民较密集地区设置仓储中心和配送点。

国内的"时空网"网站也开通了"电子商务配送体系",在全国建立了27个配送中心和2,500个配送点。

网站自建配送体系的运作机制为:网站根据消费者网上购物清单和消费者家庭地址信息,通过因特网传递消费者购物清单信息给设在消费者所在地附近的配送中心或配送点,然后由它们配货并立即送货上门。

自建配送体系虽然可快速将商品送达消费者,但需要庞大的投资,包括仓储设施、运输车辆、人员等,非一般企业力所能及,因而国内企业鲜用这种方式。

第三方配送

第三方配送是通过选择物流合作伙伴,利用专业的物流公司为网上直销提供物流服务。这是大多数企业的发展趋势。其工作过程一般是网站根据消费者网上购物清单和消费者家庭地址信息,利用第三方专业物流企业的交通、运输、仓储连锁经营网络,把商品送达消费者的过程。第三方物流企业包括专业货运企业,快递公司,还有一些其他的运输企业等。

(2)物流是促进市场营销的重要手段。物流管理的改善能增加交易中的价值。物流管理或在库管理的现代化,不仅使服务的信赖度得到提高,而且也使交易能迅速开展,有利于商品价值的及时实现,缩短了厂商与消费者之间的时间和空间距离,使生产经营行为能真正建立在顾客实际需求上。除此之外,新的物流分析和物流管理方法也为市场营销组织提供了服务基准和发展空间,进而对广泛开展营销活动,提高经营绩效提供更多的机会。另外,在现代市场竞争中,有很多产品之所以成为"死品",不仅是产品本身有缺陷或市场无需求,而且也是物流体系发展迟缓阻碍了商品流通。所以在进行市场营销管理、制定营销战略时,不能不充分考虑物流在市场营销中的作用,或者说,现代物流本身就是市场营销管理中一个重要因素,也是促进市场营销的重要手段。

(二)物流与市场竞争力

1. 物流是市场竞争的有力手段

物流企业为企业货主提供全方位的物流服务,使货主企业在市场竞争中稳定发展,那么物流企业也就有了可以长期进行稳定合作的伙伴,物流企业与货主企业建立起来的

合作伙伴关系,使货主企业感到自身的发展始终离不开物流企业的良好配合,而物流企业就可确保自己成为货主企业长期合作的伙伴。对物流企业来说,有多少个长期合作的伙伴,在市场中就有多大的竞争力。

2. 增强物流企业市场竞争力的主要途径

(1)节约总的物流费用。随着世界经济的快速发展,由粗大货物的大宗运输转入轻薄的高频度、小批量货物运输,这一转变必然导致物流成本的上升。物流已成为货主企业间竞争的重要手段,物流成本过高,就成为货主企业竞争力降低的重要因素。要达到降低总的物流费用,必须由物流业者与货主企业对物流系统进行共同研究和改进,并得到货主企业的理解。

(2)以高质量的服务提高社会形象。物流业者要从其收益中拿出一部分费用回报社会和顾客,从而提高物流业者的社会形象。比如,在货主企业提出降低总物流费用的要求并未达到目的时,物流企业就要在服务项目和服务水平上更上一台阶,凡是顾客要求提供方便的地方应尽量给予满足;如遇到意外情况,顾客要求适当延长服务时,可给免费服务;要尽量满足顾客提出的特殊物流服务项目,并少收取费用;当物流企业开发运输新技术,提高了运输效率,获得了降低物流总成本的成果时,也应让货主企业分享成果;为残疾人员免费提供服务;当发生紧急情况时,积极参加抢险。

(3)要不断创造新价值。物流企业要在市场竞争中立于不败之地,就必须不断地创造出高附加价值的物流活动。只有不断地创造新价值,物流企业才有生存的可能,并为发展创造条件。

(4)要有灵活的定价策略。为了实现物流企业的定价目标,物流业者应根据货物的特点、竞争者状况和目标市场情况,选用适当价格策略。常用的定价策略有以下几种形式:

①地理定价策略。它是指物流企业根据运输路线的远近、交货时间的长短、运杂费用的分担所制定的不同的价格策略。

②折扣定价策略。它是指物流企业利用各种折扣让价吸引货主企业和经销商,促使他们将物流业务委托给本企业,从而达到扩大物流业务量、提高市场占有率的策略。折扣定价策略的形式有数量折扣、现金折扣、季节折扣等。这一定价策略能增加物流业务灵活性,给货主企业、经销商和用户带来既得利益和好处。

③差别定价策略。它是物流企业根据定价目标和要求,对于同一货物或服务制定不同价格的定价策略。其具体形式有:

首先,不同顾客不同价格。如对长期而又比较固定的物流业务户,物流业务者可以收取较低的物流服务价格,对于临时或短期需要物流服务的顾客,物流服务价格可以定得高一点。

其次,不同地区不同价格。对于顾客收入水平比较高的地区,物流服务价格可以定得高一点,而对于顾客收入水平较低的地区,物流服务价格可以定得低一点。

再次,不同时间不同价格。

④心理定价策略。它是根据心理学的原理,巧妙地利用客户心理制定价格的策略。如物流服务采用整数定价策略、尾数定价策略,声望定价策略等。

⑤价格调整策略。它是物流企业根据物流市场环境的变化及其定价目标的需要，对物流服务价格进行调低或调高的一种定价策略。

第三节 物流现代化

随着世界各国经济的发展和国际贸易的广泛拓展，贸易自由化、全球资本市场的成长和结合、信息技术、通讯技术的进步，使得全球经济一体化景象已经形成。物流现代化也随之而来，物流现代化主要指物流技术现代化和物流管理现代化。

一、物流技术现代化

（一）物流技术的概念

物流技术是指物流活动中所采取的自然科学与社会科学方面的理论、方法以及设施、设备、装置与工艺的总和。它包括了在采购、仓储、运输、装卸与搬运、流通加工和信息处理等物流活动中所使用的各种工具和其他物质设备以及由科学理论知识和实践经验发展而成的各种方法、技能以及作业程序等。

（二）现代物流技术

1. 传统物流技术的现代化改造

传统物流技术的现代化改造是指利用新材料、新设备和现代科技对已有的运输、仓储、搬运、装卸、包装等技术和机械设备进行不断的技术升级，改造出能够实现现代物流功能的材料、机械、设施和管理方法。

（1）现代运输技术。现代运输工具趋向多样化、高速化、大型化和专用化，对节能、环保要求严格。

（2）现代装卸搬运技术。搬运是连接保管和运输的重要环节，它的特点是劳动密集型，作业发生次数多。现代搬运技术主要是推行机械化来减轻人员的繁重体力劳动。

（3）现代包装技术。包装材料是包装技术现代化改造的新内容，新材料导致了新的包装形式与包装方法的出现。现代包装设备是包装技术水平提高的标志，传统包装以人工为主，目前出现了各种自动化包装机械及包装的自动生产线，如自动充填机、自动打包机、自动捆扎机、吸塑机和真空包装机得到普遍运用。

（4）现代储存保管技术。现代仓库已成为促进各种物流环节平衡运转的物资集散中心。仓库结构的代表性变化是将高层自动化的保管和搬运结合成一体的高层立体化仓库，物资储存由水平储存物资发展为立体储存。

（二）现代信息化物流技术

（1）条码技术。条码技术是在计算机的应用实践中产生和发展起来的一种自动识别技术。物流条码是条码中的一个重要组成部分，它借助自动识别技术、POS 系统、EDI 等现代化技术手段，实现对信息的自动扫描，解决了数据录入和数据采集的“瓶颈”问题，为供应链管理提供了有力的技术支持，是物流管理现代化的重要技术手段。

(2)电子数据交换技术。电子数据交换技术是按照统一规定的一套通用标准格式,将标准的经济信息,通过通讯网络传输,在贸易伙伴的电子计算机系统之间进行数据交换和自动处理。

(3)射频技术。射频技术的基本原理是电磁化。射频系统优点是不局限于视线,射频识别卡具有读写功能,可携带大量数据,难以伪造,且有智能等。

射频技术在物流中应用主要包括:其一,射频技术可以用于物流过程中货物的库存管理;其二,射频技术可以用于货物的运输管理;其三,射频技术可用于货物的分析管理。

(4)地理信息系统。地理信息系统是一种以地理空间数据为基础,采用地理模拟分析方法,适时地提供多种空间的和动态的地理信息的计算机技术系统。在物流领域,利用专门的分析工具软件来进行物流分析。这些软件集成了车辆路线模型,最短路线模型、网络物流模型、分配集合模型和设施定位模型等,利用强大的地理信息系统数据功能来完善物流分析技术。

(5)全球卫星定位系统。全球卫星定位系统是一种利用分布在约2万千米高空的多颗卫星对地面目标的状况进行精确测定以进行定位、导航的系统。全球卫星定位系统在物流领域得到了广泛应用:用于汽车自定位、跟踪调度、陆地救援;用于内海及远洋船队最佳航程和安全航线的测定、航向的实时调度、监测及水上救援;用于空中交通管理、精密进场着陆、航线导航和监视;用于铁路运输管理;用于军事物流。

二、物流管理现代化

进入21世纪以来,在全球经济一体化发展趋势下,物流管理现代化主要包括供应链管理、第三方物流管理、国际物流管理和电子商务下的物流管理。

(一)供应链管理

1. 供应链管理的概念

供应链管理是基于供应链所实施的管理。供应链是通过反馈的物料流和信息流执行原材料采购、中间产品及成品生产和产品销售,进而把供应商、制造商、分销商、零售商、最终用户连成一体的功能网链结构模式。而供应链管理就是对供应链上各节点企业所实施的统一管理。

2. 供应链管理环境下的物流管理

在供应链管理环境下,物流管理是对原材料经过供应商采购到制造商生产加工,经分销商销售到最终用户的过程进行管理。它的目标是以最低的成本、最快的速度、最优的质量、最好的服务满足用户需求。

(1)供应链管理中物流管理的功能和目标。供应链管理中的物流管理的主要功能有:

①库存管理。库存是为各种目的存储的货物,在企业资产负债表中,库存货物是作为一项资产计入的。但库存过剩往往导致企业库存成本增加、灵活性降低,同时也会影响资金流运作。要通过库存管理缩短订货——运输——支付的周期时间,有效的库存管理方案降低库存水平,加速库存周转,消除缺货事件,有利于整个供应链的协调、高速运转。

②订购过程管理。主要是给供应商发出订单的过程,它包括供应商管理、订购合同管理。通过供应链管理,企业可利用配销单据等对整个补充网络做计划,并向供应链自动发出订货单;通过合同管理在供需双方建立长期关系;通过检查订购数量,将订单送给供应商并对已接收货物进行支付。EDI 的采用,使订购过程管理更加有效。

③配销管理。当货物进入分销中心,配销管理便指的是规划、协调和控制货物的物理流,包括四个过程,配销需求计划、实物库存管理、运输车队管理、劳力管理。第四,仓库管理。主要有入库货物的接运、验收、编码、保管、出库货物的分拣、发货、配送等一般业务,还包括代办购销、委托运输、流通加工、库存控制等义务。

供应链管理环境下的物流管理目标是:在恰当的时间和地点支付正确的产品。该目标要求物流管理必须解决三个问题:需求的产品或服务等级、效率水平、减少整个供应链的库存水平。

(2)供应链管理环境下的物流管理的新特点。

①信息传递纵横交错。在供应链管理中,节点企业之间是战略合作关系,具有利益一致的特点,企业之间的信息交流不受时间和空间的限制,供应商不仅可以和生产商进行信息交换,也可以直接和分销商进行信息交流,整个供应链上的信息是共享的,从而为各节点获得最新最准确的市场信息创造了条件,避免了信息的扭曲。

②整体性增强。供应链企业是一种战略协作关系,这种关系体现了企业内外资源的集成与优化,强调企业间长期的、直接的合作,强调共同努力实现共有的计划和解决共同问题是一种动态联盟。

③现代化信息技术表现出强大的支撑作用。信息化时代的到来,使供应链上的贸易伙伴随时需求各种信息对产品进行发送、跟踪、分拣、接收、存储、提货以及包装。物流与信息流相互配合体现得越来越重要。在供应链管理中必须要用到越来越多的现代物流技术。

④物流服务方式灵活多样。

(二)第三方物流管理

由于供应链的全球化,物流活动变得越来越复杂、物流成本越来越高,利用外部物流活动,公司可以节省物流成本,提高顾客服务水平。在制造业率先出现了第三方物流公司。

1. 第三方物流含义

第三方物流又称合同契约流,是指生产经营企业为集中精力搞好产业,把原来属于自己处理的物流活动,以合同方式委托给专业物流服务企业,同时通过信息交流与物流企业保持密切关系,以达到对物流全程管理的一种物流运作与管理方式。

2. 第三方物流管理内容

(1)物流合同管理。物流合同包括与客户签订的合同和与代理商或承包商签订的合同。具体来说,第三方物流企业承接的运输、存储、配送等项目都必须与委托方签订合同。物流合同的管理工作主要包括:签订合同、合同的修改与中止、合同的执行与跟踪等。

(2)物流能力管理。第三方物流企业必须对自身的物流资源有全面了解,以便确切

了解自己有多大能力,可以承接多大项目,完成多少订单任务。物流任务主要包括:运输能力、仓储能力、配送能力、装卸搬运能力、流通加工能力等。

(3)物流设备管理。第三方物流企业的物流设备种类繁多,从用途可分为运输设备、装卸搬运设备、仓储保管设备、物流加工设备、商品包装设备、计量检测设备和安全设备等。物流设备管理内容主要有:购买物流设备、合理使用物流设备、维修保养物流设备、物流设备的调拨和报废处理。

(4)物流安全管理。第三方物流企业在开展物流业务过程中,必须高度重视安全管理。当货主把货物付给第三方物流企业时,最起码要求是第三方物流企业保证货物的安全送达。因此,第三方物流企业要采取必要的安全管理措施。物流安全管理的内容主要有:防止货物被盗、避免仓储和运输过程中的损耗、建立消防队伍、防止意外火灾发生。

(5)物流信息管理。第三方物流企业的物流管理活动是通过物流信息技术来实现的。在物流合同、物流能力、物流设备、物流安全管理以及其他物流管理中,都涉及信息管理。每个物流企业都可以建立一个物流信息中心系统,以便物流企业处理好日常物流业务活动。

3. 第三方物流管理作用

(1)能提高运输服务水准。物流企业建立了能控制物品以供应商到消费者之间的物流网络体系,从而实现为客户提供以订货、购买、帮助、包装、运输、保管、配送等单项服务,以满足客户货物快捷准时运输等多项优质的需要服务。

(2)能实现物流全过程费用的节约。第三方物流以社会方位的物流系统出发,提供全方位的物流服务,可以大大减少物流过程中不必要的环节、不衔接现象及停滞时间、减少物流过程中不合理因素造成的价值损失,从而能实现社会物流全过程总费用的节约。

(3)能做到物流过程的系统管理。第三方物流将物流过程的订货、包装、装卸、保管、库存控制、流通加工、信息服务等环节,与运输、配送相互结合起来形成一体化,从而可以在电子信息支持下,形成物流全过程的控制与管理,这是提高物流服务质量和效率、降低物流成本的必要条件。

(三)国际物流管理

国际物流是伴随和支撑国际贸易活动、国际经济交往和其他国际间交流所发生的物流活动,是现代物流系统发展更快、规模更大的一个物流领域。

1. 国际物流的概念

国际物流是发生在不同国家或地区之间的物流,其实质是按照国际分工协作的原则和国际惯例,利用各国的物流设备和技术设备、技术设施,组织货物在国际之间的合理流动。

2. 国际物流的特点

(1)国际物流环境较国内复杂。由于国际物流在超越国界进行全球范围的物流活动,而各国历史文化、地理位置、生产力发展水平、气候条件、风俗习惯各异,因此面临着复杂多变的环境因素,决定了国际物流经营管理的难度比国内大。

(2)国际物流主要运输方式为国际多式联运。在国际物流活动中,主要采取国际多式联运即采取海、陆、空三种以上运输手段(或三种运输手段中的任意两种),完成国际间不间断的连贯性货物运输。这种国际多式联运方式,已成为当今国际物流运输的主流。

(3)国际物流对国际信息系统有较高依赖性。国际物流信息系统的建立,要花费大量资金,时间较长,而且管理难度大。要获取国际物流信息,即与 EDI 国际信息系统加强联网,从而获得国际物流信息。

(4)国际物流面临的风险较大。在国际物流活动中,由于运输时间长、路线长、地区范围广、跨度大、货物的装卸、储存、保管等环节增多以及各个国家和地区港口设施的差异,处理货物的技术水平不同,存在着货物损失、丢失等风险。同时,还面临着政治方面的风险,如法律规定、社会动荡、政治冲突等。

(四)电子商务环境下的物流管理

电子商务带来了物流的巨大需求,加快了物流现代化的步伐,而现代化的物流是电子商务发展的关键环节,两者相互依存,共同发展。

1. 电子商务对物流的影响

(1)电子商务改变传统的物流观念。电子商务作为一种新兴的商务活动,为物流创造了虚拟性运动空间。在电子商务状态下,企业可以通过各种不同组合方式,寻求物流合理化,使商品实体在实际运动过程中,达到效率最高、费用最省、距离最短、时间最少的功能。

电子商务改变物流企业的竞争状态。在传统经济活动中,物流企业之间往往依靠优质服务,降低物流费用进行。在电子商务时代,电子商务需要一个全球性物流系统来保证商品实体的合理流动,对一个企业来说,是难以达到这一要求的。

电子商务改变物流企业对物流的组织和管理。在传统经济条件下,物流往往是从某一企业进行组织和管理的,而电子商务则要求物流以社会的角度来进行系统的组织和管理,以打破传统物流分散的状态。

(2)电子商务改变了物流运转方式。电子商务可使物流实现网络的实时控制。传统物流活动在其运作过程中,主要是以物流为中心,从属于商务活动,因而物流活动方式是紧紧伴随着商流来运动。而在电子商务下,物流的运作是以信息为中心,信息不仅决定了物流的运动方向,而且也决定着物流的运作方式。

网络对物流的实时控制是以整体物流来进行的。在传统的物流活动中,虽然也有依据计算机对物流的实时控制,但这种控制都是以单个的运作方式来进行的。而在电子商务时代,网络全球化的特点,可使物流在全球范围内实施整体的实时控制。

电子商务促进物流基础设施改善和物流技术与物流管理水平的提高。第一,电子商务促进物流技术的进步。物流技术水平的高低是实现物流效率高低的一个重要因素,要建立一个适应电子物流运作的高效率的物流系统,加快提高物流的技术水平有着重要作用。第二,电子商务促进物流管理水平的提高。物流管理水平的高低直接决定和影响着物流效率的高低,也影响着电子商务效率优势的实现问题。只有提高物流管理水平,建立科学的管理制度,将科学的管理手段和方法应用于物流管理当中,才能确保物流的畅通运行,实现物流的合理化、高效化,促进电子商务发展。

2. 电子商务环境下物流管理新特点

(1)信息化。在电子商务时代,物流信息化是电子商务的必要要求。信息化表现为物流信息的商品化、物流信息收集的数据库化和代码化、物流信息处理的电子化和计算机化、物流信息传递的标准化和实时化、物流信息储存的数字化等。因此，数码技术、数据库技术、电子订货系统、电子数据交换、快速反映及有效的客户反映、企业资源计划等技术与方法在物流中将会得到普遍应用。

(2)网络化。物流领域网络化是物流信息化的高层次应用，是电子商务下物流活动的主要特征之一。它有两层含义：其一，物流配送系统的计算机通信网络，包括物流配送中心与供应商的联系要通过计算机网络，另外与下游顾客的联系也要通过计算机网络通信；其二，组织的网络化及组织内部的网络化。

(3)自动化。物流自动化是指物流作业过程及设备和设施自动化，包括运输、装卸、包装、分拣、识别等作业过程。自动化的外在表现是无人化，扩大物流的作业能力，提高劳动生产率，减少物流作业的差错等。

(4)智能化。智能化是物流自动化、信息化的继续和提升，物流作业过程大量的运筹和决策，如库存水平决定、运输路径选择、自动分拣机的运行、物流配送中心经营管理的决策支持等问题都需要借助大量的知识才能解决。在物流自动化过程中，物流智能化是不可回避的技术问题。

(5)柔性化。柔性化是在适应生产、流通与消费需求而发展起来的一种新型物流模式。物流企业必须适应用户的柔性化物流需求，如多品种、小批量、多批次、短周期等特点，灵活组织和实施物流作业。

另外，物流设施及商品包装的标准化、物流的社会化和共同化也是电子商务物流模式的新特点。

复　习　题

一、简答题

1. 现代物流的发展趋势。
2. 物流的具体职能。
3. 物流系统的特点。
4. 市场营销对物流的影响。
5. 物流对市场营销的影响。

二、填空题

1. 物流是克服(　　)间隔和(　　)间隔的经济性活动；物流包括(　　)流通和(　　)流通。

2. 现代物流的发展趋势是(　　)趋势，(　　)趋势，(　　)趋势，(　　)趋势，(　　)趋势。

3. 按照物流系统性质来分，物流有(　　)物流，(　　)物流，(　　)物流。

4. (　　)和(　　)是物流系统的两个主要目标。

5. 物流企业的定价策略有(　　),(　　),(　　),(　　)。

6. 第三方的物流管理内容有(　　),(　　),(　　)。

7. 电子商务下物流管理新特点有(　　),(　　),(　　)。

三、单项选择题

1. 按照物流所起作用不同划分,物流种类有(　　)。

A. 国际物流　　B. 企业物流　　C. 供应物流

D. 生产物流　　E. 行业物流

2. 通过降低物流费用而取得的利润为(　　)。

A. 第一利润源泉　　B. 第二利润源泉

C. 第三利润源泉　　D. 第四利润源泉

3. 物流作业系统包括(　　)。

A. 包装系统　　B. 装卸系统　　C. 储存系统

D. 信息系统　　E. 流通加工系统

4. 物流战略控制的基本要素有(　　)。

A. 战略评价标准　　B. 实际成效　　C. 绩效评价　　D. 物流成本

5. 现代信息化物流技术有(　　)。

A. 条码技术　　B. 现在储存保管技术

C. 电子数据交换技术　　D. 射频技术

E. 地理信息系统

6. 下列活动中(　　)不属于物流范畴。

A. 属于物流实质实体的流动

B. 运输、储存、装卸、搬运、包装、流通加工、配送、信息处理等基本功能的有机结合

C. 商流所有权转移和物流的实体位置转移

D. 不属于经济活动的物流实体流动

本章小结

本章介绍了市场营销中的物流策略,主要内容包括物流及其职能、物流规划与管理、物流现代化等三方面。

物流及其职能。物流的职能有整体职能和具体职能,其中具体职能有运输、装卸搬运、仓储保管、配送、流通加工、包装、物流信息等。

物流规划与管理主要是对物流系统的规划与管理。物流系统由物流作业系统和物流信息系统组成。物流战略规划由物流战略规划制订、实施、控制三部分组成。物流管理部分是从侧重于物流活动与市场营销、物流与市场竞争力两方面展开的。

物流现代化。物流现代化包括物流技术现代化和物流管理现代化两方面。

案例分析

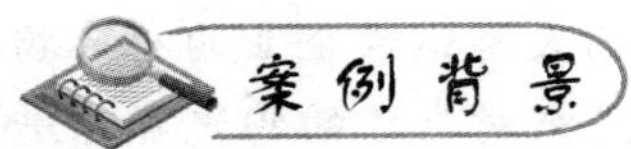

钢铁企业的销售物流策略

一、钢铁企业销售物流特点及构成

钢铁企业的销售物流包括产品时间及空间的转移，以及在此过程中的增值加工，涉及运输、仓储、加工、配送等物流作业环节。

根据钢铁产品自身的属性及钢铁行业现有环境，钢铁企业的销售物流有以下特点：

1. 钢铁产地远离消费地，销售运距长

一般而言，钢铁企业有着较大的销售半径，销售区域散状分布，但一旦形成消费市场，消费市场对其需求又相当大。钢铁生产这种近原材料地，远销售地的特性，使得产品销售的运输距离远远大于原材料物资运输距离，钢铁销售物流更易受到诸多外界因素的制约，往往计划不及变化，不确定性强，难于组织。

2. 铁路运输是钢铁产品国内销售的主要运输方式

如果单纯从运输方式的经济性而言，水运是钢铁产品最好的选择。但我国钢铁企业的生产部门一般设在矿区，水路交通条件有限，很难实现大批量产品的水路运输。相比较其他成本更高的运输方式，铁路成为大多钢铁企业销售物流的首要选择。

3. 成品往往需要进行不同程度的深加工

钢铁企业的最终用户也为制造企业，其产品需求为连动需求。钢铁企业的产品用户，除建筑等行业外，绝大多数还不能直接投入用户的生产使用，还需要通过深加工来满足用户的特殊需求。钢铁产品的选择受下游产业链影响较大，产品深加工势在必行。

4. 销售渠道短，仓储数量大

钢铁的销售物流渠道一般为直销或经过一级经销商（或钢铁贸易商）后，直接进入消费领域，中间环节少。但由于一般单张订单需求量大，使得钢铁企业为满足销售需要，通常持有较高库存，资金占用大。

二、我国钢铁企业销售物流现状及存在问题

近年来，我国钢铁企业为改善自身物流状况，发展现代物流做出了许多努力，在销售物流上也取得了很大的成效：中国钢铁交易网等平台的出现使得我国钢铁企业在物流信息化上迈出了很大一步；各大钢铁企业先后建立剪裁配送中心，以产品差异化占领市场，赢得竞争；与下游产业客户企业的构建战略联盟，建立长期稳定的供应链；寻求灵活多样的物流方式，降低物流成本。

但相比国外钢铁企业先进而成熟的物流系统，我国的钢铁物流还比较落后，销售物流常常不能满足销售需要，主要存在以下问题：铁路运输灵活性差，制约性强，销售产品的输送有时不能按计划完成；成品库与在制品库区分不明，仓储作业混乱，此外为保有销

售安全库存，仓储数量大，资金积压严重；管理人员尚未形成现代物流意识，缺乏专业物流人才，销售物流组织能力不强，资源利用率低，人工成本高。

三、钢铁企业销售物流改进策略

1. 科学地进行销售物流决策与计划，提高自有物流资源利用率

钢铁企业一般拥有自己的运输及仓储资源及网络，目前我国大型钢铁企业的自有物流资源利用率都有待提高，可采用分销需求计划（DRP、DRPⅡ）来对自己的物流资源进行有效管理。但应选择柔性的决策，以适应多变的市场和各种不确定因素，使企业在销售物流战略计划下合理安排作业物流，并加强对计划执行的跟踪和控制，根据反馈对作业计划进行调整和改进。

2. 通过网上订单提高销售物流效率和市场响应能力

钢铁企业应当改变传统的销售作业习惯，努力实现订单驱动生产。订单的处理关系到库存及运输计划的编排，为了使后续的销售物流作业能够顺畅有序得完成，对订单的处理，跟踪都应联系物流资源进行分析判断。采用网上订单能够第一时间将订单数据输入分销系统，便于数据的分析及计划的生成。

3. 合理安排销售库存，在保证销售上尽量减少库存量，降低成本

无论国内还是国外的钢铁企业，都必须保持一定量的安全库存，但较高的库存量也会带来较高的资金占用。目前钢铁企业持有较高安全库存的原因，一方面是对销售市场变化缺乏应急措施，另一方面是物流外部环境变化无法准确把握。钢铁企业的销售库存应在充分利用自有仓库的基础上，通过租赁、合作等方式合理规划，以加快资金周转、提高销售物流系统效率。

4. 在枢纽城市建立剪裁配送中心，根据下游产业需要进行产品深加工

各种实践表明，通过建立钢材加工配送中心，配合钢材贸易，可以提高对钢材的利用率，还能更加适应目前钢铁企业的下游产业对钢材的多样化、个性化的需求。除此之外，通过在枢纽城市建立加工配送中心，帮助客户管理钢材库存，还能缓解钢材销售的运输压力，保证销售物流的顺畅。

5. 建立战略联盟，保证输送及时，灵活采用各种运营方式组织销售物流

我国的铁路运输资源有限，对钢铁企业这种运输量大，物流方式比较单一的生产企业，铁路资源成为制约钢材销售的一个瓶颈。目前很多钢铁企业都开始选择多样的物流方式，与有物流资源的第三方物流企业合作，解决销售物流问题。此外，还通过寻找可联合运输的企业建立战略联盟，共同组织物流。

6. 加强客户服务管理，构建长期、稳定、和谐的供应链

钢铁企业下游是以钢材为原材料的生产企业，企业间的营销不同于大众消费品的营销，其行业环境、产品改革都要求钢铁企业相应地调整和更改钢铁产品属性。加强对下游企业乃至行业的关注，不仅是提高营销能力、建立长期稳定的客户关系的需要，也是对自身改善生产的一个信息反馈。

7. 培养全面的物流人才，挖掘第三利润源

目前我国钢铁企业及钢铁流通领域的物流人才都相当缺乏，以致很多物流规划和设计不能付诸实施。培养熟悉钢铁企业经营状况，生产流程的复合型物流人才，才能根据

钢铁企业的实际情况，将物流技术及管理理念落在实处，从根本上改进和优化钢铁企业的物流状况，降低其居高不下的物流成本，提高产品竞争力。

四、结语

目前中国钢铁工业发展很快，产量蝉联世界首位。但我国铁路运输能力严重不足，加之近年来运费上涨，入世后行业保护的取消使得钢铁企业间竞争不断加剧，如何保证物流顺畅及降低物流成本成为钢铁企业亟待解决的问题。特别是经济、及时、高效的销售物流，已成为一些钢铁贸易商选择产品的重要指标之一，钢铁销售物流的改进和优化将进一步推动我国钢铁企业向前发展。

案例思考：

1. 钢铁企业物流改革应该选择作为突破口？
2. 销售渠道对钢铁企业的物流有什么影响？
3. 钢铁企业如何提高企业的物流能力？

第十四章　营销管理——计划、组织与控制

教学目标

通过本章学习使学生理解营销管理——计划、组织与控制在整个营销体系中的地位和作用。了解营销计划的内容，掌握各种营销组织结构的特点，理解营销控制的作用，掌握营销控制的主要方法。

学习任务

通过本章的学习：

1. 了解营销计划的内容。
2. 掌握各种营销组织结构的特点。
3. 理解营销控制的作用。
4. 掌握营销控制的主要方法。

案例导入

众酒成水

在一次隆重的丰年庆典中，部落大酋长要求每一户家庭都捐出一壶自己酿的酒，并且将它们都倒在一个大桶里，准备在庆典最后让大家共享。当有几个人抬着的大桶经过各家门口时，只见每户人家都郑重其事地倒下自家酿的酒，很快就将桶装满了。酋长拔掉了木塞子，在每个人的杯中都注满了一大杯酒，当大伙一饮而尽时，却发现喝下去的都是清水。

这是一个非常深刻的小故事。导致大家喝的都是清水的根源是缺乏一个明确的约束机制，也可以说是管理上的漏洞，人人都以为自己的一点点小问题不会影响到大局，而到最后检测结果时却发现没有不出现问题的地方。如何督促每个员工很好地完成自己的任务是管理者应做的大事。企业的营销活动需要加强管理和控制。

（资料来源：http://sales. ccnf. com/esales/class/index. asp, 2007 - 07 - 26.）

市场营销管理即营销计划、组织和控制是把管理职能应用到企业营销活动中来，从确定营销目标、制订营销计划、设计组织结构到营销控制是一个系统的管理活动。计划

是未来一定时期内，关于行动内容和方式的具体安排，计划的实施必须依托一定的组织形式和机构，而控制是计划具体落实的保障

第一节 营销计划

营销计划是企业在分析外部环境条件和内部自身资源的基础上，明确未来一定时期营销目标并为实现营销目标而预先进行的行动。

一、概要

概要主要阐述企业的未来营销目标和实现目标的可行性建议、方案、措施。通常，营销计划书需要提交上级领导审阅，所以概要需言简意赅、简明扼要。领导可以通过概要迅速了解计划的相关主要内容，如需仔细推敲，可以查阅计划书的目录。

二、现状分析

这部分说明市场、竞争、产品、分销和宏观环境等相关背景。计划是连接我们所处的这岸和我们要去的对岸的一座桥梁，所以描述现状的重点在于认清我们所处的此岸，即认清现在。如市场情况，应说明企业销售规模和预期增长，顾客需求、观念及购买行为的变化；产品情况，应说明近年来各主要产品品种的销量、价格、获利水平等；竞争态势，主要的竞争者是谁？它们的规模、目标市场、产品质量、市场占有率，它们的市场定位、营销战略及策略；宏观环境及未来发展趋势。

三、SWOT 分析

分析企业的优势（Strength）、劣势（Weakness）与市场机会（Opportunity）、环境威胁（Threats），亦称 SWOT 分析。

优势与劣势是针对企业内部的。优势是企业内部条件中用于开发机会、对付威胁的强项，劣势是必须加以完善的不足的内部条件。营销计划需要对企业的优势、劣势做出分析。

市场机会是指对企业营销活动富有利益空间和吸引力的领域。环境威胁是指环境中不利于企业营销的因素的发展趋势。市场机会和环境威胁说明的是来自外部的、能左右企业未来的有利或不利因素。

评估市场机会可从两个方面进行：一、行业吸引力，即潜在的获利能力；二、成功的可能性。图 14.1 给出了评估市场机会的简单工具。

对环境威胁也可以从两个方面进行评估：一、可能带来的损失大小；二、发生的概率。具体做法见图 14.2。

显然，图 14.1 中机会 1 所处的位置最佳，因为成功的可能性最高，市场吸引力最大，企业应抓住机会，机不可失，失不再来；

图 14.2 中威胁 1 所处的业务，企业应重点对待，及早制定相应的对策，将威胁降低到最小。然而，环境机会能否就是企业机会，还要看它是否与企业的使命、目标和资源相

协调。

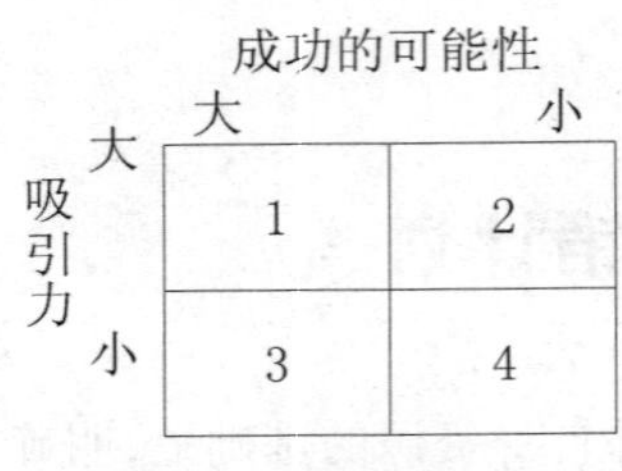

图 14.1 机会方格图

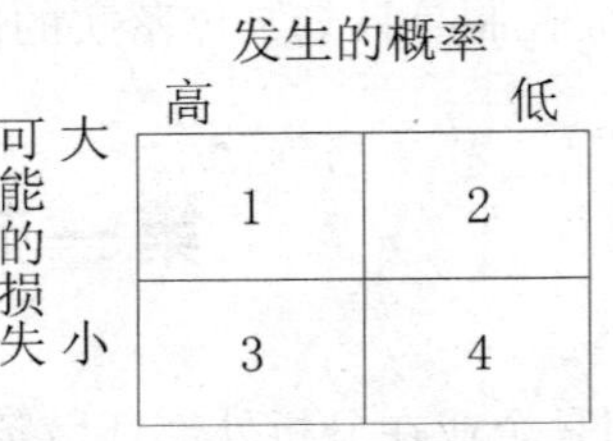

图 14.2 威胁方格图

对所有市场机会和环境威胁都要分清轻重缓急,对于机会一定要认真把握,充分利用;对于威胁要提前预测,及早规避,使更重要、更紧迫的问题能受到更多关注。

四、确定营销目标

制订营销计划的第一步必须认识我们将要走向何方,目标为企业和员工指明了方向,目标是采取行动后所期望得到的成果。企业的目标是一个系统,营销计划目标主要分为两类:营销目标和财务目标。财务目标主要由即期销售收入、销售利润等指标和长期投资收益目标组成。财务目标必须转换成营销目标,如销售量、价格水平、市场占有率等。所有的目标都应以定量的形式表达,并具有可考核性和可接受性。

五、制定营销战略

目标是可以通过不同的方式去实现,营销管理者必须从各种可供选择的方案中做出选择,并在营销计划书中加以描述,包括市场细分、目标市场和市场定位。市场细分是确定目标市场的前提条件,目标市场是企业将要进入的市场,通过市场定位体现产品在众多同类产品中独特的竞争优势。

六、明确营销策略

对选定的目标市场,要根据市场定位的要求,考虑如何运用4Ps,即产品、价格、分销和促销策略,以及这些策略怎样系统的考虑和有效地整合,最终实现营销目标。通常营销策略的组合有多种方案,要辨明主次,从中选优。

七、行动方案

有了营销战略、营销战术,还需转化为具有可操作性的行动方案,营销管理者要进一步确定:做什么?目标与内容;为什么做?原因;谁去做?人员;何地做?地点;何时做?时间;怎样做?方式、手段。

这些都需要按时间顺序用文字、图表等形式反映出来,使所有的营销活动和要求一目了然,以利于执行和控制。

八、预算

所有的行动方案都要编制预算方案,说明执行营销行动方案所需的费用、用途和理

由。预算包括两方面:收入方和支出方。收入方列出预计销售数量、销售价格;支出方列出生产成本、渠道成本和营销成本,收入与支出之差即为预计利润。该预算经上级主管部门的审查、批准或修改,一旦获得通过,此预算就成为有关部门进行采购、安排生产、支出营销费用的依据。

九、控制

控制是为了保证营销计划与实际执行动态适应而进行的监督检查。在营销计划的控制部分还应包括发生意外的应急预案,其中可列举有可能发生的突发事件或其他不利事态,发生的概率和造成危害的大小,相关的防范和应对措施,立足点是未雨绸缪、防患于未然。

第二节 营销组织

营销计划的具体实施,需要设计一个合理的组织结构。高效的组织是营销计划得以实现的基本条件和保障。

一、市场营销组织的演进

现代的营销组织是随着营销观念的长期发展而演变来的。在西方国家,从最初的处于无足轻重的单独的销售部门到现在具有极其重要地位的现代营销企业。营销组织经历了五个阶段。

1. 单纯的销售部门

一般来说,企业的组织机构几乎都是以财务、生产、销售和会计等职能部门为基础逐渐发展起来的。单纯的销售部门的任务就是销售产品,至于生产什么、生产多少及产品价格则由生产部门和财务部门决定。销售部门通常只有一位销售主管负责管理推销人员,促使他们卖出更多的产品。在20世纪30年代以前,西方国家企业的营销组织大都属于这一形态如图14.3a。

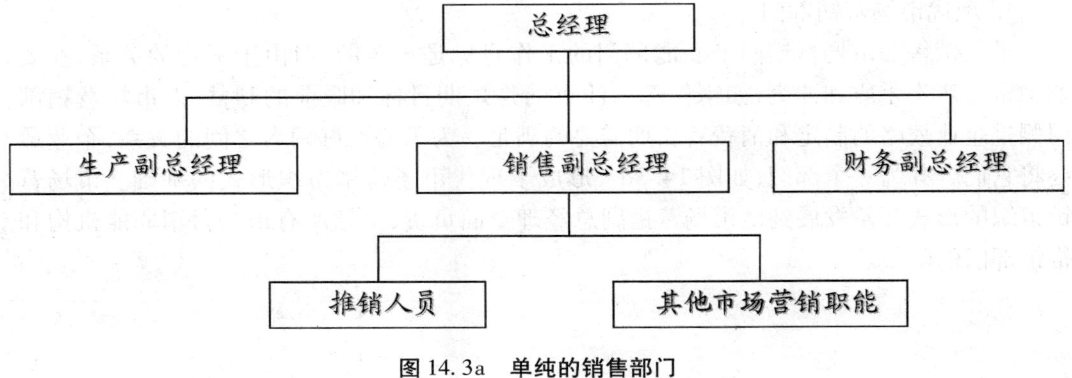

图14.3a 单纯的销售部门

2. 具有辅助性职能的销售部门

20 世纪 30 年代以后，随着企业规模的扩大而需要经常进行诸如市场调研、广告和其他促销活动，当这些工作在量上达到一定程度时，逐渐演变成专门的职能，形成销售部门并设立营销主管全盘负责这些工作，如图 14. 3b。

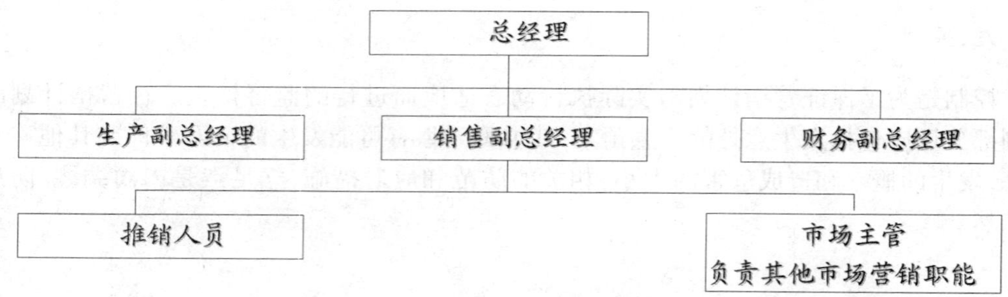

图 14. 3b　具有辅助性职能的销售部门

3. 独立的市场营销部门

随着市场竞争日趋激烈、企业规模和业务范围的进一步扩大，原来作为辅助性职能的市场营销工作，诸如市场调研、新产品开发、促销和顾客服务等活动越来越显得重要。一些企业开始将营销岗位提升，把市场营销工作从推销售部门独立出来，市场营销和销售成为平行的管理职能，见图 14. 3c。

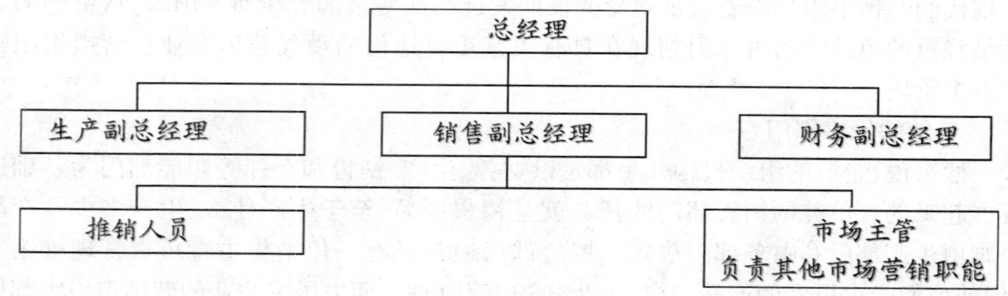

图 14. 3c　独立的市场营销部门

4. 现代市场营销部门

虽然销售和市场营销两个职能部门的工作目标是一致的，但由于平行的关系，在实践中常常产生矛盾和冲突，如销售部门注重的是短期目标和眼前的利益，而市场营销部门侧重企业战略的制定和消费者长期需要的满足。为了协调好两者之间的关系，企业最终将它们合并为一个部门，如图 14. 3d ，形成了现代市场营销组织形式的基础。市场营销组织的形式开始发展到由市场营销副总经理全面负责，下辖所有市场营销职能机构和推销部门的阶段。

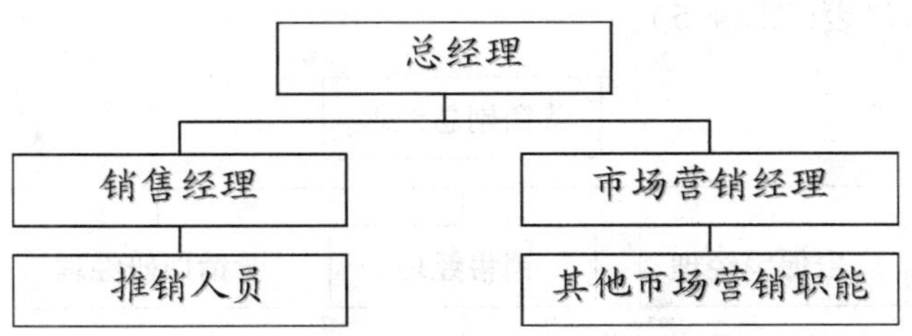

图 14.3d　现代市场营销部门

5. 现代市场营销企业

企业即使成立了现代市场营销部门,并不意味着它就是现代市场营销企业。现代市场营销企业取决于企业所有员工对待市场营销职能的态度,只有所有员工都认识到,企业一切部门和每一个人的任务都是"为消费者服务","市场营销"不仅是一个职能、一个部门的称谓,而是一个企业的经营理念时,这个企业才算成为了一个"以消费者为中心"的现代市场营销企业。

二、营销部门的组织形式

现代企业的市场营销部门,有各种不同的组织形式。目前,市场营销的组织形式有:职能式组织、地区式组织、产品(品牌)管理式组织、市场管理式组织和产品/市场管理式组织。但不论采用何种形式,都必须体现"以顾客为中心"的指导思想,才能使其发挥应有的作用。

1. 职能式组织

职能型组织是最常见的市场营销组织形式。它是根据营销业务活动的相似性来设立部门,如广告促销、推销、新产品等。市场营销副总经理负责协调各个市场营销职能科室、人员之间的关系图(14.4)。

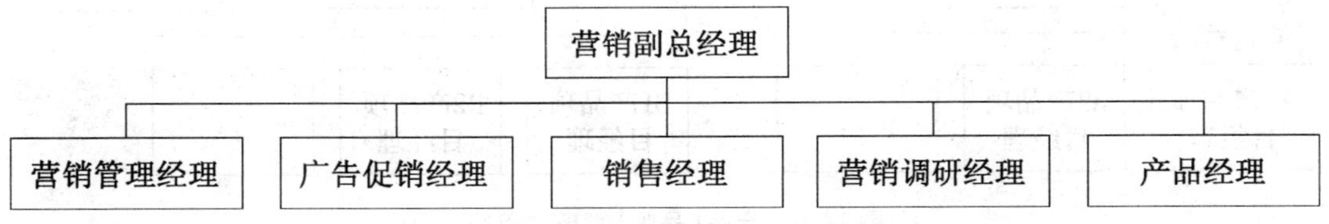

图 14.4　职能式组织

职能型组织结构可以带来专业化分工的好处,行政管理简便易行。但是,随着产品种类的增多和市场的扩大,这种组织形式可能渐渐失去其应有的效率。因为在这种组织形式中,没有一个职能部门对某一具体产品或者一个市场全盘负责,使得有些产品或市场被忽视;而各个职能科室之间为了争取更多的经费和得到更有利的地位相互竞争,致使市场营销副总经理可能经常处于调解纠纷的困境之中。

2. 地区式组织

在跨地区销售产品的企业,可以按照地理区域组织、管理销售人员。如在营销部门下设 A 大区销售经理,下有 A1、A2、A3 等行政区销售经理。再往下,还可以设置若干地区市场经理和销售代表(图 14.5)。

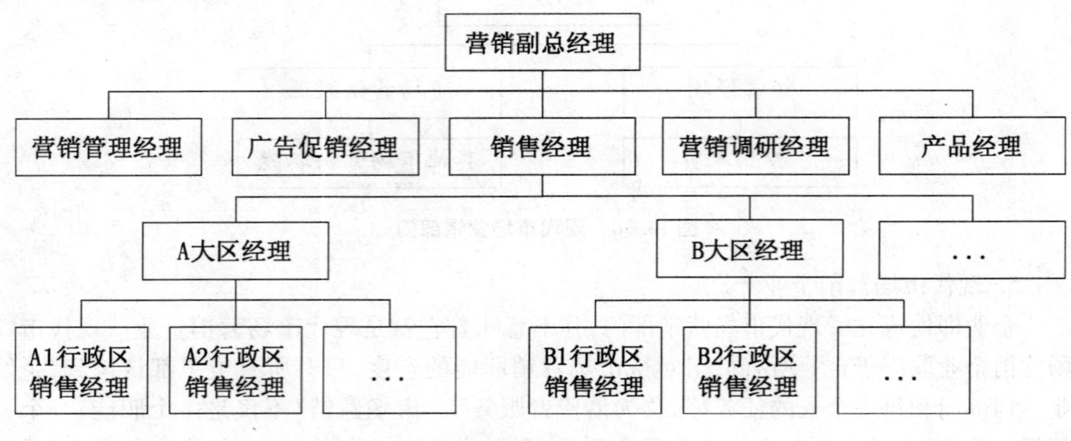

图 14.5 地区式组织

3. 产品(品牌)管理式组织

企业如果生产多个产品或拥有多个品牌,且各种产品之间差异很大,则可以采用按产品线或品牌建立营销组织。通常在一名总产品或品牌经理的领导下,按每类产品或品牌分设一名经理,再按每种产品项目设一名经理,分层管理(图 14.6)。

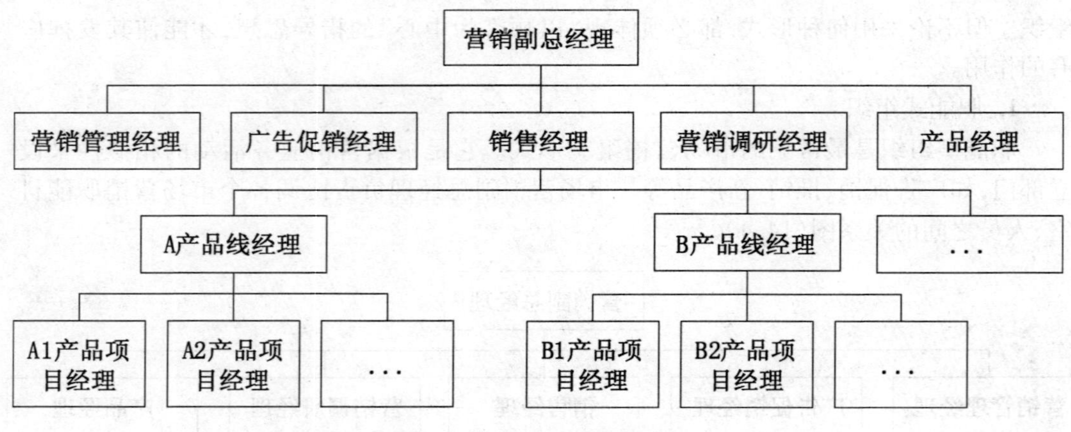

图 14.6 产品(品牌)管理式组织

4. 市场管理式组织

如果一些大企业将同类产品分别销售给若干不同产业的细分市场。如某粮食企业将产品分别销售给食品加工厂、酿造厂和饲料厂,这时就可采取管理式组织,该企业就分别设立食品加工市场经理、酿造市场经理和饲料市场经理(图 14.7)。

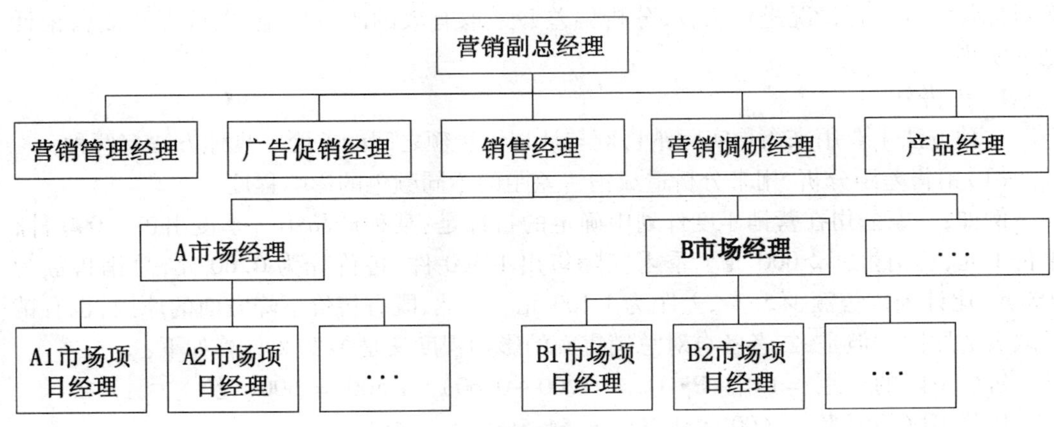

图 14.7　市场管理式组织

5. 产品/市场管理式组织

这是一种矩阵式组织结构，纵向的是市场系统，横向的是产品系统。在这种组织结构中，产品经理负责产品的销售计划和销售利润，为产品寻找更多的用途；市场经理负责开发现有的和潜在的市场，着眼市场的长期需要，而不仅限于推销某种具体产品。这种组织结构通常使用于多元化经营的企业，它的局限性表现为多头领导、冲突多、费用高，存在权利和责任界限不清的问题。

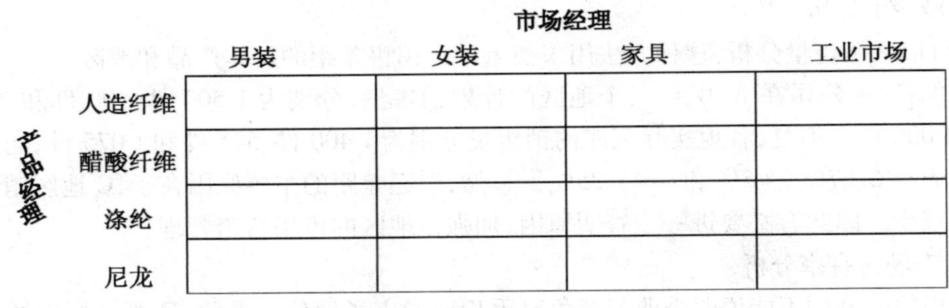

图 14.8　矩阵式组织结构

第三节　营销控制

在市场环境复杂多变的今天，为了保证营销计划的具体实施，企业必须加强营销控制。所谓营销控制就是指管理人员将营销计划与实际的执行情况进行检查和评估，分析两者之间的偏差及其产生的原因，最后采取纠偏措施以确保营销计划的有效落实。营销控制包括年度营销计划控制、营销盈利控制和营销效率控制。

一、营销年度计划控制

营销年度计划控制是指企业对营销年度计划中制定的销售额、市场占有率、费用率等目标与实际执行情况进行比较，分析偏差并采取有效的改进措施，以确保年度营销计划的实现。

1. 销售分析

这种方法主要用来衡量实际销售额与计划销售额之间的差距。具体方法有两种：

(1)销售差距分析：用来分析造成销售差距的不同颜色的影响程度。

例如：一家公司在营销年度计划中确定的目标是：某种产品第一季度出售2 000件，单价1元，总销售额2 000元。季末实际售出1 500件，售价降为0.60元，总销售额为900元，比计划销售额少55%，差距为1 100元。显然，既有售价下降方面的原因，也有销量减少的原因。但是，二者各自对总销售额的影响程度又是多少？计算如下：·

售价下降的差距 $=(P_0-P_1)Q_0=(1.00-0.60)\times 1\,500=600$(元)

售价下降的因素 $=600\div 1\,100=54.5\%$

销量减少的差距 $=(Q_0-Q_1)P_0=(2\,000-1\,500)\times 1.00=200$(元)

销量减少的影响 $=200\div 1\,100=18.18\%$

式中：P_0 为计划售价；

P_1 为实际售价；

Q_0 为计划销售量；

Q_1 为实际销售量。

由此可见，没有完成计划销售量，是造成差距的主要原因。因此，需要进一步深入分析销量减少的原因。

(2)地区销售量分析：这种方法用来衡量导致销售差距的具体产品和地区。

例如：一家公司在A、B、C三个地区的计划销售量，分别为1 500件、500件和2 000件，共4 000件。但是，各地实际完成的销售量分别为1 400件、525件和1 075件，与计划的差距为 -6.67%、+5%和 -46.25%。显然，引起差距的主要原因在于，C地区销售量大幅度减少。因此有必要进一步查明原因，加强该地区的市场营销管理。

2. 市场占有率分析

销售额的分析不能说明企业与竞争对手相比的市场地位。因此，还要分析市场占有率，揭示企业同竞争者之间的相对关系。比如某企业在一段时间销售额增长较快，可能是它的市场营销绩效较竞争者有所提高，也可能是因为整个宏观经济环境改善，使得市场上所有企业都从中受益，而这家企业和对手之间的相对关系并无变化。企业需要密切注意市场占有率的变化情况。在正常情况下，市场占有率上升表示市场营销绩效提高，在市场竞争中处于优势；反之，说明在竞争中处于劣势。

3. 营销费用率分析

年度计划控制要确保企业在实现各项营销计划目标时，市场营销费用没有超支。因此，需要对各项费用率加以分析，并控制在一定限度。如果费用率变化不大，在安全范围内，可以不采取任何措施；如果变化幅度过大，接近或超出上限，就必须采取有效措施。

通过上述分析，如果发现市场营销实绩与年度计划指标差距很大，就要采取相应措施：可以是调整市场营销计划指标，使之更切合实际；或是调整市场营销战略、战术，以利于计划指标的实现。如果指标和战略、战术都没有问题，就要在计划的实施过程中查找原因。

二、营销盈利控制

营销盈利控制是为了测算各个不同的产品、销售地区、消费者群和销售渠道等实际盈利能力。营销盈利能力的大小,对企业进行市场营销组合决策有着重要的影响,它能帮助营销管理人员判断哪些产品、销售地区或消费者群应予以加强、扩大,哪些应缩减或放弃。盈利控制包括盈利能力分析和合理调整方案的选择。

1. 盈利能力分析

就是通过对财务报表中相关数据的分析,把本期总利润分摊到诸如产品、销售地区、销售渠道、消费者等因素,从而得出每个因素对企业最终盈利的贡献大小,盈利水平如何。

2. 选择合理的调整方法

盈利能力分析的目的,在于找出影响企业盈利的因素以便采取合理、恰当的措施。由于可供选择的调整方法很多,企业营销管理人员必须具有系统观念,在全面考虑之后,再作出选择。

为了评估和控制市场营销活动,有的企业专门设置了“市场营销控制员”的岗位。他们一般都在财务管理和市场营销方面受过良好的专业训练,能够担负复杂的财务分析以及制定市场营销预算的工作。

三、营销效率控制

营销效率控制的目的在于提高人员推销、广告、促销和分销渠道等主要营销活动的效率,它包括:

1. 人员推销效率

对人员推销效率的评价可以从以下几个指标进行:每次推销访问平均所需的时间、平均盈利、平均成本、费用以及订货单数量;每次推销发展的新客户数量;人员推销成本占总成本的百分比,等等。

2. 广告效率

广告效率的高低可以通过以下几个指标进行:以每种媒体和工具触及一千人次为标准,广告成本是多少;各种工具引起顾客注意、联想和欣喜的程度;受到影响的人在整个受众中所占比重;顾客对广告内容、方法的意见,广告前后对品牌、产品的态度。

3. 促销效率

促销效率的评价可以通过以下几个指标进行:各种各样的方式方法激发顾客兴趣和试用的方式、方法及其效果;每次促销活动的成本对整个市场营销活动的影响等。

4. 分销渠道效率

分销渠道的评价可以通过以下几个指标进行:分销网点的市场覆盖面;分销渠道中的各级各类成员——零售商、批发商、经销商、制造商代表、经纪人和代理商发挥的作用和潜力;分销系统的结构、布局以及改进方案;存货控制、仓库位置和运输方式的效果,等等。

复 习 题

一、单选题

1. 市场营销管理必须依托一定的(　　)进行。

A. 财务部门　　B. 人事部门　　C. 主管部门　　D. 营销组织

2. 制定实施市场营销计划,评估和控制市场营销活动,是(　　)的重要任务。

A. 市场主管部门　　B. 市场营销组织　　C. 广告部门　　D. 销售部门

3. (　　)是最常见的市场营销组织形式。

A. 职能式组织　　B. 产品式组织　　C. 地区式组织　　D. 管理式组织

4. 营销年度计划控制要确保企业在达到(　　)指标时,市场营销费用没有超支。

A. 分配计划　　B. 生产计划　　C. 长期计划　　D. 销售计划

二、判断题

1. 市场营销组织设置不应该都按一种模式设置市场营销机构。(　　)

2. 市场机会大的企业,其市场占有率一般应高于市场机会小的竞争者。(　　)

3. 组织形式和管理机构只是手段,不是目的。(　　)

4. 通常情况下,如果管理层次过少,容易造成信息失真与传递速度过慢。(　　)

三、填空题

1. 实现一定的利润目标,可以(　　),也可以厚利少销。

2. 在针对目标市场发展市场营销组合时,会有(　　)的方案可供选择。

3. 在有些市场营销计划的控制部分,还包括针对(　　)应急计划。

4. 现代企业的市场营销部门不论采用何种形式,都必须体现以(　　)的指导思想。

四、简答题

1. 企业的市场营销组织随着经营思想的发展和企业自身的成长,大体经历了哪几种典型形式?

2. 市场营销计划通常包含哪些内容?

3. 职能式组织的主要特点是什么?

本 章 小 结

1. 本章总结了市场营销管理的主要职能是计划、组织与控制。

2. 完整的营销计划应包含以下几个方面的内容:(1)概要;(2)现状分析;(3)SWOT

分析;(4)确定营销目标;(5)制定营销战略;(6)明确营销策略;(7)行动方案;(8)预算;(9)控制。

3. 营销部门的组织形式有多种模式,基本的有:职能式组织、产品(品牌)式组织、地区式组织、市场管理式组织和产品/市场管理式组织。

4. 市场营销控制是市场营销管理的重要职能之一。市场营销控制就是指管理人员将营销计划与实际的执行情况进行检查和评估,分析两者之间的偏差及其产生的原因,最后采取纠偏措施以确保营销计划的有效落实。

5. 营销控制包括年度营销计划控制、营销盈利控制和营销效率控制三种主要的控制方式。

案例分析

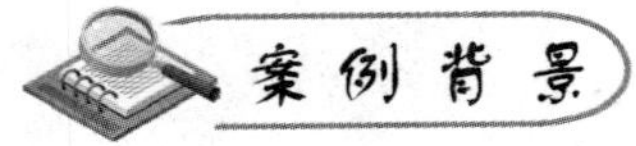

天和骨通的营销策划

一、目标市场

(1)在单一国家:当地的、区域的、全国的。

(2)国际的:标准模式(在多国用同样的广告,仅变换语言);国际核心方式(保持一个核一心概念,在不同国家为适应当地文化而采用不同的营销、广告活动)。

(3)目标群:大城市(人口100万以上的)居民40岁以上,有中等或较高的收入,或能享受公费医疗服务的居民。

原因:①骨刺高发于中、老年人;②出于药品需使用的时间较长,且定价较高,所以把目标群定位于高中收入的城市居民或有公费医疗服务的居民,从而使价格不至于成为一种障碍因素;③尽管中国的农村居民人口众多,但由于收入低,难以承受药品的费用,而且我们最主要的媒体——印刷广告难以到达他们那里。

二、营销的背景

中国人皮肤上的毛发很少,所以传统上喜欢用药膏贴在患处治疗疾病,在中国市场上充斥着各种品牌的药膏,竞争非常激烈。但由于这类产品是传统产品且利润不高,因此很少有制造商想去改进。同时,所有的这类产品都是用低劣的包装、不高的价格在进行销售。而天和骨通则以高科技和高品质的原材料来使产品更为有效和舒适。大规模的调查和大量的一手资料收集发现,很多中国中老年人深受骨刺的痛苦,发病率很高,但没有一个竞争品牌把产品定位于治疗骨刺的疼痛。在调查中访问的多数患者告诉我们,他们相信市场上所有竞争品牌在治疗效果上是差不多的,产品都是低价位的,且不同品牌价格相差不大,多数被访者都声称他们愿为解痛效果更好的产品多付一些钱。此外,几乎所有被访者都同意这样的看法:现在没有一个品牌的产品拥有吸引人的、有趣的、独特的或现代的(指科技感)产品包装。

三、营销活动的策划

由于消费者普遍认为各种品牌的膏药都缺乏表现科技感的、创意性的包装，所以"天和骨通"决定把目标聚焦在天和的缓释配方上，使消费者感到一种科技的进步，从而把"天和骨通"和竞争产品区别开来，并且适度提高价格，将售价定在一个较高的价位上，使"天和骨通"明显不同于竞争产品，同时还把它定位于专治骨刺疼痛，而不像其他品牌那样治疗一般的肌肉疼痛。其传播策略是：通过理性的诉求，直接地宣传产品专治骨刺疼痛的功效。

四、营销活动目标

在营销和传播的原则确定以后，"天和骨通"将活动目标确定在18个月内达到：

(1)在北京、天津及广东、浙江、广西、河北等省的主要城市，是产品在医院和药店使用率超过50%。

(2)总的销售收入是1 250万元或更多。

(3)在主要城市中，40岁以上患者的品牌认知度超过50%。

(4)在目标市场区域，医生和患者的首选率超过50%。

目标的(1)、(3)、(4)项以抽样调查来检验。

五、营销和传播策略

(1)优异制造技术和最有效的药用成分。

(2)包装设计表现出"现代"和科技感，强化这个定位来激发购买欲望。

(3)适当高的价格，以区别于其他品牌。

(4)开始定位于大城市，然后辐射到周围区域。

(5)针对式地集中选择目标城市中最大和最有效的经销商。

(6)尽可能低的广告和促销费用。

(7)产品是季节性产品。冬季为旺销期，故营销活动开始于秋冬之交。

(8)大量采用正式的宴会，邀请医院、药店的领导来参加宴会以这种形式的促销活动来介绍药品。

六、媒体策略

(1)当地的报纸为首选的媒体，按重要性依次为POP、电视、杂志、路牌灯箱和霓虹灯。

(2)策略重点是创造消费者对产品的缓释配方和专治骨刺的认知。考虑到尽可能少花费用，选择了当地报纸为首选媒体。出于POP广告的可视性和有效性，将它作为第二重要的媒体。

(3)电视广告的费用障碍，使得它只能用于营销活动在目标城市的初期导入，而杂志、路牌、灯箱和霓虹灯用于维持品牌的认知。

七、创意策略

老的产品是用简陋的纸袋封装的，上面只有发明人的名称作为药品名称，没有包装的设计。消费者认为，这是太平常、没有吸引力的包装。所以，"天和骨通"将以下三点关键的要素结合起来以引起消费者的注意：

(1)名字的改变，唤起消费者认为它有中国文化的意识。

(2)重新定位后,用文案来解释“天和”缓释镇痛的机理。

(3)新包装设计,其中包括一个彩色的产品标志(Logo),而这个 Logo 已成为天和公司 CI 系统的一部分。新设计的彩球用来表明缓释作用的原理。

八、产品重新命名

在中国,传统的名字被证明更容易为中国消费者所接受,从这个意义出发,公司取了“天和骨通”这个名字,其中含有“天地人和”的含义。

九、重新定位

由于没有一个竞争品牌提到“缓释”配方,且由于“缓释”含有新科技发明的含义,所以公司在活动中突出了这一点,即“12 小时不间断提供药力有效抑制骨刺疼痛”,被用于所有广告和促销物品的标题上。

十、新包装设计

新的包装设计包括一个要变成企业 Logo 的和新的产品包装设计,上面有很多彩色小球、亚里士多德式的人体图形以及世界地图。

十一、新促销品设计

在印刷品和物品上,采用了“彩球”漂在一个女子的裸背上,以此来暗示药品的渗透力。

十二、成果的证据

(1)在 18 个月内,销售收入达到了 7 000 万元人民币。广告和促销费为 500 万元人民币。

(2)在北京、天津、广州、杭州、石家庄等主要目标城市有 63% 的药店、超过 60% 的医院使用此产品,超过了 50% 的目标。

(3)品牌认知度,在上述城市中的 40 ~ 45 岁的目标群中为 52%,45 岁以上的人为 70%,也超过了目标。

(4)在目标城市中,60% 的医生开治疗骨刺的药物时,首选“天和骨通”。

(5)在目标城市中,65% 的患者把它作为首选药品。

(6)在目标城市中,超过 50% 的受访者能复述药品的物性。

在活动实施的一年内,中国主要大城市的患者、医生、药店及其他医疗机构的多数人都知道了这种产品。在 18 个月内,销售收入增长了 200%,而广告和促销费只有 500 万元人民币,销售收入达到了 7 000 万元。

(朱华,窦坤芳. 市场营销案例精选精析[G]. 北京:中国社会科学出版社,2006.
参见中国营销论坛,http://www.emkt.com.cn)

思考题:

1. 如何理解营销计划在市场营销中的作用和地位?

2. 市场营销控制具有哪些步骤? 企业应当从哪些方面进行营销控制?

第十五章 服务营销

教学目标

通过本章学习使学生理解掌握服务及服务市场的基本概念和学科定位,对服务的分类、特征、基本构成有全面了解,同时对服务市场营销七要素有理性认识。特别是针对服务市场的细分和定位的熟练掌握。并且能够掌握一定的服务质量管理技能。

学习任务

通过本章的学习,主要掌握和理解:

1. 理解服务及服务市场的概念、分类与特征。
2. 掌握服务市场的营销七要素。
3. 熟悉服务质量管理,掌握服务质量管理技能。
4. 理解服务营销信息系统。

案例导入

超出用户期望值

——海尔彩电服务新导向

海尔彩电对服务的定义是:第一,服务不仅仅是售后服务,它贯穿在企业设计、生产、销售、回访所有环节中;第二,服务包括产品质量,劣质的产品谈不上为用户服务;第三,高质量的产品更需要高质量的服务;第四,服务不应仅仅是企业与消费者之间钱和物的交换,还应该是一种情感交流;第五,企业不仅仅在销售商品,而且在推销信誉。那么,对于服务,海尔是如何落实在行动上的呢?与产品质量相比,服务是软性的。那么,服务是什么水平才算优质?因国内缺乏足够全面和权威的评价标准,于是海尔彩电开始寻找国际高标准,并通过了最新标准的ISO9001国际认证。

作为硬件的产品是触手可及的,设计、检测、评价都十分明确;而服务是无形的,相比之下更难把握。海尔彩电在服务上投入了更多的精力。

许多企业感到,随着消费者质量意识和服务意识的增强,用户的需求也越来越高。而海尔彩电始终把挖掘和满足用户的需求当做自己分内的事情来做。在寻求服务与国际接轨的过程中,海尔彩电提出了独具个性化特色的高标准服务举措:“快乐三全服务”。即全天候24小时服务、全方位登门服务、全免费义务服务。

全天候24小时服务。成为以诚待客的典范:24小时电话咨询服务、24小时服务到

位、365 天服务等。

全方位登门服务。成为同行业无微不至的楷模:售前详尽咨询服务,售中送货上门,售后建档回访、上门调试解决各类问题。这种温馨的服务举措看似举手之劳,却充分展示了海尔彩电处处为消费者着想的求实精神。

全免费义务服务。成为一诺千金的表率:保修期内维修、服务、材料免费,保修期外免收维修费等,使海尔特色的服务美誉深深扎根于用户心中。

海尔是中国第一家推出"三全服务"的彩电生产企业,它几乎包含了服务方面的所有内容。这种服务措施的推出对整个行业的服务都起到了规范和引导作用。

市场"全球化" 服务"零距离"

目前,海尔彩电已出口至世界 30 多个国家和地区,并在全球范围内建立了 2 000 多个营销网店。为使世界各地的海尔彩电用户都能及时享受到海尔彩电的三全服务,海尔彩电首次实现了网上服务,在全世界范围内统一实施"快乐三全服务"。这种服务不分国界,根据不同区域、不同特点的消费来进行个性化的服务,达到与用户心与心之间的"零距离"。

"全球化的网上服务"主要是为了满足海尔彩电国内外用户对服务更快捷、更方便、更实惠的需求。海尔在国际互联网上设立了"海尔彩电快乐网站"和电子信箱,国外的用户无论在哪里,一封 E - MAIL 就能花最少的钱在最短的时间内最快捷地向海尔反馈自己的服务需求。海尔彩电驻世界各国服务网点的服务人员同在国内一样 24 小时服务到位。

海尔彩电从一开始就深入地研究了用户个性化的消费需求,时刻把消费者利益与需求放在第一位。目前它继续在全球范围内以"用户的难题就是我们的课题"不断完善其服务,超值超前地满足用户不同的服务需求,将用户的满意作为海尔彩电个性化服务的工作标准。这为海尔彩电开拓国际市场奠定了坚实的基础。

按需求服务个性化 超值享受亲情化

山东济南农村的一位消费者买了一台彩电,由于不会调试制式,看了一周的"黑白"电视。售后人员上门回访时发现了这个问题。从那以后,公司总部决定凡是购买海尔彩电的用户均可打电话要求上门调试,公司承诺教会用户使用高科技的彩电。今天的市场已发展到买方市场阶段,对于彩电的消费,消费者完全有权根据个人的爱好和习惯,对产品和服务提出个性化的要求。海尔彩电正是充分认识到彩电"个性化服务"时代已经到来,消费者对彩电服务有更高的个性化需求,因此,海尔彩电在服务上努力创新。现在,上门调试、免费培训已成为海尔彩电主要的服务方式。全新服务理念的推出,使消费者在买到海尔彩电的同时也就享受到了海尔彩电的优质服务。

海尔彩电提倡的服务,强调人的重要性,与厂商提供产品时附带的服务有本质的不同。这是一种纯粹的服务概念。海尔彩电定下了把全球市场作为自己发展空间的目标,在产品技术、质量提高的同时,服务也要与世界一流企业接轨。海尔彩电的服务在海尔人的努力下达到了世界一流水平,因为海尔人是用常人所不能理解或接受的高标准来要求自己吗,并且一直在认认真真地做。

讨论题：

1. 海尔彩电是如何开拓其服务新领域的？
2. 海尔彩电的服务新导向有什么特点？
3. “超出用户期望值”将会带来什么经营效果？

第一节 服务业与服务市场

服务业即第三产业在国民经济中比重的上升标志着现代经济的发展。现代服务业走出传统的限制后，呈现出千姿百态的繁荣兴旺局面。国际服务业的蓬勃发展构成了国际服务市场，中国服务市场的开放与发展必然形成与国际服务市场相互渗透、相互交织的趋势。发展服务业与开放服务市场相辅相成的，开放开发国内的服务市场与拓展国际服务市场亦具有一致性。

一、服务的本质与服务产品

服务作为服务营销学的核心概念需要首先对其加以界定。世界各国有关服务概念的界定不下几十种，其中有代表性的有如下几种。

1960 年美国市场营销学会（AMA）的定义为：“用于出售或者是同产品连在一起进行出售的活动、利益或满足感。”

1966 年，美国拉斯摩（John Rathmall）教授首次对无形服务同有形实体产品进行区分，提出要以非传统的方法研究服务的市场营销问题。

1963 年著名学着雷根（Regan）的定义是：“直接提供满足（交通、房租）或者与有形商品或其他服务（行用卡）一起提供满足的不可感知活动。”

1974 年由拉斯摩所著的第一本论述服务市场营销的专著面试，标志着服务市场营销学的产生。

1990 年北欧学者格隆鲁斯（Gronroos）的定义为：“服务是指或多或少具有无形特征的一种或一系列活动，通常（但并非一定）发生在顾客同服务的提供者及其有形的资源、商品或系统相互作用的过程中，以便解决消费者的有关问题。”

人物介绍

克里斯蒂・格隆鲁斯

克里斯蒂・格隆鲁斯（Christian Gronroos）是服务营销研究领域里最早也是最为出色的开拓者之一。他的理论在两个方面做出了突出的贡献：第一，他以更为深刻和全面的目光考察了服务营销，他的目标是从整体上建立服务营销的理论框架。第二，他的理论概念明确，逻辑清晰，对服务营销和管理体系的各个因素给出了严密的定义，阐述了各个因素之间的因果关系。

克里斯蒂・格隆鲁斯是服务管理与营销研究领域“北欧学派”的代表人物（另一派是

"北美学派"),他和格默森、Bo Edvardsson一起形成了服务营销的"北欧学派",他们的一个非常重要的观点是:营销决策是整个有机的管理体系中不可分割的组成部分,不管是高层的管理决策还是一般性决策,都必须充分考虑这种决策可能产生的后果,即必须考虑顾客和市场的反应。从研究的特点来说,北欧学派倡导定量和理论框架的研究方法,而不是沉迷于无休止的理论争论。他们还坚持这样一个观点:只有研究的理论框架是正确的,对理论的检验才可能是科学的。如果框架是不正确的,那么,定量研究是不可靠的。因为这些框架为理论的发展提供了新的视角和前提条件。

上述关于服务的多种定义说明:

服务提供的基本上是无形的活动,可以是纯粹服务,也可以与有形产品联系在一起;服务提供的是产品的使用权,并不涉及所有权的转移,如自动洗衣店等;服务对购买者的重要性足以与物质产品相提并论,但某些义务性的服务,如教育、治安、防火等政府服务,作为纳税人,"购买者"并不需要直接付费或全额缴费。

综合以上各种定义,可将服务定义为:服务是具有无形特征却可给人带来某种利益或满足感的可供有偿转让的一种或一系列活动。

二、服务业的分类

服务业是一个庞大的社会经济系统,其涉及的范畴一直是国内外经济学家争论的焦点——美国服务学专家施蒂格勒说过:服务业的界限不存在权威性的一致意见。然而,我们仍可以通过对服务业的大致分类来了解其所涉及的范围。目前普遍认同并与服务市场营销管理密切相关的分类形式有如下三种。

1. 按服务者参与程度划分,可以把服务业分为三类

(1)高接触性服务业——消费者必寻参与服务的全部或绝大部分提供过程,如娱乐业、公共交通、学校等。

(2)中接触性服务业——消费者只是部分地或在局部时间内接触服务的提供,如银行、律师、房地产经纪人等。

(3)低接触性服务业——消费者与服务提供者很少面对面的接触,服务过程多位后台实施,服务提供多通过仪器进行,如信息咨询业、邮电通信业、批发商业等。

这种划分能够直接指导服务营销策略选择和实施时间,如高接触性服务业应当强调供求策略和地理位置策略,并在服务过程中加强广告宣传;而低接触性服务业对服务质量应给予充分重视,并在大众媒体广告上下工夫。

2. 按所提供的服务的特征和是否易于管理划分,可以将服务业分为四大类

(1)高无形性、高不稳定性服务业,如教育、法律咨询、旅游等,这类行业最不好管理。

(2)高无形性、低不稳定性服务业,如保险业、娱乐业以及生活用品租赁业等,这些行业虽然不好管理,但存在一定的可控因素。

(3)低无形性、高不稳定性服务业,如医疗、保健、美容业等,这些行业的服务消费者感觉得到,比较容易管理。

(4)低无形性、低不稳定性服务业,如交通运输业、文化出版业等,这类行业大部分有

标准化的操作程序,最容易管理和控制。

对于服务营销而言,无形性越高,稳定性越低,则营销难度越大,营销管理越难,营销策略也越复杂。

3. 根据纯粹服务成分的高低,可以把服务业分为三类

(1)高服务成分的服务业,如修理业、美容业以及便利服务业等。它们对物质技术设备要求一般不高,只是通过提供纯粹的服务劳动来满足消费者需求。

(2)中服务成分的服务业,如饮食业、旅店业、设备安装业等。

(3)低服务成分的服务业,如自助餐厅、超级市场、电信服务等。

这种分类反映了劳动在服务提供者和被提供者之间的时空分配,对不同种类的服务业,供求策略和质量改进策略的侧重点各有不同。

三、服务的特征

为了分清服务与商品这两类概念的区别,学术界对绝大多数服务的共同特性进行了探索和研究,从而形成了服务具有五种特征的共识,这些特征是:

1. 不可感知性

不可感知性(Intangibility)包括两层含义:

(1)服务与实体商品相比较,服务的特质及组成服务的元素,许多情况下都是无形无质的,让人不能触摸或凭视觉感到其存在。

(2)消费者消费服务后所获得的利益很难被察觉,或是要经过一段时间后,消费服务的享用者才才能感觉出利益的存在。服务的这一特征决定了消费者在购买服务前,不能以对待实物商品的办法如触摸、尝试、嗅觉、聆听等去判断服务的优劣,而只能以收集信息的办法,参考多方意见及自身的历史体验来做出判断。

正因为服务的不可感知性,许多服务业为了变不可感知为可感知,常常通过服务人员、服务过程及服务的有形展示,并综合运用服务设施、服务环境、服务方式和手段来体现。

2. 不可分离性

服务的不可分离性(Inseparability)是指服务的生产过程与消费过程同时进行,服务人员向顾客提供服务之时,也正是顾客消费、享用服务的过程,生产与消费服务在时间上不可分离。由于服务是一个过程或一系列的活动,故而在此过程中消费者与生产者必须直接发生联系,消费者不参与服务生产过程,即不能享受服务。这一特征要求服务消费者必须以积极的、合作的态度参与服务生产过程,只有参与才能消费服务,否则便不能消费服务。如医疗服务中,病人接受治疗时,只有主动地诉说病情,医生才能做出诊断,并对症下药。

3. 品质差异性

服务的品质差异性(Heterogeneity)是指服务的构成成分及其质量水平经常变化,难以统一认定的特性。服务的主体和对象均是人,人是服务的中心,而人又具有个性,人涉及服务方和接受服务的顾客两个方面。服务品质的差异性既由服务人员素质的差异所决定,也受顾客本身的个性特色的影响。不同素质的服务人员会产生不同的服务质量效果,同一服务人员为不同素质的顾客服务,也会产生不同的服务质量效果。全国劳动模

范李素丽的售票服务不仅给人购买的方便,还使乘客感受到自尊、温暖、体贴和愉悦;相反,素质低下的售票员会给人带来烦恼、冷漠、不安全感。顾客的知识水平、道德修养、处事经验、社会阅历等基本素质,也直接影响服务质量效果。

4. 不可储存性

服务的不可储存性(Perishability)是指服务产品既不能在时间上储存下来,以备未来使用,也不能在空间上将服务转移,如不能及时消费,即会造成服务的损失。如车船、电影、剧院的空位现象,其损失表现为机会的丧失和折旧的发生。

服务的不可储存性是由其不可感知性和服务的生产消费的不可分割性决定的。不可储存性表明服务无须储存费用、存货费用和运输费用,但同时带来的问题是,服务企业必须解决由于缺乏库存所引致的产品供求不平衡问题。服务业在制定分销战略、选择分销渠道和分销商等方面酱油别于实体商品的不同做法。

5. 所有权的不可转让性

服务所有权的不可转让性(Absence ownership)是指服务的生产和消费过程中不涉及任何东西的所有权的转移。服务在交易完成后便消失了,消费者所拥有的对服务消费的权利并未因服务交易的结束而产生像商品交换那样获得实有的东西,服务具有易逝性。如银行存款,并未发生货币所有权的转移;空中飞行服务,只是解决乘客由此地到彼地之需,也未导致任何东西所有权的转移。

在上述五种特征中,不可感知性是最基本的特征,其他的特征都是由这一基本特征派生出来的。服务的这五个特征从各个侧面表现了服务与实体商品的本质区别。服务的特征如图 15.1 所示。

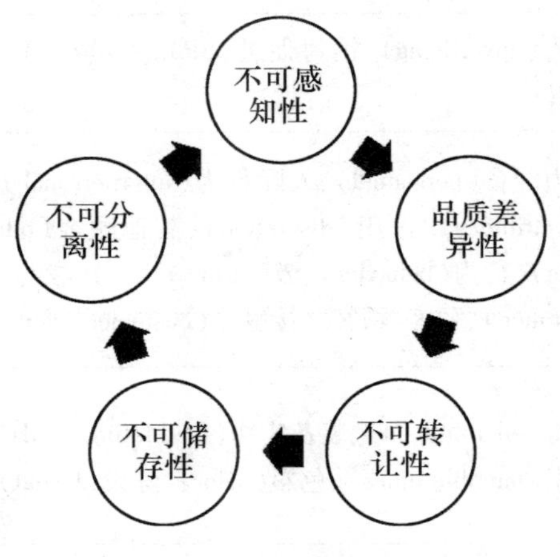

图 15.1 服务特征示意图

第二节 服务市场营销要素

市场营销的实质是一种交换关系,物质产品营销的理论和原则也适用于服务营销。但是,由于服务的前述特征,服务营销战略的形成和实施,以及服务营销组合均应有所调整。

服务营销组合是服务企业依据其营销战略对营销过程中的七个要素变量进行配置和系统化管理的活动。

营销组合是为了便利管理者控制所有的变数条件并使之系统化,因为这些变数会影响到市场交易。服务市场营销组合的形成过程,大致与其他形态的市场相似。其主要过程是:①将产品分解成部分或细节组合;②将各细节组合调整成为营销组合。

每一公司所采用的独特营销组合应随条件(如需求水平、服务提供的时代)的变化而变化。营销组合过程也是随着变动的市场状况和需求不断修正和调整其构成要素的。

营销组合的各要素之间不可避免地会有所重复且相互关联。因为在作决策时,考虑组合中的一项内容,不可能不考虑到它对其他组合项目的牵制和影响(见表15.1)。

表15.1 服务业的营销组合(7Ps)

要素	内容
1. 产品(Product)	领域(range)、服务项目(service line)、质量(quality)、保证(warranty)水准(level)、售后服务(after sales service)、品牌名称(brand name)
2. 定价(Price)	水准(level)、顾客的认知价值(customer's perceived) 折扣(discounts),包括折让及佣金、差异化(differentiation) 付款条件(payment terms)、质量/定价(quality/price)
3. 渠道(Place)	所在地(location) 分销渠道(distribution channels) 可及性(accessibility) 分销领域(distribution coverage)
4. 促销(Promotion)	广告(advertising)、销售促进(SP)、人员推销(PS)、宣传(publicity)、公关(PR)
5. 人(People)	人力配备(personnel)、人际行为(interpersonal behavior)、训练(training)、态度(attitudes)、选用(discretion)、其他顾客(other customer)、投入(commitment)、行为(behavior)、激励(incentives)、参与程度(involvement)、外观(appearance)、顾客/顾客之接触度(customer/connect)
6. 有形展示(Physical evidence)	环境(environment)、装备实物(facilitating goods)、装潢(furnishings)、实体性线索(tangible clues)、色彩(color)、陈设(layout)、噪音水准(noise level)
7. 过程(Process)	政策(policies)、顾客参与度(customer involvement)、手续(procedures)、顾客取向(customer direction)、器械化(mechanization)、活动流程(flow of activities)、员工裁量权(employee discretion)

营销管理者在制定服务业市场营销组合时,必须格外注意这七项要素,简称7Ps。

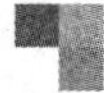

一、产品(Product)

服务产品必须考虑的要素是提供服务的范围、质量、品牌、保证以及售后服务等。服务产品包括核心服务、便利服务和辅助服务。核心服务体现了企业为顾客提供的最基本效用,如航空公司的运输服务、医院的诊疗服务等;便利服务是为配合、推广核心服务而提供的便利,如订票、送票、送站、接战等;辅助服务用以增加服务的价值或区别于竞争者的服务,有助于实施差异化营销战略。在某些服务中,由于融入了一些本来与服务产品并不相关的东西,会使产品开发变得相当复杂。例如,旅行社为游客安排打包旅游,必须慎选航空公司、饭店和当地旅行社为合作伙伴。因为在游客看来,飞机误点、房间水管失灵或电视效果不好、餐饮质量差以致口味不合适等,都会责怪组团的旅行社。

二、分销(Place)

随着服务领域的扩展,服务销售除直销外,经由中介机构销售的情况日渐增多。中介机构主要有代理、代销、经纪、批发、零售等形态。如歌舞剧团演出、博览会展出、职业球队比赛等,往往经中介机构推销门票。在分销因素中,选择服务地点至关重要。像商店、电影院、餐厅等服务组织,如能坐落于人口密集、人均收入高、交通方便的地段,服务流通的范围较广泛,营业收入和利润也就比较高。

三、定价(Price)

由于服务质量水平难以界定,质量检验也难以采用统一标准,加上季节、时间因素的重要性,服务定价必须有较大的灵活性。在飞机快要起飞钱买票的乘客,或深夜入住的旅客,也许能谈定一个比定价低得多的价钱。因为服务的易逝性,航空公司不愿让座位空着,饭店也不愿让床位空着。而在区别一项服务与另一项服务时,价格是一种重要的识别标志,顾客往往从价格中感受到服务价值的高低。

四、促销(Promotion)

服务促销包括广告、人员推销、营业推广、宣传、公关关系等营销沟通方式。为增进消费者对无形服务的印象,企业在促销活动中要尽量使服务产品有形化。如某保险公司在宣传人生安全保险项目的活动时,在会场上安排大红色遮阳伞构成的区域,代表着该服务对消费者的安全保护,这样,无形的保险服务就具有了一种形象化的特征。

五、人员(People)

博登在设计营销组合时,曾将人的要素包括在内,不过只限于人员推销的情况。因此他的设计中有关人的要素至少还有两项被忽略了:

第一,在服务业公司担任生产或操作性角色的人(如在银行做职员或在餐馆做厨子),在顾客眼中其实就是服务产品的一部分,其贡献也和其他销售人员相同。大多数服务公司的特色是操作人员可能担任服务提供和服务销售的双重任务。换言之,服务业公司的服务执行者的工作就像一般销售活动中的销售能力一样重要。正如布伦戴奇

(J. Brundage)和马歇尔(Christy Marshall)所指出的:“在服务业公司,服务的销售和递送之间是不易区分的……换言之,服务本身就是一件产品,在服务被递送的同时,顾客所能接触到服务公司的所有部分,所以无论操作、产品、销售或营销人员都和服务的售出关系密切……”

据此,营销管理必须和作业的处理相协调,才能影响并控制顾客和公司工作人员之间的某些关系层面。公司工作人员的任务极为重要,尤其是蔡斯(Richard B. Chase)所说的“高接触度”的服务业务方面,即营销管理者也应注意被雇佣人员的筛选、训练、激励和控制。戴维森(David S. Davidson)也指出:“服务业成功的秘诀在于,认清与顾客接触的工作人员才是公司最关键的角色。”

第二,对某些服务业而言,顾客与顾客间的关系也应予以重视。因为,一位顾客对一项服务产品质量的认知,很可能是受到其他顾客的影响。例如一旅行团中的人员构成,或者一家餐厅的其他食客的行为都可能影响顾客所得到的服务产品。在这种情况下,管理者应面对的问题是在顾客与顾客间相互影响方面的质量控制。

六、有形展示(physical evidence)

在市场交易上没有有形展示的“纯服务业”极少,因此有形展示的部分会影响消费者和客户对于一家服务营销公司的评价。有形展示包括的要素有:实体环境(装潢、颜色、陈设、声音)以及服务提供时所需用的装备实物(比如汽车租赁公司所需要的汽车),还有其他的实体性线索,如航空公司所使用的标识或干洗店为洗好的衣物加上的“包装”。

七、过程(process)

在服务业公司,人的行为很重要,而过程也同样重要,这里所说的过程即服务递送过程。表情愉悦、专注和关切的工作人员,可以减轻顾客必须排队等待服务的不耐烦的感觉,或者平息技术上出问题时引起的怨言或不满。当然,工作人员的良好态度不能解决所有问题。整个体系的运作政策和程序方法的采用、服务供应中器械化程度、雇员在什么情况下使用裁量权、顾客参与服务操作过程的程度、订约等都是经营管理者要特别关注的。

在许多服务经营上,表现、人和过程是密不可分的。营销管理者必须重视服务表现和递送的过程顺序。对于从事服务业营销活动的公司机构,这方面也是相当重要的。将生产或操作角色分开的传统做法,现在可能已经不合适了。从事服务业经营的管理者们,通常都扮演综合性的经营角色,即人事、生产、营销和财务等功能可说是无所不包。

第三节 服务质量管理

一、 服务质量的内涵和测定

(一)服务质量的内涵

服务质量是服务的效用及其对顾客需要的满足程度的综合表现。服务质量同顾客的感受关系很大,可以说是一个主观范畴,它取决于顾客对服务的预期质量同其实际感受的服务水平或体验质量的对比。整体感受质量不仅取决于预期质量与体验质量之比,也决定于技术质量和职能质量的水平。技术质量指服务过程的产出,即顾客从服务过程中所得到的东西。对此,顾客容易感知,也便于评价。职能质量则指服务推广的过程,即顾客同服务人员打交道的过程,服务人员的行为、态度、穿着等都直接影响顾客的感知,通常提供服务和接受服务的过程会给顾客留下深刻的印象。

顾客对服务的预期质量,通常要受四方面因素的影响,即市场营销沟通、顾客口碑、顾客需求和企业形象。由于接受服务的顾客通常能直接接触到企业的资源、组织结构和运作方式等方面,企业形象不可避免地会影响顾客对服务质量的认知和体验。顾客心目中的企业形象较好,会谅解服务过程中的个别失误;如果原有形象不佳,则任何细微的失误也会造成很坏的影响。因此,企业形象被称为顾客感知服务质量的过滤器。

服务质量的构成如图 15.2 所示。

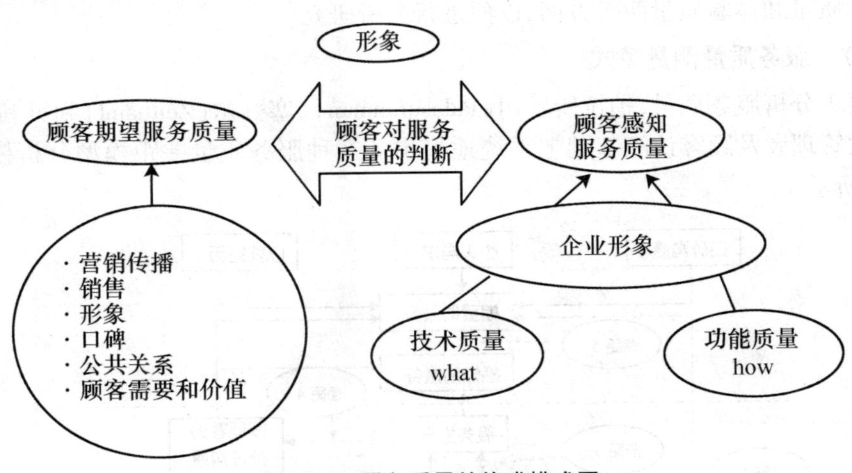

图 15.2 服务质量的构成模式图

(二)服务质量的评价标准

一般认为,评价服务质量的标准,主要有以下五个方面:

1. 感知性(Tangibles)

感知性是指提供服务的有形部分,如各种设施、设备、服务人员的仪表等。顾客正是借助这些有形的、可见的部分来把握服务的实质。有形部分提供了有关服务质量本身的线索,同时也直接影响到顾客对服务质量的感知。

2. 可靠性(Reliability)

可靠性是指服务供应者准确无误地完成多承诺的服务。可靠性要求避免服务过程中的失误,顾客认可的可靠性是最重要的质量指标,它同核心服务密切相关。许多以优质服务著称的服务企业,正是通过强化可靠性来建立自己的声誉的。

3. 适应性(Responsiveness)

适应性主要指反应能力,即随时准备为顾客提供快捷、有效的服务,包括矫正失误和改正对顾客稍有不便之处的能力。对顾客的各项要求能否予以及时满足,表明企业的服务导向,即是否把顾客利益放在第一位。

4. 保证性(Assurance)

保证性主要指服务人员的友好态度与胜任能力。服务人员较高的知识技能和良好的服务态度,能增强顾客对服务质量的可信度和安全感。在服务产品不断推陈出新的今天,顾客同知识渊博而又友好和善的服务人员打交道,无疑会产生信任感。

5. 移情性(Empathy)

移情性是指企业和服务人员能设身处地为顾客着想,努力满足顾客的要求这便要求服务人有一种投入的精神,想顾客之所想,急顾客之所需,了解顾客的实际需要,以至特殊需要,千方百计予以满足;给予顾客充分的关心和相应的体贴,使服务过程充满人情味,这便是移情性的体现。

按上述评价标准,可通过问卷调查或其他方式对服务质量进行测量。调查应包括顾客的预期质量和体验质量两个方面,以便进行分析研究。

(三) 服务质量测量模式

为便于分析服务质量,柏拉所罗门(Palasuranman)、塞登尔(Zeithaml)和贝利(Berry)在对广大管理者及顾客访问基础上系统地提出了一种服务质量差距模型分析模式。如图15.3所示。

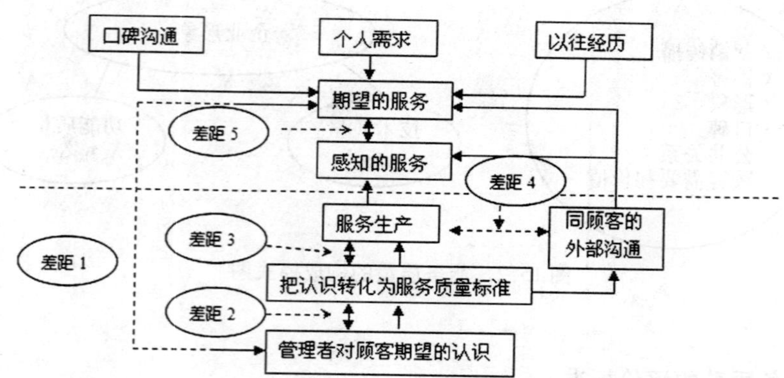

图15.3 服务质量差距分析模型

该模式表明,提供的服务可能存在五个方面的差距:

①顾客预期服务与管理者认知的顾客预期之间的差距。

②管理者的认知与服务质量之间的差距。

③服务提供与服务质量规范之间的差距。

④服务提供与外部沟通之间的差距。

⑤顾客的认知服务与预期服务之间的差距。

二、提高服务质量策略

提高服务质量的方法与技巧很多，本书介绍两种常用的方法，即标准跟进（Benchmarking）和蓝图技巧（Blueprinting technique）。

（一）标准跟进

标准跟进是指将产品、服务和市场营销过程同竞争对手尤其是最具优势的竞争对手进行对比，在比较、检验和学习的过程中逐步提高自身的服务标准和服务质量。

标准跟进法最初主要应用于生产企业，服务企业在运用这一方法时可从策略、经营和业务管理方面着手。

1. 策略

将自身的市场策略同竞争者的成功策略进行比较，寻找它们的相关因素。比如，竞争者主要集中在哪些细分市场，竞争者实施的是低成本策略还是价值附加策略，竞争者的投资水平以及资源如何分配于产品、设备和市场开发方面，等等。通过一系列的比较和分析，企业将会发现以往被忽视的成功的策略因素，从而制定出新的、符合市场和自身资源条件的策略。

2. 经营

主要集中于从降低营销成本和提高竞争差异化的角度了解竞争对手的做法，并制定自己的经营策略。

3. 管理

在业务管理方面，根据竞争对手的做法，重新评估某些职能部门对企业的作用。比如，在一些服务企业中，与顾客相脱离的后勤部门因缺乏适度的灵活性而无法同前台的质量管理相适应。学习竞争对手的经验后，使两步步调一致、协同动作，无疑会有利于提高服务质量。

（二） 蓝图技巧

1. 蓝图技巧的概念

蓝图技巧，又称服务过程分析。指通过分解组织系统和架构，鉴别顾客同服务人员的接触点，然后从这些接触点出发来提高服务质量。服务企业欲求提高质量和顾客满意度，必须理解影响顾客认知服务产品的各种因素，蓝图技巧则为有效地分析和理解这些因素提供了便利。

2. 蓝图技巧的步骤

蓝图技巧借助流程图分析服务传递过程的各个方面，包括从前台和后勤服务的全过程。主要步骤是：

（1）将服务的各项内容绘入服务作业流程图，使服务过程一目了然地客观展示出来。

(2)找出容易导致服务失误的接触点。

(3)建立体现企业服务质量水平的执行标准与规范。

(4)找出顾客能看得见的作为企业与顾客的服务接触点的服务展示。在每一个接触点,服务人员都要向顾客提供不同的职能质量和技术质量,而顾客对服务质量感知的好坏将影响企业形象。

3. 化解顾客顾虑的途径

由于服务的不可感知性,顾客常因担心服务质量难以符合期望水平而在购买时犹豫不决。企业为化解顾客对质量风险的顾虑,可从以下几方面改进工作。

(1)突出质量第一。高层管理人员真正投入质量管理活动,包括履行承诺保证,在资源配置上支持质量管理活动;建立以质量为核心的企业文化,全体员工树立质量第一的服务态度,自觉地为提高服务质量贡献力量。顾客了解到企业内部的质量观及措施,会逐渐消除质量风险忧虑。

(2)重视人的因素。以人为中心的服务,质量决定于人的操作技巧和态度,必须重视员工培训,让员工掌握新的服务技巧,改善服务态度。同时,管理者要创造一种能够得到员工支持的对优良业绩给予奖励的环境,争取在员工满意的基础上所有的顾客满意。

(3)广告强调质量。针对顾客对质量的担心,在设计广告宣传时要形象地突出有关服务的质量特征与水平。例如,请现有顾客"现身说法",介绍自己购买服务后的心理感受。善用顾客口碑,有时能收到比广告更好的效果。

第四节 服务营销信息系统

营销信息系统是为营销组合策略提供决策支持的重要手段,它的建立将使服务企业比竞争对手更具优势。这些优势表现在与顾客的关系、服务企业经营管理能力、企业竞争能力及与上游供应商的关系等四个方面。(见图15.4)。

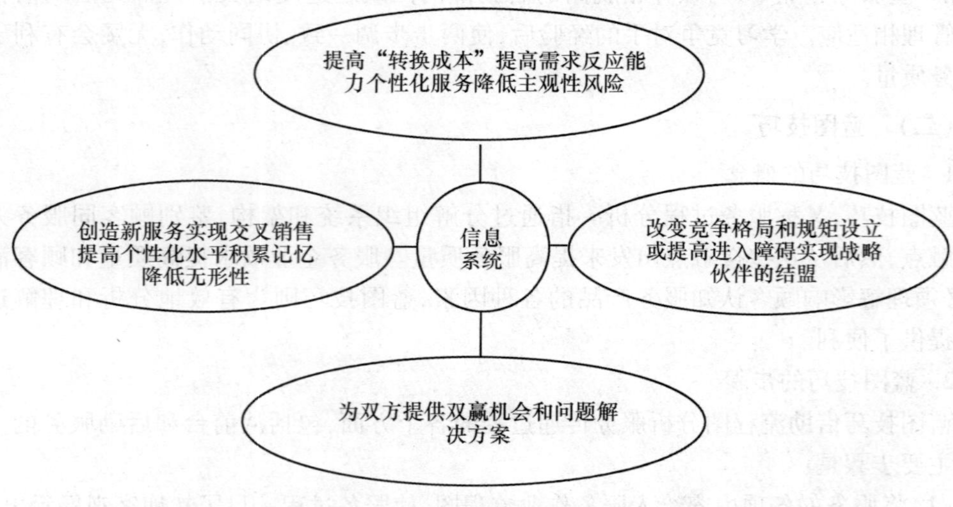

图15.4 信息系统带来的营销优势

营销信息系统是加强与顾客关系的强大手段。它增强了企业的沟通能力和顾客的忠诚度,提高了顾客转向另一服务商的转换成本;它提高了对顾客需求的即时反应能力,使服务更适合顾客需要;它还通过电子技术的使用,减少了质量评价的主观标准,增强了顾客对企业的信心。

在服务企业内部,信息系统也构成企业管理优势,其主要贡献体现在:它提供了强大的反馈能力,提高了新服务推出的成功率;它掌握了顾客的购买趋势,增强了交叉销售的针对性;它记忆了大量企业问题和解决方案,积累了丰富的营销管理经验;它还降低了服务的无形性(如用电脑展示装潢的三维效果),突出了服务的个性化。

在竞争方面,信息系统的使用成效也相当大。与信息系统结合的远距离营销改变了竞争格局和规则;而掌握顾客特征和市场需求趋势又形成了对手进入的强大壁垒;对于实现战略联盟,信息系统也提供了重要的共享资源。

至于与供应商关系的改善,则是因为:信息系统能为双方提高营销效率和提供问题解决方案,并为达到双赢的目标积极创造机会。

当然,要在服务竞争中获胜,仅仅使用信息技术提高营销效率是不够的,还要用更开阔的视野,将电子、网络等技术引入整个经营决策系统。未来的 EDI 类型的技术将把企业和每一个顾客联系在一起,那时不只是服务本身,就是服务营销都会是个性化的。

复 习 题

一、思考题

1. 如何认识服务的本质?服务具有哪些特征?试加以具体说明。
2. 服务如何分类?
3. 服务业有哪些分类方法?如何进行分类?
4. 服务营销七要素具体的内容是什么?
5. 服务质量的内涵?服务质量差距模型该如何理解?

二、选择题

1. 下面哪一种服务产品属于中接触性服务产品(　　)

A. KTV　　B. 学校　　C. 银行　　D. 邮电

2. 航空公司所使用的标识或干洗店为洗好的衣服加上的“包装”属于(　　)

A. 有形展示　　B. 过程　　C. 促销　　D. 价格

3. 一个服务企业提供服务产品时员工表达出的知识和态度,以及其能使顾客产生信任的程度,它能够增强顾客对服务质量的信心和安全感,体现了服务质量的(　　)。

A. 可靠性　　B. 保证性　　C. 移情性　　D. 响应性

4. 在服务质量差距模型中,(　　)是其他四项共同影响的结果。

A. 差距 2　　B. 差距 3　　C. 差距 4　　D. 差距 5

5. 婚纱摄影店所提供的各种照片和摄像展示属于(　　)。

A. 证明服务质量的有形展示　　B. 只能向顾客表明服务质量的有形展示

C. 象征服务质量的有形展示　　D. 与服务人员有关的有形展示

6. 据瑞士教授洛夫洛克的观点,以下哪一种不属于作用于实体物品的有形服务(　　)。

A. 仓储运输　　B. 医疗保健　　C. 设备维修　　D. 园艺

7. 以下哪一项属于服务类的非实体产品(　　)。

A. 盐　　B. 清洁剂　　C. 化妆品　　D. 投资公司

三、判断题

1. 让机器替代人力,进行标准化服务可以进行有效的质量控制。(　　)

2. 和有形产品一样当消费者对购买的服务不满意时仍然会继续购买。(　　)

3. 1966 年,RATHMALL 教授第一本服务市场营销专著标志着服务市场营销的产生。(　　)

4. 营销信息系统的优势表现在与顾客的关系、服务企业经营管理能力、企业竞争能力及与上游供应商的关系等四个方面。(　　)

本章小结

服务是一方能够向另一方提供的、基本上是无形的任何行为或绩效。服务具有无形性、同步性、异质性、易逝性等特征,服务提供的是产品的使用权,不涉及所有权的转移。服务市场营销要素包括产品、分销、定价、促销、人员、有形展示和流程,操作人员在顾客心目中是服务的一个重要组成部分。服务质量同顾客的感受关系很大,它取决于顾客对服务的预期质量同其体验质量之比。提高服务质量常用的方法大是标准跟进和蓝图技巧,企业应力求在比较和学习的过程中赶上和超过最具优势的竞争对手,从顾客同服务人员的接触点出发来提高服务质量。服务的有形展示可以成功地传递服务特色和优点,它实际上是服务营销诸因素的一个组成部分,有助于企业优化营销组合,获得顾客的接受和好评。营销信息系统是为营销组合策略提供决策支持的重要手段,它的建立将使服务企业比竞争对手更具优势。

案例分析

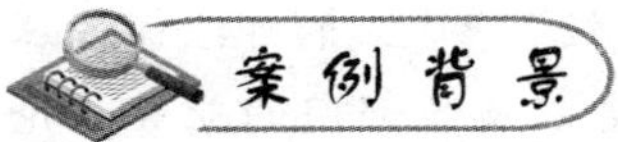

美国2003年波多里奇国家质量奖获奖组织介绍

——波音飞机公司服务支持部①

波音飞机公司服务支持部(Boeing Aerospace Support)隶属于波音公司,它提供航行器整个生命周期内的服务支持,这个生命周期可长达75年。波音飞机公司服务支持部的产品和服务包括航行器的维护、改造和修理;机组人员和地勤维护人员的培训,并提供维修所需的备品备件。波音飞机公司服务支持部的主要客户是美国军方。

销售额:超过40亿美元。

员工人数:12 303人。

地址:总部位于密苏里州,有9个主要的场所,129个二级站和下属站。

质量和成就

1999—2003年中,波音飞机公司服务支持部的收入以平均每年17%的增长率持续增加。

订单和销售额也在增长。自1999年以来,新订单每年增加,超过了过去的4年,并显著高于竞争对手的年增长。年销售收入从1999年到2003年已经翻了一番多。在这个平缓的市场上,其结果是竞争对手市场份额的丢失。

自1998年以来,来自政府客户对波音飞机公司服务支持部的"非常好"及"杰出"的评价,上升了23%。在2003年,"杰出"的评价比2002年增长一倍,也就是说在收到的客户反馈中,近60%打分为"杰出"。另外,由一家第三方独立机构所做的客户调查中显示,正向反馈的客户从2001年的60%增加到2003年的75%。

波音飞机公司服务支持部在产品和服务的迅速以及按时发货上非常高效。例如,自1999年起,产品、服务、维护和改造的按时发送率,已经达到或超过95%。从1998年起,C-17的航空补给站的总体维护质量,已经达到或接近100%;而其竞争对手在2002年只达到70%,2003年达到90%。波音飞机公司服务支持部能够向其客户快速地提供产品和服务。在某个项目中,航天飞船的支持服务自1998年起,已经能够稳定地提供3天的完成时间,而其竞争对手在1990年需要30天,2001年则延长至40天时间。从2001年起,波音飞机公司服务支持部主要的硬件、航行器、成套工具和其他设备的按时发送率,已经超过99%。

员工参与是指员工对业务的运作和流程的主人翁精神,以及员工的责任心。该项调

① 根据曲杨、王为人:《美国2003年波多里奇国家质量奖获奖组织介绍》,载《中国质量》2004(4),第50-55页整理。

查分数显示了波音飞机公司服务支持部的进步,从1999年的150分提高到2002年170分,远高于业界和波音公司的整体值,接近业界的最高分数178分。

流程

波音飞机公司服务支持部成功地创建了一个合作和信息共享的组织。在这里,跨业务、跨地域、跨部门的"毫无保留"的信息交流和共享是"家常便饭"。员工们可以通过各种途径收到公司的信息流,例如在线新闻简报、跨部门小组聚会以及各部门的业务讨论会。信息准确、深入的传播使得波音飞机公司服务支持部成为业界的楷模。

波音飞机公司服务支持部在圣路易斯建立了一座应急运营中心,在此,配有备份计算机组、电话、应急热线、专用发电机等。各部门、各地域根据政府的法律法规,制订了详细的应急计划,以确保在自然灾害或紧急状态下,公司能迅速、及时响应,坚持作业不中断。

波音飞机公司服务支持部认为,流程管理是生产高质量产品和服务并能够持续改进质量的关键因素。公司有一套被称为跨接流程管理的方法,这个方法吸收了波多里奇国家质量奖获奖标准的主要精神,拥有七步流程,开始于定义流程,结束于实施改进。

波音飞机公司服务支持部是2003年13个进入最后服务类候选者的两个获奖者之一,也是波音飞机公司第二次获得波多里奇国家质量奖,另外一个获奖的公司是三卡特彼勒金融服务公司。

案例思考:

1. 请简要回顾服务质量的概念和基本内涵。
2. 请利用服务质量模型描述波音飞机公司服务支持部所达到的服务质量成就。
3. 根据案例描述,请回答波音飞机公司服务支持部成功的原因有哪些。
4. 试就质量服务差距模型描述波音飞机公司服务支持部对服务质量的控制。

第十六章 国际市场营销

教学目标

通过本章学习使学生理解掌握国际市场经营环境定义及其构成，理解企业国际竞争战略类型的划分，了解诸多商品贸易型进入方式。以国际竞争业务方式角度考察国际市场战略。

学习任务

通过本章的学习：

1. 了解国际市场营销定义及其构成要素。
2. 掌握成本领先战略、国际差别化战略、国际集中化战略。
3. 理解本土化战略、全球化战略、跨国战略。
4. 掌握出口进入方式、契约交易型进入方式。

案例导入

常州东风牌柴油机的国际营销

1989年1~10月间，常州柴油机厂（以下简称常柴厂）共出口3.4万台柴油机，出口创汇年累计达1 157万美元，成为江苏省第1个年出口创汇超过千万美元的机电产品企业。江苏省政府在12月批准省机电产品出口办公室在常柴厂召开现场会。江苏省机械工业厅办公室的苏主任手中拿着一份常柴厂的出口创汇经验报告，他也多次到该厂实地了解过常柴厂的很多情况，现在他考虑的是怎样将常柴厂的国际营销经验作一总结，针对目前还有待解决的一些问题，进行分析，以在全省机械行业推广常柴厂的成功经验，来提高全省企业的国际营销水平。

一、常柴厂概况

常柴厂是1个有70多年历史的动力机械制造厂，以制造农用动力机械为主，主要产品为6至36马力的柴油机，有5种机型、20多种变型品种，现在年产量近30万台，年销售收入3.5亿元，年实现利润3 000多万元。

70年代初，常柴厂开始将产品打入国际市场，1978年以后，随着对外开放政策的实行，该厂逐步扩大东南亚市场的占有率，同日本同类产品展开了国际竞争，并在几次重大柴油机国际招标中，战胜日本产品多、以国内最高定价中标多从而扩大了该厂在东南亚及其他地区的知名度和产品信赖度，近10年来，已为我国创外汇5 000多万美元。由于该厂厂长重视严格的质量管理、技术进步以及出口创汇的优异成绩，1986 年被评为国家外经部和国务院机电产品出口办公室列入第一批国家机电产品出口基地的名单，1988 年取得对外贸易的自行出口经营权。1989 年又取得了创汇超过 1 000 万美元的好成绩。

二、常柴厂的国际营销策略

常柴厂的国际营销，采用以下几种策略：

1. 以质取胜、不断创新。该厂的主产品是东风牌 S195 的 12 马力柴油机，在国内供不应求，当销往东南亚地区时，由于国际竞争激烈，因此，他们不但保持了国内金牌的质量，而且针对国际市场的需求，不断改进材质和工艺，从而在国际市场打开了局面。1988 年 6 月 7 日，孟加拉国政府举办柴油机招标，世界上有 41 家厂商竞争(包括国内 11 家厂)，该厂的 D185N 柴油机，经过几轮的考察，评比，以启动方便，油耗最低、功率最稳、价格合理的综合优势，战胜了日本、意大利，韩国，印度等 30 几家外国公司，成为中标的机器，成交额 400 万美元。该厂产品除功能上优质外，还十分重视产品的整体观念，对产品的油漆外观和包装出厂的每道工序也不放松，做到精工细作，层层把关。

有一次，武汉柴油机厂的西德籍厂长到常柴厂访问，他内行地把手指伸入柴油机内缸，测试有没有铁锈，结果是没有一点铁锈，因而他赞不绝口，认为确实达到了国际出口的水平。

该厂也十分重视产品开拓、为了向高速、多缸柴油机发展，从瑞士引进一条 GF 气冲造型线，投资 5 000 万元建立了先进的新产品试验室，投资 150 万元，进行技术改造。现在，批量生产的 195. 1100 型柴油机属 20 世纪 70 年代中期国际水平，开发生产的 D180. D185 型，属 70 年代末期国际水平，研制中的 SQ192,87 系列多缸机是具有 80 年代先进国际水平的产品。由于不断开发新产品，使常柴厂产品永远抢手。如 D180. D185 在东南亚属热门货、1989 年秋交会就订货 7 850 台。研制中的 SQl92 型机，已经预接到了国外订货。

2. 销售渠道两路通。由于该厂有自营出口权，因此，国际销售渠道可以寻找海外代理商，他们在选择时，有针对性地寻找销售能力强、资金信用好的外商为代理，在合作过程中，逐步择优筛选，选择有能力、较可靠、信誉好的大厂商和中小经销商作为桥梁，共同做广告，充分利用他们的销售渠道，打开销路，同时通过代理商，获取改进质量的信息。这种“借船出海”的合作方式，为该厂扩大销售额提供了组织保证。目前，该厂已在印尼、孟加拉国设立了独家代理商，代理商对于常柴厂的重合同、守信誉十分满意，基本上建立了长期合作关系。自营出口需要一支厂属外贸班子，因而该厂已专门有人负责出口业务财务和运输，经过多种培训，这批人精业务、懂技术、外语好、善于外交，国际合同履约率很高。除了自营渠道外，该厂仍十分注意和外贸公司的合作。由于国际营销复杂，该厂一般不轻易在国外设独家代理商，因而在不设代理商的地区，优先向出口公司供货，两家创汇分成。1988 年，自营创汇 510 万美元，通过出口公司外销柴油机 9 759 台，共同创汇 278 万美元。

3. 产品优质优价策略。由于常柴厂的产品质量较高，因而，它在国际市场上的定位是优质优价，不搞低价推销。在与外商谈判过程中，他们严格按合理的换汇成本与外商定价，凡低于工厂外销定价的一律不订单。在东南亚市场，东风牌柴油机保持高于国内同类柴油机30%左右的价格与外商成交。长期的交往,使很多外商明白"便宜没好货",因而宁可买价格贵的东风柴油机。由于自营出口资金周转期长,该厂一般搞即期交单付款形式,加速了资金的周转。

4. 有效的促销形式。产品需要促销,但电视广告很贵,因而常柴厂采用有效的促销方式。主要的促销是通过展销,跻身市场。他们先后在10年内派150多人次到东南亚、西欧、南美、东欧、中东,非洲等33个国家和地区参加展销,投标、贸易和技术服务活动,通过上述形式了解国际行情,结交国际客商。例如,最早打入的泰国市场,就是通过样机展销,国际招标表演,赢得了泰国市场。随着销售代理商的扩大和发展,目前的广告是常柴厂和代理商共同做的,通过广告宣传,更加加强了促销效果。该厂已经开始对欧洲、拉美、中东地区进行市场研究,也准备在西德、苏联、委内瑞拉举办展销会,新的市场开拓在继续。

三、常柴厂的某些隐患

常柴厂的国际营销实际上是国内最为成功的范例之一,但它需要继续前进,同样面临着一些有待解决的问题。首先,常柴厂的产品品种和档次,和日本多家名牌公司相比,竞争实力还不够强,而要消灭这一差距,尚有不少困难。其次,产品的售后服务仍是一个薄弱环节,虽然在国外发展了一些代理商,但很多地区还没有代理商,即使有的地区有代理商,他们对信息反馈,对用户售后服务很差,更谈不上讲授维护知识。一般大的出口商把售后服务放在很重要的地位,如松下、索尼公司,但我国由于经济实力不够,加上出口审批手续不够简化,出国人员受到名额限制,要做好售后服务不易,它直接会影响到厂家声誉和市场占有率,常柴厂也已经注意到了这一问题,拟请长期驻外人员加强售后服务。再次,国内同行价格竞争激烈。由于外贸宏观控制乏力,国内柴油机为争取出口,一般以高价收购、降价售出,在价格低廉上争取柴油机出口,而常柴厂是优质优价,在短时外贸出口过程中,对常柴厂的出口显然不利。

思考题:

1. 常柴厂国际营销的成功经验主要有哪些?它为什么要采用优质优价、展销促销、两条销售渠道并进等策略?

2. 常柴厂的主要竞争对手是谁?如何在竞争中处于有利的地位?

3. 一般的乡镇企业如果不走提高产品质量之路,能否像常柴厂一样在国际营销中一年好似一年?

第一节 国际市场营销环境

一、国际营销环境的特点及构成

国际市场经营环境是指国际企业外部一切与国际市场经营有关的因素的总和。国际市场经营环境是指影响国际企业生存与发展的各种外部因素的总和。由企业广利理论可知,企业经营决策的根本目的是谋求企业外部环境、企业内部条件、企业经营目标三者之间的动态平衡。这三个综合性因素互相促进、互相制约、互为因果，又不断自我变化。在这三个因素之间，企业的外部环境是最为活跃的因素，也是企业最难驾驭的因素。企业的经验决策归根到底是要适应和服从外部环境的变化，要根据外部环境的变化调整企业自身的条件，必要时，还要顺应环境的变化调整企业的经营目标，以实现三者之间的动态平衡。因此，分析和把握国际经营过程中各个因素的现状与变动趋势，是提高国际经营决策和管理效率的必要前提。

从要素构成来看，与在本国经营的企业决策活动相比，国际企业的经验决策也面临相似的外部环境，但与国内经营活动中基本是一种语言的文化背景、一种货币的经济背景、一种政治制度和法律环境的背景相比，国际企业所处的环境要复杂得多，如语言障碍、文化差异、法律差别、政治和经济制度的不同等，因此经营决策的风险更大。这些独特的外部环境不仅决定了国际企业的经营管理活动，与仅在自己国家开展的经营活动有明显差别，而且也决定了国际企业经营管理人员工作的重点必然落在解决外部环境变化所带来的问题上。

与纯粹的国内企业经营环境相比，国际企业外部环境有 4 个显著特征。

1. 外部环境的多样性

与国内公司相比，在跨国投资和经营过程中，有更多的经济因素直接给国际企业带来重要的影响。国际企业比国内企业更多的政治、法律因素的制约。国际企业所处的文化环境的多样性，比其经济、政治、法律环境因素的多样性更为突出。

2. 外部环境的复杂性

因为国际企业所处的外部环境的因素多样性比国内企业的经验环境更复杂，国际企业经营和投资所涉及的相互联系的市场种类和数目更多，因此其外部环境的复杂性更明显。

3. 外部环境对内部环境的渗透

这主要是指随着国内企业逐步成长为国际企业，一些原来纯属外部环境的因素，开始转换为企业内部因素，并在某种程度上成为内部环境因素的一部分。

4. 外部环境变动性较大及可控程度低

在国际企业的外部环境因素中，既包括可控因素，又有不可控因素。国际企业对其外部环境条件的不可控程度，往往比一家纯粹的国内公司要高得多，国际企业面对的环境系统更为复杂，投资难度更大。高变化性和低可控性，是国际企业在海外经营过程中的某些风险一般要高于国内企业。

二、国际市场经营环境构成

国际市场经营环境的构成尽管是多种多样的，但从不同角度可以将其划分为不同的类别。

1. 以其对国际经营活动的影响方式为标准，可以将其区分为直接环境和间接环境两大类型

间接环境也被称为一般环境、客观环境或社会环境（Social Environment），它是所有企业在国际市场经营过程中必须面对而又无法控制的各因素的总和，包括文化、经济、政治

法律、技术以及物质自然环境等。间接环境对企业的影响主要通过直接作用于企业活动和透过直接环境作用于企业两种渠道实现。各间接环境因素的作用方向与强度并不一致，其作用大小也因产业特征或产品生命周期的不同而互有差别。

阅读资料

国际营销中的语言困扰

很多名牌公司的名牌产品在国内畅通无阻，无人不晓。然而，由于跨过国境经营，首先会遇到语言上的困扰。很多例子说明，如果在企业的国际营销中，不注意使用你的语言，会使公司和产品的形象在国外消费者心目中大为下降，甚至带来灾难性的结果。

1920年，当可口可乐第一次销入中国，根据英文的每个字的发音，译出的产品名称为"蝌蚪啃蜡"，显然。人们不会知道是什么东西，自然也难以入口。经过多年的琢磨，现在翻译成"可口可乐"，不但音近，而且给人以味道可口，快乐怡人之感。

直接环境又称作业环境或任务环境（Task Environment），它是对具体企业经营活动产生立竿见影作用的各种因素的总和。这些因素主要包括市场环境（如产业、客户和竞争）和事物环境（供应商、投资者、融资者）等。直接环境对企业经营活动的影响一般都是通过构成直接环境的各个要素之间的相互作用来实现的。这种相互作用被称为直接环境构成者的结构特性。结构特性的表现方式很多，且因产业而异。

企业的内部环境由组织结构、资源状况和企业文化因素构成。企业的经营环境一般具有较强的刚性，一般来说，主要的应对措施应是顺应其变化，在迎接挑战中寻找机遇。在经营环境中，刚性最强的是社会环境，这是因为企业的经营管理人员一般难以把握和控制政治、法律、经济、技术、社会文化力量等环境因素的变化。相对而言，企业经营管理人员在把握和控制任务环境因素的变化方面则要容易的多。

2. 以国际经营环境涉及的地理范围为标准，可以将国际经营环境区分为母国环境、东道国环境和国际环境

母国环境是企业在实施国际经营过程中所面临的直接或间接影响其行为与决策的各类本国因素的总和。这些因素不仅会对企业国际化经营产生"推力"或"阻力"，而且对其国内正常经营也会产生各种各样的影响。

就环境因素构成而言，东道国与母国环境是一致的。但是，在各因素对国际经营影响程度方面，则与母国环境有着较大的区别。在母国，即使经营环境较为复杂多变，由于企业决策者长期生活和工作在这一环境中，对有关环境因素的变动规律较为熟悉，对环境的变化能够进行相对准确的预测并作出及时的反应。在东道国，尽管构成经营环境的因素与母国相同，但是，国际经营者们对其具体特征和变动规律往往缺乏更准确、更深刻的认识和把握，因此在决策过程中药作出及时的反应就有更大的困难。从这个意义上说，难以评估和预测是东道国环境因素具有的重要特征。

国际环境是在母国与东道国环境之间，已经各东道国环境之间的相互作用中形成的更大范围的经营环境，它包括一系列超越国界的政治、经济、惯例等因素。这些因素不仅

对规范企业的国际经营活动具有重要意义，而且也是国际企业用于解决和协调经营过程中可能出现的各种矛盾冲突的重要工具。

第二节 国际市场竞争

企业国际竞争战略大体可以分为两大类：一是从国际竞争业务方式角度考察的战略；二是从国际竞争范围角度考察的战略。

（一）国际竞争业务层次的战略

迈克尔·波特在《竞争战略》一书中把竞争战略描述为：采取进攻性或防守性行动，在产业中建立起进退有据的地位，成功地对付五种竞争力，从而为公司赢得超常的投资收益。为了达到这一目的，各个公司可以采用的方法是不同的，对每个具体公司来说，其最佳战略是最终反映公司所处的内外部环境的独特产物。但是，从最广泛的意义上，波特归纳总结了国际竞争业务层次的三种基本竞争战略，即成本领先战略、差异化战略和集中战略。它是企业获得竞争优势的基本途径和手段。业务层次国际竞争战略运作的本国市场是其竞争优势的主要来源。企业在本国市场中获取的资源和能力不断促使企业追求海外市场的扩张。

1. 国际成本领先战略

成本领先战略是以谋求在某一行业中最低成本为指导思想，并按照这一思想以低成本优势吸引众多对价格反应灵敏的消费者，扩大市场份额，或者在价格水平不变的情况下，谋求更大收益的经营战略。在国际竞争中，企业将成本领先战略扩展到国际经营中，将低附加值的业务通过各种进入国际市场方式转移到国外，而将高附加值的业务保留在国内，并且高附加值产品由本国生产出口。需求很大的国家最有可能采用国际化成本领先战略。这种战略的中心是本国市场，并以取得规模效应为主要目标。典型的低成本生产商通常是销售标准、实惠的产品，并极力强调从一切来源中获取规模经济或绝对成本优势。

采取国际成本领先战略的局限性在于它存在相应的风险。保持成本领先地位要求企业领先购买现代化的设备，及时淘汰陈旧的资产，在追求低成本的基础上形成较大的市场份额。而这些也正是成本领先战略的危险根源，这一战略的风险具体如下：

（1）技术的变化可能使得过去用于降低成本的设备投资或产品生产经验变得无效或一笔勾销。为降低成本而采用的大规模生产技术和设备过于专一化，适应性差。

（2）产业的新加入者或追随者通过模仿、总结前人经验或吸纳企业的熟练员工或购买更先进的生产设备，使得它们的成本更低，以更低的成本起点参与竞争，后来者居上。

（3）由于采用成本领先战略的企业专注于降低产品成本，易使其丧失预见市场变化的能力。这是成本领先战略的最危险之处。顾客需求从注重价格转向注重产品的品牌形象，使得企业原有的优势变为劣势。随着市场的变化，原本价格低廉的产品可能不再为顾客欣赏和需要，导致市场份额萎缩，利润减少，严重的甚至导致企业亏损和破产。

成本领先战略带来风险的一个典型例子是20世纪20年代的福特汽车公司。福特汽车公司曾经通过限制车型及种类、积极实行后向一体化、采用高度自动化的流水线生产、减少改型以促进学习积累,以及通过学习积累严格推行低成本措施等,取得了所向无敌的成本领先地位。然而,随着美国人收入的增加,许多已经购买过一辆汽车的买主又在考虑购买第二辆,于是开始更加重视汽车有风格的式样、多变的型号、舒适性和密封性。通用汽车公司捕捉到这种变化,并迅速开发出型号齐全的各种汽车。而在这种情况下,福特公司要想对生产线进行改造不得不花费巨额费用,因为以前的生产线是为降低成本而设计的大规模生产线。

2. 国际差别化战略

差别化是指某一战略经营单位所提供的产品和服务具有与其竞争对手相区别的特征和个性。差别化竞争战略是指企业或战略经营单位以差别化为指导思想,通过对具有不同偏好消费者的满足强化自己的竞争能力和竞争主动性。差别化经营赖以建立的基础是产品本身、销售交货体系、营销渠道及其他因素。那些拥有特殊要素国家的企业有可能会用国际差别化战略。差别化产品和服务可以通过改变物理特性来实现,也可以通过改变它们产品在消费者心目中的形象来实现。当美国卷烟市场衰退时,对那些烟草商来说,国际市场变得至关重要。通常,美国之外的国家吸烟人口比例更高,相关法规也更少。在那些国家,烟草企业主要通过广告建立的品牌来实现差别化。

差别化战略的风险如下:

(1)可能丧失部分客户。如果采用成本领先战略的竞争对手压低产品价格,使其与实行差异化战略的厂家的产品价格差距过大,在这种情况下,用户为了大量节省费用,就会去购买低价产品。

(2)用户对产品差异的要求下降。当用户变得更加精明、越来越老练时,对产品的差异化要求不明显时,就可能发生忽略产品差异的情况。

(3)大量的模仿缩小了感觉到的差异。特别是当产品发展到成熟期时,拥有技术实力的厂家很容易通过逼真的模仿,减少产品之间的差异,进而削弱实行差异化战略的企业产品的优势,使企业处于不利的态势。

(4)过度差异化。差异化虽然可以给企业带来一定的竞争优势,但这并不意味着差异化程度越大越好,因为过度的差异化容易使得企业产品的价格相对竞争对手的产品来说太高,或者差别化属性超出了消费者的需求。

3. 国际集中化战略

集中化战略是指企业或战略经营单位将自己的经营范围集中于某一特定的领域,通过提供更好的产品与服务来赢得竞争优势的战略。实行集中化战略企业通常选择行业内一种或一组细分市场,并量体裁衣地为它们服务,而不是为其他细分市场服务。集中化战略有两种形式:一是成本领先集中化,即企业重点追求其目标市场上的成本领先优势;二是差别集中化,即企业突出强调在某一特定细分市场上的差别化优势。在国际竞争中,由于市场和竞争对手的多样化,企业常常将两种集中化战略结合起来应用。

企业在实施集中化战略时,可能会面临以下风险:

(1)由于狭小的目标市场难以支持必要的生产规模,所以集中战略可能带来高成本的风险,从而又会导致在较宽范围经营的竞争对手与采取集中战略的企业直接在成本差别上日益扩大，抵消了企业在目标市场上的成本优势或差异化优势，使企业集中战略失败。

(2)由于技术进步、替代品的出现、价值观念更新、消费偏好变化等多方面的原因，目标市场与总体市场之间在产品或服务的需求上差别变小，企业原来赖以形成集中战略的基础也就失掉了。

(3)以较宽的市场为目标的竞争对手采取同样的集中战略；或者竞争对手从企业的目标市场中找到了可以再细分市场，并以此为目标来实施集中战略，从而使原来实施集中战略的企业失去了优势。

(二)国际竞争范围层次的战略

国际竞争范围层次的战略，以企业范围内的产品和地理多元化为重点。如果企业有跨行业、跨国家或地区的业务，就需要实施国际竞争范围层次的战略。

1. 本土化战略

本土化战略是将战略和业务决策权分化到各个国家的战略经营单位或子公司，这些子公司向本地市场提供本土化的产品。本土化战略注重每个国家内的竞争，认为各个国家市场情况不同，因此以国家界线来划分市场。这个战略为满足本地消费者的特殊需求和爱好创造了条件，能够对每一个市场的需求特性作出最准确的反应。由于注重本地顾客的需求，本土化通常以扩大本地市场份额为目标。因此，本土化战略要求跨国企业应特别重视使其经营活动适应所在国当地的文化、价值、消费等传统习惯，使企业所提供的产品及服务能满足特定市场和用户的需求，以此赢得竞争优势，降低竞争风险。该战略的实施主要包括产品本土化、技术本土化、采购本土化、市场本土化、生产本土化、管理本土化、人才本土化等几方面内容。

但由于不同国家的战略经营单位在不同市场采取不同的战略，对于整个企业来说，本土化增加了不确定性。此外，本土化不利于实现规模效应及降低成本。欧洲国际经营企业使用本土化战略最多，因为欧洲国家的文化和市场都各不相同。

2. 全球化战略

全球化战略是指在不同的国家市场销售标准化产品并由国际经营企业总部确定竞争目标、方式和手段的战略。与国际本土化战略相反，全球化战略强调在不同国家市场上经营的产品应趋于标准化，因此在管理上需要资源共享及跨国界的协调合作，这就要求竞争战略的制定和控制集中在母公司总部。全球化战略注重规模效应，因此有利于降低国际经营的风险。

但是，标准化经营也可能使母公司忽视子公司所在本地市场的特点，从而失去特定市场机会。为此，实行全球化战略，企业对海外的业务必须具备更强的控制能力和更灵敏的反应机制。

3. 跨国战略

跨国战略是本土化战略与全球化战略的结合，即寻求全球化效率和本土化反应敏捷的有机统一。实施跨国战略，一方面需要全球协调、紧密合作，另一方面需要本土化的弹性，即通过一体化的网络建立能够在海外子公司之间共享软件并各尽其责的“弹性协调”战略体系。20 世纪 90 年代中期前，美国福特汽车公司曾实施了全球化战略，结果没有成功。尔后开始转向制定实施跨国战略,即试图将其不同的车型上的一些零部件标准化,同时保持设计和其他一些差别以分别吸引这些品牌目标市场的顾客。

第三节 国际市场进入方式

一、出口进入方式

长期以来,出口一直被作为企业进入国际市场的重要方式。从宏观角度看,由于出口有利于增加国内就业、增加国家外汇收入、提高本国企业的国际竞争力,因此一直受到各国政府的鼓励。从企业的角度看,为了降低国内竞争所带来的风险和进行自身扩张,各国的企业也都将扩大出口作为进入国际市场的重要方式。出口可分为间接出口和直接出口两种方式。

1. 间接出口

间接出口是指企业通过国内中间商或其他国内代理机构来经营商品出口业务。间接出口的优势在于:在间接出口的情况下,企业与国外市场无直接联系,也不涉及国外业务活动,故不必专设外销机构和雇佣专职人员经营出口,因而可以节省直接渠道费用和不承担或少承担经营风险。间接出口的劣势在于:无法获得跨国营销的直接经验;不能直接获得国际经营信息,从而不利于提高产品对国际市场的适应性和竞争力;无法对商品销售的整个过程进行控制,如对产品流向和价格控制程度较低,甚至不能控制;难以建立企业自己在国际市场上的声誉。

间接出口的渠道很多,主要包括以下 4 种具体形式:

(1)专业国际贸易公司和专业出口代理商。专业国际贸易公司通过购买生产企业的商品,然后按照自己的贸易方式进行出口,有着专业人员、国际市场信息、资金、贸易渠道和贸易经营经验等方面的优势。专业出口代理商,是依据委托人的授权,以委托人的名义,向第三方招揽生意、签订合同及办理其他与交易有关的各项事宜的代理人。与专业国际贸易公司相比,专业出口代理人不是通过购买并再出售企业的商品获利,而是按照代理协议的规定收取一定比例的佣金来获利。

(2)出口管理公司。这是一种专门为生产企业从事出口贸易的公司,一般采取直接代理的方法。这种公司一般规模较小,但拥有外贸营销人才,熟悉出口业务程序,了解国际生产行情,收费较低。典型的出口管理公司通常代理着数十家固定的客户。

(3)合作出口。合作出口是指一个企业利用自己的出口力量和国际营销网络为其他企业出口商品的渠道形式。这种出口形式常常发生在该企业与其他企业的产品具有相关性或互补性,配套出口更容易占领海外市场的情况下。两者之间的关系可以是买卖关系,也可以是代理委托关系。

(4)外国企业驻本国的采购处。外国的大型批发商、零售商和国际贸易公司往往在东道国设立采购处或采购中心,主动寻求合适商品销往本国或海外市场。出口企业将商品直接出售给这些外国采购商,再由这些外国采购商转运出口。

2. 直接出口

直接出口是指企业把产品直接销售给国外中间商或最终用户,而不是通过国内的中间机构转售给国外用户。直接出口是企业直接与国际市场接触,因此从严格意义上讲,直接出口才是国际经营的起点。

与间接出口相比,直接出口的优势在于:直接出口收益比间接出口要大。因为企业进行直接出口,能较迅速地掌握国外市场动向,从而有利于企业改进产品,提高产品对国际市场的适应性和竞争力;有利于激励跨国营销经验和树立企业在国际市场的声誉,从而有利于开拓国际市场;增加了企业对产品流向和价格的控制能力。直接出口的劣势在于:直接出口需要设立专门的对外贸易部门并配备相关的人员,承担直接渠道费用;直接出口是企业直接与国际市场接触,因此要独立承担国际市场的风险。

直接出口的渠道也很多,之一包括以下 4 种具体形式:

(1)国内出口部。企业在国内设立出口部,负责国际营销工作。它通常由一名出口销售经理和几名职员组成。按专业化分工,企业的出口活动全部由出口部承担,这种部门往往可以发展成为专营进出口业务的分公司或子公司,进行独立经济核算。

(2)企业驻外办事处。驻外办事处负责本企业产品在国外的销售,并承担市场调研、产品推广、客户开发、客户服务、物流安排等职责。驻外办事处一般是企业开展跨国经营活动的桥头堡。其优点:一是可以更直接接触市场,信息回馈准确迅速;二是可以避免代理商的三心二意,而集中力量开拓某个国外市场。其缺点是设立国外办事处需要大量投资。

(3)企业国外销售子公司。在出口业务达到一定规模和有了一定的市场占有率后,企业会在国外建立具有独立法人资格的专业销售公司,进行更大范围和更大规模的商品营销活动。国外销售子公司的职能与驻外办事处相似,所不同的是,国外销售子公司是作为一个独立的当地公司建立的,而且在法律、财务上都有其独立性,这说明企业已更深入地介入了国际营销活动。

(4)直接销售给最终用户。通常,大型机械设备或专业技术的出口及与当地官方机构进行大宗买卖时采用这种出口方式。

二、契约交易型进入方式

契约交易也称为许可合同交易,是指本国企业为取得使用费或其他形式的付款,允许外国企业(被许可方)获得其无形财产(专利、商标、技术诀窍和公司名称等)的各种契约安排。虽然许可合同交易与商品贸易都是以贸易方式进入国际市场,但不同的是许可合同交易不是通过直接出口商品,而是通过出口技术、技能、劳务和工艺等进入国际市场。与投资型进入方式不同,契约交易时在股权投资和人事参与之外的另一种形式,主要特征是不以股权控制为目标,所涉及的财务风险较小,所以又被称为非股权安排。契约交易的形式包括以下几个方面。

(一)授权经营

授权经营一部包括两种方式,即一般授权经营和特许经营。

1. 一般授权经营

一般授权经营又称为许可证贸易，是指企业在规定的期限内将自己的无形资产，通过契约转让给海外法人，以换取授权费和其他补偿。其中出让无形资产的一方，称为许让方或授权方，而接受无形资产的一方称为受许方或受权方。在授权经营条件下，通常转让的不是无形资产本身的所有权，而是使用权，故在授权经营的协议中要规定使用的期限、使用费用的支付、使用方面的限制条件等。

按照受许方取得使用许可技术的权限，许可证协议可以分为以下几种：

(1)独占许可。独占许可是指在合同规定的期限和地域内，受方对许可技术享有独占的使用权，产品的生产权和销售权；在合同有效期内，供方不得再将该项技术许可给合同区域内的任何第三方；供方不得在该区域内使用该项技术、生产和销售产品。

(2)非独占许可。非独占许可是指技术受方在合同有效期内，在合同区域内对合同技术不享有独占的使用权利。具体包括以下几种：

①排他许可。排他许可是指在合同规定的期限和地域内，受方对许可技术享有使用权、生产产品和销售产品权；在合同期限和地域内，供方不得再将该项技术许可给任何第三者；但供方在合同期限和地域内享有该项技术的使用权、产品生产和销售权。

②普通许可。普通许可是指在合同规定的期限和地域内，受方享有许可技术的使用权、产品生产和销售权；在合同期限和地域内，供方享有许可技术的使用权、产品生产和销售权，同时供方可以把该项技术再许可给第三方使用，生产和销售产品。

③区分许可。区分许可又称再许可，是指受方在合同期限和地域内，可以将该项技术再许可给第三方使用、生产产品和销售产品；在合同期限和地域内，供方通常保留合同技术的使用权、产品生产和销售权。

(3)交叉许可。交叉许可是指交易各方将各自拥有的专利、专有技术的使用权相互许可使用，互为技术供方和受方。在合同期限和地域内，合同双方对对方的许可技术享有使用权、产品生产和销售权；各方的许可技术可以是独占的，也可以是非独占的；双方权利对等，一般不需支付技术使用费。

2. 特许经营

特许经营就是许让企业向受许企业转让技术、商标、经营方法等，让受许企业在本企业的简单与帮助下，利用本企业形象和招牌经营本企业的特定业务。特许经营是对外授权向深层经营领域的延伸与扩展，它与一般授权经营的主要区别是：在特许经营中，特许方需要对受许方的经营管理实行监督，以确保特许品牌在海外市场上的质量形象。

在选择特许经营方式进入海外市场时，应当注意以下几个问题：

(1)通过调查准确把握该国或地区的人口构成、纯收入、基础设施、教育水平、消费者爱好和文化背景，目的是要分析特许经营可能被对象国家或地区接受的程度。

(2)可能需要根据对象国家或地区的文化特点，调整传统的产品结构或经营方式等。

(3)要注意在采取特许经营时收取费用问题，应当针对不同的合作对象采取不同的费用收取策略。

(4)在选择自己的特许经营谈判代表时，应当注意考虑当地人的作用，因为无论在什么国家或地区，具有亲缘、师缘、业缘、地缘关系的人们总是更容易沟通。而雇佣一个当地谈判代表的代价总会低于直接进行特许经营可能产生风险的代价。

通过授权经营进入国际市场具有许多优点，具体如下：

(1)费用低。新技术的研究开发已经耗费了大量资金，如果再到目标国家设厂并应用该技术制造则支出更大，不如迅速转让技术使用权，以分摊研究成本。

(2)障碍少。各国对有形货物的进口限制很多，尤其非关税措施更是壁垒森严，甚至对一些产业进行特意保护，如广播、电视、电信等。但是，各国对许可证贸易则没有严格的限制，而且许多国家还鼓励技术的输入。

(3)风险小。当目标国家政府对外资实行征用或国有化时，直接投资的政治风险和经济损失要大于授权经营进入方式，因为或者最大的损失是技术使用费。

当然，授权经营也存在一些缺点，具体如下：

(1)控制力弱。供方为实施目标市场的控制，会在授权协议中订立若干条款来保证对自身权利的控制，但是由于不是直接经营，依赖授权方是不可避免的。而授权方为追求利润可能出现的短期行为，又会使供方的信誉等受到损害。

(2)机会成本大。独占性授权协议规定受权方在一定地区内享有使用该技术从事独家经营的权利，这意味着供方放弃了其他的进入方式，故供方的机会成本会较大。

(3)潜在竞争强。受权方利用转让的技术，经过一定时期的经营，在目标市场积累了经验，开拓了业务关系，树立了自己的形象，当协议期满时，供方想再进入该市场可能遇到的最大的竞争对手就是原来的受权方。

三、投资进入方式

随着经济全球化及各国经济对外开放的发展，越来越多的企业将对外直接投资作为进入外国市场的主要方式。对外投资可分为两种形式：合资进入和独资进入。

1. 合资进入

它是指与目标国家的企业联合投资，共同经营、共同分享股权及管理权，公担风险。和独资进入相比，合资进入的好处是：合资进入由于有当地人参与了股权和经营管理，因此在当地所遇到的心理障碍和政治障碍要比独资进入小，更容易被东道国所接受；投资者可以利用合作伙伴的专门技能和当地的分销网络，从而有利于开拓国际市场；由于当地资产的参与，合资伙伴可以避免东道国政府没收、征用的风险，而且还可以分享东道国政府对当地合作伙伴的某些优惠政策。这种方式也存在弊端：由于股权以及管理权的分散，合作双方在投资决策、市场营销和财务控制等方面容易发生争端，这将有碍于进行跨国经营的公司执行全球统一协调战略；另外，合资企业难以保护双方的技术秘密和商业秘密，拥有先进技术或营销技巧的国际营销者的这些无形资产有可能无偿地流失到合作伙伴手里，将其培养成为未来的竞争对手。

2. 独资进入

这是指企业独自到目标国家去投资建厂，进行产销活动。同合资进入相比，独资进入的好处是：企业可以完全控制整个管理和销售，经营利益完全归其支配，内部的矛盾和冲突比较少；独资进入可以保护国际营销企业的技术秘密和商业秘密，从而保持在东道国市场上的竞争力；企业可以独享在东道国的营销成果，可以独立支配所得利润，从而避开合资进入所必须面对的利益分配问题。其主要缺陷是：投入资金多，因为得不到像合资伙伴那样的当地合作者的帮助，在利用当地原材料、人力资源和销售网络方面不如合资那样便利，且市场规模的扩大容易受到限制；可能遇到较大的政治和经济风险，如货币贬值、外汇管制、政府没收等。

四、互联网进入方式

随着互联网应用在全球的迅速扩展，互联网日益成为全球商品交易的载体，成为企业备选的市场进入战略。无论是大企业还是中小企业，只要联网便会面对各国的客户，并参与全球网上营销。当今，越来越多的企业通过互联网发布商品目录、进行网上关高宣传，招徕国外客户订单。

复 习 题

一、选择题

1. 对于国际市场营销，调查结果表明，成功的（　　）只要选择好几个目标市场即可。

A. 贸易　　B. 进口　　C. 出口　　D. 销售

2. 国际市场细分是根据（　　）的不同需要和不同的购买行为，用一定的标准将其划分为不同的消费者群体。

A. 消费者　　B. 各国顾客　　C. 用户　　D. 生产者

3. 为保持国家的（　　），各国往往对其进口货物采取各种直接和间接限制的措施。

A. 贸易平衡　　B. 贸易壁垒　　C. 非关税壁垒　　D. 补偿贸易

4. 补偿贸易的方式包括：产品返销、部分补偿、（　　）、第三国补偿。

A. 来料加工　　B. 合资经营　　C. 互购　　D. 直接出口

5. 许可证贸易，又称（　　）。

A. 技术授权　　B. 间接出口　　C. 直接出口　　D. 补偿贸易

二、简答题

1. 国际市场营销与国内市场营销的区别与联系有哪些？
2. 国际市场营销环境包括哪些因素？
3. 简述国际市场营销战略。

本 章 小 结

1. 国际市场经营环境是指国际企业外部一切与国际市场经营有关的因素的总和。

2. 以国际市场经营环境对国际经营活动的影响方式为标准，可以将其区分为直接环境和间接环境两大类型。

以国际经营环境涉及的地理范围为标准,可以将国际经营环境区分为母国环境、东道国环境和国际环境。

3. 企业国际竞争战略大体可以分为两大类:一是从国际竞争业务方式角度考察的战略,包括国际成本领先战略、国际差别化战略、国际集中化战略;二是从国际竞争范围角度考察的战略,包括本土化战略、全球化战略、跨国战略。

4. 商品贸易型进入方式,是指企业通过出口贸易,即向目标国家或地区出口商品而进入国际市场的方式,包括商品贸易型进入方式、契约交易型进入方式。

案例分析

宝洁公司的国际营销

宝洁公司是美国大型生活消费品公司,也是享誉世界的最精于营销的公司之一。宝洁公司拥有80多个品牌,在全世界的收入达200亿美元。和联合利华公司一样,宝洁公司在洗衣粉、洗涤用品和个人护肤品方面是一家在全球占统治地位的公司。第二次世界大战以后,宝洁公司通过采取国际战略向海外扩展。公司把在美国开发的品牌和制定的营销策略转移到欧洲,并且在一开始就取得了较大成功。在过去的30年里,这种政策造就了一家典型的国际型企业。新产品开发和营销战略首先在美国进行,然后再转移到其他国家。虽然为了照顾各国之间的差别,公司对营销策略进行某些调整,然而这种调整是微乎其微的。

20世纪70年代,当宝洁公司在日本遭受重大挫折后,这种战略开始显露出它的缺陷。到1985年时,宝洁公司在日本已经度过了13个年头,但是这家公司却仍然每年亏损4 000万美元。宝洁公司首次在日本引进一次性尿布并一度占据80%的市场份额。但是到了80年代,宝洁公司的市场占有率却跌到了悲惨的8%。三家日本生活消费品公司占据了市场的统治地位。宝洁公司在美国开发的尿布对日本消费者而言体积太大。与此同时,日本的一家生活消费品公司花王推出了一种整齐小巧的尿布,这种产品更受日本消费者的喜爱。为了配合这个新产品的推出,花王公司进行了大规模的营销活动。结果这家公司立竿见影地获得了30%的市场占有率。宝洁公司亡羊补牢,认识到必须对产品进行修改才能迎合日本消费者的口味。现在宝洁公司在日本的市场占有率又上升到30%。宝洁公司原来专为日本市场开发的整齐小巧型尿布目前已经成为美国市场上最热销的产品。

宝洁公司在日本洗衣粉市场上也有类似的经验和教训。公司在20世纪80年代初期向日本市场推出了在美国开发的奇尔(Cheer)牌洗衣粉并采用了与美国相同的营销广告信息——奇尔洗衣粉在任河温度下都有效并且能够产生大量泡沫。问题是,很多日本消费者用冷水洗衣服,因此宣传在任何温度下都有效的做法就毫无意义了。另外,很多日本人往水中添加纤维软化剂，这会减少泡沫，因此奇尔洗衣粉并没有像广告宣传得那样产生大量的泡沫。经历过这次挫折后，宝洁公司认识到必须调整它的营销信息。目前，奇尔被宣传为一种能够在添加过纤维软化剂的冷水中有效洗涤的洗衣粉并且成为宝洁公司在日本最热销的一种产品。

在日本销售一次性尿布和洗衣粉的经验促使宝洁公司重新考虑它的新产品开发和营销哲学。这家公司现在已经承认以美国为中心的经营方式已经不再奏效。从 80 年代晚期开始宝洁公司就一直试图把新产品开发和营销任务下放到日本和欧洲的子公司完成。结果，宝洁公司更加注意当地消费者在口味和偏好上的不同，并且要乐于承认好的新产品也可以在美国以外的地方开发出来。

然而宝洁公司在进军波兰洗发香波市场时的表现却说明，这家公司要想改变长期形成的做法，还有很长的路要走。1991 年夏天，宝洁公司开始在波兰销售一种叫作沙萱牌无需整烫洗发香波。这种二合一的洗发、护发香波在美国和欧洲市场上都是热销产品。为了配合这次促销运动，公司发起了一场营销运动，其规模之大，在波兰还是前所未见的。在开始的时候，这个计划似乎奏效，因为宝洁公司在波兰洗发香波市场上获得了 30% 的市场份额。但是在 1992 年早些时候，销售量却骤然下跌。后来有传言说，这种产品会产生头皮屑并且造成脱发。以后又传出关于这个产品的笑话。这则笑话是这样说的："我用沙萱二合一洗完汽车以后，轮胎就变秃了。"当年早些时候，波兰总统瓦文萨提出总理职务也由他一人兼任时，有人把这个提议戏称为"真像是沙萱无需整烫二合一洗发香波的解决方案。"

宝洁公司在什么地方出了错呢？最普遍的观点认为，宝洁公司不应该在一个对美式广告没有多少热情的国家如此起劲地搞广告营销。据位于华沙的一家叫本特(Pentor)的市场研究公司的调查表明，不喜欢宝洁公司电视广告的人数是喜欢这个广告人数的 3 倍。本特公司还认为，由于长期的共产主义宣传使波兰的消费者认为广告只不过是甩掉无人问津产品的一种方式。这场大张旗鼓的营销活动的结果必定会事与愿违。有人还认为沙萱无需整烫香波本来是为那些每日都洗发的美国消费者开发的，对于不那么在意个人卫生的波兰消费者而言，这种产品过于复杂。这些批评意见的共同点在于宝洁公司再次栽了跟头是因为该公司没有考虑到当地消费者的口味和偏好，把在美国开发的产品和营销战略不加任何修改地全盘转移到另外一个国家。

思考题：

1. 宝洁公司在日本和波兰营销失败的根本原因是什么？

2. 宝洁公司应该在战略上和组织上采取什么样的行动才能够增加它对各国差别以及这些差别对营销组合影响的敏感程度？

3. 宝洁公司怎样才能够更好地把在一个国家设计开发的产品和营销战略运用到其他市场？

第十七章　市场营销创新

教学目标

通过本章学习使学生理解掌握市场营销学的新发展，了解推动营销发展的基本动力，对市场未来发展趋势有一个方向性的总体认识。

学习任务

通过本章的学习：

1. 了解市场营销环境的新特征。
2. 了解市场营销理论与实践的新发展。
3. 了解市场营销基本总体趋势。
4. 理解在产品中心营销、消费者定位营销、价值驱动营销时代的主要特征和营销概念。
5. 理解价值驱动营销的基本模型。

案例导入

亨氏公司的网络营销

亨氏(Heinz)公司是世界著名的食品生产企业，其主要产品包括：婴儿营养商品、调味品、食品添加剂等。产品销售遍及世界各国，深受消费者的喜爱。自20世纪90年代后期，亨氏公司开始投入大量资源建立自己企业的商务网站。网站内容丰富，在科普宣传和促进销售方面都起到很好的作用。

亨氏网站是亨氏公司为其商务目的建立的电子商务网站，但网站本身并不出售任何产品。非但不出售产品，而且也没有刻意强调、宣传和推销自己的产品，给人感觉完全是科普性宣传。网站内容以宣传婴幼儿科学喂养知识为主。

亨氏网站推出后，为了配合网络营销策略的展示，亨氏公司在传统营销手段上进行了一系列的改变，首先是在产品包装上，亨氏产品的包装简直就是一个该产品使用说明书和科学喂养宣传材料。包装没有太多的图案和画面，全是放大了字号的文字说明。其次是在其所有的宣传资料上明显地印有亨氏网站的网址，以及800免费服务热线电话，新产品内设“科学育儿小锦囊”等。

第一节 市场营销面临的新挑战

从管理的角度来看,市场营销就是一种组织职能,包括一套创造、传播和交付顾客价值的过程以及以有利于组织和利益相关者的方式对顾客关系进行管理的过程。营销管理既是一门艺术,又是一门科学,是有关选择目标市场并通过创造、交付和传播优质顾客价值来建立、维持和强化顾客关系的艺术和科学。

营销者往往借助于对需求进行管理的技能,影响需求水平、需求时机和具体的需求构成,在消费者市场、组织市场、全球市场和非营利组织市场中建立独特的能力,更好地关注和满足参与消费的人们的价值需求。

一、社会因素的重大变化

目前,一系列重要的社会因素的共作用,创造了新的行为模式,导致市场的巨大变化,给企业带来了许多新的机会和挑战。

这些社会因素包括:

1. 网络信息技术

数字革命创造了崭新的信息时代。在信息时代,信息在生产与消费决策中变得更加重要,营销只用通过精确的生产水平、更有针对性的传播和更适当的定价,才能达到的目标。

2. 全球化

交通、运输和通信技术的飞速发展,使企业可以在全球范围内配置生产资源,组织生产,建立企业的全球市场。不仅是制造业,服务业也是一样,国外业务量快速增长,近年来,国际贸易、国际旅游、跨国劳务成长趋势明显。

3. 管制放松

目前,大多数国家都在逐步放松对某些行业的管制,以创造更多的竞争和发展机会。

4. 激烈的竞争

对于品牌制造商而言,它们正面临来自国内外的激烈竞争,这导致其促销成本不断上升,而边际利润却不断下降。同时,它们也日益感受到强势零售商的挤压——这些零售商控制着有限的货架空间,并推出与制造商品牌相互竞争的商店自有品牌。此外,也有不少优势品牌开始实施品牌延伸策略,把品牌应用在更广泛的相关产品类别上,结果造就了具有很好声誉和知名度的巨无霸品牌。

5. 产业交融

随着越来越多的企业发现新的机会往往孕育在两个或更多产业的交融之中,产业之间的界限也变得越来越模糊了。例如,苹果(Apple)、索尼(sony)和三星(Samsung)等产业巨头推出了一系列的娱乐产品——从 MP3 播放器到等离子电视再到便携式摄像机,计算机产业和电子消费品产业出现了产业融合的趋势。而且,向数字技术转变的强劲趋势又进一步推动了上述交融趋势。

6. 零售转型

零售商店也面临更为激烈的竞争,其竞争对手包括目录经销商、直邮公司、直接面向消费者做广告的报纸、杂志和电视以及家庭购物电视和基于互联网的商子商务。结果是一批富有创新精神的零售商开始在商店里增设咖啡厅、演讲、展示、表演等娱乐要素,开始强调体验营销,而不是单纯地增加产品的花色品种。

7. 脱媒

在早期,诸如美国在线(AOL),亚马逊(Arnazon. com),雅虎(Yahoo!),eBay,E-TRADE 等网络公司开始尝试直接交付产品和服务,并获得了惊人的成功。通过改变传统的分销渠道中货物的流动,这些企业不再通过中介来完成交易,这使得既有的制造商和零售商深感震惊,业务受到严重打击。作为回应,这些传统公司则增加了中介业务,构建起实体零售商,并增加了在线产品服务。由于这些企业有更多的资源和强有力的品牌,所以其中有些企业甚至比仅仅依靠网络的企业更有竞争力。

8. 消费者的购买力增强

从某种程度上来说,由于借助互联网实现了所谓的"脱媒"——不再通过中介,消费者的购买力也因此大大地增加了。无论是在家,还是在办公室,抑或是通过移动电话,现在的消费者可以便利地比较各种产品的价格和功能,并且随时(一周 7 天,一天 24 小时)可以从网上在全世界范围内订购自己喜爱的商品,从而不再局限于当地有限的产品供应,并进一步打破了地域方面的限制,最终节省了大量开支。即使是对于组织购买者而言,它们也可以通过逆向拍卖——通过多个卖家相互竞争出价的方式——来获得生意。同时,它们可以方便地加入其他购买者当中,然后通过团购来增大自己的议价实力,并享受到更多的数量折扣。

9. 消费者信息

在当今的世界里,消费者可以便利地收集到有关自己喜爱的任何商品的信息,而且就信息的深度与广度(信息的范围、数量和深入性)而言,都是以前所无法想象的。他们可以访问在线百科全书、字典、医疗信息、影评、消费报告、报纸以及来自世界上任何地区的多种不同语言的其他信息源。与此同时,个人之间的联系和用户自己所生成的内容也伴随着社交媒体的发展而得到了飞速的发展,消费者可以便利地从 Facebook、F1ickr(照片),Del. icio. us(链接),DIgg(新闻故事),维基百科(Wikipedia)(百科文章)和 YouTube(视频)等社交媒体获得自己想要的信息,并围绕着感兴趣的主题展开交流。

10. 消费者参与

消费者也在通过更多的途径对产品生产和营销产生越来越大的影响。在认识到这一点之后,不少企业开始邀请顾客参与到产品的设计与营销过程中,以便建立他们与企业(产品)之间的联系,并进一步强化他们对这种密切联系的感知和相应的主人翁意识(如觉得产品是他们自己参与设计和营销的)。消费者往往把自己所喜欢的公司看作工作坊,他们可以便利地从这个工作坊中获得自己想要的产品。

10. 消费者抵制

目前,不少消费者觉得现实世界中的产品往往不存在什么差异,因而在寻求价值的过程当中表现出更弱的品牌忠诚度,并倾向于追求更低的价格和更高的质量,而且对自

己不太喜欢的营销方式也变得更加难以容忍。扬科洛维奇公司(YankeLovich)的一项研究结果表明,消费者对营销活动的抵制已经达到了前所未有的程度。在被调查的消费者中,大多数都对营销和广告表现出比较消极的情绪。他们表示:会避免购买自己觉得在进行过度营销的那些产品。

二、企业能力的拓展

虽然如上所述的社会因素使营销者面临更为复杂的营销挑战,但这些因素同时也给企业创造出一系列新的能力,以应对这些挑战并做出有效反应。概括而言,这些新能力主要表现在:

1. 营销者可以把互联网作为扩大其势力范围的信息渠道和销售渠道

互联网的发展扩大了营销者的地理势力范围,他们可以在世界范围内向顾客传达相关信息并推广其产品与服务。通过建立一个或更多网络,企业也可以列出自己的产品、服务、历史、经营哲学、招聘信息以及其他顾客可能感兴趣的信息。

2. 营销者可以收集到有关市场、消费者、潜在顾客和竞争者的更全面、更丰富的信息

他们可以利用互联网来进行有效的市场调研,如组织焦点小组访谈、发放问卷和利用其他不同方法来收集一手数据等。他们也可以收集和整理与个人顾客的采购、偏好、人口统计特征和盈利性等相关的信息。

3. 营销者通过社交媒体发布和推广其品牌信息

营销者可以通过博客和其他形式的网络张贴形式来发布或更新信息,支持在线社区的活动,并在互联网上建立自己的网站。戴尔公司(Dell Corporation)在Twitter上的@Dellout1et账户订户数量已经超过了60万。自2007年至2009年6月,戴尔公司通过为其Twitter订户提供优惠券所获取的收入已经超过了200万美元,此外,还有100万美元来自那些先通过Twitter然后再在官网上购买计算机的消费者。

4. 营销者可以为消费者之间的外部沟通提供便利并促进这种沟通的速度

营销者还可以通过创建品牌支持者和用户社区将线上与线下的消费者群体联系起来,并从中获利。

阅读资料

BzzAgent

口碑营销机构BzzAgent已经组建了遍布全美的人数高达60万的志愿消费者大军,他们会参加自己认为值得讨论或推荐的产品和服务促销项目。2005年,唐恩都乐(Dunkin'Donuts)公司就曾聘请过BzzAgent公司,帮助其在市场上投放一款新的浓咖啡饮料Latte Lite。在此过程中,有3 000个经过培训的志愿者(称为BzzAgents)分别在12个测试市场上品尝Latte Lite咖啡,从而形成了自己对该产品的看法,然后参与到相关的讨论中,并最后通过该公司的报告平台向BzzAgent公司进行汇报。4周以后,这种新产品在试验市场上的销售收入增加了15%。

5. 营销者可以为那些有需求或者是公司允许的顾客发布广告，提供优惠券、样品和相关信息

随着面向特定兴趣顾客的专业杂志、电视频道和互联网新闻 组等新媒体的快速发展，企业面向各个子目标顾客开展营销活动和进行双向沟通的努力也变得越来越容易了。把供应者与分销商连接起来的外部网使企业可以更有效地发送并接收信息、下订单和支付款项。同时，企业也可以同每个顾客单独进行密切互动，从而实现信息服务和关系管理的个性化。

6. 营销者也可以通过移动营销来接触消费者

通过使用全球定位系统（GPS）技术，营销者可以准确地识别出消费者的具体位置，并利用顾客在逛商场的时候及时向他们发送当天有效的优惠券信息——针对顾客列出的自己想要拥有的产品清单所发布的一种友情提示。例如，如果顾客今天购买某本自己喜爱的书，就可以同时免费在该书店的咖啡厅里领取一杯咖啡。对于顾客而言，这种基于地理位置而向顾客发送的广告往往很有吸引力，因为顾客在比较接近购买点的地方收到这种广告的时候，往往可以有效地激发其购买欲望。同时，企业也可以利用 iPod 视频来做广告，并通过移动营销手段使消费者在自己的手机上接收这些广告。

7. 企业制造并向消费者销售体现个性化差异的定制产品

由于制造工厂在顾客定制化技术、计算机技术和数据库营销软件等方面的飞速发展和进步，顾客现在可以在合理的价格水平上购买到上面有自己名字的产品，汽车也可以按照顾客的个性化订单生产，在美国有 30% 的车是按照顾客的个性化订单生产的。

8. 企业可以进一步提升采购、招聘、培训、内部沟通与外部沟通的水平

企业可以在网上招聘新员工，而且许多公司都有面向员工、经销商和代理商的网络培训产品。零售商巴塔哥尼亚（Patagonia）、沃尔特迪士尼（Walt Disney）、通用汽车和麦当劳等，都纷纷通过公司博客同公众与员工进行沟通。

9. 企业可以建立内部网

企业还可以在互联网的基础上建设自己的企业内部网，从而为员工之间的内部交流提供便利，并提高内部沟通的效率通过构建基于互联网的内部网，员工之间可以相互交流、寻求建议、把有关信息上传到公司的主机上或从公司主机上下载所需要的信息。

10. 通过善用互联网，企业也可以提高成本效率

通过运用互联网，组织用户也可以高效地比较卖方的价格水平，购买通过网络竞拍的原材料，或者在网络的逆向拍卖中张贴自己的采购条款等，从而实现采购成本的大幅度下降。同时，企业也可以通过不断改进自己的物流和运营水平来节约大量的成本，并提高物流或运营的准确性和服务质量。

三、市场营销实践

显然，如上所述的这些新的营销力量和新的营销能力已经对营销管理产生了十分重要的影响，并促使企业的营销管理方式不断地发生变革。理论上讲，营销计划过程包括分析市场机会、选择目标市场、设计营销战略、制订营销方案和管理营销努力。然而，在实践中，激烈的市场竞争是一种常态。在这种市场情况下，营销计划往往具有更大的灵

活性,而且总是会随着环境的变化而不断地及时做出调整或修正。

企业要发展,就必须不断地制定和有效实施营销方案,就必须在产品和服务方面进行持续创新,就必须时刻把握并努力满足顾客的需求,就必须努力去寻求和营销新的优势,而不是过度依赖过去的优势。在互联网高度发展的今天,企业必须把互联网和营销计划整合起来。这时,上述要求就显得更为重要了。同时,营销者还必须努力在新的和老的营销传播工具中求得平衡:一方面,对搜索广告、社交媒体、直接电子邮件和文字/短信营销工具的使用不断增加;另一方面,也需要在传统营销传播工具的支出方面保持适当的水平。在经济困难时期,企业会将责任和义务作为工作的重点,并且希望从每项营销活动中获得可观的投资回报。即使在这种情况下,营销者也要在上述两个方面求得一定的平衡。

“动荡时代的营销”为营销管理者适应新的营销现实提供了一些富有启发的建议。

阅读资料

动荡时代的营销

在2008~2009年发生的严重的经济衰退,让营销者不得不重新思考最好的管理实践。菲利普·科特勒和约翰·卡斯林(John Caslione)认为,管理正在进入一个新的动荡时代。许多产业、市场和企业都面临充满风险的、无法准确定位的混沌环境。他们指出,动荡是一种新的常态。其中,繁荣和衰退会交替间歇性地或周期性地爆发,而且也会出现由持续的萧条和不景气所造成的长期衰退或经济大萧条。他们认为,在可以预知的未来将会面临许多新的挑战,但与以往的衰退不同的是,无法确保回归过去的管理实践还能再次取得成功。

根据菲利普·科特勒和约翰·卡斯林的观点,当发生动荡和出现混沌的时候,营销者要时刻准备着启动自动反应机制。而且,他们还特别强调,在制定“混沌营销战略”的时候,营销者应该牢牢记住以下八个要素:

(1)保证核心客户群的市场份额。这不是贪婪的时候,所以要牢牢地保卫好自己的核心客户群,并准备抵御来自竞争对手的攻击,防止其把最有利可图的、最忠诚的顾客从自己手中夺走。

(2)有攻击性地从竞争对手那里争取更大的市场份额。所有企业都在为争夺市场份额而战。在动荡和混沌的时代,许多企业的实力都在不同程度上遭到了削弱。在一定的压力之下,竞争对手可能不得不削减营销预算并减少销售差旅费,这实际上就是一个明确的信号。这时,有攻击性地努力从竞争对手那里争夺自己的核心客户群就成为明智之举了。

(3)由于顾客的需求和欲望总是在不断变化之中,因此现在就对顾客进行更多的研究。在动荡和混沌的时代里,所有个体和群体都将面临巨大的压力。所有顾客的需求,即使是企业最为熟悉的核心顾客群体的需求也会不可避免地发生变化。因此,企业必须与他们保持前所未有的亲近距离,并努力对他们进行研究。而且,切记不要使用那些陈旧的、曾被证明有效的营销信息,它们很可能无法与当前的顾客产生共鸣。

(4)最小限度地维持、但要寻求增加营销预算。当竞争对手野心勃勃地来争夺自己的核心顾客的时候,选择在这个时候削减营销预算显然是不明智的。事实上,企业这时可能需要增加营销预算,或者从竞争者想要争夺的核心客户群体中撤退出来,把转移出来的营销预算花费在全新的客户群上。换句话说,现在是时候保护家门了。

(5)专注于所有安全的领域。强调核心价值观。在市场中,当动荡威胁到每一个人的时候,大部分顾客会选择逃往"高地"——他们需要为其供货的供应商及其产品和服务是安全的。这时,企业就必须千方百计告诉自己的顾客:继续与本企业交易是安全的,努力把产品和服务卖给他们,并让他们感到安全。

(6)快速放弃那些不是很适合本企业的项目。无论是在顺境还是在逆境中,营销者都必须认真审查自己的营销预算。如果有人想要减少某项预算或是取消某个营销项目,就应该努力在别人指出其无效之前,自己主动地指出来。作为营销者,如果自己没有精力去关注,就委托自己信得过的其他人去关注——其中包括预算也会遭到削减的同事。

(7)最好的品牌不要打折。对自己已经塑造的最好的品牌产品进行打折销售,往往是向市场发出两种信息:以前所制定的价格太高,一旦折扣没了,消费者也会觉得该种产品不值正常的高价。如果企业想要吸引更多的节俭客户,那么可以考虑创造一个新的品牌并以较低的价格吸引人。这种做法可以使那些注重性价比的顾客对本企业保持忠诚,同时也没有疏远那些仍然愿意付出高价的顾客。一旦动荡消退,企业则可以考虑是否停止经营这条新设的产品线。

(8)重点强化强势品牌,必要时牺牲弱势品牌。在动荡的市场上,必须努力确保企业的强势品牌和产品能够变得越来越强。与此同时,企业没有必要在那些价值主张不富吸引力或者没有强大顾客基础的品牌或产品上浪费时间或资金。通过安全性和价值方面的诉求.强化企业的强势品牌、产品和服务。不过,需要牢记的是:企业的品牌永远不够强大,在动荡的时代里.更是如此。

资料来源:Based on Philip Kotler and John A. Caslione, Chaotics: The Business and Marketing in the Age of Turbulence(New York: AMACOM, 2009), pp. 151 – 153

四、市场营销概念的演化

市场营销面临的新的机遇和挑战,推动着营销理论和实践不断深入发展,营销概念也不断演变。如图 17.1 所示。

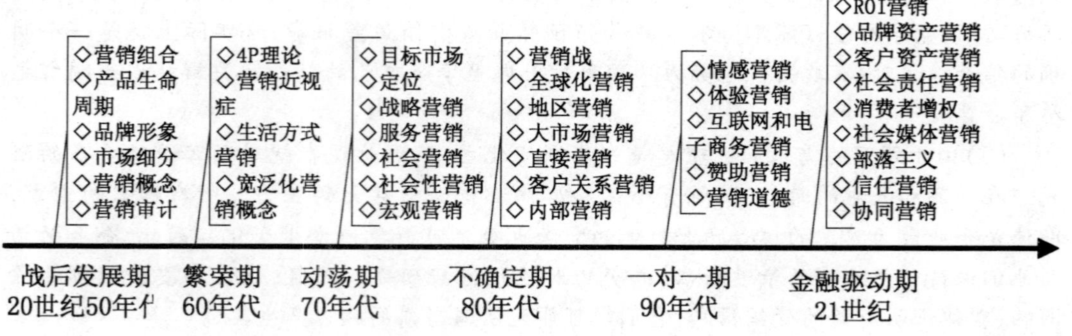

图 17.1 营销概念的演化

根据营销概念的演化过程的特征，菲利普·科特勒(Philip Kotler)将营销分为三个具有标志性的时代，并对不同时代的营销进行了综合对比。如表17.1所示：

表17.1 不同时代营销的综合对比

营销时代 项目	营销1.0时代 产品中心营销	营销2.0时代 消费者定位营销	营销3.0时代 价值驱动营销
目标	销售产品	满足并维护消费者	让世界变得更好
推动力	工业革命	信息技术	新浪潮科技
企业看待市场方式	具有生理需要的大众买方	有思想和选择能力的聪明消费者	具有独立思想、心灵和精神的完整个体
主要营销概念	产品开发	差异化	价值
企业营销方针	产品细化	企业和产品定位	企业使命、愿景、价值观
价值主张	功能性	功能性和情感化	功能性、情感化、精神化
与消费者互动性	一对多营销	一对一营销	多对多合作

第二节 价值营销的核心概念

一、推动价值营销的主要力量

未来营销是一个深受消费者行为和态度变化影响的时代，消费者需要更具合作性、文化性和精神性的营销方式，是一个更加复杂的以消费者为中心的时代。

1. 新浪潮科技推动下的消费者参与

2000年初起，信息技术逐渐渗透到主流市场并发展成为所谓的新浪潮科技。这里所说的新浪潮科技是指能够帮助个体和群体保持互联互动的科技，它由三个部分组成：廉价的电脑和手机构成的终端、低成本的互联网接入和开源性软件。新浪潮科技允许消费者表达自己并与他人合作，使人们在消费新闻、观点和娱乐的同时，也在生动地创造他们，使消费者从被动地接受变成了消费和生产一体化，从而标志着参与化时代的到来。

推动新浪潮科技发展的一股重要力量是社会化媒体的兴起。社会化媒体分为两类，一类是表达性社会媒体，包括博客、微博、YouTube、Facebook以及其他各种社交性网站；另一类是合作性社会媒体，其中包括维基百科、百度百科等。

2. 全球化矛盾对营销文化性的呼唤

科技的发展，是地球变成了一个地球村，不同国家和地区的人们可以互通信息，高效迅速的国际贸易可以进行全球价值链的交换。但是全球化是一把双刃剑，同时具有两股完全相反的作用力，在寻求平衡的过程中，常常造成相互矛盾的情形。比如，全球化需要各国高度经济的高度参与，但并不因此创造出平等的经济体。由于科技水平、管理水平、效率的差异，全球化往往会进一步加剧财富分配的失衡现象，使得因全球化收益和受到伤害的国家几乎一半对一半。另外，全球化在创作世界统一文化的同时，也在不断深化各国的传统文化，这种全球化的社会文化矛盾，对个体和消费者具有直接的影响力。

全球化的这些矛盾，要求企业必须努力为消费者提供生活上的连续感、沟通感和方向感。因此，通过文化品牌消除一个国家集体焦虑感，满足民众欲望，具有很高的价值。

3. 创造型社会时代对人文精神营销的需求

著名的社会理论家理查德·佛罗里达在其作品《创意阶层的崛起》(The Rise of the Creation Class)中以充分的证据表明，美国人正在像充满创意的科学家和艺术家一样地生活和工作，创意性群体已成为发达国家经济发展的支柱。创造性群体，并非是发达国家的独有现象，像印度这样一个饱受贫困困扰的国家，拥有大量热心创新科技的人，正努力成为全球企业的第二办公室。

对于创造性群体来说，创造力和精神性是至关重要的，创造力可以激发精神性，而精神需求作为人性中的最伟大的动力，促使创造性群体释放出更加卓越的创造力。

伴随着科技进步和社会财富增长，消费者所寻找的产品和服务不但要满足自己的基本需要，更加希望能发现一种可以触及他们内心深处的体验和商业模式。

企业也必须超越自己的物质目标，以企业的自我实现为终极目标，努力为全人类的利益做贡献，才能够获得成功。从这一角度看企业营销，就是精神营销。

二、价值营销核心概念

消费者参与、全球化、创新型社会，这些重要的推动力，使得营销概念发生了显著的变化。如表 17.2 所示。

表 17.2 营销的未来

营销分支	当今的营销概念	未来营销概念
产品管理	4P(产品、价格、渠道、促销)	协同创新
顾客管理	STP(市场细分、目标市场、定位)	社区化
品牌管理	品牌塑造	特征塑造

1. 协同创新

普拉哈拉德和克里斯兰在《普拉哈拉德企业成功定律》(The New Age of Innovation)中，首先提出协同创新一词，用以描述新的创新方式。他们认为，产品体验绝不是一种单独的产品感受，而是那些可创建产品最大价值的所有个体消费者产生的体验总和。当个体消费者体验产品时，他们会根据自己的独特的需要和期望将这些感受个性化。

协同创新包括三个主要过程：首先，企业必须建立“平台”，即可进行消费者定制的一般性产品；第二，允许某个群体中的个体消费者定制化该平台，以便满足自己独特化需要；第三，整合消费者的定制化信息，根据这些反馈来丰富平台内容。

2. 社区化

消费者通常更加愿意和其他消费者相关联，而不是企业，因此，企业必须帮助消费者实现这一需求，让他们便利地形成圈子相互沟通。企业要成功地营销，就必须取得消费

者圈子的支持。

3. 特征塑造

为了更好地和消费者建立关联,品牌必须具备某种真实可信的基本要素,作为区别于其他品牌的核心。这种基本要素必须反映品牌在消费者社交网络中的形象,只有具备独特基本要素的品牌才能在生命周期内形成自己的特征。

第三节 价值营销的战略

一、向消费者营销企业使命

1985 年可口可乐口味更新引起的消费者强烈反对,以及宜家家居更换字体引起的消费者愤懑,认为公司是对忠诚信仰的背叛,都付出偏离品牌使命的沉痛代价。可以说,在某种意义上企业品牌已经成为消费者所有,企业只有努力使自己的营销符合品牌使命,才能实现企业的价值目标。

向消费者营销企业使命或产品使命有三个步骤,提出具有变革性的使命,围绕使命构思品牌故事,最后引发消费者积极参与。在定义企业使命时,企业应注意那些能带来巨大改变的微小理念,同时要牢记使命永远排在第一位,有了正确的使命,经济回报就会自然而然地产生。在宣传品牌使命时,最好的方式是“讲述动人的故事”。围绕品牌使命讲故事实际上就是在隐喻的基础上建立故事特征和情节。要想说服消费者,你的故事必须真实可信,能激发他们谈论你的品牌。因此,消费者增权也是不可或缺的一环。总而言之,向消费者营销品牌使命包括三个原则,即确定不同寻常的业务、寻找感人至深的故事以及激发消费者的热情参与。

阅读资料

不寻常的业务和远见型领导者的使命

领导者	品牌	不同寻常的业务	品牌使命
比尔·盖茨	微软	虽然不是业界先锋,但盖茨早在 1975 年就在主流市场中引入了操作系统概念;通过网络效应,他成功地把软件变成了电脑运算不可缺少的一部分	让运算无处不在
英格瓦·坎普拉德	宜家	首创折叠式家具和自服务体验店(20 世纪 60 年代),让家具零售商极大地缩减了成本	生产时尚价宜的家具
沃尔特·迪士尼	迪士尼	开创成功的动画人物形象,并通过特许经营和主题公园等方式成功进入主流商业圈	为家庭创建魔法世界

续表

领导者	品牌	不同寻常的业务	品牌使命
史蒂夫·乔布斯	苹果	采用时尚的反文化手段，以 Mac 电脑、iPod 和 iPhone 等产品改变了计算机、音乐和电话行业；苹果公司还和皮克斯公司合作改变了动画电影产业	让消费者享受科技
杰夫·贝佐斯	亚马逊	利用亚马逊网站改变了图书和其他产品的零售方式，利用 kindle 电子书改变了图书的存放形式	更便捷地传递知识
吉米·威尔士 拉里·桑格尔	维基百科	自 2001 年起，维基百科开始重新定义百科全书编纂方式；沃德·康宁汉开发的维基式合作法迅速流行开来	建立公众编辑的百科全书
皮埃尔·奥米德亚	eBay	利用 eBay 网站连接卖方和买方，利用用户评分系统和支付宝等手段促进了网上交易和管理	创造用户管理的市场空间

二、向职工营销企业价值观

企业文化关乎道德和诚实，它需要把共享价值观和员工共同行为紧密联系在一起。受外界压力的影响，企业文化应当具备合作性、文化性和创造性，它应当改变员工的生活，同时鼓励员工改变他人的生活。通过建立道德和诚实形象，企业可以获得更大的人才竞争优势，可以提高生产率，改善消费者体验，成功管理内部差异。对企业来说，向员工营销价值观和向消费者营销使命感具有同等重要的意义。

拥有正确的价值观会为企业带来多方面的回报：第一，企业可以获得人才竞争优势，吸引和留住更好的员工；第二，在具有生命力的价值观引领下，员工的生产率会大幅提高；第三，引导员工成为服务消费者的企业代言人，企业能够更有效地管理组织内部差异，这对于规模不断壮大的大型企业尤其重要。

三、向渠道合作伙伴营销企业价值观

在未来的营销中，渠道管理应当从寻找合适的渠道合作伙伴开始，正确的合作伙伴应当是那些和企业具有相似目的、特征和价值体系的实体。拥有兼容性价值观的合作伙伴可以更好地向消费者传递品牌故事。为了让合作关系更上一层楼，企业应当和合作伙伴进行整合，让自己的品牌更加深入人心。

通过正确地选择渠道合作伙伴，企业可以获得多方面的利益：首先，利用志同道合的渠道合作伙伴，可以在分销企业产品的同时，分销企业理念，从而使企业获得文化变革的动力；其次，通过渠道合作伙伴可以获得企业与消费者的接触点，从而可以更加有效地管理与消费者的关系。

四、向股东营销企业愿景

为了说服股东，企业管理层除了营销使命感和价值观外，还要向股东展示企业愿景。

在未来的营销中，企业愿景的核心应当是可持续发展理念，因为这一理念决定着企业未来长期的竞争优势。如今，商业环境的变化，尤其是市场两极化和资源稀缺化，让企业可持续发展的重要性日益凸显。企业必须让股东明白，只有采用可持续发展模式才能提高成本产出率、销售收入和企业品牌价值。

第四节 实现价值营销的途径

一、通过社会文化变革创造需求

随着经济、技术和社会的发展，消费者需求的物质性特征逐步淡化，而精神性、文化性特征不断显现。

在成熟的市场中从事营销面临越来越大的挑战和压力。成熟市场中的消费者聪明并且理性，拥有比较全面的产品信息，产品的复杂性根本不可能蒙蔽他们的眼睛，富有创意的企业只有努力创造差异化，提供令消费者心动的产品或服务使用体验，才能使消费者满意。但是，这种差异化的生命周期往往比较短，不能给企业带来具有决定性的价值。唯有通过变革，对人类生活形成更加深刻的影响，持续的时间才可能更长。

实现社会文化变革通常包括三个步骤：首先，企业必须选择要解决的社会问题；其次，企业要确定与选择的社会文化问题相关的要素；第三，企业要创造出相应的变革解决方案。如图 17.2 所示。

确定社会文化问题	选择目标要素	提供变革解决方案
•确定当前问题，预测未来问题 •问题包括健康、教育、社会正义等方面	•强调短期影响力：选择中产阶级、女性或老年群体等要素 •强调长期影响力：选择儿童和青年群体等要素	•提供行为改变方案，满足人们实现更高的自我的需求 •注重更具合作性、文化性和创造性的深刻变革

图 17.2 实现社会文化变革的三个步骤

二、通过创造新兴市场企业家拓展需求

贫困问题是长期困扰人类、亟待解决的迫切问题之一。在很多国家，收入的分配形式都是金字塔式而非钻石结构，其底部是大量的贫困人口。但是，正如 2006 年诺贝尔和平奖获得者普拉哈拉德·尤努斯以及很多学者指出的那样，在这个金字塔底部也蕴藏有惊人的财富。例如，中国和印度都在努力做出改变，使其财富结构从金字塔式变成钻石结构。

解决这个问题的方法之一就是向贫困群体，特别是向贫困妇女发放微额贷款，她们会利用这笔资金有效地创造财富，然后再偿还贷款。

另一个更具广泛性意义的解决办法是鼓励企业家、企业和贫困人群成立或转型为社会性商业企业。

社会性商业企业是默罕默德·尤努斯首先提出的概念,指那些在盈利经营的同时努力实现社会影响的企业。这些社会性商业企业可以延伸可支配收入、扩展可支配收入和增加可支配收入。

社会性商业企业可以通过低价提供产品和服务的方式延伸消费者的可支配收入;可以通过为财富金字塔低层提供新产品和新服务的方式扩展消费者的可支配收入;通过促进欠发达市场经济活动的方式增加消费者的可支配收入。

三、通过绿色营销实现环境的可持续发展

当今时代,环境可持续性是一个值得企业关注和解决的重要社会性问题,尽管只有极少数企业会主动营销绿色产品和服务,并以此来吸引公众消费者。但是,环保主义者的抗议和监督,也迫使企业做出一些改变。

价值驱动型企业践行环保承诺,通过绿色生产可为企业带来的利益包括成本缩减、声誉提高和员工激励。

在致力于改善环境问题的运动中,企业通常可以分为三种不同的角色:革新者——创造或者改造企业产品,使其能够挽救自然环境,而不仅仅是生产对自然环境无害的产品;投资者——通过采购或支付方式,把资本投入可产生利息、收入或价值增值等具有潜在盈利性项目上的人或企业;传播者——努力成为环境友好型企业,并大力推动消费者群体关注环保问题的企业。像杜邦之类的公司可以扮演革新者的角色,沃尔玛等企业可扮演投资者角色,天伯伦公司可扮演传播者角色。三种不同角色只有在同一个市场互相合作才能成功推动绿色产品市场的形成和发展。如图 17.3 所示。

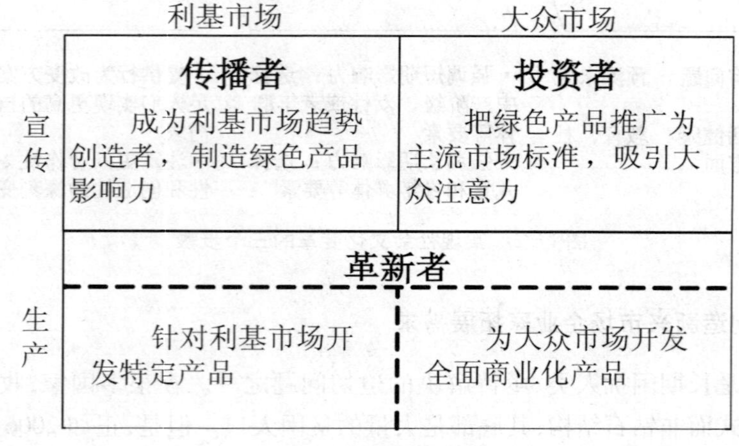

图 17.3 不同企业角色之间的合作

绿色产品市场的消费者,根据他们之间的行为差异和对绿色产品的接受程度可分为四种类型:即趋势创造者、价值寻求者、标准追求者和多疑型购买者。如图 17.4 所示。

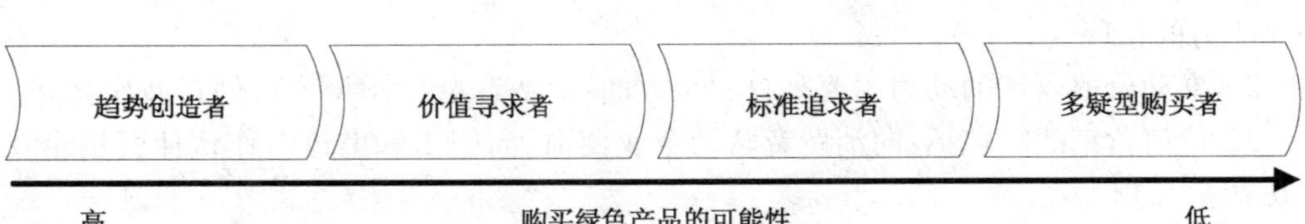

图 17.4 消费者群体影响关系链

企业在进行绿色营销时，需要根据企业在绿色生产中的角色，选择不同的细分市场，做到有的放矢，提高营销效率。企业角色和细分市场选择的关系见表 17.2。

表 17.2 绿色产品市场的四个细分市场

客户定位				
	趋势创造者	价值寻求者	标准追求者	多疑型购买者
市场描述	◆ 环保主义者或有远见的热心人士 ◆ 使用绿色产品可带来情绪和精神激励 ◆ 希望通过绿色革新实现竞争优势	◆ 环境实用主义者 ◆ 对使用绿色产品持理性看法的人 ◆ 利用绿色产品提高效率，节省成本	◆ 环境保护主义者 ◆ 静待绿色产品成为主流产品 ◆ 等绿色产品成为行业标准时才开始使用	◆ 环境怀疑主义者 ◆ 不信任绿色产品
市场定位	生态优势	生态效率	生态标准	不值得开发
	推出具有竞争优势的创新产品	为其创造更多价值	提供可供大众使用的一致性产品	

面对科技新浪潮所带来的商业模式和消费者行为模式的变化，菲利普·科特勒总结了在未来市场中进行营销的十条成功准则：

①热爱你的顾客，尊重你的竞争对手；②善于察觉变化，随时准备好做出变革；③捍卫你的品牌，清晰地传播品牌价值，永远明确自己的目标，在品牌问题上从不妥协；④消费者千差万别，努力满足你的最佳客户；⑤永远以合适的价格和包装提供产品；⑥随时待命，主动寻找潜在消费者；⑦抓住消费者的心，和他们一起成长；⑧无论经营哪种业务，记住你实在提供服务；⑨学会从质量、成本和交付三个方面改善业务流程；⑩广集信息，慎下结论。

复 习 题

一、填空题

1. 市场营销在新的历史时期面临的挑战主要来自三个方面：社会因素的重大变化、

企业能力的拓展、(　　)。

2. 推动价值营销的动力主要来自三个方面:消费者参与、(　　)、创新型社会。

3. 价值营销战略包括:向消费者营销企业使命、向职工和渠道合作伙伴营销企业价值观、(　　)。

二、思考题

1. 结合市场营销的具体案例,分析说明产品中心营销、消费者定位营销、价值驱动营销当前的现状,以及相互之间的关系。

本章小结

1. 市场营销当前面临的新挑战主要来自三个方面,分别是社会因素的重大变化、企业能力的拓展、市场营销实践的发展;

2. 价值驱动营销的核心概念主要有协同创新、社区化和特征塑造,主要动力包括消费者参与、全球化、创新型社会。

3. 价值驱动营销需要再战略和途径两个方面针对营销环境的变化进行决策。基本战略包括向消费者营销企业使命、向职工和渠道合作伙伴营销企业价值观、向股东营销企业愿景。基本途径包括社会文化变革、创造新兴市场企业家、可持续性营销。

案例分析

杜邦公司案例

杜邦是一家已成立200多年的科技公司,这家公司曾是全美臭名昭著的污染企业,如今它已成功转型,成为一家绿色环保的公司。作为尼龙、达可纶、路赛特、凯夫拉尔、可丽耐、特卫强、特氟纶以及各种深刻影响人类生活的高分子化学品的发明公司,杜邦公司同时也是导致南极上空大气臭氧层出现空洞的化学物质氟氯碳化物(CFC)的发明者。但是,这家公司今天已成为美国气候行动合作组织(USCAP)的积极推动者之一,该组织强烈要求政府立法规定企业采用低成本的方式降低温室气体排放量。1990—2003年,在杜邦公司内部,其温室气体排放量已经下降了72%,公司计划到2015年时再降低15%。

除了在污染物减排方面取得的成绩,杜邦还把环境可持续发展能力列入了每日经营管理目标和企业的核心商业模式。这一战略带来的效益非常令人鼓舞,在其290亿美元的营业收入中目前已有50亿美元来源于公司的可持续型产品,即那些采用环保原料和节能方式生产出来的产品。对杜邦公司来说,一方面,它大力改变自己错误的生产方式,以此减缓对自然环境的破坏影响；另一方面，它也积极研制可造福地球的环保型产品。杜邦公司的一位高管曾这样说过："在公司大家都知道，如果有人走进办公室对我说有新的产品创意，这个创意一定要关注环保才行，否则他就连门也不用进了，因为对其他产品我根本没兴趣！"

案例思考：

1. 杜邦公司实现转型的动力主要来自哪些方面？
2. 通过可持续性生产方式，杜邦公司和相关利益者获得了哪些方面的利益？
3. 杜邦公司实现成功转型条件是什么？

参考文献

[1]编写组.营销基础与实务[M].北京:中国商业出版社,2001.

[2]晁纲令.市场营销学教程[M].上海:上海财经大学出版社,2000.

[3]范明明.市场营销与策划[M].北京:化学工业出版社,2003.

[4]方尤罗.市场营销学[M].大连:东北财经大学出版社,2001.

[5]菲利普·科特勒.市场营销[M].北京:中国国际广播出版社,2001.

[6]郭国庆.市场营销学通论[M].北京:中国人民大学出版社,2002.

[7]纪宝成.市场经营学教程[M].北京:中国人民大学出版社,2002.

[8]兰苓.市场营销学[M].北京:中央广播电视大学出版社,2001.

[9]李强.市场营销学教程[M].大连:东北财经大学出版社,2000.

[10]卢泰宏.2002 中国行销报告[M].成都:四川人民出版社,2002.

[11]屈云波.超市营销[M].北京:企业管理出版社,1999.

[12]斯宾塞·约翰逊.谁动了我的奶酪?[M]吴立俊译.北京:中信出版社,2001.

[13]吴建安.市场营销学[M].北京:高等教育出版社,2002.

[14]叶茂中.新策划理念[M].北京:中华工商联合出版社,2001.

[15]菲利普·科特勒,凯文·莱恩·凯勒.营销管理[M].北京:中国人民大学出版社,2012.

[16]钱旭潮等.市场营销管理[M].北京:机械工业出版社,2009.

[17]菲利普·科特勒等.营销革命3.0[M].北京:机械工业出版社,2013.

[18]李东红.营销战略[M].北京:首都经贸大学出版社,2010.